동아시아와
인문실크로드

순천향인문진흥총서 7

동아시아와
인문실크로드

순천향대학교 인문학진흥원 편

보고사
BOGOSA

　21세기 현 인류사회는 문명에 관한 교류·대화·공존 담론의 미증유의 확대시대로 특징됩니다. 인류지성계는 3·4차 산업혁명이 발현시킨 복수문명론의 지반 위에서 영구적인 세계평화체제의 구축을 위한 다각도의 문명(문화)론적 변환과 모색을 시도하고 있습니다. 그 흐름은 타자와의 대화와 호혜적 관계, 교류만이 인류가 지향하는 공존공영의 미래세계를 담보할 수 있다는 신념으로 확산되고 있습니다. 그리고 서구의 근대적 세계관이 조장한 인간과 자연, 중심과 주변, 서구와 비서구 등의 이분화적 갈등 구조를 파기하고 유기체적 생명주의 관계망을 회복하는 새로운 유형의 공존주의 문명관이 제안되고 있습니다. 여기에는 패권이 지배하는 일방적인 질서가 아닌 여러 지역이 평등하게 교류하면서 공생하는 인류보편의 염원이 담겨 있습니다. 그러나 이를 가능케 하려면 지난 200여 년 동안 동양을 왜곡하고 억압·지배해온 서구문명의 단선적 진보 이데올로기와 서구인들의 분절적 근대성에 대한 비판적 교정노력이 선행되어야 할 것입니다.

　무엇보다 현 인류사회가 직면한 팬데믹 상황은 문명의 중심축이 미국과 유럽에서 동아시아로 이동하는 동아시아화 추세를 기정사실화하고 있습니다. 더 나아가 팬데믹으로 인해 비대면이 일상이 되고 사물인터넷의 발달로 국가 간, 대륙 간 경계가 허물어지면서 초연결스마트사회가 화두인 지금 동아시아의 문명네트워크, 더 나아가 문명공동체의 형성을 요구하고 있습니다. 금번 순천향인문진흥총서는 이러한 시대적 요청에 부응해 동유라시아 로드문명을 의제화함으로써 혁신적인 동아시아학 모색, 그리고 종래 구미형이나 이를 복사한 일본형의 제국주의적 강한 공간의 세계분할론적인 발상에 대항하는 새로운 의미망의 동아시아 지역연구와 그 이론모델을 안출하기 위해 기획되었습니다. 이러한 발상은 중세에서 근대로의 이행기, 근대 초 서구지식인의 동아시아 인식과 지식체계 연구를 통해 근대 서구와 일제의 식민주의적 억압형상이 재생산해내는 동서양의 폐쇄적 관계성을 일소하고 창의적이고 열린 동아시아학 구성과 공존주의 문명관 정립에 공헌할 것이라는 기대감에 기초합니다.

주지하다시피 인류 실크로드망은 동아시아의 역사가 고립된 특정시대와 지역문명의 총합이 아니라 수천 년 동안 광대하고 포괄적으로 연결되어 있었던 글로벌 역사였고 오아시스문명, 초원문명, 해상문명이 융합된 하이브리드 문명임을 명시해줍니다. 이러한 인식 속에서 순천향대 인문학진흥원은 국내외 다양한 분야의 저명한 학자들을 모시고 동유라시아 남방 해상실크로드(라틴계 성서문명)와 북방 초원실크로드(비잔틴계 성서문명)를 매개로 하는 동서양 기축문명의 상호교섭 양상에 대한 인문·종교·예술적 가치탐구를 통한 동태적이고 탈제국주의적인 동아시아성의 글로컬 하이브리디티(Glocal hybridity, 지구지역적 혼종성)를 규명하고자 합니다. 그럼으로써 동아시아 지역연구에 대한 호혜·공생·포용적 기제로서의 문명적 지평확대와 생명공감의 지식네트워크를 구축하고, 그러한 지반 위에서 장기지속적인 동아시아의 공동번영과 평화협력의 '문명공동체' 구성을 공론화하고자 합니다. 아무쪼록 본 총서가 인문실크로드로 상징되는 동서양 문명교류의 호혜성과 동아시아의 문명적 비전을 환기시키는 데 초석이 되기를 바라 마지않습니다.

2021년 1월 25일
순천향대학교 인문학진흥원장 홍승직 배상

간행사 … 5

【제1부】 인문실크로드와 문명적 비전

실크로드, 문화 간 협력의 과제와 종교의 책임

크리스토프 슈뵈벨 / 오흥명 옮김

1. 문명의 충돌에서 실크로드로 17
2. 종교적 전통들의 재활성화: 새로운 기축시대? 21
3. 상처받기 쉬운 지구와 인간 문화의 모호성 24
4. 상처받기 쉬운 육화된 존재와 탈육화된 지성의 도전 28
5. 길 위의 대화 중에 있는 순례자 31

실크로드의 동단, 한반도

김시내

1. 서론 36
2. 본론 37
   1) 초원로와 한반도 37
   2) 오아시스로와 한반도 41
   3) 해상로(남해로)와 한반도 45
3. 결론 52

【제2부】 남방 해상실크로드
: 라틴계 성서문명의 동진과 유교오리엔트

바티칸 도서관 소장의 명청시기
'서학 한문문헌(西學漢籍)'의 문화적 의의 ⋯⋯⋯ 장시핑 / 천춘화 옮김
  1. 서언 ⋯⋯⋯⋯⋯⋯⋯⋯⋯⋯⋯⋯⋯⋯⋯⋯⋯⋯⋯⋯⋯ 57
  2. 명청시기 '서학 한문문헌'의 생성과 그 개관 ⋯⋯⋯⋯ 58
  3. '서학 한문문헌'의 수집 정리와 출판 작업 ⋯⋯⋯⋯⋯ 68
  4. '서학 한문문헌'의 문화사적 의의 ⋯⋯⋯⋯⋯⋯⋯⋯ 80
  5. 결어 ⋯⋯⋯⋯⋯⋯⋯⋯⋯⋯⋯⋯⋯⋯⋯⋯⋯⋯⋯⋯ 103

초기근대 서양선교사 동아시아학과 역사지형 ⋯⋯⋯⋯⋯ 전홍석
  -천학의 성립과 분화 배경을 중심으로-
  1. 문제제기 ⋯⋯⋯⋯⋯⋯⋯⋯⋯⋯⋯⋯⋯⋯⋯⋯⋯⋯ 105
  2. 유교오리엔트: 토착화 선교신학 ⋯⋯⋯⋯⋯⋯⋯⋯ 110
    1) 문화적응주의: 천학의 성립 ⋯⋯⋯⋯⋯⋯⋯⋯⋯ 110
    2) 중세화: 천학의 구성 원리 ⋯⋯⋯⋯⋯⋯⋯⋯⋯⋯ 116
  3. 중국전례논쟁: 천학의 분화 배경 ⋯⋯⋯⋯⋯⋯⋯⋯ 123
    1) 전기 논쟁: 적응과 보수 ⋯⋯⋯⋯⋯⋯⋯⋯⋯⋯ 123
    2) 후기 논쟁: 신권과 천권 ⋯⋯⋯⋯⋯⋯⋯⋯⋯⋯ 132
  4. 맺음말 ⋯⋯⋯⋯⋯⋯⋯⋯⋯⋯⋯⋯⋯⋯⋯⋯⋯⋯ 141

명말 가톨릭 신앙인들의 문화 태도에 관한 한 성찰 ⋯⋯⋯ 황종열
  1. 시작하면서 ⋯⋯⋯⋯⋯⋯⋯⋯⋯⋯⋯⋯⋯⋯⋯⋯⋯ 144
  2. 명말 예수회 선교사들의 차이나 문화 존중과 적응 ⋯⋯ 148
    1) 명말 예수회 선교사들의 차이나 문화 존중 ⋯⋯⋯ 148

2) 차이나 문화 존중으로서 신명의 토착화 ⋯⋯⋯⋯⋯ 151

3) 선교사들의 차이나 문화 존중과 이름의 적응 ⋯⋯⋯⋯ 154

3. 차이나 선교사들과

차이나 가톨릭인들의 문화 인식과 파괴 ⋯⋯⋯⋯⋯⋯⋯⋯ 158

1) 차이나 민인들의 그리스도교 세례 체험 ⋯⋯⋯⋯⋯⋯ 159

2) 명말 예수회 선교사들의 문화 인식과 문화 파괴 ⋯⋯⋯ 164

3) 차이나 신앙인들의 입교와 문화 파괴 ⋯⋯⋯⋯⋯⋯⋯ 172

4. 맺으면서 ⋯⋯⋯⋯⋯⋯⋯⋯⋯⋯⋯⋯⋯⋯⋯⋯⋯⋯⋯⋯⋯ 180

한국천주교회의 성경 수용 연구 ⋯⋯⋯⋯⋯⋯⋯⋯⋯⋯ 조한건
– 최초의 '부분 성경' 필사본 『셩경직히광익』의 완성을 중심으로 –

1. 들어가면서 ⋯⋯⋯⋯⋯⋯⋯⋯⋯⋯⋯⋯⋯⋯⋯⋯⋯⋯⋯⋯ 183

2. 한문서적 수용과 『셩경직히광익』의 모본들 ⋯⋯⋯⋯⋯⋯⋯ 186

1) 평신도 중심 시기 ⋯⋯⋯⋯⋯⋯⋯⋯⋯⋯⋯⋯⋯⋯⋯⋯ 186

2) 주문모 신부 사목시기 ⋯⋯⋯⋯⋯⋯⋯⋯⋯⋯⋯⋯⋯⋯ 189

3) 프랑스 선교사 시기 ⋯⋯⋯⋯⋯⋯⋯⋯⋯⋯⋯⋯⋯⋯⋯ 192

4) 한글번역 이전의 한문본들 ⋯⋯⋯⋯⋯⋯⋯⋯⋯⋯⋯⋯ 197

3. 『셩경직히광익』의 완성과 영향 ⋯⋯⋯⋯⋯⋯⋯⋯⋯⋯⋯ 206

1) 프랑스 선교사의 편집 이전 ⋯⋯⋯⋯⋯⋯⋯⋯⋯⋯⋯ 206

2) 프랑스 선교사 편집 이후: 베르뇌 주교 시기 ⋯⋯⋯⋯⋯ 212

3) 『셩경직히광익』이 신자들에게 끼친 영향 ⋯⋯⋯⋯⋯⋯ 217

4. 나가면서 ⋯⋯⋯⋯⋯⋯⋯⋯⋯⋯⋯⋯⋯⋯⋯⋯⋯⋯⋯⋯⋯ 222

도(道), 학(學), 예(藝), 술(術) ──────────── 김선희
　−서학의 도전과 조선 유학의 변용−

　1. 들어가며 ──────────────────── 224
　2. 도(道), 학(學), 술(術)로서의 서학(西學) ───── 227
　3. 도(道)와 학(學)의 통일 ─────────────── 235
　4. 예(藝)와 술(術)의 시대 ─────────────── 241
　5. 이념에서 경험과 관측으로 ───────────── 248
　6. 나가며 ──────────────────── 258

【제3부】 북방 초원실크로드
: 비잔틴계 성서문명의 동진과 초국가적 과제

'의식 식민화': 러시아 제국 극동지역 토착민족에 대한
정교회의 선교에 대하여 ── 포타포바 나탈리야 블라디미로브나 / 김연수 옮김
　−사할린을 중심으로−

　1. 들어가는 말 ───────────────── 263
　2. 극동에서 러시아정교에 의한 의식의 식민화 과정 ── 264
　　1) 극동에서 러시아정교에 의한 의식의 식민화 단계와 특징 ── 264
　　2) 사할린에서 러시아정교에 의한 의식의 식민화 과정 ──── 268
　　3) 19세기 말~20세기 초
　　　사할린 토착민의 러시아정교 수용 양상 ──────── 272
　　4) 사할린 토착민에 대한 러시아정교 전파의 문제점 ───── 278
　3. 나오는 말 ───────────────── 279

러시아극동지역에서 한인들을 대상으로 한
러시아정교회 선교 연구·················· 남정우

　1. 서론·················· 281

　2. 본론·················· 282

　　1) 러시아 극동지역에 거주한 한인들·················· 282

　　2) 한인에게 관심을 가진 배경·················· 285

　　3) 러시아정교회의 접근 목적·················· 289

　　4) 러시아정교회의 선교 방법·················· 292

　　5) 한인들의 반응·················· 304

　　6) 목표: 한인들의 러시아화·················· 310

　3. 결론·················· 314

비잔틴정교문화와 동방기층문화의 융합·················· 엄순천
　-아무르지역 토착민족(에벤족)의 영혼관을 중심으로-

　1. 들어가는 말·················· 316

　2. 에벤족 애니미즘과 영혼관의 특징과 기원지에 대한 관념···· 319

　　1) 에벤족 애니미즘과 영혼관의 발전 단계·················· 319

　　2) 에벤족 애니미즘과 영혼관의 특징·················· 321

　　3) 기원지에 대한 에벤족의 관념·················· 323

　3. 에벤족 관념 속 인간의 주요 영혼과 운명의 영혼 마인······· 327

　　1) 인간의 주요 영혼 오미(Omi), 히난(Hinjan), 베옌(Bɛen)·········· 327

　　2) 운명의 영혼 마인(Main)에 대한 에벤족 관념의 확장·········· 338

　4. 나오는 말·················· 342

인종적 조국과 초국적 관계 맺음 ·············· 염 나탈리야/김선영 옮김
－독립국가연합 출신 고려인 여성들의 사례－

1. 들어가는 말 ··· 345
2. 독립국가연합 출신 고려인 여성들의
   초국적 결혼의 현황과 문제점 ·· 347
3. 독립국가연합 출신 이주 여성의 인구학적,
   사회 문화적 특성과 결혼 만족도의 관계 ······················· 356
4. 나가는 말 ··· 359

참고문헌 ··· 361

제1부

인문실크로드와 문명적 비전

실크로드, 문화 간 협력의 과제와 종교의 책임

크리스토프 슈뵈벨 / 오흥명 옮김

1. 문명의 충돌에서 실크로드로

1990년대 소련이 무너지고 시장 자본주의 및 공산주의의 상호경쟁적 경제 체제를 근간으로 하는 동서양 간의 진영 대결에 기초한 세계 질서가 붕괴된 이후, 사무엘 헌팅턴의 책 『문명의 충동과 세계 질서의 재편』은 공적 논쟁의 관심거리가 됐다. 헌팅턴은 동서양의 양극적 대결이, 정치 이데올로기가 아니라 종교적, 문화적 전통에 의해 조성된 다변화된 권력중심의 다극적 교전으로 대체되는 새로운 세계 질서를 예언했다. 헌팅턴은 문화와 종교의 이러한 차이들이 동서 대결의 종언 이후 다시 효력을 발휘하게 될 것이라 생각했다. 그의 이론은 처음부터 막대한 반론에 부딪혔다. 중국 문명, 일본 문명, 힌두 문명, 이슬람 문명, 정교회 문명, 서양 문명과 같이, 하나의 핵심적 국가를 중심으로

군집화되어 있는 분리된 '문명들'을 구분할 수 있는가? 헌팅턴이 제시한 특정한 견해들 중 많은 것들은 국제 관계에 관한 경험이 풍부한 관찰자의 인식에 기초해 있었지만, 그 해석의 틀은 많은 사람에게 대단히 문제적인 것으로 여겨졌다. 더 나아가, 지정학적 시나리오 상의 이러한 변화에 어떻게 대응해야 하는가? 이것은 새로운 다극적 상황 속에서 예견되지 않을 수 없는 대결국면에 '서양'이 더 잘 준비하기 위한 하나의 논증인가?

그러나 헌팅턴의 주장이 기억해야 할 두 가지 주요한 측면이 존재한다. 첫째는 헌팅턴이 묘사한 새로운 정세가 종교에 핵심을 두고 있는 문명들과 문화들에 기초해 있다는 점이다. 그는 "위대한 종교들은 위대한 문명들이 근거해 있는 토대"라는 크리스토퍼 도슨의 말을 인용하면서 동의를 표한다. 이에 따라, 냉전 이후 "국제정치는 문화적 노선에 따라 재구성되기 시작했다"는 헌팅턴의 진단에 뒤이은 어떠한 분석도, 종교의 중대한 역할을 고려하지 않는다면 완전하지 않게 될 것이다. 둘째로, 헌팅턴은 새로운 다극적 상황 속에서, "서양문화의 보편성에 대한 서양의 믿음은, 그 믿음이 그릇되고, 비도덕적이며, 위험하다는 세 가지 문제를 겪게 될 것"이라는 사실을 확실히 알고 있다. 그러한 믿음이 비도덕적인 이유는, "제국주의가 보편주의의 필연적인 논리적 결과"라는 사실에 동의해야만 할 것이기 때문이다. 이것은 모든 보편주의적 주장들이 상대화되어야 함을 의미하지는 않는다. 그러나 그것은 보편주의의 관점적 성격이 강조되어야 한다는 것을, 보편주의적 주장들이 그것의 자기상대화 능력에 관해 검증을 받아야 한다는 것을 의미한다.

헌팅턴의 예상은 1990년대 이후 전개된 상황에 의해 사실로 입증되었는가? 혹자는 지구촌 곳곳에서 새로운 민족주의의 발흥과 국내 및 국제 정치의 제도적 구조를 회피하려 했던 영합주의적 운동으로 귀결되고 있는 것이 다름 아닌 문화적 정체성의 다극적 구도라는 상황의 부재였다고 주장할 수도 있을 것이다. 국제무대에서, 이러한 상황의 가장 심각한 측면은 아마도 헤게모니 정치의 위험을 회피하고 이를 양자 간의 합의로 대체하기 위해 2차 세계대전 이후의 상황 속에서 전개되었던 다자간 협약들을 철회하려는 경향이다. 45대 미국 대통령의 협약 정치와 브렉시트에 담긴 제반 함축은 그러한 방향을 가리키고 있다.

헌팅턴 이후 20년 뒤 새로운 패러다임이 공적 논쟁의 관심사가 됐다. 그것은 『새로운 세계사』라는 야심찬 부제가 달린, 피터 프랭코판의 『실크로드』라는 책에 제시되어 있는, 배타적으로 서양에만 초점을 맞추고 있지 않은 관점에서 세계 역사를 저술하려는 시도다. 프랭코판은 서양에서 실크로드로, 곧 동양과 서양을 잇는 경로들의 연결망으로 초점을 이동시킨다. 이러한 방식으로, 우리는 프랭코판이 동양에서 인식하는 바와 같은 역사의 기원에 관해서 뿐만 아니라, 지금 우리가 이해하고 있는 바와 같은 동양과 서양을 만들어냈던 생생한 변화들을 아울러 알게 된다. 프랭코판은 그가 자기 역사서의 기초로 삼고 있는 상품의 교역이 그저 사치품만이 아니라 지식과 기술, 그리고 철학과 종교 사상들을 아울러 전달하면서, 양 방향에서 여러 가지 다양한 사고와 믿음을 정초했음을 보여준다. 대부분의 세계 종교들에게 실크로드를 따라간다는 것은 그들 모두로 하여금 덜 알려져 있던 역사적 서사와 구성에 직면하게 하고, 그러한 역사적 서사와 구성의 현실이 표준적 관점이 전제하곤 했던 것보다 훨씬 더 풍부하고 훨씬 더 다양한 실재라는 점을 보여 준다. 프랭코판의 장대한 서사가 갖는 힘은 그 서사가 문화적 **중심들**이 아니라 먼저 그 중심을 중심으로 만들곤 하는 중심들 사이의 가교에 초점을 맞추고 있다는 것이다. 이런 방식으로, 프랭코판은 우리 자신의 역사관에 중요성을 부여하는 습관에 도전하며, 그로 인해 오늘날 무시당하고 억압받는 소수자들이 중요한 문명의 상속자들로 등장한다.

실크로드가 과거뿐만 아니라 미래를 가질 수도 있는 것일까? 만약 21세기의 해상 실크로드를 건설하려는 계획이 존재한다면, 16세기에 포르투갈에 의한 해상무역로의 발견을 통해 실크로드가 쇠락하게 된 것은 어쩌면 하나의 일화에 불과한 것일까? 실크로드가 그저 과거의 풍부한 역사를 위한 생생한 이미지가 아니라, 미래의 가능한 발전을 위한 이미지이기도 한 것은 가능한 일인가? 자신의 책 마지막 문장으로 "실크로드가 다시 부상하고 있다"고 적었을 때, 프랭코판은 확실히 그렇게 생각하고 있는 것처럼 보인다. 그러나 저자 자신이 결론의 이 문장을 주로 아제르바이젠, 카자흐스탄, 키르키즈스탄, 타지키스탄, 우즈베키스탄 등과 같은 나라들이 그 지역의 풍부한 천연 자원을 이유로 발흥하는 것에 적용함으로써 그 문장의 예언적 함의를 약화하고 있는 것은 아닌지 의문스럽다. 실크로드가, 그 길이 지났던 여러 영토들이 중요성을 획득함으로써가 아니라, 오히려 역동적인 연결과 소통의 채널을 제공하고, 단지 지리적 거리의 관점에서뿐 아니라 문화적 '타자성'의 관점에서 멀리 떨어져 있던 지역들을 연결하여 협력의 관계를 조성함으로써 새롭게 부상하는 것은 가능한 일인가?

헌팅턴의 『문명의 충돌』과 프랭코판의 『실크로드』같은 책들은 그 학문적 성과들을 통하여 우리가 우리의 세계 및 그 세계의 역사를 바라보는 방식을 풍부하게 해줄 뿐 아니라, 새로운 관점에서 우리의 과거를 바라보도록 도와줌으로써 우리의 미래를 새롭게 상상하기 위한 은 유와 생생한 이미지를 제공한다.

2. 종교적 전통들의 재활성화: 새로운 기축시대?

헌팅턴과 프랭코판은 모두 50년 전 역사의 흐름에 대한 통상적인 해석과 비교할 때 우리가 세계를 바라보는 방식에서 발생한 가장 중대한 변화들 중 하나를 보여주는 한 가지 사실을 강조한다. 20세기 중반에는 세속화가 삶의 모든 영역에 영향을 미치고 세계 전역에 퍼져나가면서 불가역적인 세계적 추세로 간주되었던 반면, 우리는 종교와 다양한 형태의 종교성이 도처에서 의미심장한 방식으로 재활성화되는 것을 경험했다. 브리태니커 백과사전에 따르면 지구상의 69억 인구들 가운데 11.5 퍼센트(7억 9천 7백만)만이 자신이 아무 종교도 없다고 인식했고, 33 퍼센트(21억)는 자신을 기독교인으로, 22.5 퍼센트(15억)는 무슬림으로, 13.6 퍼센트(9억 4천 3백만)는 힌두교인으로, 6.7 퍼센트(4억 6천 3백만)은 불교도 등으로 인식했다. 그러한 대규모 조사는 물론 문제의 소지가 있지만 -예컨대 그 조사들은 기독교와 이슬람의 지속적인 급속한 성장을 보여준다-, 그러한 조사내용은 우리가 처한 상황의 한 가지 측면을 강조한다. 즉 종교적 신념과 삶의 형태가 아무리 다양해도, 어떤 식으로든 종교적 물음과 관련되지 않은 삶의 측면은 존재하지 않는다는 것이다. 종교가 중요한 역할을 수행하지 않는 정치적 시나리오도 없고, 종교적 태도와 신념, 그리고 확신이 그 일부를 형성하지 않는 경제적 상황도 없다. 우리가 지상에 존재하는 우리 역사의 미래적 경로를 어떤 방식으로 상상하든, 종교는 그 중요성에 있어 간과될 수 없는 것이다.

이러한 중요성은, 종교가 스스로를 바라보는 방식에 따른다 하더라도 대단히 양가적이다. 종교적 확신은 사람들에게 영감을 불어넣어 지적으로나 도덕적으로, 그리고 문화적으로 최상의 성취를 이루게 할 수 있지만, 그와 동시에 사람들을 유혹하여 종교적 동기가 부여된 폭력이라는 가장 파괴적인 행위를 하게 만들 수도 있다. 역사를 일련의 문명 간의 충돌로 바라보거나 종교적 갈등의 서사를 실크로드 길들을 따라 추적하는 것은 그러한 사실에 관한 방대한 증거를 제시해준다. 종교 자체의 지혜는 종교적 신앙과 결합될 수 있는 파괴적 경향에 맞서기 위해 요구된다. 종교적으로 동기부여된 폭력의 뿌리를 탐구하고, 자기비판적인 방식으로 종교 자체에서 규범적인 것으로 간주되는 전거들과 진지하게 씨름하면서 그러한 폭력에 맞서는 방법을 발견하는 것은 아마도 모든 종교적 전통 속에 존재하는 신학과 지혜의 가르침이 감당해야 할 가장 중요한 과업들 가운데 하나일 것이다. 종교 안에 존재하는 파괴적 경향에 대해 [종교] 내부로부터 이루어지는, 즉 종교적 권위로부터 그리고 종교적 전통에 대한 신학적 연구를 통해 이루어지는 내재적 비판만이 종교적으로 동기부여된 폭력의 종교적 정당화가능성에 이의를 제기함으로써 그러한 폭력을 비합법화할 수 있는 것이다.

종교가 정치적 목적을 위한 도구가 될 때 특히 선명하게 나타나는, 종교의 파괴적 잠재력을 수반하는 종교적 신학과 지혜의 전통에 대한 비판적 연구는, 그러한 비판이 해당 종교들의 근본적인 통찰 위에, 즉 그 종교들을 각자의 모든 다양성에 대한 부족적 관심을 넘어서는 초월적 실재에 토대를 둔 종교로 구성하는 것 위에 근거할 때에만 효력을 발휘한다. 피터 프랭코판이 "고대로부터 지금까지 종교들은 동과 서를 이어주고, 사상과 관습, 그리고 언어가 서로 경합하는 용광로로 기능하면서, 언제나 이런저런 방식으로 세계 역사에서 중추적인 중요성을 지녀왔다"고 적었을 때, 그는 실크로드에 의해 연결된 지역들의 중요성을 암시한다. 그것을 독일계 스위스 철학자 칼 야스퍼스가 주장했던, 기원전 8세기에서 3세기 사이의 시간에 해당되는 추축시대 개념을 상기시키는 것으로 해석할 수도 있을 것이다. 야스퍼스는 이 시기 동안 중국에서는 묵자, 장자, 열자와 함께 공자와 노자가, 인도에서는 우파니샤드와 붓다가, 페르시아에서는 차라투스트라가, 이스라엘에서는 엘리야와 예레미아, 신명기 이사야가, 아울러 그리스에서는 호머와 파르메니데스, 헤라클레이토스, 플라톤이 인간의 역사를 비약적으로 진전시킨 것처럼 보인다는 인상적인 사실을 포착하고자 했다. 실크로드를 따라ㅡ그들 각각의 전통에서 그들이 가졌던 근본적인 역할에 있어ㅡ교류가 이루어지고, 이러한 교류를 특징짓는 놀라운 호혜작용으로 귀결되었던 것은 특별히 그들의 사상이었다.

하나의 역사적 가설로서 그러한 거대담론을 다루는 것은 어려운 일이다. 그러나 설명이론으로서 그러한 거대담론의 역사적 개연성과 무관히, 추축시대나 기축시대와 같은 이론은 우리의 현대적 상황을 파악하고 해석하는 데 도움을 줄 수 있다. 이 [현대적] 상황은 특별히, 지리적으로 멀리 떨어진 맥락에서 처음으로 싹텄던 사상들이 오늘날 세계화된 상황 속에서 만남과 대화의 가능성에 의해 결합되고 있다는 사실을 특징으로 한다. 실크로드 상의 교통은 역사적 실크로드 위에서 어느 정도 예견은 되었지만, 이제껏 알려지지 않은 규모로 오늘날 현실화되고 있는 종교들의 세계적 만남을 위한 하나의 은유가 된 것이다.

기축시대에 걸친 종교적 전통들 속에서 드러나고 철학적 성찰 속에서 발견된 것은 무엇인가? 현대의 관찰자에게 떠오르는 한 가지 중대한 공통적 요소를 지적하고자 한다면, 그것은 우주 안에서의 인간의 위치에 대한, 전체에 대한 질서정연한 관계 속에 존재하는 인간의 지위에 대한 근본적 의식이다. 모든 것은 하나의 전체의 일부이며 이 전체는 우리의 일상적인 감각적 경험을 초월하는 원리들에 의해 지배된다. 이러한 초월성이 얼마나 상이하게 개념화되든 말이다. 오늘날 우주 안에서의 인간의 위치에 대해 성찰하고, 초월의 지평에서 전체를 바라보는 이러한 상이한 성찰방식들은 우리가 지금까지는 익숙하지 않은 방식으로 서로 간의 대화에 참여하는 데 도움을 줄 수 있다. 이러한 통찰은, 이와 같은 사상들이 처음으로 밝혀지고 발견된 상이한 장소들이 접촉하게 된 이후, 역사의 실크로드와 현대의 국제적 소통의 실크로드를 따라 오늘날 우리의 대화에 영향을 미칠 수 있다. 우리가 새로운 기축시대에 살고 있다고 주장하는 것은 지나친 일일 것이다. 그러나 야스퍼스가 기축시대라고 칭했던 것 안에서 처음으로 드러나고 발견된 사상들이 지금 우리의 교차문화적 대화의 일부가 될 수 있고 그 대화를 더 선명하게 바라볼 수 있도록 도와줄 수 있다고 말하는 것은 지나친 일은 아닐 것이다. 만약 우리가 그 종교들의 지혜를 활용한다면, 우리가 상호문화적 협력의 과제를 만나게 되는 길에 하나의 차이를 만들게 될 것인가? 나는 앞으로의 대화를 위해 몇 가지 논제를 제안해보도록 하겠다.

3. 상처받기 쉬운 지구와 인간 문화의 모호성

자기 자신의 전통에 대한 시각과 가치를 보편적인 것이라고 단언하는 것은 제국주의적 행동이라는 헌팅턴의 경고를 우리가 진지하게 받아들이고, 실크로드를 따라 이루어진 사상의 교환에 대한 프랑코판의 강조에 주의를 기울인다면, 우리는 다만 우리 각자의 전통으로부터 앞으로의 대화를 위한 제안을 하고 타자들이 그들의 전통으로부터 응답하는 것을 희망할 수 있을 뿐이다. 종교적 전통들 간의 유익한 대화(conversation)는 대화적(dialogical) 교환과 유비적 확장에 의존해야만 한다. 그러므로 나는, 그들이 종교를 가지고 있든 아니든, 다른 전통의 응답을 듣는 것을 간절히 바라는 기독교 신학자로서 이야기하는 것이다.

기독교인들과 유대인, 그리고 무슬림인들은 세계가, 온 우주가 선한 창조주의 작품이라고 믿는다. 세계는 무조건적인 사랑, 곧 선한 창조주의 모든 것을 포괄하는 자비로부터 주어진 하나의 선물이라는 성격을 갖는다. 하나님의 형상으로서 창조물 가운데 특별한 존엄을 지니고 있는 하나님의 피조물 인간은 이 선물에 대한 책임을 위해 부름을 받았고, 하나님의 선물인 창조세계를 위해 책임 있는 관리자 역할 수행하는 위엄을 갖추었다. 세계를 하나의 선물로 바라보는 것은 우리의 존경과 관심을 불러일으키는 신적인 자비의 표식을 모든 피조물 가운데서 마주치는 것을 의미한다. 많은 종교적 실천들이, 비록 식사 전에 하는 기도와 같이 아주 일상적인 형태를 띠고 있다 하더라도, 창조세계 안에 존재하는 인간의 이러한 위치를 환기하는 역할을 수행한다. 사람들이 식사 앞에서 은혜에 대해 이야기하고, 창조세계라는 선물 위에 내려진 축복을 말할 때, 그들은 그들이 그 선물의 수혜자라는 사실을 인정하는 것이다. 그들은 그것이 식물이든 동물이든 다른 피조물로부터, 심지어 다른 피조물의 죽음으로부터 영양분을 얻도록 허락을 받았고, 그리고 그것은 그 선물을 감사한 마음으로 인정할 때, 오직 신의 허락에 의해서만 가능한 일이다.

　더 나아가, 기독교인들은 다시 한 번 유대인들 및 이슬람인들과 더불어, 하나님이 말씀을 통해 창조세계를 존재하게 했다는 사실을 믿는다. 비텐베르크의 종교개혁가인 마틴 루터는 "우리는 모두 하나님의 어휘"이며, 신적인 문법의 규칙에 종속돼 있다는 기념비적인 구절로 그러한 사실을 표현한 바 있다. 모든 것은 하나님의 말씀이며 그러한 것으로서 하나의 내재적 가치와 의미를 지닌다. 모든 것은 결코 전적으로 인간의 목적을 위한 수단이 아니다. 내가 보기에는, 유사한 믿음이 이슬람에서도 강하게 고수되는데, 거기서 쿠란의 모든 구절들은 하나의 기호로 이해되기 때문에, 쿠란은 우리에게 창조세계를 하나의 책으로, 곧 그 안에서 모든 존재를 하나의 기호이자 신적 행위의 지표로 보게 되는 책으로 보여주는 것이다. 유대인과 기독교인, 그리고 이슬람인은 타낙과 성서와 쿠란이 우리에게 해석해야 할 세계를 제공한다고 믿는다. 세계는 해석되고 이해되어야 할 하나의 포괄적인 기호체계이다. 인간은 하나님에 의해 말 걺을 받아 응답할 수 있게 되었고, 그들이 받은 선물에 책임을 갖게 되었다.

　[이] 세 가지 아브라함 신앙 모두 인간이 언제나 세계를 하나님의 선물로 받아들이는 것은 아니며, 그들이 동료 인간 피조물에 대해서뿐만 아니라 다른 피조물에 대한 공격을 통해 세계를 다양한 형태로 침범한다는 사실에 대하여 강하게 확신하고 있다. 인간은 이러한 행위에 대하여 창조주 앞에서 책임을 져야 한다. 인간은 회개의 행위와 새로운 인도를 받음으로써 하나님과의 관계 안에 있는 그들의 본래 자리로 돌아가야만 한다. 그 무엇도 인간이 하나님의 자비로부터 벗어나 하나님과 단절된 상태의 결과로부터 그들을 구원하지는 못할 것이다. 기독

교 신앙은 그러한 사실을 무슬림인들은 수용하기 어려운 형태로 표현하고 있는데, 그것은 기독교인들이 오직 하나님만이 인간이라는 피조물의 소외를 극복할 수 있으며, 그가 그의 아들인 예수 그리스도의 십자가상의 죽음을 통해 그렇게 하셨다고 주장하기 때문이다.

그러한 종교적 관점들과 대조할 때, 우리는 서양의 근대가 선물을 주고받는 유비에 근거하여 세계를 하나의 선물로 이해하지도 않았고, 인간을 하나님 앞에서 책임 있게 만드는 하나님의 말걺으로 이해하지도 않았으며, 인간의 인공물이자 문화적 생산물이라는 유비에 근거하여 세계를 이해하는 경향이 있음을 알 수 있다. 세계는 아무런 소통적 행위가 아니기에 그 자체로는 아무런 의미도 없는 인과법칙의 지배를 받는다. 이것이 피조물들이 거주하는 기계로서의 세계상인데, 여기서 인간은, 프랑스의 물리학자이자 철학자인 쥘리엥 오프레이 드 라메트리의 저술 『인간기계론』(L'homme machine, 1747)에 따를 때, 또한 기계적으로 작동하는 기계로 간주되어야 하는 것이다. 기계의 물질과 우주의 재료는 인간의 목적을 위한 유용성 외에는 달리 아무런 중요성도 없다. 그 모든 부분에서 이러한 세계는, 하나님의 말씀으로 창조되었기에 체계적이고 문법적인 광범위함을 지니고, 그에 따라 모든 부분이 그 무언가를 의미하기에 중요성을 띠고 있는 신적 창조물의 성격을 갖지 않는다. [말씀으로 창조된 세계에서] 모든 부분은 신적인 문법의 구문론과 신적인 언어행위의 화용론에 의해 연결됨으로써, 그 모든 것들은 전체와의 연관 속에서만, 그리고 그러한 연관을 통해서만 (의미론적으로) 특별한 그 무엇을 의미하게 되는 것이다.

오늘날 우리가 기후위기에 관해, 아울러 지구 위의 모든 생명이 가진 생물다양성을 위한 책임 있는 관리자 역할을 유지하고 수행하는 일

의 중요성에 관해 생각할 때, 이러한 종교적 사유들이 새로운 중요성
과 긴급성을 획득하는 것은 아닌가? 우리가 대단히 복잡한 기계의 패
러다임 속에서 작업을 하지 않고 자연이라는 책 속에서 해석을 하는
패러다임에, 모든 과정이 보지 못하고 듣지 못하고 말하지 못하는 기
계적 힘에 의해서가 아니라 정보의 교환에 의해, 정보의 전달과정을
통해 구성되는 포괄적인 하나님의 언어행위에 귀 기울이는 패러다임
에 의해 인도를 받는다면, 제반 과학에서 연구하고 탐구하는 방식에는
무엇이 변화할 것인가? 세계를 이해하는 동양의 관점이 아브라함 신앙
들에 응답할 때, 그 응답 속에서 아브라함 신앙들이 들을 수 있는 반향
은 무엇이 될 것인가? 이 각각의 경우에, 종교적 관점은 지구가 상처받
기 쉽다는 것과 인간 문화의 모호함에 대한 통찰을 제공한다.

4. 상처받기 쉬운 육화된 존재와 탈육화된 지성의 도전

최근의 코로나 19 위기를 생각하면, 우리는 육화된 인격적 피조물로
서 우리 생명의 허약함을 새로운 방식으로 의식하게 되었다는 사실을
인정해야만 한다. 코로나 팬데믹은 우리의 육화된 실존의 중요성과,
그 가치, 그 아름다움 그리고 그것이 노출되어 있는 위협에 대해 성찰할
수 있는 충분한 기회를 제공한다. 우리는 또한 세계적 팬데믹이 우리
사회의 삶을 지배하는 경제적, 정치적 우선사항들에 어떻게 도전하는지
를 배울 수도 있다. 다양한 방식으로 코로나 사태는, 신종 바이러스에
직면하여 거기에 대응하는 우리의 가능성이 격리와 정화 의식을 통해
고대 의학이 전염질환을 다루곤 했던 방식으로 회귀한다는 사실을 극명

하게 상기시킨다. 전적으로 개별적인 사회구성원들의 물리적 생존에만 초점을 맞추고 있는, 코로나 19의 결과에 맞서 싸우는 이러한 방식이 결과적으로 바이러스에 맞서 싸우는 것을 우선시하면서, 꼭 필요한 것처럼 보이는 격리의 방식이 관계 안에 있는 존재로서 인간의 본성에 모순되기 때문에 발생하는 정신건강 문제나, 누가 치료와 예방에서 우선시되어야 하는가에 관련된 첨예한 정의의 문제, 그리고 우리 사회가 법률에 기초하고 있는 방식과 관련된 문제 등 다른 많은 문제들을 야기한다는 사실 또한 우리는 알게 되었다. 어느 정부가 시민들을 구한다는 목적으로 이 시민들의 개인적 권리 모두를 유예할 수 있단 말인가? 이러한 조치는 긴급상황을 들먹이면서 의회와 상의 없이 취해질 수 있는가? 긴급상황은 얼마나 오래 '긴급' 상황으로 정당화될 수 있는가?

우리가 우리 사회에서 경험하고 있는 논쟁들은 사회의 모든 구성원들과 환자들뿐 아니라, 보건노동자들 및 기본적인 물품과 서비스 분야에 몸담고 있는 소위 '제1선 노동자들'의 인격적 존엄을 여전히 존중하고 유지하는, 공공보건위기에 대처하는 방식을 발견하기 위해 종교적 전통의 지혜가 필요하다는 사실을 매우 분명하게 보여준다. 종교적 전통들의 지혜는, 그러므로 인간적인 방식으로, 즉 그들의 관계에서 각 사람들을 향한 존엄 및 존중과 더불어 위기와 싸우는 방법에 관한 토론에서 목소리를 내야만 한다.

아브라함 신앙들의 종교적 전통은, 유대교와 기독교, 이슬람 모두가 창조주 하나님이 인간이라는 그의 피조물과 맺고 있는 관계가 우리의 죽음을 통해, 그리고 죽음을 넘어서까지 유지된다는 점을 강조한다는 점에서 물리적 생존보다는 인간의 생명을 강하게 긍정한다. 그의 피조물인 인간과 더불어 하나님이 만들어가는 이야기가 인간의 죽음에서 끝나지 않고 그들의 죽음을 거쳐 새로운 생명에 이르기까지 계속된다는 믿음은, 신앙인들로 하여금 한편으로 자신의 죽을 운명을 알게 하고, 그들이 모두 죽게 될 것이라는 사실에 관해 분명하게 이해할 수 있게 하며, 다른 한편으로는 그럼에도 불구하고 죽음을 넘어 천상의 예루살렘에서, 하나님의 나라에서, 혹은 이슬람인들이 믿는 것처럼, 천국의 정원에서 생명의 완성을 희망할 수 있게 한다. 어떤 면에서는, 죽음을 맞이하는 방식, 곧 우리의 죽을 운명에 대한 인식 속에서 죽음을 대면하는 방식과 하나님에 의해 허락된 불멸을 향한 부활의 희망은, 전체로서의 삶이 하나의 선물인 까닭에, 삶을 살아가는 방식과 삶의 순간들을 간직하는 방식에 열쇠가 된다. 기독교인들에게 이 육화된 인격적 삶은, 모든 것을 창조한 창조주 로고스가 예수 그리스도 안에서 사람이 됨으로써 자신의 창조세계에 대한 관계 안에 계신 하나님의 존재의 통일성 안에 있는 그분의 마음과 의지가 [예수 그리스도라는] 한 인간의 삶 속에서, 종의 모습 속에서, 심지어 잔혹한 죽음 안에서 드러나기에 최상의 가치를 지닌다.

코로나 위기의 경험을 통해 급진화된 그러한 성찰의 맥락에서, 이른바 4차 산업혁명의 지평 위에 등장하는 기술적 발전들 가운데 많은 것들을 우리는 새로운 시각에서 바라봐야만 한다. 인공지능이 인간의 능력을 증진하기 위해 제공할 수 있는 기술적 가능성들이 무엇이든 간에, 그것은 우리의 육화된 인격적 실존에 도움을 제공하기 위해 존재해야 한다는 사실에 의해 제한되고 통제된 상태로 머물러야 하며, 그러한 실존을 초월하는 방법을 제공해서는 안 된다. 바로 이 지점에서, 우리는 근동에서 유래한 종교들과 극동에서 유래한 종교들 사이에서 동과 서를 잇는 실크로드 상의 만남이 특별히 도전적일 뿐만 아니라, 그 이

상의 통찰을 위해서도 특별히 희망적인 것으로 드러나게 될 것이라고
기대할 수 있다.

5. 길 위의 대화 중에 있는 순례자

실크로드 상의 만남이라는 이미지는 동과 서의 서로 다른 종교적 전통
들 간의 계속된 대화를 요청한다. 모든 종교는 특별한 시기에 거룩한
장소를 찾는 성지순례라는 의식뿐 아니라, 생명 전체가 초월적 목표를
향한 하나의 순례라는 이미지를 공유한다. 이러한 이미지는 길 위에서
만나는 서로 다른 종교와 서로 다른 문화들에 특별히 적절하다. 길 위에
서 이루어지는 그러한 대화는 우리가 기초해 있는 공유된 믿음과 가치,
미덕과 태도의 공통 근거를 요구하지 않으며, 그러한 대화는 다른 사람
들이 우리와 같은 방향으로 나아갈 때나, 다른 방향으로 움직이면서
우리와 마주쳤을 때, 길 위에서나 혹은 다른 이들과 함께 대화에 참여하
기 위해 길 위에서 잠시 멈추어 섰을 때 나누는 대화인 것이다.

칼 야스퍼스가 기술하려 했던 기축시대의 발견들 가운데 하나는, 비
록 매우 상이한 종교적, 철학적 지혜의 전통 속에서 매우 상이한 방식으
로 그려지고 있다 하더라도, 모든 인간이 하나의 공통된 초월적 목적을
지니고 있다는 발견이다. 그러나 이러한 발견은 매우 중요한 함의를
갖는다. 하나의 공통된 초월적 목적을 지니는 것은 또한 우리들 각자의
사회를 위해 우리의 공통된 시간적, 내재적 목표들을 [우리가 서 있는]
그 길 위에서 상상하고 실현하기 위한 한계를 설정하고 공간을 개방한
다. 공통의 목표를 갖기 위해, 이러한 목표들을 정당화하기 위해 우리의

상이한 전통으로부터 도출해내는 근거들에 우리가 합의해야할 필요는 없다. 하나의 전통 내부로부터 유래하는 이러한 목표들을 정당화하기 위한 강력한 근거들이 또 다른 전통에게 설득력을 발휘해야 할 필요는 없다. 공통의 정당화가 아니라 공통의 목표와 그러한 목표들을 추구하기 위한 다자적으로 합의된 규칙들, 그것이 중요한 것이다.

각 사람의 존엄을 향한 존중 속에 있는 평화와 정의, 자유 그리고 평등은 우리 모두가 성취하고자 하는 그러한 공통의 목표처럼 보인다. 그러한 것들은 또한 모든 대화의 조건이기도 하다. 다른 신앙과 다른 문화, 다른 전통에 속한 사람들을 만날 때 우리가 마주하는 다원주의적 환경 속에서, 한 가지 중요한 공통의 목표는 타인이 우리 미래의 일부가 되기를 우리가 원한다는 것이다. 공통의 목표를 제때에 성취하기 위해 필요한 환대의 미덕, 곧 타인의 '다름'에 대한 존중, 초월적 목적을 향한 도상에서 잠시 머물다가는 우리의 정거장에 타인을 위한 자리를 마련해 주고, 다른 이들의 거처에 마련된 자리를 받아들이는 환대의 미덕을 만들어내는 것은 바로 이러한 확신과 약속인 것이다. 이 두 가지 형태의 환대는 타인들이 제공하는 것뿐만 아니라, 우리가 우리 것이라고 여기는 것에서 [타인에게] 제공해야 하는 것을 기꺼이 나누어갖고자 하는 마음을 요구한다. 나눔이 언제나 물건과 선물을 나누는 것은 아니다. 코로나 사태가 예증하듯이, 그것은 다른 이들의 어려움과 곤경에, 심지어는 고통에 동참하는 것을 의미할 수도 있다. 존중과 환대가 실천으로 전환될 수 있기 위해서는, 우리에게 있는 가장 깊은 종교적 확신의 개입을 필요로 하는 적극적인 관용을 요구하는 것이다.

우리가 문자적인 의미에서나 은유적인 의미에서의 실크로드에서 서로 만날 때 이루어지는 길 위에서의 대화는 또한 대화적 미덕

(conversational virtues)을, 즉 타인의 이야기와 그들의 신념에 귀 기울이고, 그들이 말해야만 하는 것을 우리의 믿음과 신념의 언어로 번역하려고 시도함으로써 그들을 이해하려고 노력하는 미덕을 요구한다. 그것은 또한 타자를 위해 우리 자신의 전통에 대한 번역자가 됨으로써, 타자에게 우리의 믿음과 신념을 기꺼이 이해시키고자 하는 마음을 요구한다. 이것은 언제나 우리가 지금까지 이해해왔던 것을 탐험적으로 확장하는 일을 포함할 것이다. 그것은 아울러 우리의 대화적 번역과 유비적 확장의 시도가 직접적으로 성공하지 못할 때 기꺼이 교정을 받는 마음도 포함한다. 이러한 기술과 미덕이 실천되고 발전하는 곳에서 대화의 문화를 육성하는 것은 서로 다른 문화 간의 협력을 가능하게 하는 데 결정적으로 필요한 것처럼 보인다.

그러한 대화는 참여자들이 그들에게 명확해진 그대로 진리를 이야기하려는 헌신적 태도를 공유할 때에만 비로소 가능할 것이다. 진리에 대한 헌신은 종교적 전통들이 기초적 가치로 공유하는 그 무엇이다. 유신론적 종교들에 있어 그러한 헌신은, 하나님이 절대적으로 참된 분으로, 사실상 진리 그 자체로 이해된다는 점에서 가능한 최상의 확증이다. 신비적 종교들에 있어, 궁극적인 깨달음은 진리의, 즉 무효화되지 않을 진리의 드러남이다. 하나님 안에 기초해 있거나 궁극적 깨달음 안에서 드러난 것으로서 진리의 종교적 기초는, 인간이 결코 진리를 소유할 수 없거나 진리를 마음대로 처분할 수 없다는 사실을 필연적으로 동반한다. 인간은 진리의 판단을 받을 준비가 되었을 때 진리에 대한 판단을 이야기할 수 있을 뿐이다.

종교적 전통 속에 존재하는 진리의 초월적 기초는 또한 진리를 소유할 수 없는 인간이 말할 수 있는 것은 오직 진리의 파편뿐이라는 사실을 함축한다. 이러한 사실은 타자가 진리를 이야기할 때 우리가 주어진 어느 순간에 가지고 있는 진리의 이해를 풍부하게 하고 확장할 수 있다는 점에서 타자의 진리를 위한 공간을 창출한다. 총체적 진리는 초월적인 것이기에, 진리를 소유하지 않는 것은 또한 대화 속에서 타인들이 말하는 진리에 귀 기울이는 것을 가치 있게 만든다. 그러나 진리에 대한 이러한 헌신이 없다면, 대화는 한마디로 아무 의미도 없을 것이다. 마찬가지로, 진리가 나의 진리나 너의 진리일 수는 있지만 결코 우리의 공유된 진리일 수는 없다고 주장하는 진리에 대한 근본적 상대주의는, 대화를 불필요한 것이 되게 한다. 이러한 요구, 곧 진리를 말하는 것에 대한 무조건적 헌신이 충족되지 않는 곳에서는, 오직 적나라한 권력의 행사만이 남아있을 뿐이다. 탈진리의 시대는 권력이 수많은 외피와 가장을 통해 최상의 원리로서 홀로 통치하는 시대일 것이다.

실크로드 상의 교류 속에서 진리를 말하고 또 듣기를 기대하는 것은 또한 약속하고 그 약속을 신뢰하기 위한 조건이기도 하다. 우리가 공통의 목표를 위해 협력하기를 원한다면, 이것은 반드시 충족되어야 할 조건이다. 인간은 약속하고 신뢰하는 동물이다. 이것은 인간 조건에 구성적인 것이다. 약속과 신뢰는 우리로 하여금 순간을 넘어 타자에게 미래를 허락하고 타자의 약속을 신뢰하는 가운데 미래를 가질 수 있는 삶을 살 수 있게 한다. 이것은 약속을 지키지 않거나 우리의 약속을 받아들이기를 거절하는 타자들에게 우리가 취약하다는 것을 함축하기도 한다. 우리가 한 약속을 지키거나 우리가 받은 약속을 신뢰할 미래에 대해 아무런 통제능력도 없는 까닭에, 약속하고 신뢰하는 것은 언제나 위험한 일이다. 만약 우리가 신뢰를 통제로 대신한다면 우리는 새로운 가능성이 실현될 미래를 갖지 못할 것이며, 우리가 통제하는 현재적 상황의 반복과, 신뢰하고 약속하는 인격들 사이의 관계가 통제 당하고 지배당하는 객체와 주체 간의 관계로 변화하는 상황만이 남게 될 것이다. 그러므로 약속과 신뢰의 관계가 모든 인격적 관계의 중심 뿐 아니라, 모든 사업상의 거래와 모든 정치적 조약의 중심에 놓여 있 다는 것은 놀라운 일이 아니다. 진리의 초월적 근거를, 그리하여 모든 인간적 상호작용을 위한 약속과 신뢰의 결정적 중요성을 인식하는 것 은 상호문화적 협력의 실크로드 위에서 이루어지는 도상의 대화에 종 교적 전통들이 제공해주어야 할 소중한 일깨움 가운데 하나다. 그러나 우리는 그러한 사실을 뜻밖의 일로 여겨서는 안 된다. 우리가 실크로 드 위에서 마주치게 되는 비유는 우리가 서로서로 교환할 가치 있는 무언가를 가지고 있다는 사실을 우리에게 환기시킨다. 그 대화 속에 종교적 전통과 지혜의 전승을 포함시키는 것은 타자가 우리에게 제공 하는 진리를 우리 자신의 관점 내부로부터 우리가 이미 의식하고 있는 하나의 진리로서 마주치게 될 기대를 아울러 포함한다. 무엇이 그보다 더 가치 있는 일일 수 있겠는가?

실크로드의 동단, 한반도

김시내

1. 서론

　아시아와 유럽을 잇는 중앙아시아에서는 오래전부터 카라반(caravane)들이 활동하며 동서를 잇는 교역이 이루어져 왔다. 실크로드는 이 교역로와 연관되어 옛날부터 중국의 주요한 교역품이었던 비단이 전해졌던 동서교통로를 총칭하는 말이다. 그러나 그 이전 인류의 대이동에 의해 유라시아 대륙에 몇 갈래의 길이 생겼으며, 그 이후 기원전 7000년경에는 메소포타미아 지방에서 발생한 농경과 목축업 및 토기와 방직 기술 등의 문명이 이 길을 따라 각지로 전파되었다. 상업적인 카라반의 활동이 본격화되면서 오아시스로를 통해 호탄의 옥과 아라비아의 향료, 로마의 아름다운 유리그릇 등이 낙타에 실려 동방으로 왔고, 다시 이 길을 따라 중국의 비단이 로마의 궁까지 운반되었다. 협의적인 의미에서 실크로드는 오아시스로를 중심으로 연결된 무역로를 지칭하지만, 이와 함께 기원전 8~7세기에 스텝지역을 통과하는 초원로를 통한 교류의 흔적이 유물뿐만 아니라, 문헌 기록에 의해 입증되고 있다. 이 길은 이후 몽골 등 북방의 기마민족의 이동 통로가 되었다. 항해술이 발달하면서 좀 더 안정적인 해상로를 통해 더 많은 물자와 인적교류가 동서간에 이루어졌다. 광의적으로는 이 3개의 길을 통틀어 실크로드라고 지칭한다.

한반도는 실크로드의 동단에 위치하고 있지만, 그동안 실크로드의 영향이 크게 파급되지 않았거나 무관하게 여겨져 왔다. 그러나 실크로드의 모든 길이 한반도와 연결되어 있으며, 동단의 연결고리로 시대에 따라 차이는 있으나 상당한 역할을 해왔음을 유물과 문헌 기록을 토대로 짐작해 볼 수 있다. 초원로를 통해 인류가 이동하는 과정에서 한반도로 문화가 전달되었고, 남북국시대 발해의 교역품들이 초원로와 오아시스로를 통해 전달되었다. 오아시스로를 통해 중국을 거쳐 한반도로 문화와 종교 등이 전파되고, 한반도의 물품이 교역품으로 전달되었으며, 오아시스로와 함께 삼국시대에는 해상로를 통해서 백제와 신라에 서역 상인들이 들어와 교역이 이루어졌고, 고려의 벽란도로 이어지는 무역로가 형성되었다. 이러한 점에서 실크로의 3대간선들이 모두 한반도를 동단으로 삼고 있음이 분명히 들어난다.

2. 본론

1) 초원로와 한반도

한대(漢代) 장건의 서역 착공이 있기 전 시대에는 유라시아 북방 초원 지대를 동서로 횡단하는 초원로가 문명교류의 주통로 역할을 했다.

초원로를 통한 동서교역에 대한 최초의 흔적은 스텝지역에서 생활한 유목민애 대해 서술한 헤로도토스(Herodotos, B.C.484?~B.C.425?)의 저작 《역사(Historiai)》 속에서 찾을 수 있다.

헤로도투스는 제16장에서 제30장에 걸쳐 여러 이야기들과 함께 비교적 상세하게 동방교역로상의 여러 민족에 대해 설명하고 있으나 전해지는 이야기들을 수집해서 적은 것이라 명료하지 못한 부분이 있다. 그러나 초원로를 통한 유럽과 아시아를 잇는 교통로에 대한 가장 오래된 기록임은 분명하다. 이 길은 기마유목민족인 스키타이에 의해 개척된 후 대체로 흉노(Hun)와 몽골 등 북방 기마유목민족들의 교역과 이동 및 정복 활동에 이용되었다. 서쪽의 끝은 카스피해연안으로 보았으나, 여러 가지 유물을 통해 볼 때 발트해남단까지 연결되었던 것으로 보여진다. 이 길은 발트해 남단부터 흑해의 동북편과 남러시아의 카스피해와 아랄해 연안을 지나 카자흐스탄과 알타이산맥 이남의 준가리아분지를 지나 몽골 고비사막의 북단 오르혼 강 연안으로 이어진다.[1] 이후 한갈래는 동남향으로 바꾸어 중국의 화북지방에 이르러 그 동단을 이루고, 또 다른 한 갈래는 한반도까지 연결되었다.

중앙아시아, 먼 이국 땅에서 고구려의 흔적을 만나볼 수가 있다. 그것은 우즈베키스탄 사마르칸트 아프라시압 궁전 벽화(Afrasiab Painting)에 소그드인이 남긴 고구려 사신의 모습이다. 아프라시압 궁전 벽화는 1965년에 옛 사마르칸트 지역에서 발굴되었다. 아랍이 중앙아시아에 진출하기 이전인 7세기 중반에 소그드인에 의해 만들어진 것으로 추정

---

1 정수일, 『고대문명교류사』, 사계절출판사, 2001, 619쪽.

〈그림 1〉 우즈베키스탄 사마르칸트 아프라시압 궁전 벽화

된다. 벽화의 주된 주제는 각국에서 온 사절단이 소그디아나(Sogdiana) 궁전에서 왕을 만나는 모습이다. 이 벽화의 중앙 부분에서 고구려 사신 의 모습이 발견된다.

사마르칸트 일대는 예전부터 실크로드 중개무역을 통해 동서양 문명 교류에서 핵심적인 역할을 담당했던 지역이다. 벽화에 그려진 동로마 제국이나 돌궐(突厥), 고구려 등 각국에서 온 외교사절들을 통해 당시의 외교상황을 알 수 있다. 벽화에는 고구려 사신 두 명이 보인다. 고구려 특유의 복식인 조우관(鳥羽冠)을 쓰고 환두대도(環頭大刀)를 찬 모습이 다. 아프라시압 궁전 벽화의 고구려 사신은 당시 고구려와 중앙아시아 의 교류를 알려주는 귀중한 자료이다. 당시 국제정세를 볼 때, 중국을 관통하는 오아시스로보다는 초원로를 통해 중앙아시아와 왕래가 이루 어졌을 가능성이 크다. 고구려가 중앙아시아와 왕래했던 길은 고구려가

〈그림 2〉 우즈베키스탄 사마르칸트 아프라시압 궁전 벽화 디지털 복원도

멸망하고 세워진 발해의 담비로를 형성했을 것으로 추측해본다.

　고구려가 멸망한 후 당나라는 고구려 유민들의 저항을 막고 이들을 분열시키기 위해 강제로 중국 곳곳으로 이주시켰다. 요서 지방 영주에 있던 대조영은 거란족이 반란을 일으켜 혼란한 틈에 고구려 유민과 말갈인들을 이끌고 영주를 탈출해 천문령에서 당군을 물리치고, 송화강을 건너 고구려의 옛 땅인 동모산 근처에 도읍을 정하고 나라를 세웠다. 처음에는 '진국(震國)'이라 했다가(698년), 나중에 발해(渤海)로 나라 이름을 고쳤다. 그 후 발해는 수도를 네 번이나 옮겼는데, 그 중 상경은 가장 오랫동안 발해의 도읍지였는데, 부근에는 넓은 평야가 있고 물이 풍부하여 농사짓기에 좋았으며, 무엇보다 교통로가 발달해 다른 나라와 교역을 하기에 유리했다. 건국 초기에는 당나라와 적대적인 관계였기에 당나라의 문물을 받아들이거나, 교역이 활발히 이루어지지 않았다. 그러나 문왕은 발달된 문화를 받아들이고 물자와 식량을 구하기 위해서 주변 나라들과 교류해야 한다고 생각하고, 수도 상경을 중심으로 주변 국가로 통하는 다섯 갈래의 길을 만들었다. 영주도와 조공도를 따라 당으로 가는 길, 거란으로 가는 길, 일본으로 가는 길, 신라로 가는 길, '담비의 길'을 따라 시베리아와 중앙아시아로 가는 길이었다. 눈여겨 볼 길은 '담비로'이다. 이 길은 발해 건국초기에 당과 적대적인 관계에 있을 때 당을 거치지 않고 서쪽으로 연결된 길로, 초원로와 연결된 길이었다. 이 길을 따라 시베리아와 중앙아시아로 교역이 이루어졌다. 오아시스로를 통해 중국(당)과 신라의 교역이 활발할 때, 발해는 담비로와 연결된 초원로를 통해 교역하며, 초원로의 동단 자리를 지키고 있었다.

2) 오아시스로와 한반도

오아시스로란 중앙아시아를 중심으로 건조지대(사막)에 흩어져 있는 오아시스와 도시들을 연결하여 이루어진 동서교역로를 이르는 말이다. 오아시스로는 동쪽 끝에서 로마까지의 동서 구간이 일시에 개통된 것이 아니라, 파미르 고원을 중심으로 동서 각지에 산재해 있던 구간별 교역로가 파미르 고원을 횡단하는 길이 열리면서 서로 연결되어 생긴 동서교역로이다. 기록에 의하면 파미르 고원 서쪽의 서아시아 지방에는 기원전 6세기경에 이미 정비된 교통로가 존재했었다. 페르시아 아케메네스조의 다리우스 1세(Darius 1, 재위 B.C.522~486)는 동쪽으로 인도 서북부의 간다라 지방부터 서쪽으로는 이집트, 북쪽으로는 소그디아나에 이르는 광대한 지역에서 군사도로를 만들어 사방으로 통하게 하고 역전 제도를 확립했다. 그러나 파미르 고원 동쪽 지대와 교통이 이루어진 기록은 서쪽 지대보다 뒤늦은 기원전 2세기에 와서야 처음으로 나타난다. 그 시작은 B.C.139~126년 사이에 한나라 무제(武帝, B.C.140~87)의 명령으로 중앙아시아에 파견된 장건(張騫, ?~B.C.114)의 기록이다. 『한서(漢書)』「서역전(西域傳)」을 시작으로 그 이후 중국 역사에는 오아시스로의 시대별 변천 과정이 비교적 상세하게 소개되어 있다.

전한시대(B.C.202~AD 9)에는 한(漢)에서 서역으로 가는 오아시스로가 남로와 북로, 두 길로 나누어져 있었다. 후한대(AD 25~220)에 와서 서역과의 관계가 확대됨에 따라 기존 오아시스로의 이용이 더욱 빈번해지고 새로운 노선이 개척되었다. 그 결과 서역으로 가는 데는 남로(南道), 중로(中道), 북로(北道)의 세 길이 생기게 되었다. 남로는 전한대의 오아시스로 남로이고, 중로는 그 북로이며, 북로는 새로 개척된 돈황—고창로다.

한대 이후 위진남북조(魏晉南北朝) 시대에 이르러서는 서역과의 교류가 더욱더 빈번해지면서 기본노선은 변함이 없으나 지선(支線)이 확장되고 이용도가 증대 되었다.

이후 6~7세기 수(隋)·당(唐)대에 이르면서 서역과의 교역이 그 어느 때보다 활발해져 동서교통의 주통로인 오아시스로의 역할이 더욱 커졌다. 당시 오아시스로에 관한 최고의 기록은 배구(裵矩, 557~627)가 저술한 지리풍물서 『서역도기(西域圖記)』이다. 배구는 동서를 횡단하는 세 갈레의 길을 밝히면서 세 갈레 길의 경유국들은 모두가 남북을 관통하는 길을 갖고 있다고 적었다. 이것은 오아시스로 세 갈레 길 전체가 동서남북을 연결하는 교통망으로 뒤덮여 있음을 말해준다. 그러면서 그는 각지와 사방으로 이어지는 중심지에 위치한 이오·고창·선선은 서역의 문호이고, 모든 도로가 종착하는 돈황은 오아시스의 목줄이라고 지적하였다.[2]

당대(唐代)에는 타림 분지에 대한 지배권을 확보하고 파미르 고원 서쪽에 22개의 도호부(都護部)를 설치하는 등 오아시스로에 대한 지배권을 강화하지만, 그 지배권은 당 전성기에 국한될 뿐 오래 가지는 못했다. 반면 당시 신흥 아랍-이슬람제국과의 폭넓은 교류로 인해 서역을 관통하는 오아시스로의 중요성은 더욱 더 확대되었다. 이러한 여건 아래 오아시스로의 구간별로 진행되던 교류가 전노선에 걸쳐 직접적이며 관통적인 방식으로 전개되었다. 그 결과 서역의 지역적 개념도 파미르 고원을 훨씬 넘어 인도와 이란, 아랍과 로마까지 확대되었다. 이로 인해 오아시스로의 동서 양단도 그만큼 멀리 옮겨지게 되었다.

신라와 당의 활발한 교류는 오아시스로의 동단을 중국의 장안을 넘어 한반도로 옮겨놓았다. 여러 가지 유물과 문헌을 통해서 이 사실을 알 수 있다. 다양한 서역 문물이 삼국 시대에 벌써 한반도에 유입되었으며, 중국을 사이에 두고 한반도와 서역 간의 교류가 직간접적으로 이루어져왔음을 남아있는 유물과 문헌을 통해 알 수 있다.

오아시스로를 통해 한반도와 교역이 이루어졌고, 문물이 유입이 빈번했음을 불교의 전례과정을 통해서도 알 수 있다. 북중국을 통일한 전진은 남중국 통일을 위해서는 북서지역에 위치한 고구려와의 우호관계가 필요했다. 이에 전진왕 부견은 372년 인도출신 승려 순도와 불경을 고구려에 보냈다. 이 시기에는 해로보다는 오아시스로를 통한 교류가 이루어지던 시기로 인도의 승려가 오아시스로를 통해 중국으로 들어왔다가 다시 육로를 통해 고구려로 들어오게 된 것이다. 백제 역시 육로를 통해 중국으로 들어온 인도의 승려가 다시 백제로 들어와 불교를 전파하게 된다. 383년 북중국을 통일한 전진은 동진을 정벌하

---

2 정수일, 『씰크로드학』(초판 3쇄), 창작과비평사, 2002.

기 위해 100만 명의 대군을 보내 동진과 '비수대전'이란 전쟁을 하게
된다. 그러나 전진의 100만 대군은 동진의 8만 군대에 대패한다. 당시
고구려와 한강유역을 두고 대치 중이던 백제는 동진에 비수대전 승전
축하 사신을 보내고 동진은 이에 화답해 384년(침류왕 원년)에 백제사신
이 귀국하는 배편에 인도승려 마라난타와 불경을 보낸다. 이것이 백제
가 불교와 접촉한 첫 기록이다.(『삼국사기』 권24) 이를 통해 알 수 있듯
이 오아시스로를 통해 중국으로 인도의 승려가 들고온 불교는 육로와
해로를 통해 고구려와 백제로 다시 유입이 되었다. 그 만큼 오아시스
로의 동단은 한반도까지 연장될 수 있는 것이다.

　불교의 한반도 유입은 사실 그 이전으로 거슬러 올라간다. 가야의
불교의 유입은 고구려보다 300여년이나 앞선 것으로 기록되어 있다.
'금관가야의 개국시조 김수로왕(42~199)의 부인 허황옥(許黃玉, 33~189)
은 야유타국(인도 중부에 있었던 고대왕국)의 공주로, 16세에 수행원들과
배를 타고 가락국에 도착해(48년) 김수로왕과 결혼해 보주태후가 된다.
당시 백성들은 불교를 믿지 않았기 때문에 절은 짓지 않았지만, 수로왕
의 8대손 김질왕(재위 451~492)은 시조모 허황후의 명복을 빌기 위해
452년에 수로왕과 황후가 만나 혼인했던 곳에 절을 세우고 왕후사(王后
寺)라 했다.[3] 백제와 신라에 막혀 육로가 자유롭지 못했던 가야는 바닷길
을 통해 서역과의 교류가 있었고, 문물이 유입되고 인적교류가 있었음
을 짐작할 수 있다.

---

3 『삼국유사』 권2, 가락국기.

3) 해상로(남해로)와 한반도

해로는 실크로드의 개념 확대에 따라 제2차 세계대전 이후에 그 일부가 실크로드 3대 간선의 하나로 인정되었다. 그 서단은 로마, 동단은 중국의 동남해안으로 설정되었다. 포괄하는 해역은 지중해, 홍해, 아라비아해, 인도양, 중국 남해(서태평양)로 전체 항해 길이는 약 15,000km(약 37,500리)로 추산되었다. 위치상으로 초원로나 오아시스로의 남쪽에 있는 해로라는 데서 이 길은 남해로(Southern Sea Road)라고 명명되었다.

그러나 해로의 동단 역시 한반도였음을 남아있는 유물과 기록들을 통해 분명히 알 수 있다. 앞서 살펴본 가야의 불교전래와 인도의 공주가 수로왕의 왕후가 되는 과정을 적은 가락국기를 통해서도 알 수 있듯 이 육로가 막혀 있던 가야는 해로의 연장선에 있었으며, 백제, 신라와 함께 해로의 동단을 점유하고 있었다.

백제는 한반도가 가진 지리적 이점을 바탕으로 동아시아의 해상왕국으로 발전하였다. 백제가 위치했던 한반도 중·서남부는 한강, 금강, 영산강을 비롯하여 많은 하천을 끼고 있었다. 그리고 인접한 바다인 서해와 남해는 서북으로는 중국대륙, 동남으로는 일본열도에 닿는 동아시아 해상교통로의 중심에 위치하였다. 이러한 백제의 자연환경은 하천을 통한 내륙운송과 해상을 통한 연안해운을 자연스럽게 발전시켰고, 중국대륙과 한반도, 일본열도를 잇는 동아시아의 해상 네트워크를 형성할 수 있게 했다. 일부 기록에는 백제인들이 동북아시아 뿐만 아니라 동남아시아와 인도에 이르기까지 먼 바닷길을 통해 활발하게 교류하는 모습이 보이기도 한다.

현재 남아있는 각국 역사서와 백제의 문화재를 통해 바다를 터전으로 생활하던 백제인의 모습이 점차 드러나고 있다. 백제의 옛 땅에서

발굴된 중국의 도자기와 동남아시아산 유리구슬, 백제에서 일본으로
전해준 칠지도와 의자왕 바둑판은 동아시아 바다를 무대로 활약했던
백제인의 찬란한 유산이다.

목화자단기국은 일본에 현존하는 가장 오래된 바둑판으로 1400년 전
백제 의자왕(義慈王, 재위 641~660)이 당시 왜국의 실권자인 후지와라노
가마타리(藤原鎌足, 614~669)에게 선물한 것이다. 바둑판은 한반도의 소
나무로 제작되었고, 표면은 스리랑카 원산의 자단으로 만들어졌다. 판
위의 19줄의 선은 동남아시아와 인도가 주산지인 상아로 장식 되었고,
17개의 화점(花點)은 꽃무늬로 장식되었다. 바둑알 역시 상아로 제작되
었다. 옆면에는 낙타와 공작 그림, 그리고 코끼리를 이용해 사자를 사냥
하는 모습, 낙타를 모는 아라비아인 등이 상아로 새겨져 있다.

의자왕의 바둑판과 바둑알은 백제의 해상교역이 동아시아는 물론

〈그림 3〉 목화자단기국[木画紫壇棊局]
가로 48.8cm·세로 49cm·높이 12.7cm·무게 3.91kg / 일본 정창원 소장

〈그림 4〉 홍아감아발루기자(紅牙紺牙撥鏤碁子: 붉은 색과 청색의 바둑돌), 일본 정창원 소장

인도의 남부지역까지 이르렀다는 사실을 증명하는 자료이다. 바둑판의 겉표면을 위해서는 인도 남부의 스리랑카에서 자생하는 최고급의 목재를 들여왔고, 바둑알은 동남아시아와 인도에서 상아를 들여와 제작했다. 이미 성왕 때 겸익이 해상을 통해 불교의 원산지인 인도에 다녀왔다는 기록이 있다. 당시 인도까지 배로 왕래하는 것은 어려운 일이었지만 불가능한 일은 아니었다. 511년 양나라 무제의 명으로 인도에 파견되어 양나라로 불상을 가져온 혁건은 바닷길을 왕복을 했다. 이러한 기록을 통해 알 수 있듯이 백제에서 양나라로 배를 타고 간 후, 다시 인도로 가는 코스는 이미 개척된 상태였다. 당시 백제는 양나라와 교류가 많았고, 무령왕은 양나라 문화에 심취해 자신의 무덤을 양나라 방식으로 만들 정도로 교류가 많았다. 교역품들이 다양한 통로를 통해 백제로 들어 왔다는 것으로 백제인의 해상활동을 추측해 볼 수 있으며, 해로의 동단이 백제로 연결됨을 알 수 있다.

여러 문헌의 기록을 통해 중국과 백제가 활발한 교역이 있었음을 짐작할 수 있다. 황칠은 옛부터 금속과 목재 등 공예품 표면을 장식하는 데 쓰였던 담황색 천연도료이다. '삼국사기' 백제 무왕 27년의 기록엔 당나라에 사신을 보내어 명광개(明光鎧)를 선물로 주면서 고구려가 당나라로 가는 길을 막는다고 호소했다. 명광개는 백제 시대 사용한 갑옷으로 황칠을 통해 '황금빛이 나는 갑옷'이다.

《구당서·동이전·백제조》에는 "백제에는 섬이 세 개가 있으니 그 곳에서 황칠이 난다"고 하여 황칠이 백제에서 생산되는 특산품임을 전하고 있다. 한편 《계림지(鷄林志)》에는 "고려의 황칠은 섬에서 난다. 6월에 수액을 채취하는데 빛깔이 금과 같으며, 볕에 쪼여 건조시킨다. 본시 백제에서 나던 것인데, 지금 절강(浙江) 사람들은 이를 일컬어 신라칠(新羅漆)이라 한다"고 기록되어 있다. 이를 통해 백제의 천연도료인 황칠이 칠해진 물품들이 중국에 많이 알려져 있었고, 교역품으로 전해졌다는 것을 알 수 있다.

현존하는 회회자료 중 유일하게 백제인의 모습을 담고 있는 양직공도는 6세기에 제작된 원본을 1077년 북송 시대에 모사한 것인데, 당시 당나라 초기에 백제와 교류가 빈번했음을 짐작케 한다. '백제국사(百濟國使)'라는 이름이 붙은 그림과 여기에 대한 기록을 보면, 백제에 대해 "마한(馬韓)에서 시작된 나라이며, 중국의 요서(遼西) 지방을 차지해 다스렸다. 고구려와 말씨 및 옷차림이 비슷하며, 백제 무령왕(武寧王)은 고구려를 크게 격파했다는 사실을 알려온 적이 있다"는 등의 내용이 담겨 있다. 이 자료를 통해 당시의 백제의 복식을 알 수 있고, 당나라에 사신을 보내며 활발히 교류했음을 알 수 있다.

신라 역시 해로를 통한 교역이 활발했다. 삼국시기에는 고구려에 막혀 있었고, 삼국을 통일한 이후에는 얼마 지나지 않아 등장한 발해로 인해 육로는 이용할 수 가 없었다.

삼국사기에는 페르시아 카펫이 등장하고, 신라 왕릉에서는 공작새 깃털이나 해외에서 들어온 금은세공품·인형 등이 다수 발견됐다. 834년

〈그림 5〉 중국 남경시(南京市) 남경박물원(南京博物院)

홍덕왕이 사치금지령을 내려 외래품 수입이 중단될 정도로 신라와 페르시아는 교역이 활발했다.

사람은 나이에 따라 손위와 손아래의 구분이 있고, 지위에도 높고 낮음이 있어서, 법의 규정이 같지 않으며 의복도 다른 법이다. 풍속이 점점 각박해지고, 백성들이 다투어 사치와 호화를 일삼고, 진기한 외래품만을 좋아한 나머지 도리어 순박한 우리의 것을 싫어하니, 예절은 곧잘 분수에 넘치는 폐단에 빠지고 풍속이 파괴되는 지경에 이르렀다. 이에 삼가 옛 법전에 따라 명확하게 법령을 선포하노니, 만일 일부러 이를 어기면 진실로 그에 맞는 형벌을 내릴 것이다.

　진골 여자의 목도리와 6두품 여인들의 허리띠는 금은실(金銀絲)·공
작미(孔雀尾)·비취모(翡翠毛)를 쓰지마라. 빗(梳)과 관은 슬슬전(瑟瑟
鈿)과 대모(玳瑁)로 장식하지 마라. 말안장에 자단과 침향(자바의 향기
나는 나무)을 사용하지 말며, 수레의 깔개로 구수탑등(페르시아 양탄
자)을 쓰지 말라

　'비취모'는 캄보디아(眞臘國)에서도 진귀한 물총새(Kingfisher)의 털로
중국에서도 옷소매나 사타구니 속에 넣어 밀수한 금지된 품목이었다.
'공작미'는 인도와 아프리카산인 공작새의 꼬리이며, '슬슬전'은 이란산
에메랄드를 빗과 관에 알알이 박아 넣은 최고 명품이고, '대모'는 보르네
오와 필리핀 군도 등에서 잡은 거북등 껍데기이다.

　이를 통해 신라시대 외부 교역로를 통한 무역이 얼마나 활발하게 이
루어졌으며, 외래품이 경내에 퍼져 경제가 흔들릴 정도였음을 짐작할
수 있다.

　이와 함께 인적 교류도 활발했음을 남아 있는 유물을 통해 알 수 있다.
그 대표적인 예가 경주 괘릉의 이방인 석상과 처용의 존재이다. 삼국유
사에 나타나는 처용은 당시 신라인들과는 달랐기에 귀신을 쫓아내는
특별한 존재로 부각되었다. 괘릉 앞의 문인석상은 중앙아시아의 위구르
인(혹은 소그드인)의 모습으로 짐작되고, 무인석상은 페르시아 군인(혹은
소그드인)의 모습으로 짐작된다. 흥덕왕릉의 무인석상도 역시 비슷한
모습을 하고 있다. 출신이 정확이 어디인지는 분간하기 어려우나 신라
인의 모습은 분명히 아니며, 서역인의 형상임에는 의심의 여지가 없다.
이는 당시 상당한 인적 교류가 이루어졌음을 의미한다.

〈그림 6〉 흥덕왕릉 무인석상　　　〈그림 7〉 괘릉 무인석상

　　이후 고려 시대로 넘어가면 국제 무역항이자 요충지였던 벽란도를
통해 해상 무역이 활발히 이루어지며 서역과 교류했던 것을 볼 수 있다.
　　고려시대에는 육로가 막혀 있었기 때문에 바닷길이 매우 발달했다.
벽란도는 당시 고려의 수도였던 개경과 거리가 가까웠고 수심이 깊어,
밀물을 이용하면 크고 작은 배가 자유롭게 드나들 수 있었기 때문에
고려시대 무역의 중심지가 되었다.
　　이곳에서의 무역이 상당히 활발하여 송나라, 일본의 상인은 물론이
고 서역의 상인들, 특히 대식국의 이슬람 상인들까지도 무역을 하러
왔는데 이때 이슬람권에 '고려'라는 이름이 알려지면서 서양으로 전파
되어 우리나라의 영어이름이 '코리아'가 되었다고 추측한다. 물론 외국
인 중에서 가장 많은 비중을 차지하는 것은 중국인이었으나 중국 이외

의 다른 곳 상인들도 상당히 드나들면서 자연스럽게 해로의 연장선에 있게 되고, 동단의 위치를 차지하게 되었다.

3. 결론

장보고가 해상을 장악하고 있을 때는 아랍 상인들이 직접 한반도로 들어오기는 힘들었다. 그러나 장보고의 해상세력이 몰락하고 해상이 열리던 9세기는 아랍 상인들이 중국을 넘어 본격적으로 통일신라에 진출하기 시작했다. 이에 관한 기록은 이슬람 학자들의 저술에서 찾아볼 수 있다. 이슬람들의 신라 진출과 신라의 위치, 자연환경, 산물 등에 관한 기록들이 상당히 많이 남아있다.

몇몇 학자들은 아랍인의 신라 진출에 관한 최초의 기록을 이븐 쿠르다드비(Ibn Khurdhadih)의 저서 『왕국과 도로총람(혹은 제도론 및 제왕국 안내서)』으로 소개한다.[4] 그 내용을 추려보면 다음과 같다.

> 중국의 동쪽 끝에는 신라라는 나라가 있는데, 산이 많고 금이 풍부하다. … 이 나라에 도착한 무슬림들은 그 곳의 아름다움에 이끌려 그곳에 정착해 떠날 줄을 모른다.

---

4 신형식의 『신라와 서역과의 관계』에서는 김정위의 논문을 근거로 Ibn Khurdhadih의 저술 『제도론 및 제왕국안내서』(885년), 170쪽에 기록되어 있다고 서술하고 있으며, 이희수는 『걸프 해에서 경주까지, 천년의 만남』에서 이븐 쿠르다드비(Ibn Khurdhadih) 의 『왕국과 도로총람』(846년)에 기록되어 있다고 한다. 년도와 책 제목에 혼동이 있으나 같은 책으로 여겨진다.

그 외에도 다수의 아랍 학자들의 저서에서도 공통적으로 신라는 자연
환경이나 기후가 쾌적하고 금이 많고 풍족한 나라로 소개하고 있다.[5]
9~10세기 아랍 학자들의 신라에 대한 기술은 상인들의 견문에 의존해서
기록되었을 것이다. 상인들의 직간접적인 경험이 아랍 학자들에게 전달
되는 과정에서 외곡이나 과장이 있을 수 있지만, 분명한 것은 중국 동쪽
에 신라라는 나라가 있으며, 무슬림들이 드나드는 인적교류가 있었으
며, 상업적인 교류도 이루어졌다는 것이다. 그뿐만 아니라 신라에 정착
하는 무슬림들이 생겼다는 것이다. 이와 관련된 가장 확실한 증거는
《삼국유사》에 기록된 처용의 등장이다. 이를 토대로 짐작할 수 있는
것은 아랍권의 상인들이나 학자들에게 있어서 실크로드의 동단은 중국
을 넘어 한반도로 인식하고 인적, 물적 교류가 이루어졌다는 것이다.

　　오아시스로를 통해 당에 도착한 문물들은 그곳을 넘어 한반도를 종
착점으로 다시 길을 떠나 신라로 향했을 것이다. 한편 해로를 통해 중
국 남부해안에 도착한 상인들은 육로를 통해 장안으로 길을 떠났지만,
일부는 다시 동쪽으로 뱃머리를 돌려 신라를 종착역으로 삼고 길을 재
촉했을 것이다. 중국 남부에서 한반도로 향하는 실재적인 향해 루트가
아직은 밝혀지지 않았지만, 실크로드의 모든 길들이 한반도를 동단으
로 삼고 있음은 여러 문헌과 문물들을 통해서 확실히 알 수 있다. 실크
로드 상에서 한반도가 가졌던 지위와 역할들이 고고학적인 발굴과 문
헌 수집을 통해 더 많이 밝혀질 수 있기를 고대한다.

5　신형식 외, 「신라와 서역과의 관계」, 『신라인의 실크로드』, 백산자료원, 2002, 124~
125쪽 참조.
　　양승윤·최영수·이희수 외 지음, 「걸프 해에서 경주까지, 천년의 만남」, 『바다의 실크
로드』, 청아출판사, 2003, 277~280쪽 참조.

제2부

남방 해상실크로드
: 라틴계 성서문명의
동진과 유교오리엔트

바티칸 도서관 소장의 명청시기 '서학 한문문헌(西學漢籍)'의 문화적 의의

장시핑 / 천춘화 옮김

1. 서언

명청(明淸)시기라고 하면 대체적으로 명나라 말기 숭정(崇禎) 황제시기부터 청나라의 순치제(順治帝), 강희제(康熙帝), 옹정제(雍正帝)시기를 말한다. 황종의(黃宗義)는 이 시기의 초기 단계를 "천붕지해(天崩地解)"라는 말로 형용하였는데 지극히 타당한 표현이다. 중국에 있어서 이 시기는 내부적으로는 명청시기의 정혁(鼎革)과 만한(滿漢)정권의 교체를 거치면서 문화적인 격변을 겪었던 시기였고 외부적(세계적인 범주에서)으로는 15세기말의 지리적 대발견이 가져온 서양문화와 서양체제가 지구적으로 확장되던 시기였다. 문화적인 마주침과 충돌이 다양한 양상으로 드러났고 오늘의 세계에까지 그 영향이 미쳤다.

중국과 서양의 관계라는 측면에서 볼 때 가장 중요한 사건은 아마도 포르투갈과 스페인이 인도양과 태평양을 건너 동아시아에 상륙하고, 그 뒤를 이어서 예수회가 중국에 입성한 사건일 것이다. 이로부터 중화문명과 유럽문명의 문화적인, 정신적인 진정한 만남이 이루어지기 시작한 것이다. 저명한 한학자 에릭 취르허(Erik Zürcher)는 중국과 서양의 문화교류사(이하 '중서문화교류사')에 있어서 17~18세기는 "가장 매혹적인 시기였고 중국이 문예부흥 이후의 유럽의 상층 지식인들과 이룩해낸 첫 번째 접촉이자 대화였다"[1]고 평가하고 있다.

2. 명청시기 '서학 한문문헌'의 생성과 그 개관

17~18세기의 문화적인 만남과 대화 과정에서 선교사들은 도서 출판을 선교 사업의 가장 중요한 수단으로 삼았다. 마테오 리치는 "기독교 신앙의 요지는 말보다는 문자를 통해 더욱 용이하게 전파되었는데 그것은 중국 사람들은 새로운 책이라면 그것이 무엇이든 읽기를 좋아했기 때문이다."[2]고 말하고 있다. 또 "중국어로 저술된 책이라면 전국 15개 성(省) 모두에서 유통될 수 있어서 효과가 좋았을 뿐만 아니라 일본인, 조선인, 지나 교지(交趾)의 주민들은 물론 류큐(流球)사람들, 심지어 기타 나라의 사람들까지도 모두 중국인들과 똑같이 중국어 책을 읽을 수 있었다. 물론 이들이 하는 말은 예상하는 바와 같이 서로 많이 달랐지만

---

1 许理和,「十七~十八世纪耶稣会研究」, 任继愈 主编,『国际汉学』第四期, 大象出版社, 1999, 429쪽.
2 利玛窦・金尼阁 지음, 何高济 외 옮김,『利玛窦中国札记』, 北京 : 中华书局, 1983, 172쪽.

중국어는 하나의 한자가 하나의 의미를 전달하기 때문에 문자 독해가
가능했던 것이다. 만약 가는 곳마다 모두 이러한 상황이라면 우리는
우리의 사상을 문자를 통해 다른 나라의 사람들에게 전파할 수 있을
것이다. 물론 그들과 교류하는 것은 불가능하겠지만 말이다."[3]라고도
하였다. 바티칸 도서관에 소장 중인『천주성교 도서목록· 역법격물궁리
도서목록(天主聖教書目·曆法格物窮理書目)』에서는 선교사가 책을 출판
하여 선교를 하는 목적에 대해 분명하게 명시하고 있다.[4] 이로부터 명청
시기 중국에는 일군의 새로운 유형의 역사문헌들이 등장하기 시작하였
고 그것은 주로 유럽의 문화와 종교를 번역, 소개하고 그 반응을 기록한
한문서적들이었다.[5]

　　량치차오(梁啓超)는『중국의 근 300년 학술사(中國近三百年學術史)』[6]
라는 저서에서 중요한 두 가지를 언급하고 있다. 하나는 명청시기의
중서문화교류를 불교의 중국 유입 이후 중화문명과 외부 세계 지식의
중요한 한 차례 접촉이라고 평가한 점이다. 이는 그가 중국 역사에 입
각하여 명청시기의 중서문화교류사를 정위한 것이며 이는 그 시각이
나 중요도에 있어서 전에 없는 평가였다. 다른 하나는 선교사와 문인
들이 협력하여 번역한 "서학 한문문헌"에 대해 높이 평가한 점이다. 량

3　利玛窦,『中国札记』, 483쪽.
4　梵蒂冈图书馆藏 RACCOLTA GENERALE-ORIENTE Stragrandi. 13a, 据CCT-data
　base数据库着录, 编撰者为比利时耶稣会士安多(Antoine Thomas, 1644~1709).
5　이와 동시에 유럽에서는 동아시아 및 중국에 대해 보도하고 연구한 문헌들이 생성되기
　시작했고 중국고대문화전적(中國古代文化典籍)이 유럽의 각 나라 언어로 번역되면서
　중국의 사상과 문화가 유럽 사상가와 민중의 시야 속에 확보되기 시작하였다. 이러한
　추세는 결국 18세기의 '중국붐'으로 이어진다. 본문의 주제와는 거리가 있어 이 글에서
　는 더 이상 전개하지 않겠다.
6　梁启超,『中国近三百年学术史』, 东方出版社, 2004.

치차오가 보기에 "글자 하나하나가 모두 정금미옥이요 글 한 편 한 편
이 모두 불후의 명작"이었던 것이다.

량치차오는 이러한 서적들에 대해 별도로 규범적인 정의를 하고 있
지는 않고, 학계에서도 "한문 서양서"[7]라고 범주화하고 있지만 사실
"한문 서양서"라는 말은 이 범주에 드는 모든 문헌들의 특징을 아우르
지는 못한다. 형식적인 면에서 모든 문헌들이 도서 형태로 존재하는
것이 아니며 그중에는 적지 않은 매뉴스트립트와 지도가 포함되어 있
다. 내용적인 면에서는 서양의 학술과 지식을 소개하는 문헌들이 대부
분이지만 일부 선교사들이 직접 중국어로 저술한 중국문화연구 문헌
들도 존재한다. 이를테면 매뉴스트립트 형태로 남아있는 요아킴 부베
(Joachim Bouvet)의 『역경(易經)』이 대표적이다. 이러한 문헌을 "중국어
천주교 문헌"이라고 칭하면 너무 협소한 느낌이다. 물론 천주교 문헌
이 가장 중요한 부분이기는 하지만 내용적인 면에서는 이미 단순한 천
주교 범주를 훨씬 벗어나고 있기 때문이다.[8] 하여 여전히 "서학 한문문

---

7 현재에도 우리는 16~19세기에 서양 선교사들에 의해 중국에 소개된 서양 학술서나
서양 지식서 또는 서양의 지식체계를 반영한 문헌들을 통칭하여 "서학 한문문헌"이라고
하고 있다(邹振环, 『晚明汉文西学经典: 编译、诠释、流传与影响』, 复旦大学出版社,
2013, 6쪽). 쩌우전환(鄒振環)에 따르면 "서학(西學)"이라는 용어가 가장 먼저 발견된
문헌은 고종의 역사 사건을 기록한 남송 사람 이심전(李心傳)의 역사서 『건염이래의
계년 요록(建炎以来系年要录)』에서라고 한다. 하지만 필자의 확인에 따르면 "서학"이라
는 단어가 가장 일찍 발견된 문헌은 『예기·제의(礼记·祭义)』의 "祀先贤于西学, 所以教
诸侯之德也"에서이다.

8 "서학 한문문헌"을 중국 천주교사라는 범주에만 한정시켜 논의할 수 없다. "서학 한문
문헌"은 중국 근대문화사 연구의 중요한 내용임과 동시에 서양 한학연구의 중요한 구성
부분이기도 하다. "서학 한문문헌"이 가지고 있는 이러한 다양한 측면은 이 문헌에 대한
새로운 시각으로의 접근을 필요로 한다. (张先清 編, 『史料与视界: 中文文献与中国基督
教史研究』, 上海: 上海人民出版社, 2007.)

헌"이라고 칭하는 것이 온당하다고 판단한다. 한편 "한문문헌" 역시 더 이상 중국 지식인들의 과거 역사 속 출판물로 한정하지는 않는다. 중 국어로 저술된 모든 역사 문헌을 통칭하여 "한문문헌"이라 칭하고 있 다.[9] 이에 대해서는 아래 바티칸 도서관 소장 명청시기 중서문화교류 사 관련 문헌에 대해 논의할 때 구체적으로 전개하기로 한다.

이상 문헌에 대한 가장 이른 시기의 소개는 1615년으로 거슬러 올라 간다. 양정균(楊廷筠)이 편찬한 『절요동문기서(絕徼同文紀序)』가 그것 인데 이 책에는 중국에서 활동한 예수회 선교사들과 중국 문인들이 작 성한 70편의 서학 한문문헌의 서언(序言)과 7편의 공문(명나라시기 선교 사 처리에 관한 공문)이 수록되어 있다. 이중 서언에서 언급하고 있는 선 교사들이 출판한 서학 한문문헌만 25편에 달했다. 양정균은 서언에서 "육경(六經) 외에 또 다른 종류의 문장이 있음을 알게 되었고 구주(九州) 에는 기인(畸人)이 넘쳐 난다는 사실을 알게 되었다. 그동안 보아온 책 을 기록하나니 책을 통해 그 사람과 통할지이다"[10]라고 기록하고 있다. 『절요동문기서』는 비록 서학 한문문헌의 서언과 발문만을 수록하고 있지만 이 책은 서학 한문문헌에 대한 전체적인 수집과 정리의 시작을 알렸다는 점에서 중요한 의미를 지닌다.

이지조(李之藻)는 『천학초함(天學初函)』(1623)에서 선교사와 중국 문 인의 저작 20편을 소개하고 있고 그것을 다시 "이편(理編)"과 "기편(器 編)"으로 나누어 각각 10편씩 수록하고 있다. 그는 『천학초함』의 서(序)

---

9 张伯伟 编, 『域外汉籍研究集刊』 第1-4辑, 中华书局, 2005~2008.

10 杨廷筠, 『绝缴同文纪序』, 钟鸣旦·杜鼎克·蒙曦 编, 『法国国家图书馆藏明清天主教 文献』 第6卷, 台北利氏学社, 2009, 10쪽.

에서 "중국에 온지 50여 년, 마테오 리치는 이미 많은 사람들이 추종하는 인물이 되었고 그가 번역 소개한 책도 점차 많아져서 각지에 분산되었는데 배우고 싶은 사람들은 그의 저작들을 쉽게 접할 수 없어서 못내 아쉬워했다"고 적고 있다.

서학의 영향력은 강희제 때 점차 강성해지다가 후에 "예의지쟁(禮儀之爭)"에 휩싸이고 다시 옹정제, 건륭제시기를 거치면서 점차 쇠락하기 시작하였다. 하지만 쇠락하였음에도 불구하고 신지식(新知識)으로서의 서학에 대해서는 결코 무시하지는 못했는데『사고전서(四庫全書)』에 "서학의 장점은 측산(測算)에 있고 그 단점은 천주를 신봉하게 하여 사람의 마음을 현혹시키는 것이다"라고 적고 있으면서도 22권의 서학 한문문헌을 수록하고 있다. 서학 한문문헌 중 비과학 분야의 서적들에 대해서는 목록만 남겨놓고 있다. 이리하여 책으로『사고전서』에 수록된 서학 한문문헌은 총 15종이었고 이중 자부잡가류(子部雜家類)에 11종, 사부지리류(史部地理類)와 경부소학류(經部小學類)에 각각 2종씩 수록되었다.[11]

1620년생인 중국 문인 유영(劉凝)은 평생 공명(功名)을 얻지 못했고 약관의 나이에 현학(縣學)에 들어가 공부하였다.[12] 그가 편찬한『천학집해(天學集解)』는 총 284권의 서학 한문문헌을 수집(首集), 도집(道集), 법집(法集), 이집(理集), 기집(器集), 후집(後集)으로 분류하여 기록하고 있다.[13] 비록 문헌의 대부분이 출판된 서적이 아닌 매뉴스크립트들이지만

---

11 计文德,『从四库全书探究明清间输入之西学』, 台湾济美图书有限公司, 1991.

12 肖清和, 「清初儒家基督徒刘凝生平事迹与人际网络考」,『中国典籍与文化』2012年 第4期.

13 Ad Dudink, "The Rediscovery of a Seventeenth-Century Collection of Chinese Christian Texts: The Manuscript Tianxue jijie", *Sino - Western Cultural Relations Journal* 15, 1993, pp.1~26.

이는 당시에서는 가장 광범위한 수집을 보여준 서학 한문문헌의 서발(序跋)이었다.[14] 이 문헌에서 언급하고 있는 서발들은 대부분 1599~1679년에 작성한 것이다.

"도서 출판을 통한 선교"는 마테오 리치가 확립한 "적절한 노선"이었고 이미 선교의 중요한 방식으로 자리잡고 있었다. 이는 예수교 내 각종 도서목록에서도 확인이 가능한데 특히 앞서 언급한 바티칸 도서관에 소장 중인 두 종류의 도서목록이 이를 말해준다.[15] 일련번호 "R.G. Oriente-Stragrandi 13 (a)에는 두 개의 도서 목록이 있다. 『천주성교 도서목록(天主聖敎書目)』과 『역법격물궁리 도서목록(曆法格物窮理書目)』이 그것인데 『천주성교 도서목록』에는 종교분야의 도서 123종이 기재되어 있고 『역법격물궁리 도서목록』에는 89종의 서학 한문문헌 목록이 기재되어있다.

『성교신증(聖敎信證)』은 장갱(張賡)과 한림(韓霖)이 함께 저술한 중국에서 활동한 선교사들의 저서들을 목록화한 책이다. 여기서는 92명 선교사들의 약력과 229건의 서학 한문문헌을 소개하고 있다. 동치(同治) 연간의 호황(胡璜)이 저술한 『도학가전(道學家傳)』은 상당한 문헌적 가치를 지니고 있는 책이며 이 책에는 총 89명 선교사들에 관한 기록이 남아있다. 89명 중 중국어 저술을 출판한 선교사는 38명이었고 이들은 중국어 서적 총 224부를 발행하였다. 한편 중국 문인들이 편찬한 각종 서적과 총서에서도 점차 서학 한문문헌들을 수록하기 시작하였다.[16] 초

---

14 胡文婷, 『明清之际西学汉籍书目研究初探』 抽样本。

15 伯希和编, 高田时兄补编, A Posthumous Work by Paul Pelliot, Revised and edited by TAKATA ToKio, INVENTAIRE SOMMAIRE DES MANUSCRITS ET IMPRIÉS CHINOIS DE LA BIBLIOTHÈQUE VATICANE, KYOTO, 1995.

보적인 통계에 의하면 총 15종의 도서들에 각종 서학 한문문헌들이 수록되었고 수록된 도서는 총 138부에 달한다.[17]

유럽의 천주교 수도회가 중국에 유입되면서 각 지역의 교도들이 증가하기 시작하였고 해당 지역 수도회에서는 예수회에서 출판한 도서들을 새롭게 번각(飜刻)하기 시작하였다. 그리고 이 시기에 중국 교도들도 다양한 서학 서적들을 번역 편찬하기 시작하였다.[18]

서양 한학자 중에서 가장 처음으로 예수회 선교사의 중국어 문헌에 주목한 사람은 중국에서 활동했던 예수회 선교사들과 밀접한 관계를 가지고 있었던 아타나시우스 키르허(Athanasius Kirecher, 1602~1680)였다. 그는 1667년에 암스테르담의 『중국도설(中國圖說)』을 통해 처음으로 중국에서 활동한 예수회 선교사들의 중국어 자작들을 유럽에 소개하였다. 그가 소개한 책은 마테오 리치, 자코모 로(Giacomo Rho), 알폰소 바뇨니 등의 저작들이었다.[19]

---

16 서종택(徐宗澤)의 『명청시기 예수회 선교사 번역서 제요(明清间耶稣会士译着提要)』의 통계에 따르면 총 13종의 총서에 서학 한문문헌이 수록되었고 정허성(郑鹤声)·정허춘(郑鹤春)의 『중국 문헌학 개요(中国文献学概要)』(上海书店, 1990)에 따르면 총 11종의 총서에 서학 한문문헌이 수록되었다.

17 赵用贤(1535~1596)的『赵定宇书目』, 祁承汉(1565~1628)的『澹生堂藏书目』, 赵琦美(1563~1624)的『脉望馆书目』, 徐渤(1570~1642)的『徐氏家藏书目』, 陈第(1541~1617)的『世善堂书目』, 董其昌(1556~1636)的『玄赏斋书目』, 无名氏(明末)的『近古堂书目』, 钱谦益(1582~1664)的『绛云楼书目』, 季振宜(1630~?)的『季沧苇藏书目』, 钱曾(1629~1699之后)的『也是园藏书目』, 黄虞稷(1629~1691)的『千顷堂书目』, 徐乾学(1631~1694)的『传是楼书目』。钟鸣旦(Nicolas Standaert), 杜鼎克(Ad Dudink)在「简论明末清初耶稣会著作在中国的流传」, 『史林』1999年 第2期。毛端方的「汉语天主教文献目录编撰史概述: 以郊外知识分子为中心考察」(『世界宗教研究』2014年 第3期)

18 张淑琼, 「明末清初天主教在粤刻印书籍述略」, 『图书馆论坛』2013年 第3期.

19 基歇尔著 张西平 杨慧玲等译『中国图说』(China monumentis, qua sacris *qua profanis, nec non variis naturae & artis spectaculis, aliarumque rerum memorabilium argumetis*

　명말청초시기에 중국에서 활동한 선교사들이 도대체 어느 정도의 서학 한문문헌을 출판하였고 그들이 남긴 서학 관련 매뉴스트립트는 또 얼마나 되는지, 이에 대해서는 학계에도 아직까지 정확한 통계가 존재하지 않는다.

　앙리 코르디에(Henri Cordier, 1849~1925)가 1901년에 편찬한 『17~18세기 유럽인이 중국에서 출판한 도서의 목록(十七十八世紀歐洲人在中國的出版書目)』에 수록된 명청시기 서학 한문문헌은 총 363종이다. 프랑스 한학자이자 저명한 중국 기독교사 연구자의 한 사람인 헨리 베르나트르(Henri Bernard)는 1945년 『화예학지(華裔學志)』(Monumenta Serica) 제10권에 논문 한 편을 발표한다. 「포르투갈인의 광둥(廣東) 입성에서부터 프랑스 선교사의 베이징(北京) 활동 시기까지 기간에 발간된 유럽 도서의 중국어 편역 도서목록: 1514~1688(從葡萄牙人到廣東至法國傳敎師到北京期間歐洲著作的中文編譯書目1514~1688)」[20]이라는 제목의 이 논문에서는 총 38명 선교사의 명단을 공개하고 있고 그중 36명이 중국어 저작을 가지고 있었으며 그 총수는 236종에 달했다. 1960년 『화예학지』 제19호에 또 다시 논문을 발표하여 『베이징에서 간행된 천주교 책판목록(北京刊行天主聖敎書板目)』, 『역법격물궁리 책판목록(曆法格物窮理書板目)』, 『푸젠 푸저우부 흠일당 간행의 책판목록(福建福州府欽一堂刊書版目)』, 『저장 항저우부 천주당 간행의 책판목록(浙江杭州府天主堂刊書板目)』을 비

---

　illustrata", 中文为『中国宗教、世俗和各种自然、技术奇观及其有价值的实物材料汇编』, 简称『中国图说』即 *"China illustrata"*), 大象出版社, 2013; 张西平, 「国外对明末清初天主教中文文献的收集和整理」, 『陈垣先生的史学研究与教育事业』, 北京师范大学出版社, 2010, 234~238쪽.

20 *Monumenta Serica* 10, 1960, pp.349~383.

롯한 4종의 책판목록을 정리해 내고 있으며 이 4종의 책판 목록에 포함
된 도서는 총 303종이었다.

팽승균(馮承均)이 번역 소개한 프랑스 중국 기독교사 연구자의 한 사
람인 루이스 피스터스(Louis Pfister)가 1932년에 작업한 『재화 예수회
선교사 열전 및 도서목록(在華耶蘇會士列傳及書目)』은 중국에서 활동한
선교사연구에 있어서 중요한 참고 도서 중의 하나이다. 그는 중국어와
서양언어 문헌을 통합하여 목록을 작성함으로써 중국에서 활동한 예
수회 선교사들의 중국어 문헌의 중요하고도 풍부한 정보를 제공하고
있다. 이 책에는 총 63명의 선교사들이 저술한 366종의 중국어 문헌
정보가 들어있다.[21]

『프랑스 국가도서관 소장 중국 도서목록(法國國家圖書館館藏中國圖書
目錄)』은 프랑스인 모리스 쿠랑(Mauricr Courant)이 1912년에 작업한 것
이며 이 책에는 총 99명 저자의 명청시기 천주교 문헌 374종[22]이 포함
되어있다. 이중에는 예수회 선교사가 56명, 프란체스코 수도회, 도미
니코 수도회, 아우구스티노회와 기타 수도회의 선교사 15명, 중국 지
식인 28명이 포함되어 있다. 374종의 문헌 중에 저자 서명이 있는 문
헌은 278종이었고 저자 서명이 없는 문헌은 96종이었다.[23]

---

21 이 통계에는 지도가 포함되었다. 하지만 중국어-외국어 이중언어사전이나 다언어 사
전의 수량과 관련 저자의 정보는 포함되어 있지 않다.

22 초보적인 통계로서 부본(副本)은 포함하지 않고 있다. 서종택의 통계에 따르면 733부
인데 이 수치는 부본과 일부 중복된 도서를 포함한 통계이다.

23 2002년 장시핑(張西平)은 파리 국가도서관을 방문하였고 3개월 동안 머물면서 그곳의
모든 천주교 문헌을 초보적으로 확인하였다. 그리고 쿠랑이 작성한 도서 목록을 기초로
하여 간이 도서 목록을 작성하였다. 국내의 학자들은 서종택이 부록으로 제시한 『파리
국립도서관 소장 명말청초 예수회 선교사 및 중국 천주교 학자의 번역 저서 목록』에
대해서는 익숙하지만 서종택은 쿠랑이 제시한 서학 한문문헌의 목록 모두를 수록하지는

서종택(徐宗澤)이 작성한 『명청시기 예수회 선교사의 번역 저서 제요 (明淸間耶蘇會士譯著提要)』[24]의 제10권인 『쉬쟈후이 서루 소장 명말청초 예수회 선교사 및 중국 천주교 학자의 번역 저서 목록(徐家匯書樓所藏明末 淸初耶蘇會士及中國公敎學者譯著書目)』에 들어있는 도서는 총 402종에 달 하며 그중 기독교 계열의 도서 목록이 296종으로 74%를 점하고 자연과학 기술 분야의 도서 목록이 62종으로 15%를 점했다. 중국과 서양의 철학, 정치, 교육, 사회, 언어, 문학, 예술 분야의 도서는 31종으로 약 8%를 점했으며 이외 선교사의 상소문 등을 포함한 역사문헌이 13종으로서 3% 를 점했다. 번역서의 대부분을 차지하는 것은 종교 분야의 도서들이었고 그 다음이 자연과학기술 분야의 도서들이었다. 제10권 중에 『파리 국립 도서관 소장 명말청초 예수회 선교사 및 중국 천주교 학자의 번역 저서 목록(巴黎國立圖書館所藏明末淸初耶蘇會會士及中國公敎學者譯著書目錄)』 에는 약 760종이 포함되어 있었고 그중 다수를 차지하는 것은 종교, 신철 학(神哲學) 분야의 문헌들이었다. 10권 중에 『바티칸 도서관 소장 명말청 초 예수회 선교사 및 중국 천주교 학자의 번역 저서 목록(梵蒂岡圖書館所 藏明末淸初耶蘇會士及中國公敎學者譯著書目)』에는 169종이 포함되었다.

방호(方豪)가 책임지고 편찬한 1947년 『상지편역관(上智編譯館)』을 통 해 발표한 「베이핑 베이탕 도서관 시범 편찬 중국어 선본 도서 목록(北 平北堂圖書館暫編中文善本書目)」에는 총 103종의 서학 한문문헌이 포함 되어 있으며 이중 천주교 관련 저서가 86종[25], 만주어 천주교 저서가

못했다. 예를 들면 미켈레 루지에르의 「로마 교황이 대명국 국주에게 보낸 서한(罗马教 皇致大明国国主书)」와 같은 자료는 미수록되었다.

24 徐宗泽, 『明淸间耶稣会士译著提要』, 上海世纪出版集团, 2010.

25 이중에서 주목을 요하는 것은 루이 푸아로(Louis Poirot)의 『성경(聖經)』 번역본이다.

3종, 농가류(農家類) 1종(서광계(徐光啟)의 『태서수법(泰西水法)』), 천문역산류(天文曆算類) 8종, 잡가류(雜家類) 1종, 집부(集部) 1종(양광선(楊光先)의 『파사집(破邪集)』)이 포함되어 있다.[26]

전존훈(錢存訓)의 통계에 따르면 명청시기 예수회 선교사가 중국에서 활동했던 200년간에 번역한 서양 서적은 총 437종이었고 그중에서 순수한 종교서적이 251종으로 57%를 점하였으며 자연과학 서적이 131종으로 전체의 30%, 인문과학 서적이 55종으로 13%를 점하였다.[27] 량치차오가 『중국 근 300년 학술사』에서 언급한 서학 한문문헌은 321종에 달했고 리톈강(李天綱)의 추측에 의하면 명말청초시기 천주교 관련 서적은 최하 1000종[28]에 달할 것이라고 한다.

3. '서학 한문문헌'의 수집 정리와 출판 작업

옹정제(雍正帝), 건륭제(乾隆帝) 시기의 종교금지정책을 거치면서 천주교의 발전은 저조했고 따라서 적지 않은 천주교 관련 서적들이 목록만 남아있다. 청나라 말기에 이르면 일부 서적은 찾기가 상당히 어려워진다. 진원(陳垣)은 "소시적 사고전서 개요를 읽으면서 이런 종류의 책들이

현재 상하이 쉬쟈후이 서루에서 발견되어 출판된 루이 푸아로의 『성경』 번역본은 원본이 아닌 필사본일 가능성이 높으며 오히려 베이탕(北堂)의 소장본이 원본일 가능성이 높다.

26 데이터를 제공해 준 세후이(谢辉)에게 감사를 전한다.

27 钱存训, 「近世译书对中国现代化的影响」, 『文献』1986年 第2期; 宋巧燕, 「明清之际耶稣会士译着文献的刊刻与流传」, 『世界宗教研究』 2011年 第6期.

28 李天纲, 「中文文献与中国基督宗教史研究」, 张先清 编, 『史料与视界』, 上海人民出版社, 2007, 7쪽.

있다는 것을 알게 되었지만 사고전서는 그 목록만 남겼을 뿐 도서를 수집하지 않아 속으로 깊이 비난했던 적이 있었다. 책을 직접 접하는 것이 소원이었으나 끝내 책을 구하지 못했다"[29]고 술회하고 있다. 민국 초기부터 현재에 이르기까지 국내외 학자들은 상기의 문헌들을 수집하고 정리하기 위해 백여 년의 노력을 기울여 오고 있는 중이다.

마상백(馬相伯)은 청말민초(淸末民初)의 풍운인물이다. 그는 만년에 이르러 천주교의 현지화를 극력 주장하였는데 그것은 그가 명말청초 중국에서 활동한 천주교 선교사들의 중국어 저작 중에서 그 이상(理想)을 발견했기 때문이다. 그는 말하기를 "하늘과 땅이 만들어준 계합(契合)의 기회를 찾았고 필요에 의한 번역이 이 이상에 가장 근접하다는 것을 발견했다"고 하였다.[30] 그는 서학 한문문헌의 수집을 상당히 중시하였을 뿐만 아니라 「『변학유독(辯學遺牘)』의 재간 발문」, 「『주제군정(主制群徵)』의 서(序)」, 「『마테오 리치 행적』의 후기」 등과 같은 명말청초 천주교 문헌 수집 정리에 관한 글들을 발표하기도 하였다. 그는 영렴지(英斂之)에게 보낸 편지에서 자신이 직접 확인한 명청시기 천주교 문헌만 26부에 달한다고 밝히고 있다.[31] 이 일을 잘 진행하기 위하여 그는 영렴지, 진원 등과 여러 차례 서신을 교환하였고 진원에 대해서도 칭찬을

---

29 方豪, 「李之藻辑刻天学初函考」, 载『天学初函』重印本, 台湾学生书局, 1965年版.

30 李天纲, 「信仰与传统: 马相伯的宗教生活」, 朱维铮 主编, 『马相伯传』, 复旦大学出版社, 1996.

31 마상백이 직접 확인한 문헌은 구체적으로 다음과 같다. 『辩学遗牍』, 『主制群征』, 『景教碑』, 『名理探』, 『利先生行迹』, 『天学举要』(阳玛诺), 『真主性灵理证』(卫匡国), 『灵魂道体说』, 『铎书』, 『天教明辩』, 『圣经直解』, 『圣教奉褒』, 『圣教史略』, 『圣梦歌』, 『寰宇诠』, 『童幼教育』, 『超性学要』, 『王觉斯赠汤若望诗翰』, 『天学初函』, 『七克』, 『教要序论』, 『代疑论』(阳玛诺), 『畸人十篇』, 「三山论学记」, 『遵主圣范』, 『灵言蠡勺』.

아끼지 않았다. 영렴지에게 보내는 편지에서 "진원은 그야말로 존경스럽고 사랑스럽다"[32]고 말하기도 하였다. 명청시기 천주교 문헌을 수집 정리하는 과정에서 마상백은 중요한 역할을 발휘하였다.

영렴지는 젊은 시절에 마테오 리치, 알레니 등의 저서들을 탐독하면서 천주교에 입교한 인물이다. 민국 초기, 그는 십여 년의 노력 끝에 『천학초함』 전질을 구하였고 그중의 일부를 간행하였다. 그는 재간된 『변학유독(辯學遺牘)』의 서(序)에서 다음과 같이 말하고 있다. "『천학초함』은 명계(明季), 이지조에 의해 간행된 지 300년이 지났고 이미 아주 소중한 희귀본이 되었다. 십여 년의 애타는 노력 끝에 행운스럽게도 전질을 구할 수 있었고 이중 '기편(器編)' 10종을 제외한 천문역법(天文曆法)이나 학술(學術)은 오늘날에 비해 조금 후진 감이 있지만 이에 반해 '이편(理編)'은 문장이 우아하고 이치가 심오하여 최근의 번역서가 따를 수 있는 수준이 아니다. 흔쾌한 마음을 감출 길 없으며 그중 일부인 『변학유독』 1종을 우선 인쇄하여 연구에 제공하고자 한다."[33] 마상백, 영렴지, 진원 이 세 사람 중 진원의 학술이 가장 뛰어났고 『원야이가온교고(元也里可溫教考)』는 그의 이름을 알린 저술이었음과 동시에 중국 천주교사 연구의 기초를 다진 역작이기도 하다. 또한 진원은 명청시기 천주교 문헌의 수집과 정리에서도 가장 큰 기여를 한 사람 중의 하나이다.

진원은 『변학유독』, 『영언려작(靈言蠡勺)』, 『명계의 유럽풍 미술과 로마자 주음(明季之歐化美術及羅馬字注音)』, 『마테오 리치 행적』 등과 같은 중국에서 활동한 예수교 선교사들의 저작을 정리하여 출판하였을 뿐만

---

32 朱維錚, 『马相伯集』, 369쪽.
33 方豪, 「李之藻輯刻天学初函考」, 載『天学初函』重印本, 台湾学生书局, 1965.

아니라 천주교와 관련이 없는 중요한 문헌들도 적지 않게 발굴하였다. 그가 발표한 「천주교 외부 문헌들을 통해 보는 명말청초의 천주교(從敎外典籍見明末淸初之天主敎)」, 「옹정, 건륭시기 봉천 주교의 종실(雍乾間奉天主敎之宗室)」, 「경양 왕징 전기(涇陽王徵傳)」, 「휴저 금성 전기(休宁金聲傳)」, 「명말의 순국자 진우계 전기(明末殉國者陳于階傳)」, 「화정 허찬증 전기(華亭許纘曾傳)」, 「요한 아담 샬과 목진민(湯若望與木陳忞)」 등 논문들은 중국에서 활동한 예수교 선교사들의 선교 역사에 대한 연구를 심화하였을 뿐만 아니라 역사연구와 문헌연구 분야에서 새로운 영역을 개척하였다. 진인각(陳寅恪)은 진원의 저서 『명계전검불교고(明季滇黔佛敎考)』의 서(序)에서 말하기를 "중국의 을부(乙部)에 온전한 종교사(宗敎史)가 몇 부 안되는데 그래도 그중에서 꼽자면 진원 선생의 최근 저작이라고 하겠다."라고 하였다. 이는 중국 종교사 특히 중국 기독교사 연구에서 진원의 위상을 잘 말해준다.

진원은 이지조의 주장에 따라 『천학초함』의 발간을 계속 이어가야 한다고 주장하였다. 그는 영렴지에게 보내는 편지에서 "공께서 고서 번각(飜刻)에 대해 말씀하기를 사람을 시켜 선초(膳抄)하기보다는 차라리 영인하는 것이 낫다고 하셨는데, 예를 들면 『천학초함』의 이편(理編)을 '천학이함(天學二函)', '삼함(三函)'으로 나누어 단계적으로 발간하는 것도 다시 생각해보니 어려운 일은 아닙니다. 곰곰히 생각해보니 선초하고 교정을 보고 조판을 하고 다시 교정을 보는 일은 너무 번잡스럽습니다. 하여 최근 함분루(涵芬樓)에서 사부(四部)를 재간한 방법을 본받아 우선 『초성학요(超性學要)』(21책)을 먼저 영인하여 그것을 '천학이함'이라 칭하고 기타 훌륭한 작품들을 다시 추려서 '삼함'으로 출간하고 여력이 되면 초함을 다시 영인하는 것이 좋겠다고 생각합니다. 이렇게 하면

교정의 수고로움도 덜고 유통에 있어서도 효율적이어서 일을 수월하고 쉽게 진행할 수 있겠습니다."[34]라고 하였다. 이를 위해 그는 관련 사료 수집을 열심히 하였고 이를 계기로 중국 천주교 문헌에 대해 한차례 대대적인 정리를 진행함과 동시에 『사고전서 총목록』에 누락된 부분도 보충하고자 하였다.

이 계획은 결국 일부분만 실행에 옮겨졌다. 『기독교의 중국 유입 사략(基督敎入華史略)』의 부록으로 첨부된 「명청시기 선교사 역술 도서목록(明淸間傳敎士譯述目錄)」이 그 일부인데 이 목록에는 당시의 사정상 천주교 선교사의 교리와 종교사 부분만 수록하였을 뿐 기타 천문, 역산, 지리, 예술 등 분야의 저술들은 수록하지 못했다. 서종택은 진원의 이 목록이 당시에 있어서는 『명청시기 예수회 선교사 역술 제요(明淸間耶蘇會士譯著提要)』다음으로 천주교 문헌을 가장 많이 수집 정리한 목록이었고 목록 중의 도서들 중 미간행이 기간행보다 많았던 점에서도 알 수 있듯이 그의 부지런함이 돋보였다고 하였다. 마상백, 영렴지, 진원 세 사람의 노력 하에 민국 초기 소중한 문헌의 수집과 정리 및 출판이 현저한 성과를 이룩하였다.

상다(向達)는 중외관계사 연구의 대가이며 "돈황학(敦煌學)", "목록학(目錄學)" 분야에서도 이미 학계에 익히 알려졌다. 하지만 그가 명청시기 천주교사 문헌의 수집과 정리에 있어서도 괄목할 만한 성과를 이룩하였다는 것은 잘 알려지지 않았다. 이 분야에서 그는 「명청시기 중국 미술에 미친 서양 미술의 영향(明淸之際中國美術所受西洋之影響)」 등과 같은 중요한 논문을 발표하였을 뿐만 아니라 일부 천주교사 관련 서적도 수집

---

34 위의 글.

정리하였다. 특히 그가 점교(点校)한『합교본 대서서태리선생 행적(合敎本大西西泰利先生行蹟)』은 그 자신이 프랑스, 로마 등지에서 수집한 몇 개의 각본(刻本)을 함께 놓고 감교(勘校)하여 출판한 것으로 한동안은 가장 좋은 교본이었다. 뿐만 아니라 그는 개인적으로도 진귀본을 다수 소장하고 있었는데 상지편역관(上智編譯館)에서 선생 소장의 천주교 도서 목록을 공개한 적이 있다.

왕중민(王重民)은 중국의 저명한 목록학자이고 문헌학자이며 돈황학자이다. 특히 명청시기 천주교 문헌의 수집과 정리에 있어서 그는 중요한 공헌을 하고 있다. 1934년 왕중민과 샹다는 북경도서관 파견으로 유럽 학술조사를 다녀온 바 있는데 유럽 방문 기간 그는 명청시기 천주교 문헌의 수집과 정리를 그의 유럽 방문의 두 번째 임무로 생각하였다. 특히 파리국가도서관과 로마의 바티칸 도서관을 방문했을 때 그는 서학 한문문헌에 대해 각별한 관심을 가지고 유럽으로부터 일부 중요한 문헌들을 중국 국내로 가져오는 데에 성공하였다. 그후 그는 명청시기 산시(山西)지역의 대표적인 기독교도의 한 사람이었던 한림(翰霖)과 명나라 사람 웅인림(熊人霖)의 저작인『신수요록(愼守要彔)』과『지위(地緯)』를 위하여 발문을 작성하였고「왕징의 유고작 서(王徵遺書序)」를 비롯한 일련의 영향력 있는 연구들을 내놓았다. 그 역시 진원이 하고자 했던 작업이었던 중국에서 활동한 예수교 선교사들의 번역서와 저서의 목록을 작성하고자 했고 그것을『명청시기 천주교 선교사 역술 저서 목록(明淸之間天主敎士譯述書目)』이라고 이름을 붙였다. 이 책은 이미 초고를 가지고 있는 상태였지만 결국 완성하지 못했고 원고 역시 현재는 유실되고 없다.[35]

서종택(徐宗澤)은 서광계(徐光啓)의 제12대손으로서 21세 때 예수교에 입교하였고 유럽에서 유학을 하였으며 1921년 중국으로 귀국한 뒤 곧 『성교잡지(聖教雜志)』의 주필을 맡음과 동시에 쉬쟈후이 천주당 도서관의 관장을 겸임하였다. 이 시기 그는 일련의 명청시기 천주교사(天主教史) 관련 논문들을 발표한다. 그중에서 가장 영향력 있는 글은 명청시기 천주교사 중국어 문헌 목록이라고 하겠다. 그의 첫 번째 목록은 「바티칸 도서관 소장의 명청시기 중국 천주교 선교사의 번역 저서 목록(梵蒂岡圖書館藏明清中國天主教人士譯著簡目)」으로서 1947년 『상지편역관관간(上智編譯館館刊)』 제2권 제2호에 발표되었다. 하지만 바로 그해에 서종택은 병환으로 작고한다. 『상지편역관관간』 제2권 제4, 5호 합병호에 그의 유작인 「상하이 쉬쟈후이 장서루 소장 명청시기 교회 도서 목록(上海徐家匯藏書樓所藏明清間教會書目)」이 발표되었고 1949년 중화서국(中華書局)에서 그가 편찬한 『명청시기 예수회 선교사들의 번역 저서 제요(明清間耶蘇會士譯著提要)』를 출판하였다. 이 저서의 학술적 가치는 현재에도 여전히 높이 평가되고 있으며 이 책이 이룩한 두 가지 공헌은 동일 분야 모든 참고문헌이 감히 범접하지 못하는 수준이다. 하나는 세계의 주요 도서관이 소장하고 있는 명청시기 천주교사 도서 목록을 공개함으로써 서학 한문문헌에 대한 당시 학계의 인식을 크게 높인 점이고 다른 하나는 210편에 달하는 문헌의 서, 발, 서언, 후기를 공개한 점이다. 1차 자료를 쉽게 접하지 못하는 연구자들에게 있어서 이러한 서발과

---

35 중국국가도서관에서 6년 동안 근무했다. 왕 선생에 대해서는 항상 존경심을 품고 있었다. 하지만 그가 문화대혁명 중에 억울하게도 의화원의 장랑(长廊)에서 생을 마감하게 되면서 『명청시기 천주교 선교사의 번역 저서 도서 목록(明清间天主教士译述书目)』을 완성하지 못한 것을 떠올릴 때면 항상 더욱 큰 책임을 느낀다. (王重民, 『冷庐文薮』, 上海古籍出版社, 937쪽.)

서언, 후기들은 소중한 자료이다.

방호는 진원의 뒤를 이은, 명청시기 천주교사와 명청시기 천주교 문헌연구에 있어서 가장 훌륭한 업적을 내놓은 학자이다. 그는 마상백(馬相伯), 영화(英華) 등의 교내(敎內) 인사들의 전통을 이어갔을 뿐만 아니라 동작빈(董作賓), 부사년(傅斯年), 후스, 진원 등을 비롯한 학계의 사람들과도 학술교류를 이어갔는데 특히 진원과의 교류가 가장 깊었다. 방호는 "사학(史學)은 곧 사료학(史料學)"이라는 말을 굳게 믿었고 문헌과 사료적 측면에 가장 큰 공을 들이면서 명청시기 천주교 역사문헌, 사료고증과 관련되는 중요한 논문들을 발표하였다. 또한 방호는 1946년 9월부터 1948년 7월까지 2년 동안 『상지편역관관간』을 주재하면서 총 3권 13기(期)의 잡지를 간행하였고 그가 간행한 이 13기의 『상지편역관관간』은 당시 가장 중요한 명청시기 천주교사 문헌 학술 진영이 되었고 나아가 민국시기에 이룩한 명청시기 천주교사 문헌의 수집과 정리가 도달한 정점을 보여주었다. 특히 문헌에 대한 교감(校勘)과 문장부호에 관한 연구는 오늘날 우리가 반드시 수용해야 하는 부분이기도 하다.

진원은 당시 방호에게 보내는 편지에서 "천주교 연구논문에 대해 학계에서는 이미 관심을 끊은 지 오래인데 귀하께서 고군분투하여 깊이 있는 연구로 단번에 이름을 알렸으니 천주교의 중흥은 반드시 당신에게 돌아가리라"[36]라고 하였다. 방호는 평생 스스로를 진원의 사숙 제자로 자처하였는데 진인격이 그를 "신예 중의 제일인자"[37]라고 평한 것은

---

36 陈智超 编, 『陈垣来往书信集』, 上海古籍出版社, 1993, 306쪽.
37 牟润孙, 「敬悼先师陈援庵先生」, 李东华, 『方豪年谱』, 台湾国史馆, 2001, 262쪽에서 재인용.

과히 지나치지는 않다. 1965년『천주교 동전 문헌(天主敎東傳文獻)』과 『천학초함』이 방호의 노력 하에 타이완에서 출판되었고 이어 1966년 과 1998년에 다시『천주교 동전 문헌 속편(天主敎東傳文獻續編)』과『천 주교 동전 문헌 제3편(天主敎東傳文獻三編)』을 출판하여 명청시기 천주 교 문헌의 대규모 복사와 정리 사업의 시작을 열었다. 학계에서 일부 연구자들은 방호를 일컬어 "사료학파 중에서는 이론이 가장 훌륭한 해 석자이자 실천가로서 타이완 나아가 중국에서 사료학파의 최후 일인 이라고 하여도 지나치지 않다"[38]고 평가하고 있다.

개혁개방 이후에도 중국 학계는 이 분야에 대한 연구를 지속적으로 이어갔다. 1994년 톈다웨이(田大衛)가 총책임을 맡아 진행한『민국시기 도서 총목록: 종교(民國總書目: 宗敎)』에는 37건의 서학 한문문헌을 포함 시켰고[39]『중국 고서 총목록(中國古籍總目)』에 오른 도서는 최소 390종에 달한다.[40]

---

38 이 시기 학자 중에 우리가 잊어서는 안 되는 사람이 두 명 있다. 염종림(阎宗临)과 팽승균(冯承均)이 그들이다. 염종림은 당시의 몇 안 되는 유럽 도서관을 직접 방문한 학자 중의 한 사람이었다. 그는 박사학위논문의 완성을 위해 여러 차례 직접 로마의 바티칸 도서관을 방문하여 문헌을 조사하고 자료를 직접 옮겨 적었다. 이 자료의 대부분 은 항일전쟁시기의 신문인『소탕보(掃蕩報)』의 '문사지(文史地)'면에 발표되었다. 팽승 균은 중외교통사(中外交通史)의 대가로서『서역 남해지역의 역사·지리 고증 번역 총서 (西域南海史地考证译丛)』중에 실린 그의 번역문은 상당히 중요한 자료이다.(李东华, 『方豪年谱』, 台湾国史馆, 2001, 262쪽.)

39 田大卫,『民国总书目: 宗教』, 书目文献出版社, 1994. 서학 한문문헌의 도서목록사에 대한 정리와 연구에 대해서는 장시핑(張西平)이 2005년에 발표한 논문「명말청초 천주 교의 중국 유입사에 관한 중문문헌 연구의 회고와 전망(明末清初天主教入华史中文文 献研究的回顾与展望)」(『传教士汉学研究』, 型出版社, 2005)를 참조 바람.

40 마오돤팡(毛端方)은「중국어 천주교 문헌 목록 편찬사 개요: 교외 지식인을 중심으로 (汉语天主教文献目录编撰史概述: 以教外知识分子为中心考察」,『世界宗教研究』, 2014 年 第3期)에서『중국 고서 총목록』에 수록된 서학 한문문헌이 390종에 달한다고 적고

최근 30년 동안 쟈끄 제르네(Jacques Gernet)와 에릭 취르허는 명청시기 연구에 있어서 유럽의 한학계는 응당 "한학의 전향"을 단행해야 한다고 주장해왔다. 즉 "선교학과 유럽을 중심으로 하던 데에서 한학과 중국을 중심으로 하는 패러다임 전환"[41]을 단행해야 한다는 것인데 그것은 다시 말하면 "중국문화(외국문화의 유입에 대한 중국전통문화의 반응을 포함)는 항상 우리의 우선적인 연구 대상이 되어야 한다"[42]는 주장이었다. 이러한 학술적 패러다임의 전환에 대한 주장은 사실 유럽 자체의 연구 전통에서 출발한 것일 뿐 중국 학계에 있어서 이는 또 별개의 문제이다.[43]

있지만 이에 대해서는 진일보의 확인이 필요하다고 생각한다. 왜냐하면 그 수량이 최소한 390종 이상일 것이기 때문이다. 진원이 제기했던 『개원석교록(开元释教录)』과 같은 『중국 천주교 문헌 총목록(中国天主教文献总目)』의 편찬은 여전히 우리가 앞으로 실행에 옮겨야 할 작업 중의 하나이다.

41　钟鸣旦, 「基督教在华传播史研究的新趋势」, 任继愈 主编, 『国际汉学』 第四期, 1999.

42　许理和, 「十七−十八世纪耶稣会研究」, 任继愈 主编, 『国际汉学』 第四期, 1999.

43　에릭 취르허는 글 속에서 진원 때부터 이미 이렇게 해왔기 때문에 중국학자들의 입장에서는 유럽의 문헌에서 중국어 문헌으로 옮겨가야 하는 문제는 존재하지 않았고 오히려 그들에게 문제가 되었던 것은 명청시기의 천주교사를 어떻게 중국근대문화사의 범주에서 바라볼 것인가 하는 문제였다고 적고 있다. 즉 그것은 '전기적 형식의 역사적 사건의 나열이라는 형식에서 벗어나 서학동점(西學東漸)이 일으킨 사회적 반향을 직접 체험함으로써 진일보의 깊은 탐구를 진행하는 것이었다."(黄一农, 「明清天主教传华史研究回顾与展望」, 任继愈 主编, 『国际汉学』 第四期, 1999.) 명청시기 기독교의 중국 유입 연구는 중서문화교류의 한 축인 동시에 그것은 서양 한학의 "선교사 한학 단계"를 대변하는 것이기도 했다. 서양 언어 자료가 구현하는 선교사 한학은 다양하게 드러나는데 그것은 중국 천주교사의 한 부분이기도 하지만 동시에 유럽근대사상문화사의 한 부분이기도 하다. 이 분야에서 중국학자들은 중국어 문헌에 대한 파악과 장악에서 우세를 점하지만 반면에 서양 언어 자료와 문헌에 대한 이해와 파악에 있어서는 어려움을 겪고 있다. 때문에 중국 학계는 중국어 문헌에 대한 연구에 주력함과 동시에 천주교사에 드러나는 서학을 중국근대사의 범주에서 연구를 진행해야 한다. 이와 동시에 중국에서 활동한 선교사들의 서학 문헌에 대한 번역과 정리를 강화하고 중국어와 서양언어 자료를 교차적

이러한 학술 패러다임의 전환은 명청시기 천주교 문헌 정리와 출판의 고조를 맞이하게 하였다. 1996년에 니콜라스 스탠다에르트, 아드리안 두딩크와 중국 타이완 학자 황이눙(黃一農), 주핑이(祝平一) 등이 협력하여 편집한 『쉬쟈후이 장서루 명청시기 천주교 문헌(徐家匯藏書樓 明淸天主敎文獻)』(5책)이 타아완의 푸런대학(輔仁大學) 출판사에서 출간되었고 2002년에는 니콜라스 스탠다에르트, 아드리안 두딩크가 편찬한 『로마 예수교 당안관 명청시기 천주교 문헌(羅馬耶蘇會黨案館 明淸天主敎文獻)』(12책)이 타이베이 리스학사(利氏學社)에서, 2009년에는 니콜라스 스탠다에르트, 아드리안 두딩크, 나탈리 모네가 편찬한 『프랑스 국가도서관 소장 명청시기 천주교 문헌(法國國家圖書館藏明淸天主敎文獻)』(26책)이 타이베이 리스학사에서, 2011년에는 니콜라스 스탠다에르트, 아드리안 두

으로 독해해야 한다. 이는 명청시기 천주교사 연구의 중요한 차원이기도 하다. 이 방면에 있어서 베이징외국어대학 중국해외한학연구센터(北京外国语大学中国海外汉学研究中心)가 보여준 노력과 성과가 학계의 인정을 받고 있는 것은 모두 이러한 연구 태도 덕분이다. 때문에 더욱 넓은 시야에서 명청시기 중서문화교류사에 접근해야 할 필요가 있다. 그것을 "서학동점"이라는 테두리 안에 국한시켜서는 안 되며 기독교가 중국 근대사회에 미친 영향이라는 측면에서 그리고 선교사 한학이 유럽사상문화사에 미친 영향이라는 측면에서 접근해야 한다. 황이눙은 "우리도 연구의 시야를 중국이나 예수회라는 좁은 범주에 국한시키지 말고 확장할 필요가 있다. 우리는 당시의 세계적인 정치, 경제 상황을 파악해야 하며 교회의 내부 생태에 대해서도 공부를 해야 한다. 또한 천주교의 중국 유입이 가져온 영향도 파악할 필요가 있다. 주겸지가 『유럽에 미친 중국 철학의 영향』을 통해 보여준 새로운 연구 방향도 계승할 필요가 있다. 이를 통해 기존의 편향된 연구 경향을 조정하고 나아가 당시 중국문명과 유럽문명의 양방향적인 교류에 대해서도 더 잘 장악할 수 있게 되는 것이다."라고 주장한다. 이는 물론 중요한 주장이며 이와 같은 방법론에서 바라볼 때 유럽 학자들이 내놓은 "한학의 전향"이라는 연구 패러다임에는 그들 만의 문제가 존재하는 것이다. 1500~1800년의 시기는 세계화의 초기 단계에 속하는 시기이기 때문에 세계적인 시각에서 새로운 연구 방법을 도입해야 할 필요가 있다. 이는 중국 학계가 당면한 새로운 과제이기도 하다.(张西平, 『欧洲早期汉学史: 中西文化交流与欧洲汉学的兴起』, 中华书局, 2010.)

딩크, 왕런팡(王仁芳)이 편찬한『상하이 쉬쟈후이 장서루 명청시기 천주교 문헌 속편(徐家匯藏書樓明淸天主敎文獻續編)』(12책)이 타이베이 리스학사에서 출간되었다. 이상의 문헌들은 "문헌 선정이 정확하고 적절하며 사료 가치가 높을 뿐만 아니라 대부분이 모두 유일본이므로 학계에 큰 보탬이 되었다."[44]는 평가를 받는다.

중국 학계는 진원의 전통을 이어 받아 시종일관 중국어 문헌을 중시하였다. 1984년 왕중민이 정리하여 편찬한『서광계집(徐光啓集)』은 비록 일부 누락된 부분이 있지만 중국 본토에서 발행한 첫 번째 비교적 완전한『서광계집』이라는 데에 중요한 의미가 있다. 1999년 탕카이젠(湯開建)이 책임 편집한『명청시기 마카오문제 당안문헌 회편(明淸時期澳門問題黨案文獻匯編)』이 인민출판사에서, 2000년에는 청년학자 저우옌이(周巖一)가 독자적으로 점교 정리한『명청 초기 천주교사 문헌 총편(明末淸初天主敎文獻叢編)』이 베이징도서관출판사(北京圖書館出版社)[45]에서 출간되었다. 같은 해 천잔산(陳占山)이 점교한『부득이(부이종)(不得已(附二种))』이 안후이(安徽) 황산서사(黃山書社)에서 출간되었다. 2003년에는 중국제일역사당안관(中國第一歷史黨案館)에서 편찬한『청 초중기 서양 천주교의 중국 활동 당안사료(淸中前期西洋天主敎在華活動黨案史料)』(3책, 中華書局)가, 2003년에는 주웨이정(朱維錚)이 책임 편집한『마테오 리치 중국어 저작집(利瑪竇中文著作集)』이 푸단대학교출판사(復旦大出版社)에서 출판되어 학계에서 적지 않은 반향을 일으켰다. 2006년에는 한치(韓

---

44 李天剛,「中文文献与中国基督宗教史研究」, 张先清 编,『史料与视界: 中文文献与中国基督宗教史研究』, 上海人民出版社, 2007, 8쪽.

45 같은 해 정안더(鄭安德)가 책임편집을 맡은『명말청초 예수회 사상문헌 회편(明末淸初耶穌会思想文献汇编)』(5책)은 내부용으로 출판되었다.

琦), 우민(吳旻)이 교정 주석한『희조숭정집 희조정안(외 3종)(熙朝崇正集 熙朝定案(外三種)』이 중화서국(中華書局)에서 출판되었고 2011년에는 주웨이정, 리롄강이 책임 편집한『서광계집』(10책)이 상하이구지출판사(上海古籍出版社)에서 출판되었다. 린러창(林樂昌)이 점교 정리하여 출판한『왕징전집(王徵全集)』[46]이, 2013년에는 황싱타오(黃興濤), 왕궈룽(王國榮)이 편찬한『명청시기 서학 텍스트: 50종 중요 문헌 회편(明淸之際西學文本: 50種重要文獻匯編)』(4책)이 중화서국에서 출판되었으며 같은 해 작고한 청년학자 저우옌이의『명말청초 천주교사 문헌 신편(明末淸初天主敎史文獻新編)』(3책)이 국가도서관출판사에서 출판되었으며 연말에는 저우전허(周振鶴)가 책임 편집한『명청시기 서양 선교사 한문문헌 총서(明淸之際西方傳敎士漢籍叢刊)』가 출판되었는데 제1집에 총 30종의 문헌을 수록하였다. 중국학자들은 문헌의 복제에서 큰 발전을 보였고 문헌의 점교와 정리에서 우세를 발휘하면서 괄목할 만한 성과를 이룩하였다.

최근 30년 이래 중외학술계는 명청시기 천주교사 중국어 문헌의 수집, 복제, 정리에서 전에 없는 훌륭한 성적을 거두었으며 이는 명청시기 중서문화교류사에 대한 연구를 크게 추동하였다.[47]

4. '서학 한문문헌'의 문화사적 의의

근래에 출판된 명청시기 서학 한문문헌들은 대부분 타이완에서 출

---

46 林乐昌 编校,『王徵全集』, 三秦出版社, 2011.
47 중국 학계가 연구 영역에서 이룩한 성과와 발전도 칭찬 받을 만하다.

판되었고 이를 통칭하여 "천주교 동전 문헌(天主敎東傳文獻)"이라 한다. 이번에 출간한『바티칸 도서관 소장 명청시기 중서문화교류사 문헌 총서(梵蒂岡明淸中西文化交流史文獻叢刊)』는 중국 대륙에서 출간된 첫 번째 명청시기 서학 한문문헌이다. 바티칸 도서관 소장이라는 특징과 그 위상으로 하여 이 총서는 기본적으로 타이완에서 출간된 천주교 역사 문헌 대부분을 아우르고 있다.

"바티칸 도서관 소장의 명청시기 중서문화교류사 문헌"과 기존에 출판되었던 문헌과의 가장 큰 차이라면 이 문헌들이 더 이상 '천주교문헌'이라는 제한된 범주 속에서 이해되는 것이 아니라 중서문화교류사, 중국근대문화사상사, 서양 한학사라는 시각에서 고찰된다는 점이다. 다시 말하면 지구화의 추세라는 새로운 시각에서 상기 문헌에 대한 새로운 접근과 분석이 필요함을 말해주는 것이며 이를 총칭하여 "서학 한문문헌"이라 하고 있다. 천주교사라는 범주에서 고찰하더라도 이 문헌 중에는 예수회 선교사의 중문문헌만이 아닌 중국에 들어와 활동한 수많은 선교단체와 수도회의 중문문헌까지 포괄하고 있기 때문에 우리에게 더욱 넓은 시야를 제시해 준다. 때문에 이상의 문헌들을 단지 "선교사 한문서적"이라고 제한할 수는 없는 것이다. 여기에는 선교사들 외에도 중국의 사대부와 문인 교도의 문헌도 포함되어 있으며 심지어 불교와 천주교의 변론 문헌까지도 포함하고 있다. 또한 선교사들이 중국에서 유럽으로 반출하거나 또는 우송한 대량의 중국 고서들, 그리고 문화교류사의 참고서라고 할 수 있는 사전과 자전(字典)도 적지 않게 포함되어 있다. 이러한 문헌들이 결국에는 풍부하고 다채로운 문화사의 한 페이지를 장식하게 되는 것이다.

이것을 당시의 중서문화교류사 그리고 선교사들의 한문 창작법이라는 측면에서 바라볼 때 이상의 문헌들은 그 특수한 가치를 드러낸다. 이러한 문헌들은 선교사들이 사전을 편찬하고 중국어 문헌을 작성했던 참고서들이었고 학술사상의 원천이기 때문이다. 따라서 이상 문헌들의 출판은 중국 명청사 연구, 나아가 중국 사상문화사, 중국 천주교사, 중국 번역사, 중국 언어사, 서양의 한학사와 '세계화의 역사(世界化史)' 연구에 지대한 영향을 미칠 것이다. 진인각은 『진원의 돈황겁여록서(陳垣敦煌劫餘錄序)』에서 다음과 같은 예리한 논평을 하고 있다. "한 시대, 한 세대의 학술에는 반드시 그에 상응하는 새로운 자료와 새로운 문제가 대두되는 법이다. 서학 한문문헌에 기반하여 그 자체의 문제를 연구하는 것은 당대 학술의 새로운 조류라 하겠다."[48]

서학 한문문헌의 출판은 중국 명청사 연구를 어느 정도 추동하게 될 것이다. 지원푸(嵇文甫)는 『명 말기의 사상사론(明晚思想史論)』에서 다음과 같이 쓰고 있다. "명나라 말기는 혼란의 시기였고 다양성이 충돌하던 과도기이기도 했다. 이 시대를 비추고 있었던 것은 도고하게 하늘에 높이 솟은 태양이 아니라 각양각색의 광선으로 빛나던 대낮의 노을이었다. 그것을 일컬어 '잡다하다'고 할 수는 있겠지만 결코 '용속하다'고 할 수는 없으며 '오만방자하다'고 할 수는 있겠지만 결코 '경직되었다'고 할 수는 없다. 또한 그것을 일컬어 '난세지음(亂世之音)'이라고 할 수는 있으나 결코 '쇠세지음(衰世之音)'은 아니었다. 하나의 낡은 시대의 종말과 함께 새로운 시대의 시작을 알리는 현상이었으며 초현실주의의 안개 속에서 현실주의의 서광을 보여주었던 시대였다."[49] 명 말

---

48 陈寅恪, 『金明馆丛稿一编』, 上海: 上海古籍出版社, 1980, 236쪽.
49 嵇文甫, 『晚明思想史论』, 东方出版社, 1996, 1쪽.

기의 "잡다함"이라는 것은 바로 서학이 중국에 유입되기 시작하면서 중국 문화가 완전히 낯선 대화자를 만나게 되는 상황을 말하는 것이다. 중국 역사는 포르투갈과 스페인의 도래로 하여 새로운 문제에 당면하게 되고 변화하기 시작한다.

최근에는 명 말기 중국에서 활동한 예수회 선교사에 대한 연구도 이루어지고 있다.[50] 하지만 자료 수집의 어려움으로 하여 일부 핵심적인 문제에 대한 연구가 투명하게 구명되지 못하고 있다. 마찬가지로 남명왕조에 대한 훌륭한 연구[51]들이 적지 않게 생성되었음에도 불구하고 학자들은 여전히 중국에서 활동한 예수회 선교사 프랑소와(Francois Sambiasi)의 중국어 문헌에는 관심을 기울이지 않고 있으며, 중국에서 활동한 폴란드 출신의 선교사 미카엘(Michel Boym)이 남명의 특사 신분으로 로마를 방문했던, 이와 관련된 일련의 한문 문헌에 대해서도 주목하지 못하고 있는 점이 이를 말해준다.[52] 바티칸에 소장 중인 미카엘이 유럽으로 가지고 갔던 모든 문서를 확보하지 못하는 한 영력(永曆) 후기의 문제들에 대해 명확하게 설명할 수 없으며 동시에 이 자료들은 명 말기와 남명왕조 연구에 중요한 가치를 지닌다.

중국사 연구의 측면에서 보더라도 명청시기 이전에는 주로 중문 문헌

---

50 南炳文·汤纲,『明史』(上下), 上海人民出版社, 2003; 樊树志,『晚明史』(1573~1644), 复旦大学出版社, 2003年; (美)牟复礼·(英)崔瑞德 编,『剑桥中国明代史』, 中国社会科学出版社, 1992; 张天泽,『中葡早期通商史』, 香港中华书局, 1988; 万明,『中葡早期关系史』, 中国科学文献出版社, 2011; 万明 主编,『晚明社会变迁问题与研究』, 商务印书馆, 2005.

51 顾诚,『南明史』, 中国青年出版社, 1997; 钱海岳,『南明史』, 中华书局, 2006; 黄一农,『两头蛇』, 上海古籍出版社, 2006.

52 卜弥格着 爱德华·卡丹斯基 张振辉 张西平 翻译,『卜弥格文集: 中西文化交流与中医系传』, 华东师大出版社, 2013.

의 발굴과 수집에 초점을 맞추어왔기 때문에 중서문화교류사 문헌의 발굴과 수집은 명청사연구에서 특별히 중요하게 부각되었다. 선교사들의 서학 한문문헌과 그 관련 문헌들에 대한 연구에서 더욱 그러하다. 다이이(戴逸)가 이야기했던 바와 같이 청나라는 시종일관 외부 세계와의 관계를 유지하고 있었기 때문에 청사(淸史)는 기존의 왕조사와는 다르다. 반드시 세계적인 시각에서 중국을 바라보아야 하며 동시에 당시의 서양 사람들이 중국에 대해 어떻게 쓰고 무엇이라 말하고 있었으며 어떤 일들을 했는지를 반드시 파악해야 한다. 청사를 편찬함에 있어서 이상의 내용들에 대해 이해가 부족하면 청사를 써내려갈 수가 없다. 바티칸 소장본들에는 청사에 관련된 희귀하고 소중한 문헌들이 많다. 예를 들면 순치제가 요한 아담 샬의 3대에 관직을 하사한 문헌이나 요한 아담 샬의 상소문, 그리고 요아킴 부베가 강희제의 지시 하에 『역경』을 공부했던 매뉴스트립트, 프레마르와 마테오 리파의 강희제 시기의 일부 수사본(手寫本), 옹정제의 모랑과 아피아니에 대한 조서 등은 청대사 연구에서 중요한 학술적 의의를 가진다.

더욱 중요한 것은 이상의 서학 한문문헌들을 중국근대사의 연구 시각에서 조망할 때 이 자료들은 아편전쟁 이전 중국 사회는 이미 자체적으로 내부에서 발생한 근대적인 사상문화 요소를 가지고 있었다는 것을 확인하게 해주는 중요한 근거가 되며 명청시기가 중국근대사의 발단에 미치는 심대한 영향도 함께 확인하게 해준다. 중국근대사의 시기 구분은 문화대혁명 이전에는 소련의 영향을 받아 "침략-혁명"이라는 기준을 따랐고 개혁개방 이후에는 존 킹 페어뱅크의 "충격-반응"이라는 기준을 수용하고 있다. 상기의 두 기준은 모두 아편전쟁을 중국근대사의 기점으로 잡고 있다. 하지만 이미 일부 학자들에 의해 제기된 것과 같이

"중국근대사상사는 16세기까지 거슬러 올라갈 수 있다. 20세기 이래 일군의 중국학자들이 명청시기 학술 연구 영역에 몰입한 결과 대량의 사실(事實)을 통해 증명하였다시피 중국은 자체 내부적으로 발생한 근대 적인 사상문화 요소를 가지고 있었다. 이미 20세기 초기에 장태염(章太 炎)은 「청유(淸儒)」, 「설림(說林)」, 「석대(釋戴)」 등과 같은 글들을 발표하 여 자산계급혁명파의 관점에서 전대의 유신(遺臣)들과 다이전(戴震)의 학설을 표창하고 해석하였다. 또한 량치차오의『중국 학술의 변천 대세 (中國學術變遷之大勢)』는 명청시기 사상사에 대한 통시적인 고찰을 통해 중국 문예부흥설을 주창하고 있다. 신해년(辛亥年)에는 차이위안페이(蔡 元培)가『중국 윤리학사(中國倫理學史)』를 통해 황종의(黃宗羲), 다이전 (戴震), 위정쉐(俞正燮) 등 세 대가의 학설을 지지한바 있다. 5·4시기에 는 우위쥐(吳虞作)가 청대학술과 이탈리아 문예부흥은 절대 비슷하지 않다는 관점을 논증하였다. 20세기 말에 이르면 후스즈(胡適之), 슝스리 (熊十力), 지원푸(稽文甫), 룽자오주(容肇祖), 셰궈전(謝國禎), 허우와이루 (候外廬), 샤오사푸(蕭萐父) 등 대가들이 등장하기 시작한다. 이중 량치 차오, 후스의 "문예부흥설"에 맞설 수 있을 뿐만 아니라 보다 치밀한 역사적 논의에 대한 탁견을 보여주는 주장으로는 지원푸가『명 말기 사 상사론(晚明思想史論)』에서 제기한 "서광설(曙光說)", 허우와이루가『근 대 중국사상학설사(近代中國思想說史)』에서 주장한 "조기계몽설(早期啓 蒙說)』, 샤오사푸가『명청시기 계몽학술의 변천(明淸啓蒙學術流變)』을 통해 제기한 명청시기의 계몽사상은 전통과 현대를 잇는 접합점이라는 "역사접합점설(歷史接合点說)" 등이 있다. 이중에서도 허우와이루의『근 대 중국사상설사』(1947)는 중국근대사를 중국 자본주의의 맹아와 근대 적인 인문주의 성격을 겸비한 계몽사조의 발생과 발전의 역사로 간주함으로써 명청시기를 중국근대사의 시작, 나아가 중국근대사상사의 시작으로 간주한 점은 과히 뚜렷한 주장이라 하겠다."[53] 이상 학자들의 논증에서 중국에서 활동한 선교사들의 서학 한문문헌들은 모두 보편적인 주목을 받았으며 입론의 중요한 근거로 작용하기도 하였다. 때문에 명말 시기의 서학 한문문헌은 사료적인 측면에서 단순한 자료를 제공하는 데에 그치지 않는다. 이상 문헌들의 출간은 중국근대사연구에서의 새로운 창조를 추동하게 될 것이다.

중국 기독교사의 측면에서 볼 때, 기독교의 중국 유입은 3차례에 걸쳐 이루어졌고 그중 유독 성공적이었던 시기가 명청시기였다. 명청시기의 서학동점(西學東漸) 연구에서 중국 천주교사 연구는 그 중요한 구성부분이다. 최근 30년 동안 이 분야의 연구는 장족의 발전을 가져왔다.[54] 이를테면 리텐강의 『중국 예의지쟁: 역사 문헌과 그 의의(中國禮儀之爭: 歷史文獻與意義)』, 장셴칭(張先淸)의 『관청, 종족과 천주교: 17~19세기 푸안 향촌교회의 역사 서사(官府、宗敎與天主敎: 17~19世紀福安鄕村敎會的歷史敍事)』, 탕카이졘(湯開建)의 『명청시기 천주교사 논고 초편: 마카오를 기점으로(明淸天主敎史論稿初編: 從澳門出發)』 등 저작들은 각자 다른 측면에서 중국 천주교사의 연구를 추동하였다. 탕카이졘은 "중국 천주교사 연구에서 중국학자들이 앞서야 하는 것은 당연한 것이며 동시에 그것은 고사할 수 없는 일이기도 하다. 하지만 만약 중국 천주교사 연구의 선두를 차지하고자 한다면 두 다리로 걷는 방침이 필요하다. 이를테면 한 다리는 중국어당안문헌자료에 입각해야 하며 다른 한 다리는 서양문헌

---

53 许苏民, 『中国近代思想史研究亟待实现三大突破』第6期, 天津社会科学, 2004.
54 钟鸣旦和孙尚阳的『一八四0年前的中国基督教』.

당안자료에 입각해야 하는 것이다. 이 양자는 어느 하나가 없어서도 안 된다."[55]고 하였다. 그는 바티칸을 비롯한 여러 지역에 소장되어 있는 중국어 문헌에 대한 큰 기대를 보여주었다.

외래 종교로서의 기독교는 그 현지화 과정에서 자기만의 신학사상과 표현 방식을 형성하였다. 때문에 역사 진화 과정에서 '중국 한어신학사상(漢語神學思想)의 형성'은 중국 천주교사 연구의 또 하나의 중요한 부분이다. 특히 한어신학사상을 두고 격렬한 토론이 이루어지고 있다.[56] 물론 한어신학의 창도자들도 한어신학의 기원은 명청시기에 있음을 인정하지만 "한어신학은 중국 기독교인들에게 속하며 현재 그리고 미래의 모든 중국 기독교인들에게 속한다"[57]고 강조한다. 이는 아주 쉽게 명청시기 중국에서 활동한 선교사들과 중국 문인들이 협력하여 저술한 서학 한문문헌들을 한어신학의 범주에서 제외시키고 있는 주장이며 동시에 서학 한문문헌의 한어신학사상 형성 과정에 있어서의 영향과 위치를 부정한 것이다. 하지만 설령 명청시기 한어신학 관련 저서들을 광범위하게 섭렵하지 못하였다고 하더라고 적어도 마테오 리치의 『천주실의(天主實意)』는 아주 분명하게 명청시기 한어신학의 형태를 제시하고 있다는 것을 유의해야 한다. 이에 대해서는 학계에서도 서로 다른 의견을 제시하고 있다. 한 부류는 마테오 리치를 대표로 하는 중국어 문헌을 통해 예수기독교적인 신앙에 대한 경험과 그 신앙에 대한 반성을 기술하

---

55 汤开建, 『明清天主教史论稿初编: 从澳门出发』, 澳门大学出版社, 2012, 11쪽.
56 이에 대해서는 류샤오펑(刘小枫)이 1995년에 「现代语境中的汉语基督教神学」(载李秋零·杨熙南编, 『现代性: 传统变迁与汉语神学』, 华东师大出版社, 2010)에서 제기한 바 있다.
57 刘小枫, 『汉语神学与历史哲学』, 香港: 汉语基督教文化研究所, 2000, 4쪽.

는 선교사들은 한어신학의 범주에서 제외시켜야 한다는 입장이고 다른 한 부류는 "무릇 중국어로 저술 활동을 하고 중국어 환경에서의 각종 문제에 대한 해답을 제시하는 신학에 대해서는 그 주체가 중국인이든 서양인이든지를 불문하고 모두 한어신학의 범주에 귀속시켜야 한다"[58] 는 입장이다.

"성언(聖言)"은 항상 "사람의 말(人言)"을 통해 표현된다, 한어신학은 이것을 하나의 이론적 근거로 제시하고 있다. 이런 의미에서 볼 때 한어신학은 기타의 언어를 모어로 하는 라틴어신학이나 독일어신학, 프랑스어신학과 마찬가지로 "한어신학은 '사람의 언어'를 다른 종류의 '사람의 언어'로 치환할 필요가 없는 것이다. 즉 그것은 한어신학은 기타 '사람의 언어'의 표현 형식을 중국화하거나 현지화할 필요가 없다는 말이며 '중국어(漢語)'라는 '사람의 언어'를 통해 직접 '성언'을 받아들이고 서술하는 것이다."[59] 이러한 이해 방식은 사실 기독교 신학의 풍부한 역사적 전통을 해체시키는 것이며 학술 이론적인 측면에서도 그저 하나의 이상에 불과할 뿐이다. "이론적 형식으로서의 기독교 신학"은 구체적인 언어 환경 속에서 현실화되는 것이다. 때문에 '유태인 언어'를 벗어난 기독교적인 "사람의 언어"를 사람들은 직접 "성언"으로 받아들일 수 없는 것이다. 예수회의 중국 유입은 바로 이러한 구체적인 언어 환경 속에서의 신학을 가져온 것이며 그것을 다시 중국어로 번역한 것이다. 때문에 "명청시기 중국과 서양의 신앙 논쟁에 관한 것

---

58 『基督教文化评论』第32期; 孙尚阳, 『汉语神学: 接着利玛窦讲——神学论题引介』, 孙尚阳·潘凤娟, 『汉学神学: 接着利玛窦讲』, 31쪽.

59 李秋零, 「汉语神学' 的历史反思」, 李秋零·杨熙南 编, 『现代性、传统变迁与汉语神学(下)』, 华东师大出版社, 2010, 651쪽.

자체가 바로 '한어신학'인 것이다."[60]

이러한 한어신학에 대한 미진한 이해는 중국 기독교사 전반에 대한 이해 부족, 그리고 중국 기독교사 전체를 민족국가 충돌의 역사로 귀결시킨 데에서 기인하는 것이며 이는 명청시기 중서문화교류는 하나의 평등한 문화교류라는 것을 배제한 데에서 기인하는 것이다. 이 경우 명청시기 형성된 한어신학의 전통과 자원을 배제시킬 위험에 처하게 된다. 따라서 일부 학자들은 "중서문화교류사의 시각에서 볼 때 중국 사회의 기독교 수용은 400년에 걸친 중서문화교류의 산물이며 따라서 400년 전의 중서문화교류에 대해 무지하면 새로운 세기 세계일체화의 추세 속에서의 중국과 서양 쌍방의 입장과 역할에 대해서도 이해할 수 없게 되며 나아가 중국 현대사회의 문화적 배경 속에서의 기독교의 작용과 위상에 대해서도 확정지을 수 없게 된다. 역사는 하나의 거울이기도 하지만 만약 거울을 들여다보는 자가 넓은 시야와 다각적인 시각을 확보하지 못한다면 그것은 그저 번거롭고 무거운 짐보따리가 될 뿐이다."[61]고 말하고 있다.

"역사적인 대변혁의 시기를 겪고 있던 명청시기에 천주교는 서로 다른 종교와 전통적인 학설을 통섭하고 융합하는 작용을 했다. 그 과정에 중국 교회와 교도들을 위한 '한어신학'이 확립된 것이다."[62] 이러한 문제들은 다시 명청시기로 거슬러 올라가거나 그 시기 중국 기독교의 첫

---

60 李天钢, 「明清时期汉语神学: 神学论题引介」, 『基督教文化评论』 第27期, 香港道风书社, 2007, 23쪽.

61 王晓朝, 「关于基督教与中国文化融合的若干问题」, 李秋零·杨熙南 编, 『现代性、传统变迁与汉语神学(中)』, 华东师大出版社, 2010, 372~373쪽.

62 李天钢, 「明清时期汉语神学: 神学论题引介」, 『基督教文化评论』 第27期, 香港道风书社, 2007, 29쪽.

번째 한어신학 문헌으로 돌아가야만 쉽게 해결되는 문제이다. 따라서 이상의 서학 한문문헌들은 중국 교회사연구를 위한 새로운 사료가 될 뿐만 아니라 동시에 그것은 한어신학의 역사에 대한 더욱 전면적이고 분명한 인식을 확립시키게 하는 자료이기도 하다.

서학 한문문헌이 중국 번역사에서의 가치에 대해서도 알아보자. 중국의 번역사는 불교문헌의 번역에 그 기원을 두고 있으며 불전의 번역은 직접적으로 중국 문학의 발전에 영향을 미쳤다. 후스는 불전의 번역이 점차적으로 백화문(白話文)과 백화시(白話詩)의 중요한 발원지가 되었고 중국 낭만주의문학은 인도 문학의 영향을 받은 산물이며 불교의 산문체와 게송(偈頌)의 혼용은 훗날의 문학 장르에 영향을 미쳤다고 보았다.[63] 중국 선교사들의 서학 한문문헌 대부분은 번역 작품이거나 그렇지 않으면 편역(編譯)한 것이며 양적인 면에서 이는 불교의 중국 유입 이후 가장 많은 양을 선보인 해외문헌 번역서들이라고 할 수 있다. 이를 통해 유럽의 문화, 문학, 종교가 처음으로 중국에 유입되었으며 그 학술적 의의는 지대한 것이다.

번역학의 시각에서 접근한 최근의 훌륭한 연구로는 리스쉐(李奭學)의 논문을 들 수 있다. 그는 "근대 중국 문학이 청말에 그 기원을 두고 있다는 사실은 주지하는 바이지만 청말 근대문학의 새로운 현상의 맹아가 이미 명 말기에 배태되었으며 더욱이 그 맹아가 번역 활동에 기원을 두고 있다는 사실에 대해서는 잘 알려져 있지 않다"고 밝히고 있다. 서학 한문문헌 중에는 "중국에 처음으로 소개된 유럽 가사집이 있고

---

63 胡适, 「佛教的翻译文学」, 罗新章·陈应年 编, 『翻译论集』, 商务印书馆, 2009, 123~124쪽.

중국에 처음으로 소개된 유럽 전기소설(傳記小說)이 있으며 중국에 처음
으로 번역 출판된 유럽의 상고시대, 중고시대의 전기체(傳奇體) 형식의
단편소설이 있으며 중국에 처음 번역 소개된 유럽의 수사학 전문서적이
있으며 중국에서 처음으로 접할 수 있는 마리아 기적 설화집이 있으며
중국에서 처음으로 번역된 영국 시가 있다."[64] 선교사들은 유럽의 문학
을 소개하고 있을 뿐만 아니라 중국 고전소설의 형식에 맞추어 중국어로
소설을 창작하기도 하였는데 프랑스 예수회 선교사 프레마르드의 『유교
신(儒敎信)』이 그 일례이다.[65] 청 후기에 중국에서 활동한 기독교 개신교
선교사들은 천주교 선교사들의 이 전통을 이어받아 중국어로 여러 장르
의 문학 작품 창작을 시도하였으며 이는 근대 중국 문학의 중요한 한
부분을 구성하였다.[66] 중국 번역사 연구에서 가장 박약한 부분이 바로
명청시기 번역사 연구이다. 텍스트의 부족과 언어 능력의 제한이 중요
한 원인이 되었지만 서학 한문문헌의 출간은 더 많은 연구자들의 참여를
추동할 것이며 이는 중국 번역사 연구를 더욱 풍성하게 할 것이다.[67]

한편 서학 한문문헌의 고증 연구도 이미 시작되었다. 서학 한문문헌
의 중국 본토에서의 출간은 명청시기 문학사 연구자들의 많은 관심을

---

64 李奭学,「序言」,『译述明末耶稣会翻译文学论』, 香港中文大学, 2012;『中国晚明与欧
洲文学——明末耶稣会古典型证道故事考』, 三联书店, 2010.

65 张西平,『清史研究』2009年 第2期, 40~47쪽.

66 宋莉华,『传教士汉文小说研究』, 上海古籍出版社, 2010; 黎子鹏 编注,『晚清基督教
叙事文学选粹』, 台湾橄榄出版有限公司, 2012.

67 马祖毅,『中国翻译史』, 湖北教育出版社, 1999; 马祖毅,『中国翻译通史』, 湖北教育出
版社, 2006; 黎难秋,『中国科技翻译史』, 中国科技大学出版社, 2006; 王宏志 主编,『翻
译史研究』2011, 2012, 2013卷. 이상의 연구에서 분명하게 알 수 있는 바 번역사 연구
분야의 연구자들은 대부분 청 말기의 번역사 연구에 집중되어 있다. 명말청초의 번역사
연구는 새롭게 개척해야 하는 분야이다.

끝게 될 것이며 이는 궁극적으로 서학 한문문헌을 대표로 하는 유럽의 문학문화 번역 텍스트가 명말청초의 문단에 미친 영향을 밝혀내게 될 것이다. 최근 연구가 진행 중인 예수회 선교사 루이 푸아로의 『성경』 중국어 번역본은 아마도 근대시기 가장 이른 백화문학이 될 것이다.[68] 청 말기에 중국에서 활동한 기독교 개신교 선교사 윌리엄 밀른의 『장원양우상론(張遠兩友相論)』과 기독교 『성경』 번역이 근대문학에 미친 영향에 대해서도 이미 논의가 이루어진 바 있다.[69] 하지만 분명한 문제점은 현재 서학 한문문헌을 대상으로 하는 번역연구와 문학연구 대부분이 청말시기에 머물러 있다는 점이다. 명청시기 서학 한문문헌의 번역과 문학적 영향에 대한 연구는 이제 막 시작 단계에 있다. 때문에 바티칸 도서관에 소장 중인 명청시기 서학 한문문헌의 출판은 중국 번역사 연구에서 중대한 학술적 의의를 지니게 되는 것이다.

서학 한문문헌은 중국 근대 개념사 연구의 보고이기도 하다. 개념사 연구는 사상문화사 연구의 중요한 한 구성부분이며 최근 몇 년간 괄목할 만한 성과를 거두었다. 어학 연구에서 마시니(Federico Masini)의 『현대 중국어 어휘의 형성: 19세기 중국어 외래어 연구(現代漢語詞匯的形成: 十九世紀漢語外來詞研究)』, 선궈웨이(沈國威)의 『근대 중일 어휘 교류 연

---

68 郑海娟,「贺清泰 研究」, 北京大学博士论文, 2012.

69 주유지(朱维之)의 말처럼 "민국 이래 중국 기독교의 중국 문학에 대한 가장 큰 공헌의 하나는 『성경』 화합본(和合本)의 출간이고 다른 하나는 『보천송(普天頌)』의 출간이다. 이 두 텍스트가 비록 완벽하지는 않지만 기독교 문학의 기초를 다졌다는 측면에서 그리고 중국 신문학의 선구적인 역할을 하였다는 측면에서는 대서특필할 만한 사건이었다.(杨剑龙,『旷野的呼声: 中国作家与基督教』, 上海教育出版社, 1998; 陈镭,「文学革命時期的汉译圣经接受: 以胡适、陈独秀为中心」,『广州社会主义学院学报』2010年 02期; 张楠,「合和本的异化翻译及对中国现当代文学的影响」, 山东大学硕士论文.)

구: 중국어 새로운 낱말의 창제, 수용과 공유(近代中日詞匯交流硏究: 漢字新詞的創製、受容與共享)』, 문화사 연구에서 류허(劉禾)의 『경계를 뛰어넘는 언어적 실천: 문학, 민족문화와 그 번역 소개(중국, 1900~1937)(跨語際實踐: 文學、民族文化與被譯介(中國, 1900~1937))』, 진관타오(金觀濤)·류칭펑(劉靑峰)의 『관념사 연구: 중국 현대 정치술어의 형성(觀念史硏究: 中國現代政治術語的形成)』은 모두 새로운 연구 영역을 개척함으로써 학계의 주목을 받고 있다.[70] "위대한 시대의 출현은 언어의 거대한 실험장을 형성하게 되고 이와 함께 새로운 낱말들을 쏟아낸다.""사람들은 자신이 고수해오던 가치체계와 습관, 규칙 등이 위협을 받게 되면 대부분은 새로운 정신적 의지처를 찾아내고자 하는데 이러한 새로운 발견과 가치전환이 통상적으로 언어에서 드러난다."[71] 청나라 말기는 "3천년 만에 맞이하는 대혼란의 시대"였고 새로운 낱말과 개념들이 난무하던 시대였다. 이러한 낱말과 새로운 개념들은 점차적으로 중국의 사유 체계/사고방식을 변화시켰고 동시에 새로운 낱말들로 구성된 '신지식'은 다시 직접적으로 세계와 시대에 대한 사람들의 인식에 영향을 미치면서 새로운 사조를 생성시키는 바탕이 되었다.

황싱타오의 지적처럼 이음절 이상의 새로운 낱말의 대량 출현은 중국어 표현의 정확도를 현저하게 제고시켰고 이러한 새로운 명사들의 사용을 통해 사회문화적인 실천을 이룩함으로써 중국인들의 사고의 엄밀성과 논리성도 함께 효과적으로 제고시켰다. 이것은 중국의 언어

---

70 冯天瑜, 『封建考论』, 武汉大学出版社, 2007年; 黄兴涛, 『'她'字的文化史: 女性新带刺的发明与认同研究』, 福建教育出版社, 2009.

71 方维规가 黄兴涛의 『'她'字的文化史: 女性新带刺的发明与认同研究』를 위해 쓴 서언.

와 사상이 현대화되는 중요한 방식이기도 했다. 새로운 낱말들은 중국인의 사상 공간, 사유의 폭과 깊이를 절대적으로 확장시켰으며 과학적인 사고방식의 능력과 효율을 제고함으로써 새로운 사상 체계의 출현을 위한 사고방식의 중요한 기초를 마련하게 된다.[72]

현재의 연구자 대부분은 청말기 중일간의 어휘 교류 연구에 편향되어 있는 상황이지만 실제로 명말청초 천주교가 중국에 유입되면서 대량의 새로운 낱말들이 생성되기 시작하였고 동아시아에서 유통되기 시작하였다. 당시 동아시아에서의 서학 수용은 전방위적인 것이었는데 이를테면 선교사들이 출판한 서학 한문문헌들이 일본, 한국과 베트남으로 똑같이 흘러들어갔기 때문이다. 중국어 창작을 통한 선교사업의 추진은 선교사들이 도달한 공동의 인식이었다. 마테오 리치의 편지에서도 찾아볼 수 있듯이 "우리가 중국어로 편역한 책이 일본에서도 유통이 가능하다는 소식을 들었을 때 나는 더할 나위 없는 큰 위안을 받았다. 일본으로 보내기 위하여 로버트 모리슨 신부는 광저우(廣州)에서 추가 인쇄를 진행하기도 하였고 성(省)의 부회장이었던 파시오 신부는 우리가 편역한 책들을 좀 더 많이 보내달라고 요청한 적도 있는데 이는 일본에서 중국 서적이 상당히 인기가 좋았기 때문이었다."[73]고 쓰고 있다. "일본 학자 스키모토 츠토무(杉本孜)는 『근대 일중언어교류사 서론(近代日中言語交流史序論)』에서 "현대 일본에서 사용되는 수학 용어들은 대부분이 메이지 이후 유럽으로부터 수용한 양산(洋算) 용어들이다. 하지만 명청시기

---

72 黄兴涛, 「近代中国新名词的思想史意义法微兼谈对于'一般思想史'之认识」, 杨念群·黄兴涛·毛丹, 『新史学』(上), 中国人民大学出版社, 2003.

73 利玛窦, 『利玛窦全集』第4册(1608年 3月8 日信), 台湾光启出版社, 1986, 366~367쪽.

의 한문서적들이 일본의 수학 술어에 미친 영향도 절대 부정할 수는 없다. 이는 방이지(方以智)를 포함한 중국학자와 중국에서 활동하고 있었던 '서유(西儒)', 즉 선교사들이 중국 대지에 뿌린 씨앗이며 그들이 중국어로 정성스럽게 확립한 학술용어의 체계이기도 하다."[74]고 밝히고 있다. 명청시기의 서학 한문문헌이 일본에 유입된 후 얼마나 수용되었을까? 낱말들이 일본에 의해 수용되었고 청 말기에 이르면 그것이 일본의 창조물로 둔갑되어 다시 중국으로 보내졌다. 이러한 문제들에 대해서는 지금까지 아무도 답을 제시하지 못하고 있다. 그 근본은 역시 명청시기의 서학 한문문헌에 대한 요해가 부족하기 때문인 것이다.

청 말기의 문화사 연구자의 한 사람인 황싱타오 역시 이 문제를 의식하고 있는 듯하다. 그는 "근대 중국에서 유통된 적지 않은 새로운 낱말들의 기원을 찾아내고 이 낱말들과 메이지유신 이후 일본에서 유통되었던 새로운 한자어 낱말들의 복잡한 관계를 정확하게 밝히기 위해서는 반드시 결심을 내리고 명말청초에서부터 청나라 중기까지 서학을 소개하고 전파한 모든 문헌에 대해서 하나하나 확인 작업을 진행하지 않으면 안 된다."[75]고 하였다. 그와 왕궈룽(王國榮)이 함께 점교한 『명청시기 서학 텍스트(明淸之際西學文本)』는 현재로서는 점교에서 최다를 기록한 출판물이다. 문헌의 정리와 함께 명청시기 새로운 낱말, 술어에 대한 연구도 필히 진일보 진전될 것이다. 쩌우전환(鄒振環)의 『명말기 한문 서학 경전(晩明漢文西學經典)』은 명말과 청말을 연결 지음으로써 "명 말기 한문 서학 문헌이 어떻게 청말에 이르러 다시 반복적으

---

74 陆坚 · 工勇 编, 『中国典籍在日本的流传与影响』, 杭州: 杭州大学出版社, 1990, 263쪽.
75 黄兴涛 · 王国策, 『明清之际西学文本: 50重要文献汇编』, 中华书局, 2013, 23쪽.

로 해석되고 청말기 서학이라는 지식장의 재구성 과정에서 어떤 의미를 지녔는지에 대해 논구함으로써 명말과 청말이 학술적인 측면에서는 긴밀한 연속성을 가지고 있음을 논증하였다."[76] 이상의 연구들은 명청시기의 서학 한문문헌이 중국 근대지식의 진전이라는 역사적 측면에서의 중요성을 증명한 것이며 그 핵심은 신지식의 형성이었고 그 신지식을 구성하는 핵심은 새로운 낱말과 새로운 개념이었다.

언어에는 "공시성"과 "통시성"이라는 두 측면이 공존한다. 역사 속에서 언어는 시간에 따라 진화하지만 임의의 한 시점에는 그에 상응하는 구조가 존재한다. "개념사" 연구는 언어의 통시성에 주목함과 동시에 공시성도 함께 연구한다. "특정한 역사적 시점, 특정한 어의(語義)의 자장 안에서 '핵심 개념'의 공시성에 대해 분석할 뿐만 아니라 그 '핵심 개념'에 대한 통시적인 분석도 함께 진행한다. 이러한 통시적인 분석이 자연스럽게 '개념'의 변천으로 드러나게 되는 것이다."[77] 명청시기의 새로운 낱말, 새로운 개념에 대해 연구를 진행하는 것의 의의는 바로 다음과 같은 것이다. 근대의 서학이 중국에 유입되었을 때 그 유입시기가 서학의 기원이 되었고 따라서 그 시기의 새로운 낱말과 새로운 개념에 대한 연구는 직접적으로 근대 중국문화사와 사상사의 이해와 관련을 맺게 되며 나아가 오늘날 중국의 학술체계와 개념의 재구성과도 관련을 맺는다. 이것이 바로 진인각이 말한 "하나의 한자에 대한 해석이 곧 하나의 문화사가 된다"는 것이며 헤겔이 말하는 "한 민족이 자신의 언어로 하나의 과학기술을 장악하였을 때에야 우리는 비로소 그 과학

---

76 邹振环, 『晚明汉文西学经典: 编译、全是、流传与影响』, 复旦大学出版社, 2011, 29쪽.
77 伊安·汉普歇尔着, 周保巍 译, 『比较视野中概念史』, 华东师大出版社, 2010, 3쪽.

기술이 그 민족의 것이 되었다고 말할 수 있는 것이다"[78]고 한 것과 통하는 것이다.

바티칸 도서관에 소장 중인 서학 한문문헌 중에는 과학기술이나 지도와 관련된 문헌들도 적지 않다. 이러한 문헌에 대해서는 기존의 정리 작업 중에서도 잘 드러나지 않았다. 최근 타이완에서 출판된 여러 종류의 서학 한문문헌 자료들 중에도 역산(曆算) 분야의 문헌들은 하나도 수록하지 않고 있다. 이는 결국 명청시기의 세계적인 범주에서의 중서문화교류를 그저 단순한 중국 천주교사로 환원하는 무의식을 드러낸 것이다. 실제로 이지조는『천학초함』에서 "기편"과 "이편"을 중요하게 다루었다. 바티칸 도서관에는 중국 과학기술사와 관련된 희소하고 진귀한 문헌들도 있다. 요한 아담 샬의『최근 50년의 유럽 천문학의 발전(近五十年來歐洲天文學之進展)』이라는 책에는 코페르니쿠스의 천문학이 상세하게 소개되어 있는데 이는 기존의 예수회 선교사들은 코페르니쿠스의 천문학설을 소개하지 않았으며 건륭제 시대에 와서야 미셸 베누아에 의해 코페르니쿠스 학설이 중국에 소개되었다는 설을 자연스럽게 되짚게 한다. 특별히 언급해야 할 것은 프랑소와 푸케가 북경에서 로마로 돌아가면서 가지고 간 많은 문헌들이다. 그는 본인이 천문대(欽天監)에서 일할 때의 자료들을 대량으로 유럽으로 가지고 갔으며 그중에는 그의 천문연산 매뉴스크립트들이 적지 않게 포함되어 있다. 이는 청대 과학기술사연구에 중요한 의미를 지니는 문헌이다. 지도 분야에서는 마테오 리치의『곤여만국전도(坤輿萬國全圖)』와 미카

78 黑格爾,『哲学史讲演录』第4卷; 冯天瑜,『封建考论』, 武汉大学出版社, 2007; (德)郎宓谢 阿梅龙 顾有信 等着, 赵兴胜 译,『新词语新概念』, 山东画报社出版社, 2012.

엘이 제작한 중국 각 성(省) 지도는 모두 상당히 귀중한 역사적 문헌으로서 바티칸 도서관에 소장되어있다.

최근 10여 년의 연구들이 증명하듯이 예수교 선교사들이 소개한 과학기술은 중국 천문학의 발전을 추동하였고 "예수교 선교사들이 중국에서 서양의 천문학을 대대적으로 전파시킴으로써 중국 천문학이 한때 유럽에 버금가는 수준으로 발전하였는데 그 전성기의 천문학 발전 수준은 유럽과 10년 정도의 차이밖에 나지 않았다고 한다. 갈릴레이가 망원경을 이용한 천문학에서의 새로운 발견을 발표한 것은 1610년이었는데 이 내용이 엠마누엘 디아스가 1615년에 발행한 중국어 저작 『천문략(天問略)』에 이미 소개되어 있음에서도 알 수 있다. 또 다른 예를 들자면 『숭전역서(崇禎曆書)』가 비록 제곡(第谷)의 체계를 기조로 하고 있지만 다른 한편 요하네스 케플러 저작의 몇몇 성과들도 함께 수록하고 있다. 가장 늦게 출간된 것이 1618~1621년인데 이는 『숭정역서』의 편찬과 불과 8년 밖에 차이나지 않는다."[79] 바티칸 도서관에 소장 중인 각종 과학 분야의 문헌들은 필히 근대 중국의 과학기술사 연구를 크게 추동하게 될 것이다.

바티칸 도서관에 소장 중인 명청시기 중서문화교류사 관련 문헌 중에서 특히 주목을 끄는 것은 중국어-유럽어 이중언어사전이다. 이는 중국 이중언어사전 역사의 중요한 문헌이기도 하다. 중국어-유럽어의 이중언어사전의 시조는 미켈레 루지에르와 마테오 리치가 함께 만든 『포화사전(葡華詞典)』이다. 선교사들이 동아시아에 와서 한 첫 번째 일은 바로 중국어를 배우는 것이었다. 따라서 사전 편찬은 그들의 '큰 일' 중의

---

[79] 江曉原·鈕卫星, 『歐洲天文学东渐发微』, 上海书店, 2009, 447쪽.

하나가 되었고 이를 위해 선교사들은 많은 정력을 기울였다. 양후이링(楊慧玲)은 "미켈레 루지에르와 마테오 리치의 포화사전과 프란치스코 바로의 서한사전은 유럽어-중국어, 중국어-유럽어 이중언어사전의 맹아기에서부터 초기 발전의 궤적을 보여주는 징표들이다."고 하였다. 1813년 바실리오가 『한자서역(漢字西譯)』을 파리에서 출판하면서 중국어-유럽어 이중언어사전의 고조기를 맞게 된다.[80] 유감스러운 것은 이런 종류의 중국어-외국어 이중언어사전이 여전히 매뉴스트랩트의 형태로 세계 여러 나라 도서관에 소장되어 있다는 사실이다. 그중에서도 바티칸 도서관에 소장되어 있는 수량이 가장 많다. 중국어-유럽어 이중언어사전에 대한 연구는 최근에야 시작 단계에 들어섰다고 할 수 있다.[81]

소쉬르는 언어와 관련되는 요소를 '내부 요소'와 '외부 요소'로 구분하면서 언어의 '외부 요소'가 '언어의 내적 구조'에 저촉되지 않을 때에는 '외부 요소'를 제외시켜야 한다고 주장한다. 하지만 "내부 언어학에 있어서 상황은 완전히 다르다. 언어는 자의적인 배치를 허용하지 않기 때문이다. 언어는 하나의 시스템이고 오로지 스스로가 가지고 있는 고유의 질서만을 기억한다."[82]고 했다. 언어는 하나의 동질적인 구조로 구성되며 언어학은 주로 언어 내적인 안정적인 구조와 특징을 연구한다. 이럴 경우 언어의 '외부 요소'는 자연스럽게 고려되지 않게 되며 언어의 '외부

---

80 杨慧玲, 『19世纪汉英词典传统: 从马礼逊、卫三畏、翟理斯汉英辞典的谱系研究』, 商务印书馆, 2012, 71쪽.

81 张西平等主编,『西方人早期汉语学习史调查』, 中国大百科出版社, 2003; 姚小平主编, 『海外汉语探索四百年管窥』, 外研社, 2008; 姚小平, 『西方语言学史』, 外研社, 2011; 姚小平,『罗马杜书记』, 外研社, 2009; 董海樱,『16-19世纪初西人汉语研究』, 商务印书馆, 2011; 魏思齐编,『西方早期(1552-1814间)汉语学习和研究』, 台湾辅仁大学出版社, 2011.

82 索绪尔, 『普通语言学教程』, 商务印书馆, 2001, 46쪽.

요소'가 언어의 변화에 미치는 영향에도 크게 주목하지 않게 된다.

'언어 접촉(language contact)'에 대한 인식은 19세기에 생성되었다. 1990년대 들어 '언어 접촉'이 언어학 연구의 인기 분야로 부상하기 시작했고 심지어는 언어학의 한 지류를 형성할 뻔도 하였다. 이즈음 하여 사회언어학에서도 '언어 접촉'에 대해 관심을 보이기 시작하였고 언어의 외부적인 요인이 역사언어학의 중요한 내용을 구성하게 된다. 이러한 변화는 언어의 변화는 단지 내부적인 요소와 관련되는 문제만은 아니며 외부적인 요소, 즉 '언어 접촉'에서 기인하는 변화도 중요하게 작용함을 말해준다. 중국어 변화에 가장 큰 영향을 미친 것은 두 번에 걸친 외부 언어와의 접촉이다. 첫 번째는 불교의 중국 유입이 중국어에 미친 영향이고 두 번째는 명 말기부터 시작된 기독교의 중국 유입이 중국어에 미친 영향이다. 바티칸 도서관에 소장 중인 중국어-유럽어 이중언어사전의 공개는 중외언어교류사의 연구를 크게 추동할 것이며 중국사전사 나아가 중국언어사에 대한 연구도 함께 발전시킬 것이다.

마지막으로 명청시기 서학 한문문헌은 중국근대사상사 연구를 크게 심화시킬 것이다.[83] 명청시기 서학의 영향은 단지 지식론의 수준에 머물러 있는 것이 아니며 천주교 신도와 반천주교 인사들로 구분되는 서로 대립되는 두 부류 사람들의 서학에 대한 이해도 아니다. 가장 중요한 것은 서학은 이미 명말청초 중국 현지의 사상과 영향관계를 형성하고 있었다는 점이다. 명 말기 왕학(王學)의 성행, 특히 저장(浙江) 일대에서

---

83 陈卫平, 『明清之际的中西文化比较』, 上海人民出版社, 1992; 『明末天主教的交流和
    冲突』, 台北: 文津出版社, 1982; 何俊, 『西学与晚明思潮的裂变』, 上海人民出版社,
    1998; 李天钢, 『跨文化的诠释: 经学与神学的相遇』, 新星出版社, 2007.

의 그 유행이 더욱 심했는데 왕학은 선대 성현들의 저서를 그대로 받아
들이는 것을 극력 반대했고 오히려 "보통인들도 모두 우(禹)와 같은 성인
이 될 수 있다"는 주장을 강조하였다. 이와 같은 왕학의 기본사상이
실질적으로 외래문화의 수용을 위한 기반을 닦았다고 할 수 있다. 명청
시기 서학을 수용한 대부분은 모두 왕학의 제자들이었고 반면에 서학을
반대한 사람들은 거개가 주학(朱學)의 추종자들이었다.[84] 주웨이정은
"왕학의 제자들은 외래문화를 받아들이고 서양 종교를 신봉하였는데
이는 곧 왕학이 송대 이래의 예교적인 전통을 멸시하고 있었음을 말해주
는 징표였다. 그런데 이러한 현상은 하나의 객관적인 문화적 분위기를
조성하였고 이는 근대적 의미에서의 서학이 중국에서 성립할 수 있는
하나의 기반이 되었다. 또한 왕학을 지지하는 사람들은 모든 사람은
평등하다는 평등 관념을 가지고 있었고 이러한 인식이 청대에도 여전히
은연중에 유지 보존되었고 이것이 결국에는 한학자들에 의해 계승되었
던 것이다. 언뜻 보기에는 모순되는 듯이 보이지만 이는 사실이었다."고
말한다. 청초의 한학과 서학에 대해서는 "성격적인 연관성", "구조적인
연관성", "방법적인 연관성", "심리적인 연관성"이 지적되기도 하였다.[85]

　명청시기 중국에 유입된 서학과 중국근대사상의 변천 사이의 연관성
에 대해서는 량치차오부터 후스, 그리고 당대의 학자들에 이르기까지
이미 많은 연구자들에 의해 논의가 이루어졌다. 하지만 문헌이 충족치
못하여 논의가 크게 진전되지 못하고 있었는데 근래에 타이완에서 출판

84　卜恩理(Heinrich Busch)着, 江日新 译, 「『东林书院及其政治的和哲学的意义』附录
　　二: 东林书院与天主教会」, 魏思齐(Zbigniew Wesolowski) 编, 『'华裔学志'中译论文精
　　选: 文化交流和中国基督宗教史研究』, 台湾辅仁大学出版社, 2009, 278쪽.
85　朱维铮, 『走出中世纪』(增订版), 复旦大学出版社, 2007, 154~158쪽.

된 서학 한문문헌을 토대로 연구가 이루어지면서 서학, 그리고 명청 사상사에 대한 연구가 크게 진전되었다. 쉬쑤민(許蘇民)은 알폰소 바뇨니의 "서학치평사서(西學治平四書)"(『치정원본(治政源本)』, 『민치서학(民治西學)』, 『왕의온화(王宜溫和)』, 『왕정수신(王政須臣)』)가 고염무(顧炎武)에게 직접적으로 영향을 미쳤을 것이라고 보고 있다. 왜냐하면 알폰소 바뇨니는 산시(山西)에서 약 15년간 선교활동을 하였고 이는 고염무가 『일지록(日知錄)』을 집필한 시기와 겹친다. 그 역시 산시(山西)와 산시(陝西) 일대에 체류했기 때문이다. 또한 고염무의 친구인 이로(李鱸)는 서학을 공부하는 사람이었다. 그는 『일지록』에서 "세상의 '사(私)'가 모여 세상의 '공(公)'이 되는데 이것이 곧 왕정(王政)이다. … 세상의 군자들은 말하기를 '유공무사'라 하여 이것이 세상의 미사여구가 되었지만 그것이 결코 선왕의 가르침은 아니었다"[86]고 하였는데 이는 상당히 중요한 사상이다. 이 말은 개인적인 '사'의 존재의 합리성을 인정한 것이지만 그렇다고 하여 "왕정을 평가하는 기준이 더 이상은 '유공무사'가 되어서는 안 되며 세상의 '사'가 모여 세상의 '공'이 되는 것, 그것이 바로 '왕정(王政)'의 본질이다"[87]고 하였다. 쉬쑤민은 고염무의 이 사상은 알폰소 바뇨니의 『왕의온화』에서 직접적인 영향을 받은 것이라고 주장한다.

방이지는 선교사와 직접적인 연관을 가지고 있었고 왕부지(王夫之)는 천주교가 주도적인 지위를 점하고 있었던 영락제(永樂帝) 시기에 임직했으며 황종의가 서학을 공부하였다는 사실은 문헌적인 기록에서도

---

86 顾炎武, 『日知录』 卷3 『言私其稚』, 载 『日知录集释』, 长沙: 岳麓书社, 1994, 92쪽.
87 许苏民, 「晚明西学东渐与顾炎武政治哲学之突破」, 『科学战线』 2013年 第6期, 人文精神与文化传统.

확인된다. 역사적인 연구를 통해 이미 많은 부분이 고증[88]되었다시피 바티칸 도서관 소장의 명청시기 중서문화교류사 문헌의 출판은 서학 한문문헌의 전체적인 모습을 중국 학계에 제시하게 될 것이며 이는 앞으로의 연구 방향을 크게 확장시키고 심화시키게 될 것이다.

선교사들에 의해 저술된 서학 한문문헌의 또 다른 중요한 의의는 이 것이 그대로 서양 한학사의 중요한 구성부분이 된다는 사실이다. 중외 합작에 의해 완성된 서학 한문문헌은 사실상 세계화 초기의 세계문화 교류사의 진귀한 보고이며 양쪽 모두에 걸쳐있는 서학 한문문헌은 세 계문화사에 있어서 중국문명과 유럽문명이 처음 만났을 때의 대화와 교류 그리고 두 문명이 서로에 대해 귀감이 된 풍부한 성과를 제시하고 있다. 이는 동아시아가 현대화를 향해 나아간 중요한 사상적 자원일 뿐만 아니라 서양 문화가 어떻게 이질적인 문화와 상호 교류하였는가 를 보여주는 소중한 문화자원이며 동시에 중요한 사상적 유산이라는 당대적 의의도 가지고 있다.

5. 결어

1910년 장원제(張元濟)가 로마 교정의 바티칸 도서관을 방문하여 처음 으로 남명시기의 소중한 문헌을 복사하여 중국으로 가져왔던 시점에서

88 方豪,「明末清初旅华西人与士大夫之晋接」,『东方杂志』29(5), 1943; 徐海松,『清初士 人与西学』, 东方出版社, 2001; 许苏民,「王夫之与儒耶哲学对话」,『武汉大学学报(人文 社科版)』2012年 1月; 许苏民,「黄宗羲与儒耶哲学对话」,『北京行政学院学报』2013年 第4期; 冯天喻,「明清之际西学与中国学术近代转型」,『江汉论坛』2003年 第3期.

부터 계산할 때 근 백 년의 시간이 흘렀다. 그동안 옌쭝린(閻宗臨), 왕중민(王重民), 룽신쟝(榮新江), 장시핑(張西平) 등을 비롯한 연구자들은 바티칸 도서관 소장의 서학 한문문헌의 '중국 귀환'을 위해 끊임없는 노력을 이어왔다. 오늘도 우리는 여전히 선현들의 뒤를 이어 노력하고 있다. 바티칸 도서관과의 8년 동안의 협력을 거쳐 모든 문헌들을 중국으로 가져왔고 『바티칸 도서관 소장 명청시기 중서문화교류사 문헌 총서』의 발간은 유럽에 소장되어 있는 중국 문헌을 복사, 정리하여 출판한 근 백 년래 중국 학계의 가장 중요한 성과 중의 하나가 되었다. 이는 돈황문헌(敦煌文獻) 다음으로 유럽의 중국어 역사문헌을 가장 많이 중국 국내에서 출판한 결과물이며 최근 백년 중국 학계의 중요한 일대 사건이기도 하다. 이것으로 선현을 기리고 지난한 과정에 많은 도움을 주신 모든 분들께 고마움을 전한다.

초기근대 서양선교사 동아시아학과 역사지형

천학의 성립과 분화 배경을 중심으로

전홍석

1. 문제제기

'동양'은 유럽의 타자로서 유럽적 자아의 필요에 따라 구성, 해체, 재구성을 거듭하는 동태적 개념이다. 근동(Near East), 중동(Middle East), 극동(Far East) 등 동양에 관한 거의 모든 지리적 범주의 표준공간은 표준시간과 마찬가지로 지극히 유럽적이다.[1] 근대 동아시아의 지역적 정체성(identity) 형성 역시 이 유럽적 동양으로서의 식민담론과 무연하지 않다. '동아시아'란 서구 열강과 군국 일본이 각인시킨 근대 세계시스

---

1 박사명, 「동아시아공동체의 의의와 과제」, 『동아시아공동체와 한국의 미래: 동북아를 넘어 동아시아로』(동아시아공동체연구회), 이매진, 2008, 14쪽 참조.

템의 제국주의적 조형물로 파악된다. 이 단어는 근대 제국주의시기 유럽인이 만들어낸 아시아상을 일본인이 수용해서 자신의 것으로 전유(appropriation)한 개념이다. 메이지(明治)유신을 계기로 서구적 근대화(modernization)에 성공했다고 자부한 일본은 서양의 오리엔탈리즘(Orientalism)과 동일한 형태의 시선으로 점차 동양을 타자화하는 '일본형 오리엔탈리즘'을 만들어나갔다. 일본은 탈아입구(脫亞入歐) 노선을 통해 서구(+일본)=선진, 비서구=후진의 이항대립 구도로 바꿈으로써 대동아지역 전체를 선진 일본을 동심원으로 하는 주변부 또는 배후지로 전락시켰던 것이다. 제2차 세계대전 이후에는 미국이 세계적 패권국으로 등장하면서 "극동에서 동아시아라는 변화는 유럽 중심적 권력구조에서 미국 중심적 '지식권력구조로의 전이'를 의미하는데 그 과정에서 유럽이 만든 '극동'이라는 개념과 일본이 만들어낸 '대동아'라는 개념은 사라지게 되었다."[2]

이처럼 동아시아는 애초부터 에드워드 사이드(Edward W. Said)가 공론화한 '오리엔탈리즘'이라는 제국주의적 원죄를 갖고 태어난 심상지리임을 알 수 있다. 현재적 동아시아담론이 아무리 원대한 이상을 표방한다고 하더라도 동아시아 개념에 태생적으로 감추어진 서구의 부정적 형상의 이데올로기를 제거하지 못하게 되면 그 현실적 효용성은 회의적일 수밖에 없다. 실제로도 동아시아정체성론이나 동아시아대안문명론 등은 여전히 서구에 대한 강박관념이나 콤플렉스가 잠재화된 일종의 나르시시즘(narcissism)적 자기예찬으로서의 '역 오리엔탈리즘(reversed

2 고성빈, 「한국과 중국의 '동아시아담론': 상호연관성과 쟁점의 비교 및 평가」, 『국제지역연구』 16(3), 서울대학교 국제학연구소, 2007, 35쪽.

orientalism)'에 지나지 않는다는 반론 또한 만만치 않다.[3] 따라서 서구의 식민주의적 동양 형상이 근현대 왜곡된 '동아시아상'을 초래했다면 '긍정적 타자 형상'을 포용하는 비교문화학적 역사모형을 고려하지 않을 수 없다. 여기서는 부정적 혹은 긍정적 타자 형상을 문명의 내·외부로 확대하는 '4분적 층위'의 비교문화 형상학(imagologie) 개념에 주목하고자 한다. 그 중 본고의 논제 범위와 연관된 문명 외부론에 국한시켜 소개해보면 다음과 같다. 부정적 타자 형상이 작동할 경우 동양은 열등한 계몽의 대상으로 표상되어 비서구에 대한 서구의 제국주의 지배를 정당화하거나 그 문화의 이질성을 배척하는 '외적 억압의 종속 형상'으로 그려진다. 반면에 긍정적 타자 형상이 작동할 경우 동양은 강권문명의 제국주의적 팽창이나 그 지배이데올로기를 억제하는 '외적 해방' 기능 내지는 타문화에 공감하고 그 다양한 문화적 가치와 모델 들을 공유하고자 하는 '호혜적 교류 형상'으로 제시된다.[4]

본고의 문제 설정은 이러한 발상과 함께 새로운 '동아시아학' 전망 차원에서 문명적 가치와 그 의미를 중시하는 탈근대적 '중세화(medievalization) 론'에 기초한다. 21세기 '중세화 모델'을 통해 구상된 동아시아상은 탈근대적 인류미래의 비전을 담지한 '대안적 공동체'임과 동시에 탈제국주의적 맥락의 '지정문화적 정체성' 복원으로서의 의미를 갖는다. 이러한 중세화적 전환은 근대 세계시스템의 패권적 국가주의, 나아가 전통의 부정적 요소들이 탈각된 '동아시아의 정체성'을 승인하는 기반 위에서

---

3 박승우, 「동아시아 담론의 현황과 문제」, 『동아시아공동체와 한국의 미래: 동북아를 넘어 동아시아로』(동아시아공동체연구회), 이매진, 2008, 322~328쪽 참조.

4 전홍석, 『독일 계몽주의의 유학적 기초: 볼프의 중국 형상과 오리엔탈리즘의 재구성』, 살림, 2014, 12쪽 참조.

출발한다. 동아시아에는 서구와 구별되는 동아시아만의 특수한 문화적 요소가 있으며 역내 모든 국가들은 이러한 동질적인 가치체계나 동질적인 문화를 공유하므로 단일의 문명공동체로 발전할 수 있는 토양을 확보하고 있다는 주장이 그것이다. 또한 그와 연관된 동아시아 정체성 구축은 구심력으로서의 전통시대 동아시아의 국제 공공성 영역인 '중화(中華)적 세계시스템'을 현대 문명학적 차원에서 재구성하려는 연구노력과 상통한다.[5] 여기에는 탈전통을 기획했던 근대화라는 거대담론의 해체가 상정되어 있다. 그런 의미에서 동아시아 중세화의 모색은 "그동안 전통문화가 근대라는 담론이 선험적으로 설정한 기준에 따라 의미를 박탈당했다면 탈근대의 문제 틀은 이러한 근대의 선험적 전제들을 해체함으로써 전통과 근대의 새로운 접합 내지는 가로지르기를 할 수 있는 길을 제시한다"[6]는 견해를 포괄한다.

이 연구에서는 서구의 '근대 오리엔탈리즘'이 표면화되기 이전[7] 대항해시대 해상 인문실크로드로 상징되는 '서양선교사 동아시아학'의 역사

---

5 본래 '중세화론'은 상호의존이 심화되고 세계화가 일정한 단계에 도달했을 때의 국제관계를 나타내기 위한 용어로 출현했다. 이 이론은 1960~70년대에 아놀드 월퍼스(Arnold Wolfers), 헤들리 불(Hedley Bull) 등에 의해 제기된 바 있다. 특히 헤들리 불은 장래에 출현할 가능성이 있는 국제시스템의 하나로서 '새로운 중세'를 제시했다. 그 연장선상에서 오늘날 서구가 유러피언 드림(European Dream)으로 대변되는 EU의 실체를 새로운 중세로 파악하고 있다는 점에서 주목된다. 각설하고 최근의 주창자들로서는 미래학자 제러미 리프킨(Jeremy Rifkin)을 비롯해서 일본의 저명한 국제정치학자 타나까 아끼히꼬(田中明彦), 국내에서는 동아시아학의 노학자 조동일 등이 눈에 띈다. 전홍석, 「동아시아 모델의 전환: 중세화론과 진경문화」, 『조선시대 공공성 담론의 동학』(황태연 외), 한국학중앙연구원 출판부, 2016, 참조.

6 김기봉, 『역사를 통한 동아시아 공동체 만들기』, 푸른역사, 2007, 54쪽.

7 사이드는 동양을 둘러싼 '근대 오리엔탈리즘'적 표상은 시기적으로 18세기의 1760~1770년대를 경계로 그 범위가 현저히 확대되었다고 진술한다. 에드워드 사이드, 『오리엔탈리즘』, 박홍규 옮김, 교보문고, 2015, 52쪽 참조.

지형을 모델로 삼아 동아시아에 대한 서구의 원형적 표상들을 점검해보고자 한다. 동서양의 사상적·문화적 대화의 기점인 16~18세기는 근현대 서구의 문명강권주의를 합리화해온 '부정적 오리엔탈리즘'으로부터 상대적으로 자유롭기 때문이다. 데이비드 문젤로(David E. Mungello)가 설정한 "중국에 대한 존경을 서양의 역사에서 찾기 위해서는 1500~1800년의 시기로 돌아가야 한다. 아이러니하게도 현재에서 조금 더 멀리 떨어진 시기(1500~1800)가 더 최근의 과거(1800~2000)보다 더 많은 의미와 적절함을 갖고 있을지 모른다."[8]라는 인식이 그것이다. 여기서는 초기근대(early modern period, 중세에서 근대로의 이행기) 유럽 가톨릭선교사들이 주도한 동아시아학, 곧 '천학(天學)'의 성립과 분화 과정을 재현(representation)함으로써 당시 유럽인의 눈에 비친 동아시아의 문명적 특질들을 적출해보고자 한다. 그 분석 프레임은 상기한 '4분적 층위'의 문명외부 형상론임은 물론이다. 중국의 전례(典禮)문제를 둘러싸고 촉발된 유럽 가톨릭 선교회의 문화적응주의와 문화배타주의(신학보수주의)의 갈등은 본질적으로 그리스도교적 '복음'과 '문화' 간 딜레마에서 유출된 '양가적 유교 형상'에 기인한다. 무엇보다도 그로부터 돌출된 유럽신권(神權)과 중화천권(天權)의 충돌 등 다양한 간-문명(inter-civilization)적 문화현상들은 오늘날 동아시아의 문명 정체성과 그 학적 체계 구성에 귀중한 지적 영감을 제공해준다.

---

8 데이비드 문젤로, 『동양과 서양의 위대한 만남 1500~1800』, 김성규 옮김, 휴머니스트, 2009, 45쪽.

2. 유교오리엔트: 토착화 선교신학

1) 문화적응주의: 천학의 성립

대항해시대 유교오리엔트와 관련된 동서양 문화교류의 주체는 재화(在華) 가톨릭 예수회 선교사들이었다. 이들이 '신학선교'와 '과학선교' 차원에서 동아시아에 접근했음은 잘 알려진 사실이다. 제수이트(Jesuit, 예수회원)들은 중화세계의 복음화를 목표로 하는 불굴의 신앙심과 높은 인격의 소유자들이었다. 학식 면에서도 천문, 역수(曆數)에서 물리, 화학에 이르기까지 모두 당대 유럽의 선진적 과학지식을 습득한 최고의 전문 엘리트 집단이었다. 그들에 의해 생성된 유럽 가톨릭선교사 동아시아학은 두 방향에서 포착된다. 하나는 유럽인을 상대로 집필된 보고서, 서한, 번역서, 저술 등의 '서문(西文) 문헌'이고, 또 하나는 동아시아인을 독자로 저역된 화문(華文), 곧 '한문(漢文) 문헌'이다. 이렇게 "책을 통해 전해진 내용이 유럽을 중국에 소개하는 것과 중국을 유럽에 소개하는 것, 양자 모두에게 유익한 동서양 문명의 교류 차원이었기 때문에 그 자체가 문화사적인 커다란 의미를 지닌다."[9] 서양의 중국학이나 중화의 서양학은 이 양대 문헌들이 양방향적 문화운반체 구실을 하여 장족의 발전을 거둔 것이다. 이 같은 문화교섭에 의한 선교방식은 대항해시기 문화파괴가 우상숭배의 멸절로 인식되었던, 이른바 정복주의적 백지화(Tabula Rasa, 문화말살정책) 선교현실에 비추어볼 때 진보한, 그리고 가장 인본주의적인 투신 가운데 하나로 평가된다.[10]

---

9 김혜경, 『예수회의 적응주의 선교』, 서강대학교 출판부, 2012, 339쪽.

10 지리상의 발견에서 종교문제는 중요한 동기가 되었다. 정복자들은 언제나 선교사들을

무엇보다도 주목해야 할 점은 유럽 최고의 신학자이자 지식인 그룹이었던 이들 가톨릭 제수이트의 전교활동을 기화로 동서양 문명권 모두에 미래 지향적인 새로운 지식이 출현하여 쌍방향의 '세계적 근대성'이 촉발되었다는 사실이다. 서구어 문헌이 유럽 계몽기의 지적 성숙에 기여했다면 한문 문헌은 계몽된 사상가, 과학자들을 자극해 동아시아의 근대적 사유를 태동시키는 문화소로 기능했다. 중세에서 근대로의 이행기 생경한 타 문명권에 장기간 거주하면서 일군 예수회 중국 선교단의 방대한 '동아시아학 체계'는 동서양 상호 문화읽기의 다른 이름이라고 할 수 있다. 이것은 문젤로가 제기한 '근대 오리엔탈리즘' 이전 1500~1800년의 300년간 중국과 유럽이 교류하는 과정에서 문화의 차용과 동화라는 현상이 양방향적으로 명백히 나타났다는 역사적 모형과 겹친다.[11] 특히나 유럽 계몽기 진보적 지식인들은 예수회 선교사들과 마찬가지로 자신들의 계몽주의적 관점에서, 그리고 자신들의 정치철학과 유토피아적 이미지의 반영으로서 유교를 해석했다. 유럽인들의 표현의 정확성이 어떠하든 중국은 그 시대의 지식과 문화의 많은 양상과 접촉하면서 유럽 계몽주의의 의식 속으로 밀접하게 통합되었다.[12]

대동했고 그들과 긴밀한 협력관계를 유지하면서 민족과 문화를 무시(백지화)하고 정복과 동시에 이교를 그 지역에서 근절시키고 그리스도교 신앙을 강제로 이식하는 것을 명예로 여겼다. 이러한 선교정책은 선교지에 축복을 주지 못했고 그리스도교가 현지의 민족, 문화와 유기적인 일치를 이루지 못하게 했다. 그러다보니 선교는 식민지 지배가 확고하고 토착 종교가 커다란 내적 저항을 보이지 않는 중미와 남미 지방에서만 원활하게 이루어졌다. 인도, 중국, 일본 등 오랜 문화와 전통을 지닌 나라에서는 그리스도교가 그 기반을 확고히 할 수가 없었다. 김혜경, 『예수회의 적응주의 선교』, 49쪽 참조.

11 데이비드 문젤로, 『동양과 서양의 위대한 만남 1500~1800』, 참조.

12 J. J. 클라크, 『동양은 어떻게 서양을 계몽했는가』, 장세룡 옮김, 우물이 있는 집, 2004, 70쪽 참조.

그런데 중화오리엔트에 관한 가톨릭선교사의 학술체계는 다른 선교지에서는 유례를 찾아보기 힘든 독특한 '예수회 적응주의(Accommodationism)'의 산물로 이해된다. 이 복음의 본토화 노선은 '가톨릭선교사 동아시아학'의 생성배경을 이해하는 가장 중요한 키워드라고 할 수 있다. 그도 그럴 것이 문화적응주의는 수학과 천문지리, 지도제작 등 선진지식은 말할 것도 없고 후대에는 대포제작기술까지 매개하는 문화교류형 선교로 지역민의 의식을 고양시키고 지역문화의 성장을 도모하는 계기를 열어주었다.[13] 예수회의 동아시아 적응전략이 학술선교, 지식선교, 문화선교 등으로 불리는 이유가 여기에 있다. 실제로 마테오 리치(Matteo Ricci, 利瑪竇, 1552~1610) 등이 중국선교를 개시할 때 그곳에서 대면한 문명은 유럽사회를 압도하는 고도로 발달한 '사유의 신대륙'이었다. 따라서 그리스도교가 중국인들이 믿는 가장 근본적인 부분과 조화를 이룬다는 지적이고 세련된 논법이 요망되었다. 결국 대등한 이성인 간의 '문화적 대화'라는 그리스도교의 중국 토착화 선교방법이 채택된 것이다. 이 전략 배후에는 중국인에게 지적 승인을 획득해 중국선교를 활성화시킴과 동시에, 제수이트 선교사가 제공한 중국에 관한 정보를 유럽의 문화 속에 수용하게끔 하려는 의도가 깔려 있었다.[14]

이렇게 볼 때 적응주의 선교신학은 가톨릭 예수회원이 타자인 중화오리엔트와 갖는 끊임없는 상호작용 속에서 도출되었음을 알 수 있다. 적응주의자들에게 그리스도교 복음(진리)의 전달 과정은 "그 복음이 유

---

13 황종열, 「마테오 리치의 적응주의 선교의 신학적 의의와 한계」, 『교회사연구』 제20집, 한국교회사연구소, 2003, 191~194쪽 참조.

14 데이비드 문젤로, 『진기한 나라, 중국: 예수회 적응주의와 중국학의 기원』, 이향만 외 옮김, 나남, 2009, 46쪽 참조.

래한 문화 또는 그 복음이 선포될 지역의 문화와 분리될 수 없다"[15]는 명제로 받아들여졌다. 이 입장의 고수는 중국전교상 유럽의 그리스도교와 중국의 유교라는 '이중의 문화적 강제(cultural imperative)'에 봉착하게 하는 결과를 초래했다. 이것이 '문화적응주의'를 단순히 주동 혹은 피동이라는 편파적 시각으로 재단할 수 없는 이유다. 객관적 의미에서 그리스도교의 중국 토착화가 급격히 추진된 것은 유교의 '문화적 규범'에 대한 적응만이 그 생존을 보장받을 수 있다는 판단에서였다. 양대 문명권의 이중적 문화 강제에 직면한 제수이트 선교사들은 그리스도교적 자아 동일성으로 유교의 실제적 타자 이질성과의 '문화적 대화'만이 그들이 취할 수 있는 유일한 응답이었다. 본래 '적응'이란 용어는 '문화적 소통'을 위한 대화가 대전제임은 물론이다. 그리고 "소통은 '나'라는 주체와 '너'라는 객체 혹은 타자 사이의 간극을 메우기 위한 노력이자 그 과정"[16]으로 파악된다. 따라서 '문화적응주의'는 가톨릭 예수회원을 매개로 하는 야유(耶儒)의 '상호작용'이 만들어낸 동서양 대화의 독특한 문화소통이라고 할 수 있다.

그런데 이 '문화적응주의'의 전개 양상을 동아시아 역내로 한정해보면 유럽 가톨릭선교사 동아시아학의 한 축인 '천학'이 위치한다. 선교사들에게 '천학'은 복음정신의 궁극적 구현체라고 할 수 있다. 리치를 수반으로 하는 예수회원들은 히브리(Hebrew) 유일·인격신의 보편적 세계상으로 유교오리엔트와의 '문화적 소통'의 길을 모색했다. 이들의 선교신

---

15 윌로우뱅크 신학 협의회, 『복음과 문화: 복음과 문화에 관한 윌로우뱅크 신학협의회 보고서』, 조종남 편저, 한국기독학생회출판부, 2000, 8쪽.

16 김혜경, 『예수회의 적응주의 선교』, 390쪽.

학은 유교문명사에서 형성된 '천(天)' 개념 가운데 가톨릭의 신관(神觀)과 소통할 수 있는 요소들을 발굴해가는 과정이었다. 중국의 '천'은 자연일반을 가리키는 자연천, 상벌을 시행하는 인격천, 아울러 그 인격천이 의리화된 이법천 등의 의미를 가진다. 초기 예수회의 문화적응주의는 이렇게 다양하게 관찰되는 전통적 '천' 개념과의 접합과 길항이라는 지난한 대결 속에서 결정화되었다. '적응주의 천학'은 그리스도교 유일·인격신에 대한 유교적 '천' 개념의 변용과 확대로 구성된 것이다. 리치 등의 제수이트들은 그리스도교 『성경』을 번역할 때 창조주 데우스(Deus, 陡斯)의 번역어로 '천주(天主, Lord of Heaven)'를 사용했고 유가(儒家) 경전의 천, 상제(上帝)의 개념을 끌어다가 그리스도교의 천지만물을 창조하는 주재자와 일치한다고 증명했다. 이렇게 되면서 천, 상제가 천주와 병용되었다.[17] 결국 '문서선교-천학'은 입일상제(=천주)이궁물((立一上帝)(=天主)(以窮物)) 형식으로 진행되면서 서양신학과 서양과학 등을 포괄하는 방대한 학술체계가 완성된 것이다.[18]

---

17 동아시아문명권에서 동서양 종교와 철학의 본격적인 교류는 리치의 저술활동에서 비롯되었다. 리치는 특히 한문 저작 『천주실의(天主實義)』에서 중국의 고전 유교경전인 『논어(論語)』, 『맹자(孟子)』, 『중용(中庸)』, 『대학(大學)』뿐만 아니라 『서경(書經)』, 『서경(詩經)』, 『역경(易經)』 등에 보이는 인격신, 곧 '상제'와 '천' 개념을 확인하고서 원시유가 사상을 진정한 유교로 옹호하고 환영했다. 그러나 정주(程朱)의 성리학이든 육왕(陸王)의 심학(心學)이든, 우주만상의 존재론적 근거를 '리' 또는 '태극'에서 찾는 송명(宋明) 이학(理學)의 우주론적 체계를 아리스토텔레스(Aristoteles)철학과 토미즘(Thomism)에 근거해 철저히 부정했다. 송영배, 『동서 철학의 교섭과 동서양 사유 방식의 차이』, 논형, 2005, 74쪽 참조.

18 천학의 첫 번째 의미는 상제즉천주설(上帝卽天主說)에 입각한 천주에 관한 이치와 학문으로 천주지학(天主之學), 사천지학(事天之學)의 약칭이다. 두 번째 의미는 이 종교성(事天)에서 파생된 측천지학(測天之學), 곧 기하학을 중심으로 한 수학과 천문학이 여기에 해당한다. 세 번째는 가장 넓은 의미의 천학으로 선교사가 전래한 모든 서양학문을 가리킨다. 전홍석, 「16~18세기 유럽선교사 동아시아학의 형성: 유교경전에 대한 적응

이처럼 가톨릭 천학은 진유 고교(眞儒古敎)를 전제로 선유(先儒)인 고대 경전의 천즉언주재설(天卽言主宰說)은 적극 제창한 반면에, 천즉리설(天卽理說)을 대명제로 하는 후유(後儒)의 주석에는 반대하는 '문화 양분적 이해'로 축성되었다. 예수회원들은 무신론적 성향의 후유인 송대(宋代) 신유학(理學)을 배제하고 그에 앞서서 존재했던 원시유학을 유교-그리스도교 융합의 형태로 포섭하고자 했다. 그들은 유교오리엔트 세계가 높은 도덕심과 자연적 종교성을 가졌다는 사실을 발견하고 나름대로 이해하려고 노력했다. 그래서 도달한 결론이 중국에는 하나님과 관계하는 '자연적 이성의 빛', 다시 말해 일정한 자연적 종교가 존재한다는 논리장치였다. "유학사상에는 자연계와 인간의 이성에서 유추된 진리가 담겨 있지만 그리스도교의 계시라는 진리만은 빠져 있다"[19]는 것이다. 동아시아 '천학'의 정초자 리치는 자연종교(natural religion), 자연이성(natural reason)의 관점에서 원시유학에는 '인격적 유일신'이 존재했지만 송명(宋明)시대로 넘어오면서 도교와 불교의 여독으로 중국문화가 타락해 유물론화·무신론화 되었다고 주장한다. 그는 유교로부터 도·불교를 떼어낸 뒤 유교-그리스도교의 혼합체를 만들고자 했던 것이다. 쉬광치(徐光啓)의 유명한 '보유역불(補儒易佛)' 문구는 이를 단적으로 적시해준다. 이 보유역불 이론은 이후 장싱야오(張星曜)에 의해 세 가지의 형식, 곧 화해(合儒), 보충(補儒), 초월(超儒)로 정비된 점은 특기할만하다.[20]

주의의 문화 양분적 해석」, 『동서철학연구』 79, 한국동서철학회, 2016, 217쪽 참조.

19 데이비드 문젤로, 『동양과 서양의 위대한 만남 1500~1800』, 147쪽.

20 1702년 장싱야오는 첫 번째 부분에서 중국의 고전을 다수 인용해서 기독교와 유학의 공통점을 보여주었다. 두 번째 부분에서는 기독교가 정신과 도덕적인 수양 면에서는 물론 그 밖의 분야에서도 유학을 보충했다고 말했다. 그리고 세 번째 부분에서는 기독교의 계시가 유학의 가르침을 넘어선다고 주장했다. 데이비드 문젤로, 『동양과 서양의 위

이 일련의 양가적 유교읽기의 진화 과정 속에서 공부자孔夫子의 라틴어 표기인 Confucius, 신유학의 번역어 Neo-Confucianism, 그와 관련된 '선유-진유 대 후유-속유(俗儒)'라는 문화 이분법이 생성된 것이다. 이 문화 동이시(同異視)적 유교-그리스도교의 융합 방식은 역내 '천학'이 생산되는 지적 준거틀로 기능하여 서양의 신학체계를 비롯한 지리학, 수학, 천문학, 서양음악 등 유럽의 거의 모든 학문이 동아시아로 이식될 수 있었다. 리치 등의 예수회 문화적응주의자들은 자신들의 본토적응계획을 유럽과 중국 모두에 합리화할 필요가 있었다. 그들은 "유학이 가르치는 대부분의 도덕적이고 사회적인 진리, 예를 들어 부모를 공경하고 남을 자신처럼 대하는 것들은 그리스도교와 비슷하다"[21]고 보았다. 그리고 중국의 전례인 경천(敬天), 사조(祀祖), 제공(祭孔)은 그리스도교 교의와 모순되지 않는다고 판단, 기본적으로 관대한 태도를 취했다. 적응주의자들이 파악하기에 사천(祀天)의식은 천지만물의 근원을 향해 경건한 예를 표하는 것이지 결코 창천(蒼天)의 신을 섬기는 종교적 의식과 무관했다. 중국의 제조(祭祖), 제공 역시 미신행위가 아닌 효심(盡孝思之念)과 존경(敬其爲人師範)을 표하는 윤리적 습속일 따름이었다. 이 제반 관용적 노선의 '리치규범(利瑪竇規矩, 적응책략)'은 이후 가톨릭의 중국선교에 편리함을 제공해주었고 중국 사대부들이 봉교하는 중요한 요인이 되었다.

2) 중세화: 천학의 구성 원리

동아시아 '천학'의 형성지형을 자세히 들여다보면 중세에서 근대로의

대한 만남 1500~1800』, 60·62쪽 참조.

21 데이비드 문젤로, 『동양과 서양의 위대한 만남 1500~1800』, 147쪽.

이행기 '동아시아 중세화'의 구조 속에서 성립되었음을 확인할 수 있다. 실제로 "근대화가 '개별적 민족국가' 단위로 진행되었다면 중세화는 '총체적 문명권' 단위로 관찰된다."[22] 동서 문명일반론에서 보면 현존하는 인류의 모든 문명권은 고대문명의 유산을 내용이나 지역에서 대폭 확대해 참여자는 누구나 대등하게 향유할 수 있는 '보편주의 가치관'을 이룩한, 곧 책봉체제, 보편종교, 공동문어를 본질로 하는 '중세화 과정'을 거침으로써 형성되었다. 동아시아 지역에서도 이 중세화를 접착제로 하는 문명권이 구축됨은 말할 것도 없다. '중화보편주의' 가치관이 중세 동아시아의 정치구조였던 '책봉(조공)체제'와 함께 보편종교인 '유교사상', 공동문어인 '한문'으로 구현된 세계가 바로 중국, 조선, 베트남, 일본 등을 주요 구성원으로 하는 '동아시아문명'이다.[23] 역내 '가톨릭선교사 동아시아학—천학'은 이 동아시아의 중세화를 배경으로 전개된 것이다. 이 논단은 서양의 '제수이트 동아시아학'이 유럽의 중세화, 즉 '책봉체제—로마의 총대주교', '보편종교—그리스도교', '공동문어—라틴어'를 기초로 옥시텐트(Occident) 전 지역으로 파급된 것과 동일문맥을 구성한다. 따라서 천학의 태동과 발전 과정을 동아시아 중세화의 본질적 요소인 '책봉체제—중국의 천자(天子)', '보편종교—유교', '공동문어—한문'이라는 세 측면에서 살펴볼 수 있다.

첫 번째, '천학'은 문화 이념적인 '중화 세계시스템'의 토대 위에서 준비되었다. 더 정확히는 동아시아 문화적 중심부인 '중국' 전교의 필요성에 대한 예수회 선교사들의 각성에서 비롯된 것이다. 원래 동아시아적 '문

---

22 전홍석, 「동아시아 모델의 전환: 중세화론과 진경문화」, 216쪽.
23 조동일, 『동아시아문명론』, 지식산업사, 2010 참조.

명'이란 중화 지향의 '전통성'과 서화(西華) 지향의 '근대성'이라는 이중의
교차적 층위를 구성하는 개념이다. 서구적 근대성이 문명 개념에 적충되
기 이전 그 원의에 함의된 중화의 의미 구성체는 동아시아 중세의 중국적
세계시스템과 대응된다. 여기서 '중국'이란 동아시아 대륙의 중심부인
중원(中原)(황하(黃河) 중·하류 지역)을 지배하는 왕조, 다시 말해 책봉의
권한을 가진 천자의 제국을 지칭한다. 또한 중국의 개념은 중화, 중하(中
夏)와 병칭되면서 대체로 '천자─성왕(聖王)'을 핵심으로 하는 '문화가 찬
란한 중앙의 큰 나라'로 정리할 수 있다. 이런 이유로 리치는 "중국 서적에
는 각 왕조의 명칭 말고도 중국, 중화 등의 명칭이 있다. 중국 전체를
통치하는 황제는 천하의 주인으로 불린다."[24]고 했다. 더 나아가 그는
"중국인들은 줄곧 그들의 황제가 전 세계의 군주라고 생각해 그를 '천자'
라고 불렀다. '천'은 그들 최고의 신명을 가리키며 따라서 '천자'라고 부르
는 것은 서방에서 말하는 '하나님의 아들'과 같다."[25]고 진술한다. 실제로
천자를 핵심으로 하는 '중국적 세계질서'는 동아시아 선진국인 중국이
문화 이념으로서의 중화를 자처하면서 책봉, 조공 관계를 통해 주변 국가
들에 영향력을 행사하는 방식으로 관철되었다.

 이러한 통찰 속에서 예수회원들은 중화오리엔트 전체를 복음화하기
위해서는 중국선교가 선행되어야 함을 깊이 체득하고 있었다. 프란치
스코 사베리오(Franciscus Xaverius, 沙勿略, 1506~1552)가 일본선교를
경험하면서 이냐시오(Ignatius de Loyola)에게 피력한, 곧 "만약 일본인

---

24 마테오 리치, 『마테오 리치 중국 선교사 I 』, 신진호·전미경 옮김, 지식을만드는지식,
  2013, 10쪽.
25 마테오 리치, 『마테오 리치 중국 선교사 I 』, 58쪽.

들이 구원의 복음, 천주의 도가 중국에서 받아들여지고 있다는 것을 알게 된다면 그들은 곧 쉽게 우상들을 방기할 것이라고 사료된다"[26]라는 말은 이를 극명하게 보여준다. 리치는 당시 상황을 다음과 같이 전한다. "일본 사람들은 변론 중에 이치에 닿지 않아 말이 궁색해질 때마다 중국의 권위를 인용했다. 종교의 문제와 행정의 문제에 관해서 그들은 '중국의 지혜'를 피난처로 삼았다. 따라서 일본인들은 만약 그리스도교가 정말 유일한 참된 종교라고 한다면 똑똑한 중국인들이 잘 알고 받아들였을 것이라고 생각했다. 그리하여 사베리오는 하루빨리 중국을 방문해 중국인들로 하여금 미신을 버리고 그리스도교를 믿게 해야겠다고 결심했다. 중국인들이 그리스도교를 믿으면 그 복음이 중국에서 일본으로 전해질 것이고, 그러면 일본인들이 더욱 쉽게 받아들일 것이라고 생각한 것이다."[27] 이로 보건대 사베리오는 일본이 책봉국 중원의 2차 문화권임을 깨닫고 선교방향을 동아시아의 문화와 정신적 기원인 중국으로 전환했음을 알 수 있다. 그의 중국 상촨다오(上川島) 상륙은 천학의 기점이 되는 셈이다. 발리냐노(Alessandro Valignano, 范禮安)가 미켈레 루지에리(Michele Pompilio Ruggieri, 羅明堅)와 리치를 중국에 파견하고 지속적으로 베이징北京 행을 독려한 것은 이러한 사베리오의 영향 속에서 동아시아의 구조를 인지했기 때문이다.

두 번째, '천학'은 동아시아 중세 보편종교 '유교'에 대한 보유론(補儒論)으로 대변되는 그리스도교 신학적 재해석을 통해 구성되었다. 중화의 실체는 동아시아 중심부로서의 찬란한 문화, 곧 성왕(聖王)의 문덕,

---

26 빈센트 크로닌, 『서방에서 온 현자』, 이기반 옮김, 분도출판사, 1994, 21쪽에서 재인용.
27 마테오 리치, 『마테오 리치 중국 선교사 I』, 170쪽.

성인의 도라고 하는 유교의 핵심 이념과 상통한다. 사베리오가 "중국인은 총명하고 배우기를 좋아하며 인의(仁義)를 숭상하고 윤상(倫常)을 중시한다"[28]고 함은 중화문명의 특징을 기술한 것이다. 예수회의 문화적응주의는 이러한 유교오리엔트의 문화전통을 복음화의 방법으로 활용함을 의미한다. 리치는 선교신학 구성에 있어 중국의 고유한 전통과 유교의 개념만을 차용했고 유교 이외의 불교, 도교 등 다른 종교는 제외시켰다. 더욱이 그는 베이징과 난징(南京)에 천단(天壇)과 지단(地壇)이라는 장엄한 신전이 있다고 하면서 중국인들은 "줄곧 최고의 신을 숭배해왔고, 그것을 그들은 '상제' 또는 '천지(天地)'라고 불렀다. 대체로 그들은 하늘과 땅을 영물이라 여겼고, 최고의 신과 더불어 하나의 유기체를 이룬 것으로 여겨왔다."[29]고 했다. 덧붙여 "유교는 우상이 없고 그저 하늘과 땅, 또는 황천의 상제를 경배한다. 상제는 세상의 모든 것들을 관장하고 유지하는 존재로 받아들여진다."[30]고 말한다.

어떤 면에서 재화 선교사로서의 신분적 정체성은 다분히 중국이라는 '타자'에 의해 부여되었고 그 타자의 위치는 '자아 동일성'과 동등하게 중요했다. 무엇보다는 중화오리엔트에서는 유학이 중시되고 유생(儒生)과 그 출신의 관료가 대접을 받고 있었다. 그러니만큼 제수이트들은 유관(儒冠), 유복(儒服) 차림에 예수 그리스도는 '서구의 공자'라고 가르치는 등 자신들을 서유(西儒, Western Confucian)로 자처하면서 타자와 일체화하는 데 노력을 아끼지 않았다. 더불어 의도적으로 중국의 유생

---

28 方豪, 『中國天主教史人物傳』, 宗敎文化出版社, 2011, 45쪽.
29 마테오 리치, 『마테오 리치 중국 선교사 I 』, 140쪽.
30 마테오 리치, 『마테오 리치 중국 선교사 I 』, 145쪽.

들과 교류했고 과학, 윤리학, 철학 등을 토론할 때도 유가경전 속에서 그리스도교적 근거를 찾았다. 이는 필연적으로 유가사상과 전통문화에 대한 깊은 이해를 수반했다. 유학은 본래 전통적 학문분류법에 의하면 의리지학(義理之學)(義理性命之學), 사장지학(詞章之學), 경제지학(經濟之學)(經世濟民之學), 명물지학(名物之學)(名物度數之學)을 포괄하는 학문이다. 이 점에서 예수회 선교사들의 문화적 대화가 '천학'의 다양한 스펙트럼을 형성한 것은 어쩌면 당연한 일이기도 했다. 그들의 교섭은 '유교화된 그리스도교'의 형태로 중국의 종교, 문화, 사회, 관습 등에 걸쳐서 광범위하게 이루어졌다.

세 번째, 천학은 동아시아 중세 공동문어 '한문'을 통해 구현된 학적 체계다. 예수회 선교사들은 중국 고전에 대한 이해가 없으면 중국 문인들과 근본적으로 교류가 불가능하다는 사실을 알았다. 더구나 중국적 사고 속에서 그리스도교적 요소를 찾기 위해서는 중국 문인의 정신적 바탕이 되는 중국 고전을 읽어야 했다. 그래서 '한문' 실력을 배양하는 데 각고의 노력을 기울였다. 소위 '중세사회'란 공동문어와 민족어가 양층 언어(diglossia)의 관계를 가진 시대다. 책봉체제도 문명권 전체의 공동문어를 사용하면서 이루어진 국제관계였다. 동아시아 역시도 공동문어인 '한문'이 보편종교(유교)의 경전어로 자리 잡으면서 규범화된 사고를 정착시키고 국제간의 교류를 담당하여 문명권의 동질성을 보장해 주었다. 이와 결부시켜 볼 때 동아시아 천학의 배면에는 '문화적응주의-문서선교'라는 예수회 특유의 선교방식이 존재한다. 문서선교는 "쇄국정책으로 선교사가 도달하지 못하는 곳에서 문자(字)가 선교의 주체가 되는 선교방식"[31]을 말한다. 이 정책은 문文 숭상 풍조와 함께 독서인이 지배하는 중세 중화오리엔트의 특수성을 반영한다. 한문 천학서는 문자의 위력을 등에 업고 중국을 포함한 동아시아 전역에 전해져 선교의 수단이 되었다. 리치는 이런 측면에서 "우리가 쓴 책은 중국인만이 아니라 전체 중국문화권에 영향을 미칠 것"[32]이라고 말한다. 결국 "문서선교의 의의는 선교의 방향이 '만다린(mandarin, 官話)'을 사용하는 수도권 중심의 일부 중국인들에게만 그치는 것이 아니라 문어를 공용어로 사용하는 인근 지역과 국가로도 향했다는 데 있다."[33]

실제로 중국대륙을 비롯한 한반도, 일본 열도, 인도차이나 반도의 베트남 지역은 한문을 공동문어로 사용하면서 그것을 매개로 유교, 율령, 한역(漢譯) 불교와 같이 중국에서 기원하는 문화를 공유했다. 이를 간파한 사베리오는 일본의 "모든 교의와 종파는 중국에서 전해진 것이며 …… 그 경서들도 전부 한문을 사용한다"[34]고 했다. 아울러 그는 "중국인과 일본인들이 자신들의 말로 이야기할 때는 서로 이해하지 못하는데 중국문자를 아는 일본인은 문자를 통해서 중국인과 서로 통한다"[35]라고 피력한다. 리치도 마찬가지로 동아시아의 종교인 유교, 불교, 도교와 관련하여 모든 중국인과 중국문자를 쓰는 이웃나라 백성들, 예를 들어 일본인, 조선인, 타이완(臺灣)인, 베트남인 등은 대부분 이 세 가지 교 가운데 하나에 속한다고 증언한다.[36] 더욱이 동아시아의 공동문어에 대

---

31 김혜경, 『예수회의 적응주의 선교』, 338쪽.
32 마테오 리치, 『마테오 리치 중국 선교사 Ⅱ』, 신진호·전미경 옮김, 지식을만드는지식, 2013, 750쪽.
33 김혜경, 『예수회의 적응주의 선교』, 256~257쪽.
34 方豪, 『中國天主敎史人物傳』, 44쪽.
35 G. Shurhammer·I. Wicki, *Epistolae S. Francisci Xaverii* 2, Rome, 1996, p.292. 김남시, 「사물문자로서의 중국문자: 아타나시우스 키르허의 중국문자 이해」, 『중국어문학지』 33, 중국어문학회, 2010, 321쪽에서 재인용.

한 보다 정통한 식견을 가지고 있었다. 그는 중국에는 주로 관료들이
쓰는 표준 중국어로서의 구어인 '만다린'과 문어인 '한문'은 다르다고
논급한다. 또한 유교오리엔트 국가들은 비록 언어가 달라 구어적 소통
이 불가능하고 한자를 읽는 발음도 상이하지만 자字를 통한 '문어적
소통'이 가능함을 이해하고 있었다. 리치는 중국의 전 지역을 포함해서
"중국문자는 일본과 조선, 베트남, 유구(琉球) 등에서도 통용된다. 이들
지역의 어음은 매우 달라 한마디도 같은 것이 없다. 하지만 글자를 쓰면
모두가 이해한다. 그리고 다른 나라의 언어를 배울 필요가 없다."[37]고
지적한다.

3. 중국전례논쟁: 천학의 분화 배경

1) 전기 논쟁: 적응과 보수

동아시아 중세화의 원리에 따라 성립된 '가톨릭선교사 동아시아학 –
천학'은 원유(原儒)와 송유(宋儒) 양자 모두를 배척하는 신학보수주의의
부정적 오리엔탈리즘, 즉 '억압적 종속 형상'의 도발로 급거 균열, 분화
되기에 이른다. 이는 '리치규범'에 반발했던 일군의 재화 신학보수주의
선교사들의 출현을 의미한다. 여기에 속하는 신부들로서는 니콜라스
론고바르디(Nicolas Longobardi, 龍華民, 1556~1654), 디에고 데 판토하
(Diego de Pantoja, 龐迪我, 1571~1618), 에마누엘 디아즈(Emanuel Diaz,

---

36 마테오 리치, 『마테오 리치 중국 선교사 I』, 145쪽 참조.
37 마테오 리치, 『마테오 리치 중국 선교사 I』, 38쪽.

陽瑪諾, 1574~1659), 사바티노 데 우르시스(Sabatino de Ursis, 熊三拔, 1575~1620), 후안 모랄레스(Juan Morales, 黎玉范, 1597~1664), 생트 마리, 샤를 매그로(Charles Maigrot, 閻瑺, 1652~1730), 클라우드 드 비스델루(Claude de Visdelou, 劉應, 1656~1737) 등이 대표적이다. 천학의 분화를 예고하는 '전례논쟁(Ritenstreit, 1645~1742)'은 예수회 내부의 보수 인사, 그리고 뒤늦게 중국 포교에 합류한 다른 선교회의 '배타적인 문화관'이 초기 제수이트의 선교정책에 도전하면서 발생했다. 명말明末 그리스도교가 동전한 이래 중국의 전교활동은 줄곧 포르투갈의 후원 아래 예수회가 장악했다. 17세기 중엽 이후 포르투갈의 국력이 쇠퇴하자 스페인의 지원을 받은 1631년 도미니코회(Dominican Order), 1633년 프란치스코회(Franciscan Order), 그리고 프랑스를 등에 업은 1684년 파리외방전교회(Société des Missions Étrangères de Paris)가 연이어 중국에 들어왔다. 이들 수도회의 신부들은 대부분 중국언어를 잘 알지 못했으며 중국정세에도 어두웠다. 중국에서의 전교권 쟁탈을 위해 예수회의 관용조치를 비난했고 그 과정에서 전례논쟁이 야기된 것이다.

그러나 '전례논쟁'의 발생은 기본적으로 '문화적 요인'에 기인하며 교회의 순결성과 신앙의 온전함을 유지한다는 차원에서 리치가 송유 이학(理學)에만 국한시켰던 '배제의 원칙'을 중국의 유교문화 전체로 확대한 소치이다. 좀 더 근원적으로 접근해보면 여기에는 '문화'에 대한 '그리스도교'가 갖는 관계의 이중성과 그에 관한 상호 입각점의 차이가 내재한다. 그리스도교의 진리·복음과 현실문화 간의 원천적 딜레마는 "하나님은 인간의 문화 바깥에 계시며 동시에 문화 속에 계신다"[38]라는 말로 요약할 수 있다. "온전한 하나님이자 동시에 온전한 인간이었던 예수 그리스도는 이러한 이중성의 극적인 현시"[39]인 것이다.

신학보수주의파는 그리스도교의 하나님은 특정문화를 초월해 존재하고 역사하며 복음의 구현은 유럽의 종교문화, 곧 서구적 세계관을 전범으로 한다는 견해를 고수했다. 그에 반해 예수회 문화적응주의파는 하나님은 인류문화 전체를 관통해 존재하고 역사하며 그리스도교의 진리는 인류의 모든 세계관이나 문화 속에 지향되어 있다고 생각했다. 그들에게 "선교지역의 토착문화는 살아서 현존하는 하나님을 발견할 수 있는 선교의 접촉점이었다."[40]

중국전례논쟁은 이 두 입장이 '리치규범'을 둘러싸고 대립한 결과물이었다. 그런데 이러한 중국 가톨릭의 선교적 분열은 "그리스도교 신앙과 중국문화 간의 문제를 놓고 먼저 예수회 내부에서 분화가 이루어졌다."[41] 전례논쟁은 중국선교회 수임회장인 리치 타계(1610년) 직후 그 직책을 승계한 론고바르디가 예수회 시찰원, 예수회 총장 등에게 하나님의 호칭문제로 잇따라 이의를 제기하면서 발단된 것이다. 예수회 '평민선교노선'의 개척자 론고바르디는 리치가 그리스도교의 유일진신(唯一眞神)인 '데우스'를 '천', '상제'와 동격시한 것에 반대해 직접적으로 라틴어의 음역 호칭(陡斯)을 사용하자고 주장했다. 아울러 중국전례에는 이단적인 요소가 많다고 인식해 중국인 신도들에게 경천, 사조, 제공의 활동을 허용하지 않았다. 포르투갈 태생인 예수회원 디아즈도 론고바르

---

38 문석윤, 「'유교적 기독교'는 가능한가」, 『헤겔연구』 8권, 한국헤겔학회, 1998, 709쪽.

39 문석윤, 위의 논문, 709쪽.

40 김상근, 「예수회 설립자 이냐시오 로욜라의 선교 리더십」, 『동서문화의 교류와 예수회 선교역사』, 한들출판사, 2006, 30쪽.

41 김병태, 「명말청초 '전례논쟁'의 선교사적 이해」, 『한국기독교와 역사』 28, 한국기독교역사연구소, 2008, 166쪽.

디에 동조해 중국사상과 제례의식 등은 그리스도교 선교에 도움이 되지 않는다는 입장을 취했다. 특히 "제사를 저주했는데 제사는 하나님에게만 지낼 수 있는 것이라 생각했기 때문이다."[42] 스페인 출신의 예수회원 판토하 역시도 유교식 조상제사와 공자 공경의식을 금절시켜야 한다고 동조했다. 『연경개교략(燕京開敎略)』은 그의 말을 다음과 같이 전한다. "공자를 제사지내는 예는 사실 '신'을 모시는 예이며 선조를 제사지내는 예는 역시 이단의 조목에 속한다. 천과 상제 두 글자는 결코 천지조화와 주재라는 뜻이 없다. 중국인이 공경하는 천은 창망한 천에 불과하니 천지를 창조하는 주재와는 아무런 관련이 없다. 때문에 봉교인(奉敎人)들이 그 의례를 행하지 못하도록 엄금해야 한다. 그렇지 않으면 성도(聖道)의 순후함에 큰 해를 끼치게 될 것이다."[43]

　이렇게 론고바르디 등 예수회 보수주의자들이 '리치규범'에 반대하자 예수회 내부에서는 의견이 양분되어 큰 논쟁거리로 떠올랐다. 한쪽은 여전히 리치의 주장을 고수했고 다른 한쪽은 론고바르디를 추종했다. 이는 이후 간-문명적 전례논쟁으로 화하게 되는데 그 논점은 "첫째, 선조의 위패에 대한 제사가 종교적 의식인가 아닌가; 둘째, 공묘(孔廟) 제사가 공경과 예의에만 그치는가, 아니면 이단이라는 종교적 의미까지 함유하는가; 셋째, '상제'와 '천' 자가 천지만물을 움직이는 진재(眞宰)로 불리는 것이 합당한가의 여부"[44]에 있었다. 이 당면한 분쟁을 해결하기

42　라이프니츠, 「중국인의 제례와 종교에 관한 소견」, 『라이프니츠가 만난 중국』(이동희 편역), 이학사, 2003, 75쪽.

43　(法) 樊國樑(Pierre Marie Alphonse Favier), 『燕京開敎略』 中篇, 北平遣使會印書館, 1905, 46쪽.

44　주겸지, 『중국이 만든 유럽의 근대: 근대 유럽의 중국문화 열풍』, 전홍석 옮김, 청계, 2010, 117쪽.

위해 1628년 예수회는 자딩(嘉定)에서 회의를 소집했다. 참가자들은 예수회원들뿐만 아니라 쉬광치 등 저명한 중국인 교도들도 포함되어 있었다. 이 회의에서 리치의 견해대로 사조, 제공은 종교적 미신이 아니라고 결정했다. 다만 데우스의 호칭문제는 '천주(天主)'의 번역명을 유지하며 '천', '상제'는 물론이고 음역인 '더우쓰(陡斯)'의 사용도 금지한다는 절충안을 내놓았다. 그러나 예수회 주류파가 1633년 다시 상제, 천을 허용함으로써 논쟁의 불씨가 되살아났다. 론고바르디는 자신의 입장을 굽히지 않았고 재차 글을 지어 리치의 '상제' 번역명을 공격함은 물론 '천주'라는 명칭조차도 타당하지 않다고 보았다.

예수회 내부에서 시작된 중국의 전례문제는 이후 주로 중국의 하층민이나 비지식인 선교에 주력했던 도미니코회, 프란치스코회 등이 지나치게 황실, 유교문인 지식층에 의존한 예수회의 적응정책에 불만을 갖고 론고바르디에 동조하면서 선교회 간 논쟁으로 걷잡을 수 없게 확대되었다. 최초 전례문제가 불거진 데는 순수 교의적이고 '문화적 요인'에서 출발했다. 그러나 논쟁이 급속히 확대, 가열된 배경에는 극동에 대한 서구열강의 세력 및 이익 쟁탈과 이들 세속국가와 벌인 교황청의 동양교권쟁탈이라는 '정치적 요인'이 존재한다. 여러 동서양 학자들의 분석대로 전례논쟁에는 쌍방의 성심성의, 선의, 종교적 경건성 등의 고상한 동기 사이에 시기, 보복, 유럽쇼비니즘(chauvinism) 등의 비열한 태도가 뒤섞여 있었다. 더군다나 유럽의 제국주의, 유럽인이 중국문화를 열등한 문화로 치부하는 시각 등과도 떼서 생각할 수 없다.[45] 그러나 중세에서 근대로의 이행기 전례논쟁은 사이드가 오리엔탈리즘에서 문제시했

---

45 吳伯婭, 『康雍乾三帝與西學東漸』, 宗敎文化出版社, 2002, 144~145쪽 참조.

던 근현대 서구 제국주의 담론의 '강성적(hard) 종속 형상'과는 달리 연성적(soft) 성향의 순수 문화적 관념투쟁이라는 견해가 지배적이다. 여하튼 예수회와 기타 수도회 간의 전면적인 격돌은 역옥(曆獄)시기 광저우(廣州)에서 이루어졌다. 당시 중국 가톨릭선교사들은 1664년 양광셴(楊光先)이 아담 샬(Adam Schall, 湯若望) 등을 상대로 일으킨 역옥, 즉 흠천감교난(欽天監敎難)으로 광저우에 압송되었다. 이때 23명의 가톨릭선교사들(예수회원 19명, 도미니코회원 3명, 프란치스코회원 1명)이 1666년에서 1671년까지 광저우에 연금되었다.

이 회합을 계기로 두 진영은 격렬한 공방 끝에 1656년 교황 알렉산데르 7세(Alexander VII)의 중국전례에 대한 비준법령이 받아들여졌다. 당시 재화 선교회 간 벌어진 중국의 전례논란을 유럽인들에게 비교적 상세히 전해준 인물이 바로 도미니코회 신부 도밍고 페르난데즈 나바레테(Domingo Fernandez Navarrete, 閔明我)[46]이다. 나바레테는 1667년 광저우 23인이 참여한 가톨릭 사제 토론회에서 예수회원들과 첨예한 대립각을 세웠고 여기서 결정된 결의안에 서명하기를 거부했다. 더욱이 그는 1673년 로마로 가서 "곳곳을 다니며 광저우 23인의 결의안에 반대하는 강연을 했고 1676년에 마드리드(Madrid)에서 출판한 『중국의 역사, 정치, 종교에 대한 논고(Tractados históricos, politicos, eticos y religiosos de la

---

46 나바레테의 중국명인 '민밍워(閔明我)'는 예수회원 그리말디(Filippo Maria Grimaldi)와 같다. 이렇게 된 데는 두 선교사의 중국 입출국 연도(1669)가 상호 겹치는 것과도 무연하지 않다. 팡하오(方豪)의 고증에 따르면 "도미니코회의 노(老)민밍워는 본래 광저우 거주지에 감금되었는데 강희 8년(1669) 중국을 탈출했다. 예수회원 소(小)민밍워는 이를 돕기 위해 자진해서 노민밍워의 거처에 잠입해 대신 구금을 당했고 그의 이름 역시 도용했다. 그래서인지 혹자는 전자를 진(眞)민밍워, 후자를 가(假)민밍워라 부르기도 한다." 方豪, 『中國天主敎史人物傳』, 402쪽.

monatquia de China)』(Madrid, 1676~1679)는 전 유럽을 들끓게 했다."[47] 이 책에는 론고바르디가 라틴어로 쓴『공자와 그의 교의론(*De Confucio ejusque doctrina tractatus)*』(1623)이 스페인어로 번역되어 실려 있다. 반(反) 리치 기획서로 유명한 론고바르디의『중국종교의 몇 가지 사항에 관한 논문(*Traité sur quelques points de la religion des Chinois)*』(Paris, 1701)은 파리 외방전교회 소속 씨쎄(Monsignor de Cicé) 주교가 이를 프랑스어로 재번 역한 것이다. 또한 같은 맥락의 저술로는 프란치스코회 생트 마리의 『중국선교의 몇 가지 중요한 사항에 관한 논문(*Traité sur quelques points importants de la mission de la Chine)*』(Paris, 1701)을 꼽을 수 있다. 1668년 스페인어로 쓰인 이 책은 나중에 프랑스어로 번역되었다. 생트 마리와 론고바르디의 이 두 저작은 시종 전례논쟁의 중심에 있었고 예수회 적응 주의를 공격하는 첨병역할을 수행했다.

한편 전례논쟁은 공식적으로는 중국 도미니코회의 장상 모랄레스가 1643년에 예수회의 선교방침에 반대해 제공, 제조가 미신이자 우상숭배 임을 골자로 하는 17개항의 문제를 로마 교황청(당시 교황 우르반 8세 Urban Ⅷ)에 제출함으로써 본격화되었다. 이는 예수회의 절충주의가 십 계명의 파괴이자 신앙의 경건성을 훼손한 것이라는 신학보수주의파의 견해를 대변한다. 교황 인노첸시오 10세(Innocentius X)는 1645년에 모 랄레스가 문제시한 중국전례를 금지한다는 훈령을 하달했다. 예수회는 이 조치에 수긍하지 않고 마르티니(Martino Martini, 衛匡國)와 보임 (Michael Boym, 卜彌格)을 함께 로마로 급파해 자신들의 입장을 설명했 다. 마르티니는 중국전례는 단지 민속적이고 정치적인 의식일 뿐이지

---

47 羅光,『敎廷與中國使節史』, 臺灣光啓社, 1967, 95쪽.

종교적 의식으로서의 우상숭배가 아님을 피력했다. 교황 알렉산데르 7세는 마르티니의 보고에 근거해 1656년 재차 예수회의 관용정책을 허용하는 훈령을 발표했다. 교황청의 번복은 신학보수파 선교사들을 당혹스럽게 만들었다. 도미니코회 선교사 후안 폴랑코(Juan Polanco, 包朗高)는 교황청에 강한 거부감을 표시하면서 전후 상이한 이 두 훈령 가운데 대체 어느 결정을 준수해야 하는지 질의하게 된다.[48] 로마 교회의 성직부는 그 답변으로 1669년에 "상술한 두 명령은 동시에 유효하며 후자는 결코 전자를 폐지한 것이 아니라"[49]는 부령(部令)을 반포했다.

이러한 교황청의 상호 모순적인 태도는 이방선교상 '복음'과 '문화' 간 관계의 이중성이 불러온 딜레마라고 할 수 있다. 전례논쟁을 둘러싼 예수회와 도미니코회 간의 강한 적대감 역시도 동일한 맥락에서 이해된다. 예수회의 문화적응주의는 이방문화에 대한 종교적 가능성을 열어놓은 '제2 토미즘', 곧 스페인 토미즘(Spanish Thomism)을 거쳐 이냐시오(Ignatius)적으로 재해석된 '예수회 토미즘(Jesuit Thomism)'을 토대로 전개되었다. 리치의 적응정책은 이냐시오 영성(Ignatian Spirituality), 곧 "이 세상 모든 것에 역사하는 하나님을 발견하는 것(Finding God in All Things)"을 핵심으로 하는 제수이트 선교신학의 발현이라고 할 수 있다.[50] 그런데 이 선교신학의 균열은 전례논쟁 이전부터 유럽본토에서 격발된 예수회와 도미니코회 신학자 간의 신학논쟁에서 이미 배태되었다. 스페인 살라망카 대학(Salamanca University)의 예수회원 몰리나

---

48 張西平, 『中國與歐洲早期宗敎和哲學交流史』, 東方出版社, 2001, 277~279쪽 참조.
49 羅光, 『敎廷與中國使節史』, 94쪽.
50 김상근, 「동서문화의 교류와 예수회의 16세기 중국 선교의 배경」, 『동서문화의 교류와 예수회 선교역사』, 한들출판사, 2006, 127~132쪽 참조.

(Luis de Molina)와 도미니코회원 바네즈(Domingo Bañez)가 바로 그 주역
들이다. 몰리나가 인류구원에 있어 인간의 '자유의지'를 중시한 데 비해
서 바네즈는 하나님의 '예정론'을 강조했다.

이 논쟁은 이후 바네즈주의에 기원을 둔 '얀센주의(Jansenism)'를 통
해 재생되었다. 가톨릭교회의 개혁세력의 일파인 얀센주의는 개조인
코넬리우스 얀센(Cornelius Jansen, 1585~1638)이 주창한 극단적인 아우
구스티누스주의(Augustinianism)로 알려져 있다. 이 종교운동은 파리
교외의 포르루아얄(Port-Royal)수도원을 중심으로 전개되었으며 엄격
한 그리스도교의 윤리와 신앙의 순수성을 고양시켜 17~18세기의 프랑
스 교회 내에 격렬한 논쟁을 야기했다. 예수회와 경쟁했던 얀센주의는
중국에서의 전례논쟁에 직접적이고 부정적인 영향을 미쳤다. 다시 말
해 그 선교학적 차이는 "예수회원들과 그들의 정신적 상대인 얀센주의
자들 사이의 갈등으로 확대되었는데 얀센주의자들의 파리외방전교회
와 더불어 선교의 기본방침을 확립했다."[51] 그 교의에 의하면 원죄로
타락한 인간은 자신의 의지가 아닌 '하나님의 은총'에 의해 구원되며
그 은총은 선택된 자에게만 한정된다. 더욱이 예수의 죽음은 오직 선
민(選民)을 위한 것이고 은총은 이교도들에게는 주어지지 않는다. 이교
문화는 죄악의 열매이자 인류이성의 산물이다.[52] 그런 까닭에 예수회
의 문화적응주의는 세속주의에 야합한 부도덕한 선교신학일 뿐이다.
전례논쟁은 도미니코회, 파리외방전교회 등에 유전되는 이 원리주의

---

51 데이비드 문젤로, 『진기한 나라, 중국: 예수회 적응주의와 중국학의 기원』, 482쪽.
52 Pietro Tchao, 「中國禮儀之爭的歷史文化淵源(*Ragioni Storico - Culturali della Controversia dei Riti Cinesi*)」, 『宗敎與文化論叢』(陳村富 主編), 東方出版社, 1994, 296~297쪽 참조.

(근본주의), 즉 '배타적 타자 형상'이 작용한 것이다.

2) 후기 논쟁: 신권과 천권

전례논쟁은 얀센주의의 훈도를 받은 파리외방전교회가 1684년 중국에 진출하면서 재점화되었다. 파리외방전교회 중국 책임자이자 푸젠성(福建省) 주교 매그로는 1693년 목회서신을 발표했다. 요지는 자신의 교구(敎區) 신도들에게 공자나 조상을 위한 습관적인 제례(祭禮)를 엄금하고 '천'을 물신(物神)으로 간주해 숭배를 불허한다는 내용이었다.[53] 그는 『논어(論語)』의 "천이 나에게 덕을 주었다"[54]라는 구절을 들어 공자와 유학자들이 무신론자임을 증명했다. 또한 당시 각지 예배당에 걸려있는 '경천(敬天)' 현판을 모두 철거토록 명령했다. 그리고 두 명의 예수회 신도를 제적시켜 이 문제를 로마의 종교법정으로 몰고 갔고 1700년 10월에는 중국인이 유신론자라고 믿는 사람은 모두 이단이라는 소르본(파리)대학의 지지선언을 이끌어내기도 했다. 이러한 매그로의 행동은 동서양 문명권의 수뇌부인 로마 교황청(Curia Romana)과 청(淸) 조정 간의 충돌양상으로 비화되기에 이른다. 1700년 필립포 그리말디(Filippo Maria Grimaldi, 閔明我) 등의 예수회 선교사들은 매그로에 맞서 청조(淸朝)의 강희제(康熙帝)에게 상소를 올린다. 이들은 리치규범에 대한 동방군주의 재가를 통해 교황청에 영향을 주려고 했다. 강희제는 상소의 내용을 보고 "이 글은 심히 훌륭하며 대도에 합치된다. 경천, 사군친(事君親), 경사장(敬師長)은 세상에 널리 통용되는 도리이니 고칠 곳이 없다."[55]라

---

53 주겸지, 『중국이 만든 유럽의 근대: 근대 유럽의 중국문화 열풍』, 122쪽 참조.
54 "天生德於子." 『論語』, 「述而」 第七, 22章.

고 찬동하면서 전례논쟁에 개입하게 된다.

교황 클레멘스 11세(Clemens XI)는 전례문제에 대한 명확한 결정을 요청하는 매그로의 서신을 접수하고 오랜 연구와 토론 끝에 1704년에 강희제의 견해는 물론, 이전 마르티니의 적응주의 변호를 부인하고 중국신도의 경공(敬孔)·제조 의식 등을 금하는 결정을 내렸다. 교황은 이를 관철시키기 위해 안티옥(Antioch)의 총대주교 투르농(Charles Thomas Maillard de Tournon, 多羅, 1688~1710)을 중국에 파견했다.[56] 그러나 투르농을 소견한 강희제는 그 저의를 감지하고 "금후로 만약 '리치규범'을 준수하지 않으면 단연코 중국 거주를 허락하지 않을 것"[57]이라고 응수했다. 그리고 투르농이 대동한 매그로가 중국의 유교문화, 심지어 리치의 『천주실의(天主實義)』조차 제대로 이해하지 못한다는 사실을 발견하고, "그는 글의 이치를 모를뿐더러 일자무식이니 어떻게 중국 이의(理義)의 옳고 그름을 함부로 논할 수 있단 말인가? 만약 '천'을 물질(物)로 여기게 되면 천을 공경할 수 없다. 예컨대 위로 사은을 표할 때 반드시 황제

---

55 "這所寫甚好. 有合大道. 敬天及事君親, 敬師長者, 系天下通義. 這就是無可改處."方豪, 『中國天主教史人物傳』, 444쪽.

56 문젤로는 교황사절 투르농의 파견은 국외자들에 의해서가 아니라 유럽 그리스도교인들 자신에 의하여 선교에 막대한 피해를 입은 사건으로 기록한다. 그는 당시 유럽적 상황을 다음과 같이 설명한다. "17세기 마지막 10년간에 예수회원들과 파리외방전교회의 매우 다른 선교 프로그램 사이에 늘어가는 불화는 유럽에서 중국 이미지 형성을 좌우하기 시작했다. 이 논쟁은 1700년 소르본 심의와 함께, 그리고 1701년 론고바르디와 생트 마리가 쓴 반적응주의적 논문을 외방전교회가 출간함으로써 파리의 유럽전선에서만 전개된 것이 아니었다. 중국에서 이 반대파는 교황사절 투르농의 파견을 통해 패권을 차지할 수 있는 모든 방법을 실행에 옮겼다." 데이비드 문젤로, 『진기한 나라, 중국: 예수회 적응주의와 중국학의 기원』, 473쪽 참조.

57 "自今以後, 若不遵利瑪竇的規矩, 斷不準在中國住."(德) 魏特(Alfons vate), 『湯若望傳』第一册, 楊丙辰 譯, 商務印書館, 1949, 196쪽.

폐하(陛下), 계하(階下) 등의 말로 일컫는다. …… 만일 폐하를 층계의 아래로 여기고 어좌를 장인이 만든 것이라 하여 무례하게 대하면 옳겠는가? 중국에서 '경천'이란 바로 이런 뜻이다. 매그로의 주장대로 천주의 호칭만을 고집한다면 종교를 빙자해 중국 경천의 의미를 심히 어긋나게 하는 것이다."[58]라고 통렬하게 꾸짖었다. 동시에 모든 선교사들에게 리치규범을 따르겠다는 '영표(領票, 선교사 거류증)'[59]를 발급했고 불응한 자는 예외 없이 마카오(Macao, 澳门) 등지의 국외로 추방했다.

교황 클레멘스 11세는 여기에 굴하지 않고 1715년 '이날부터(Ex illa die, 自登基之日) 칙서'를 선포해 제기된 중국전례를 금지시켰다. 이 칙서는 다음 네 가지로 요약된다. ① 그리스도교 신(Deus)의 명칭은 '천주' 외에 '천'이나 '상제' 등의 용어를 사용할 수 없다. ② 예배당에 '경천'이란 문구의 편액을 걸어서는 안 된다. ③ 조상과 공자의 제사를 불허한다. ④ 집에 조상의 위패 모시는 것을 금하되 굳이 위패를 세우고자 한다면 신위(神位) 또는 신주(神主)라는 글자 없이 단순히 이름만 쓰도록 한다. 교황은 이 금례령(禁禮令)을 재차 강희제에게 전달하기 위해 알렉산드리아(Alexandria)의 총대주교 메짜바르바(Ambrosio Mezzabarba, 嘉樂)를 교황특사로 중국에 보냈다. 그러나 사태는 더욱 악화되었다. 교황 금령에 격분한 강희제는 1720년 "서양인들 중 한 사람도 『한서(漢書)』에 통한

---

58 "伊不但不知文理, 卽目不識丁, 如何輕論中國理義之是非. 卽如以天爲物, 不可敬天, 譬如上表謝恩, 必稱皇帝陛下階下等語. …… 若以陛下爲階下, 座位爲工匠所造, 怠忽可乎? 中國敬天亦是此意. 若依闇當之論, 必當呼天主之名, 方是爲敎, 甚悖於中國驚天之意."『康熙與羅馬使節關係文書』(影印本), 故宮博物院, 1932年 간행본, 第11件.

59 이 영표는 청조의 내무부가 발부한 것으로 선교사들에게는 중국에서 장기 거주하고 선교할 수 있는 증빙이나 다름없었다. 여기에는 국적, 성명, 연령, 수회구별, 내화시기, 영구히 서양에 되돌아가지 않는다는 등의 내용이 기재되었다.

자가 없으니 논의하는 것 자체가 가소롭기 짝이 없다. …… 이후 서양인
이 중국에서 종교를 행하는 것은 불필요하니 불상사를 피하기 위해 금지
함이 옳다"[60]라고 주비(朱批)를 내려 가톨릭에 대한 전면 금교령(禁敎令)
을 통보했다. 최소한 유교문명권 역내에서 로마인은 유서 깊은 제국의
전통을 당해낼 수 없을뿐더러 로마 교황의 신권 또한 중화제국 천조(天
朝)의 황권(皇權)과 대적할 수 없음은 당연했다. 최종적으로 교황 베네딕
토 14세(Benedikt XIV)가 1742년 7월 칙령(Ex quo singulari)을 통해 1715
년 클레멘스 11세의 칙서를 재천명하면서 무려 100년간이나 지속된 '전
례논쟁'은 역사상 종지부를 찍었다.

　이처럼 로마 교황청의 그리스도교 신권통치사상과 중국 황조(皇朝)
의 유교 천권통치사상의 대결로 치달은 중국전례논쟁은 "중세에서 근
대사회로 넘어가는 과정에서 발생된 비교적 순수한 문화투쟁"[61]이라는
평가가 지배적이다. 교황의 금례 칙령이 신학보수주의를 대표한다면
강희제의 주비와 조서는 문화적응주의를 대변한다고 할 것이다. 그리
고 로마 교황청의 금례 칙령은 개신교의 종교개혁에 맞서 이단과 미신
을 척결하고자 했던 트렌토 공의회(Concilium Tridentinum, 1545~1563)
의 가톨릭 개혁과 무연하지 않다. 이 쇄신기류가 중화오리엔트에서 그
리스도교 복음(진리)의 토착화보다는 신앙의 순수성과 통일성을 중시
하는 선교노선의 손을 들어준 셈이다. 따라서 교황청의 조치는 본토적
응주의에 대한 신학보수주의의 중국적 전리품이라고 할 수 있다. 이것

---

60 "西洋人等無一人通漢書者, 設言議論, 令人可笑者多. …… 以後不必西洋人在中國行
　　敎, 禁止可也, 免得多事." 方豪, 『中國天主敎史人物傳』, 456쪽.
61 李天綱, 『中國禮儀之爭』, 上海古籍出版社, 1998, 2쪽.

은 동서양 대화의 단절, 중국선교의 치명적인 좌절을 불러왔다. 심지어 논쟁 과정에서 드러난 다툼과 음모는 중국인들에게 이 새로운 종교에 대한 적의를 조성, 교회의 존엄을 크게 실추시켰다. 그 근저에는 복음과 문화 간의 연속성을 거부하는 유럽 중세적 '근본주의'가 자리한다. 여기서 그리스도교의 진리는 이방문화와 아무런 내적 연관 관계도 없는 독립적이고 절대적임은 두 말할 필요도 없다. 이 배타적 복음주의는 대항해시기 동양을 열등한 계몽의 대상으로 표상해 이방문화에 대한 종교적 지배를 정당화하고 그 문화의 이질성을 배척하는 '연성적 억압 형상'으로 작동했다.

로마 교황청은 신성권력과 세속권력 모두를 가지며 가톨릭 신도에게는 신학관념과 규범 그 자체였다. 가톨릭의 종교 신학에 의하면 국가는 교회에 복종해야 하고 가톨릭의 신정(神政) 국가가 되어야 했다. 이 같은 관념 형태는 봉건사회와 그 통치자의 보호논리로 고착화되어 서양의 중세 전체를 관통하고 있었다. 물론 로마 가톨릭체제는 서방세계에서 장구한 역사를 거쳐 형성된 문화적 결과였다.[62] 그리스도교는 노예사회인 로마제국을 배경으로 출현했고 발전된 것이다. 로마제국이 수많은 왕국으로 분열될 때 분봉제(分封制)라는 기초 위에서 성립된 여러 국왕들은 그리스도교를 통해 자신들의 통치를 유지하고 이데올로기상 히브리 인격신을 유일 신앙으로 신봉했다. 세력이 점점 커진 로마 교회는 이러한 특권을 부여받아 신속하게 거대한 국제적 중심지

---

62 전홍석, 「중국 이학이 근대 프랑스 계몽주의에 미친 영향과 그 문화철학적 의미: 데카르트 학파의 좌파 벨과 우파 말브랑슈를 중심으로」, 『문명 담론을 말하다』, 푸른역사, 2013, 325~326쪽 참조.

로 확장했다. 교황은 항상 십자군 원정, 출교, 이단심판 등을 이용해 세속 황제 위에 군림했다. 17세기 이후 로마 교황청의 세력이 쇠퇴하기는 했지만 여전히 선교사를 파견해 '중국의 환상'을 통제하는 것을 멈추지 않았다.[63] 가톨릭 교황이 전세계 그리스도교인의 도덕과 신앙의 문제를 장악하며 모든 이단지역은 청산되어 종국에는 유럽의 신성권력, 신권문명에 귀속된다는 것이다.

그러나 중세에서 근대로의 이행기 가톨릭선교사들이 발견한 유교오리엔트는 그리스도교문명 범주에서 벗어난, 천명(天命) 황권이 지배하는 독립적인 별개의 세계였다. 유교문명사로 볼 때 '천'은 중국의 문화유형을 결정하고 규정하는 중요한 범주이다. 잘 알다시피 중세 서양에서 '신'은 초월적이고 인격적인 존재로 인간 심성에 투영되어 종교적 문화를 구성했다. 그리스도교와 그리스철학의 융합체계인 중세의 스콜라철학에서 신의 존재는 이성화의 논증을 통해 철학적 성격을 띠지만 유일·인격신은 시종 그리스도교의 근본특징을 이룬다. 그러나 중국에서는 '천'의 인격성은 내성화되어 천인합일(天人合一)의 인문주의적 문화가 형성되었다. 이 인문윤리신앙은 은주(殷周)시기에 기틀이 잡혔고 공자가 출현해 초자연적인 '괴력난신(怪力亂神)에 대한 금기'[64]를 언명함으로써 원시종교에서 세속윤리로의 이행을 촉진시켜 고도의 인문정신과 이성주의를 뿌리내리게 했다. 물론 칼 야스퍼스(Karl Jaspers)가 기축시대(Axial Age, B.C.800~B.C.200)를 통해 논변한 초월자와 관계하는 '정신화작용'이 중화세계에도 만개했음은 당연하다. 다만 그 '정신적 초월'은

---

63 吳伯婭, 『康雍乾三帝與西學東漸』, 152쪽 참조.
64 "子不語怪力亂神." 『論語』, 「述而」第七, 20章.

서양의 경우처럼 외재적 신의 숭배로 이어지지 않았으며 대부분 상도(常道), 상덕(常德) 차원에서 내면화되어 '윤리'가 신성한 존재로서 신의 자리를 대신했다.

동아시아 유교문명은 계시신학에 의한 격식화된 종교적 신앙사회라기보다는 '천'으로부터 유래하는 인본주의적인 가치이성이 형성시킨 종법인륜(宗法人倫)체계의 '윤리' 중심 사회가 기저를 이룬다. 이와 관련해서 맹자(孟子)가 설파한 "마음을 다하는 자는 성품(性)을 아니 성품을 알면 '천'을 알게 된다. 마음을 보전하여 성품을 기름은 '천'을 섬기는 것이다."[65]라는 경구는 중국문명의 방향과 특징을 여실하게 보여준다. 서구적 종교(religion)가 엄숙한 의례를 통한 외재 초월적 '신'과 인간의 결합으로 이해된다는 점에서 유교문명의 내재 초월적 종교형태와는 분명 차이가 있다. 리치의 보고에 따르면 "철학자들은 상제의 존재를 인정하기는 했지만 상제에게 사당을 지어주지는 않았다. 또한 상제만의 장소를 특별히 받들지도 않았다. 따라서 그들은 제사나 종교 책임자도 없다. 사람들이 참여하는 성대한 의식도 없다. 반드시 지켜야 하는 행위규범도 없고 교리를 해석하고 알리는 책임자나 그 교리를 위반하는 것에 대한 처벌도 없다. 그들은 공동으로건 개인적으로건 경문 같은 것도 읽지 않는다."[66]고 했다.

이 윤리 유형으로서의 '천'의 내재적 초월성은 후대 송유에 의해 더욱 발현되어 중국문명의 본질로 자리 잡게 된다. 또한 그것은 종교의식이

---

65 "盡其心者知其性也. 知其性則知天矣. 存其心養其性, 所以事天也."『孟子』,「盡心上」, 1章.
66 마테오 리치,『마테오 리치 중국 선교사 I』, 147쪽.

아닌 세속정권 차원에서 천인합일과 내성외왕(內聖外王)이라는 충군(忠.
君)형태로 구현되었다. 중국황제는 정치와 종교를 관장하는 유교 천권
문명의 수반임은 두 말할 나위도 없다. 그런 의미에서 리치는 "다만
황제만이 상제에게 제사를 봉헌한다. 만약 다른 사람이 이 의식을 치르
겠다고 생각하면 황제의 권리를 침범한 것으로 간주되어 벌을 받는다"[67]
고 했다. 아닌 게 아니라 중국황제는 조직사회와 천하, 시공간, 삼라만
상을 망라하는 권력을 가지기 때문에 종교는 정치에 귀속되어 독립된
세력이 될 수 없었다. 더불어 중국황제는 천명에 근거해 직권을 행사하
고 세속과 종교를 구별할 수 없는 직책, 표현 형태를 모두 손에 쥐었다.
중국의 천명관은 어떠한 분할도 용납지 않는 완전한 개념인 것이다.[68]
또한 중국에는 형법만 있고 민법은 없었기 때문에 중국인에게 금과옥조
였던 『예기(禮記)』는 사실상 중국의 민법이나 다름없었다. 이른바 '도덕
법정'은 천명 황권을 핵심으로 하는 예속(禮俗)을 주관했다. 예속은 조상
숭배, 존공경현(尊孔敬賢)의 준수를 포괄한다. 때문에 중화오리엔트 천
권문명의 황제, 관료에게 국외권력, 특히 중국의 전통습속에 반하는
권력이 중국법률을 바꾸려는 행위는 상상할 수도 없는 일이었다.[69]

그럼에도 신학보수주의 선교사들은 종교적 신념과 그 문화적 순결
성을 수호한다는 경직된 관념, 바꿔 말해서 타자에 대한 외적 억압의
'종속 형상'에 갇혀 중화오리엔트의 사회체제, 언어 등에 무관심했다.

---

67 마테오 리치, 『마테오 리치 중국 선교사 I 』, 147쪽.

68 (法) 謝和耐(Jacques Gernet), 『中國和基督敎』, 耿昇 譯, 上海古籍出版社, 1991, 157쪽.

69 Pietro Tchao, 「中國禮儀之爭的歷史文化淵源(Ragioni Storico‐Culturali della *Controversia dei Riti Cinesi*)」, 294쪽 참조.

그것은 결국 중국의 예속문화를 무시하는 교황의 칙령으로 결집된 것
이다. 허드슨(G. F. Hudson)의 통찰에 의거해보면 "이때 강희제의 눈에
는 자신의 관리와 백성 가운데 최소한 십만 명이 국외의 명령을 따른다
는 사실을 간파했다. 교황특사와 중국황제 간의 충돌은 언제나 되풀이
되는 로마의 국제적 권위와 주권국 간 투쟁의 재판에 불과했다."[70] 그
러나 분명한 것은 중국은 로마 교황청을 압도하는 독자적 문명의 유교
오리엔트 천자국이라는 사실이다. 천조 강희제가 조서에서 교황이라
칭하지 않고 한사코 교왕(敎王)으로 격하한 것은 이를 극명하게 대변해
준다. 리치가 중국인들은 "최고의 군주인 황제"와 대비해서 "다른 나라
의 군주를 왕이라고 칭한다"고 한 말도 같은 맥락이다.[71] 더군다나 중
화제국의 권력은 도덕질서공동체, 곧 경천, 사조, 제공 등이 표방하는
천명, 충효(忠孝)의 미덕에 기초한다. 그러므로 교황청의 금례 조치는
중국의 내정과 문화전통에 대한 간섭이자 예치(禮治)시스템의 역린을
건드리는 격이었다. 클레멘스 11세의 포고를 접한 강희제가 서양인들
을 중국의 고전과 대리(大理)를 모르는 소인배로 치부하면서 "승려나
도사의 이단 소교(小敎)와 다를 바 없으니 피차 난잡한 언설이 그 이상
도 이하도 아니다"[72]라고 경멸한 이유가 여기에 있다.

---

70 Geoffrey F. Hudson, *Europe and China: A Survey of their Relations from the Earliest Times to 1800*, London: E. Arnold, 1931; Paperback Republishing – Boston: Beacon Press, 1961, p.307.

71 마테오 리치, 『마테오 리치 중국 선교사 Ⅰ』, 58쪽 참조.

72 "和尙道士異端小敎相同. 彼此亂言者, 莫過如此." 方豪, 『中國天主敎史人物傳』, 456쪽.

4. 맺음말

과거 서구와 일제가 뿌려놓은 부정적 동아시아상이 일소되고 동아시아 본연의 개념이 모색되기 시작한 것은 20세기 말 이후의 일이다. 2차 대전 이후 40여 년간 서태평양동아시아 지역을 가로지르던 냉전구도가 붕괴되고 중국이 세계자본주의 시장경제체제로 편입해 들어오면서 동아시아는 하나의 지역으로 인식되었고 자신의 이름을 스스로 호명하게 되었다. 더불어 세계질서를 형성했던 냉전의 종식과 함께 대립의 형태가 문명의 충돌로 바뀌었다는 시각은 '전통문화'에 대한 재인식을 촉구했고 이로 인해 동아시아라는 상상의 '문명공동체'가 모색되었다. 그 배경에는 이전부터 포착되는 유교문명에 기초한 동아시아 국가들의 급속한 사회경제적 발전, EU나 NAFTA와 같은 지역주의의 강화, 서구 근대성의 대안으로서의 동아시아성에 대한 관심 고조, 민주화의 제3물결 등 여러 요인들이 작용했다.[73] 특히 한국 주도의 동아시아 개념은 중국 중심의 중화경제권, 일본의 대동아공영권, 2차 대전 이후의 미국 중심의 군사안보적 패권구조, 동아시아의 신흥산업국(NIEs)의 경제적인 개념 등의 범주를 넘어서 중심-주변 구도를 초극하는 탈중심적인 수평주의적 개념으로 탈바꿈하고 있다.[74] 그럼에도 불구하고 한편에서는 아시아는 유럽이 지은 이름이었고 17세기 초 유럽인들이 그린 지도를 통하여 18세기 경 동북아시아의 국가들이 비로소 아시아를

---

73 김기봉, 『역사를 통한 동아시아 공동체 만들기』, 49쪽 참조.
74 고성빈, 「한국과 중국의 '동아시아담론': 상호연관성과 쟁점의 비교 및 평가」, 36쪽 참조.

인식하게 되었으며, 아시아라는 표현을 유럽중심의 근대국제질서를
받아들이면서 본격적으로 사용했다는 점에서 지역적 유산으로 만들어
진 정체성을 확인할 수 있는 '동아시아'란 없었다는 회의론 또한 여전
히 병존한다.[75]

그러나 이러한 비관론적 시각은 근현대 서구와 일제의 식민주의적
동아시아관이 개입된, 극단적인 국가주의와 패권주의의 동아시아 근대
화론이 빚은 심리적 상흔의 소산임을 자각해야 한다. 그런 면에서 심지
어 "동아시아공동체가 창설된다면 그 공동체가 뿌리내릴 수 있는 토양
으로서의 역사적 정체성은 거의 존재하지 않는다"[76]라는 논변은 쉽게
인정할 수 없다. 최소한 '근대 오리엔탈리즘'의 극성기에 국한시켜 그
견해를 수용한다고 해도 역사를 거슬러 올라가 16~18세기 '서양선교사
동아시아학-천학'과 대면하게 되면 설득력이 떨어진다. 그 형성, 분화
의 노정과 동행하는 유럽인의 '중국 형상'에서 서구문명과 대비되는 선
명한 '동아시아적 정체성'이 확인되는 까닭이다. 장시핑(張西平)은 이
관점을 더욱 진척시켜 헤겔(G. W. F. Hegel)의 '부정의 부정'의 변증법에
입각한 새로운 동서양의 문명대화를 기대하면서 "역사에는 매우 큰 유
사성과 중복성이 존재하지만 적어도 1500~1800년 사이에 이루어진 동
서양의 사상적·문화적 교류는 현재에도 여전히 극대한 역사적 매력을
갖는다. 객관적인 역사발전 과정으로 볼 때 이 시기는 현대세계의 출발

75 하영선, 「동아시아공동체: 신화와 현실」, 『East Asia Brief』 2, 2007, 6~7쪽; 신종훈,
「유럽정체성과 동아시아공동체 담론: 동아시아공동체의 정체성에 대한 비판적 질문」,
『역사학보』 221, 2014, 256쪽 각각 참조.
76 신종훈, 「유럽정체성과 동아시아공동체 담론: 동아시아공동체의 정체성에 대한 비판
적 질문」, 256쪽.

점이자 배태기로서 현대세계를 설명하는 모든 요소들을 포함하고 있기 때문이다."[77]라고 피력한다. 비교문화학적 관점에서 통찰해보면 타자가 우리의 세계관을 통해 관찰되듯 우리 역시 타자의 시각 속에 존재하며 정체성은 자아와 타자의 상호작용으로부터 이탈될 수 없다. 따라서 현재적 '동아시아성' 구성은 건강한 문화적 '타자 형상'을 읽어내는 데서 출발해야 한다. 대항해시대 해상실크로드를 통해 입화(入華)한 가톨릭 선교사 동아시아학이 각별한 이유가 여기에 있다.

---

77 張西平, 「序二: 回到思想史」, 『詮釋的圓環: 明末淸初傳敎士對儒家經典的解釋及其本土回應』(劉耘華), 北京大學出版社, 2006, 1쪽.

명말 가톨릭 신앙인들의
문화 태도에 관한 한 성찰[*]

황종열

1. 시작하면서

하나가 하나를 낳아 둘이 되고, 둘에서 하나가 생성되어 셋을 이룬다. 하나가 셋이 되어서 하나–셋이 되고, 셋이 하나에서 비롯되어 셋–하나가 된다. 하나–셋이며 셋–하나인 존재를 "하나–셋"이요 "셋–하나"라고 이름붙일 수 있는데, 이 "하나–셋 셋–하나"에게서 만물이 생성된다.[1]

* 이 글은 『신학전망』 210호(2020/가을)에 실린 「명말 예수회 선교사들의 사회적 적응에 관한 연구–새로운 이름 짓기를 중심으로」에서 다룬 내용을 문화에 대한 태도의 관점에서 재구성하면서 보완한 것이다.

1 Josheph H. M. de Prémare, *Selecta quaedam Vestigia praecipuorum Christianae relligiounis dogmatum, ex antiquis Sinarum libris eruta* (우리말 역본: 중국 고전에서

그리하여 만물은 하나-셋 셋-하나와 갖는 관계 속에서 그 관계를 집으로 하여 그 관계를 먹고 산다. 만물을 있게 하는 하나-셋 셋-하나인 존재가 만물의 어머니이자 집이자 바닥이고, 그 존재가 한결같은(coherent) 사랑과 사랑의 얽힘(entanglement)과 사랑의 초동반(superposition)을 통해서 만물을 품어 살게 하고 기른다. 그는 창조자요 부모요 집이요 밥이요 몸이요 물이요 빛이요 바람이요 숨으로서 만물과 함께하고, 만물에게 모든 것이 되신다. 하나-셋은 사랑으로 만물이 있게 하고, 만물은 하나-셋 안에서 "셋-하나 하나-셋"을 현시하고 증거한다. 하나-셋 셋-하나인 그 존재를 떠나서 존재하는 것은 아무 것도 없다.

명말 시기 차이나를 찾아온 예수회 선교사들이 차이나 선비들과 민중을 만난 이래 선교사들과 선비들과 민중이 함께 하나-셋 안에서 하나를 이루면서 함께 기뻐하고, 하느님의 자녀살이의 축복을 더불어 나누어 갔다. 이 과정에서 이를테면 미켈레 루지에리와 마테오 리치를 비롯한 명말 선교사들은 자신들의 선교 목적을 성취하기 위해 먼저 차이나 사람들의 생활과 문화에 적응할 것을 선택한다. 리치는 1608년에 자신의 죽음을 예기하고 자신과 동료들이 차이나에서 열어 온 선교 여정을 기록하기 시작한다. 이것이 그가 마지막으로 남긴 작품, *Della Entrata della Compagnia di Giesu e Christianita nella Cina*("예수회와 그리스도교의 차이나 여정의 시작")이다. 이 작품 1부에는 그가 차이나 문화를 만나서 체득한 것을 종합적으로 제시해 놓아서 그의 동시대 동료들과 후시대 선교사들이 차이나 문화를 익힐 수 있게 하였다. 또한 그와 그의 동료들이 선교 과정에서 도달한 당대 차이나 종교와 문화들에 대한

그리스도를 찾다), 이종화 역, 루하서원, 2018, 204~210쪽 참조.

이해를 자신들이 어떻게 차이나 입교자들에게 전하여 신앙 공동체를 형성해 갔는가를 제시해 놓았다.

마테오 리치는 명말 시기 선교 과정에서 모국어인 이탈리아어 문법을 부분적으로 잊을 만큼 차이나인으로 살았다. 이규성은 리치의 이런 적응 과정을 주목하면서 차이나 선교 여정에서 "마테오 리치는 적응주의 방법론의 창시자로 평가받는다"[2]고 말할 만큼, 프란치스코 하비에르가 토대를 놓고 알렉산드로 발리냐뇨가 초안을 제시한 동아시아의 독특한 문화 적응주의 선교를 위해 투신하였다. 나는 그의 문화 적응주의 선교의 의의와 한계에 대해서 연구하여 함께 나눈 바 있다.[3] 이번 연구에서는 명말 예수회 선교사들과 차이나 입교자들이 당대에 차이나 사회에 형성되어 있던 종교와 문화 관습들에 대해서 어떤 태도를 갖고 있었는가를 실증적으로 살펴보고자 한다.

---

2 이규성, 「마테오 리치(Matteo Ricci)의 적응주의 도입과 그 발전 과정에 대한 신학적 고찰」, 『가톨릭신학』 21, 한국가톨릭신학학회, 2012, 178쪽.

3 황종열, 「마테오 리치의 적응주의 선교에 관하여: 조상 제사를 중심으로」, 『신앙과 삶』 7, 부산가톨릭대학교출판부, 2003, 147~170쪽; 황종열, 「마테오 리치의 적응주의 선교의 신학적 의의와 한계」, 『교회사연구』 20, 한국교회사연구소, 2003, 187~220쪽. 마테오 리치의 적응주의 선교 과정에서 그가 이룬 동아시아 가톨릭 신앙 비전에 관한 심화된 연구로는 황종열, 「마테오 리치의 신중심 신학기획과 그 영향사」, 『한국그리스도 사상』 11, 한국그리스도 사상연구소, 2003, 304~340쪽. 한국 그리스도사상연구소가 마테오 리치의 『천주실의』 출판 400주년을 기념하여 2003년 10월에 개최한 제7차 학술 포럼에서 발표한 연구를 보완한 논문: 황종열, 「마테오 리치의 천: 상제관에 대한 동아시아의 응답」, 『한국종교연구』 6, 한국종교학회, 2004, 59~110쪽; 황종열, 「유교와 그리스도교의 만남: 마테오 리치의 실존적 영혼관을 중심으로」(2004년 한국동양철학회가 개최한 45차 추계 학술대회 발표 논문) 등이 있다. 이런 연구들을 바탕으로 2007년 9월 15일에 미래사목연구소가 개최한 "동아시아 복음화 어떻게 할 것인가 1"에서 「동아시아 민중의 믿음의 소통을 향하여: 차이나 복음화를 중심으로」를 발표하기도 하였다. 이 글의 기초를 이루는 「명말 예수회 선교사들의 사회적 적응에 관한 연구─새로운 이름 짓기를 중심으로」는 가장 최근의 연구로 『신학전망』 210호(2020/가을)에 발표되었다.

이를 위해서 먼저 2장에서 하느님과 선교사들 자신의 이름을 차이나 화해 간 사례들을 중심으로 예수회 선교사들이 차이나 문화를 수용하고 여기에 적응해 간 결과들을 살펴볼 것이다. 이어서 3장에서 선교사들과 차이나 입교자들의 차이나 문화 인식과 문화 파괴 현상에 대해서 볼 것이다. 이와 관련하여 주목되는 것이 차이나 입교자들을 위한 교리 교육인데, 교리 교육자들인 선교사들의 그리스도교 문화와 교리 교육을 받는 차이나 사람들의 차이나 종교 문화들이 교리 교육 과정에서 치열하게 대면하게 된다는 점에서 교리 교육은 문화 접촉의 최전방이 되기 때문이다. 이런 관점에서 1절에서 차이나인들이 선교사들에게 교리를 배워서 그리스도교 문화에 입문하면서 받은 세례가 차이나 출신 입교자들에게 의미하는 것을 살펴볼 것이다. 그리고는 2절에서 선교사들이 일반적으로 차이나의 공적인 제사는 수용하면서도 전통적인 종교 문화들과 사적인 제사를 배격하면서 보인 문화 폭력을 살펴보고, 끝으로 차이나인들이 세례를 받으면서 자신들의 존재인 동아시아 종교 문화 관습들을 파괴했던 사례들을 제시할 것이다.

이 연구를 통해서 그리스도 종교와 동아시아 문화 전통들 사이에서 나타났던 건강한 대화 차원들은 동아시아 교회와 사회가 더욱 성숙시켜 가고 이 과정에서 발생했던 상처들은 건강하게 치유해 가는 데 도움이 될 수 있기를 희망한다.

2. 명말 예수회 선교사들의 차이나 문화 존중과 적응

1) 명말 예수회 선교사들의 차이나 문화 존중

미켈레 루지에리와 마테오 리치는 위에서 언급한 것처럼 알렉산드로 발리냐뇨가 씨를 뿌린 토대 위에서 적응주의의 관점에서 선교를 전개해 가기 시작한다. 이것은 차이나 사회 문화 전통을 복음화와 대립시키지 않고 대화시켜 간다는 것을 의미하였다. 앞에서 언급한 그의 마지막 작품인 차이나 선교 여정에 관한 보고서 1부는 그가 차이나 문화에 대해 당대에 얼마나 충실하게, 그러면서 비판적으로, 귀를 기울였는가를 드러내 준다. 리치는 여기서 차이나 사람들의 존재 상태가 유럽인들의 그것에 비해서 뒤지지 않는다는 것을 확인하면서 이들의 문명에 대해서 경탄한다.[4]

한 존재의 문화 적응은 근본적으로 선택적이고 상호적이다.[5] 실제로 명말 예수회 선교사들은 모든 종교 문화들에 대해서 수용적이지 않았다. 그들은 그들이 그리스도교 신학과 영성과 공통점이 있다고 본 전통들을 선택하여 대화를 시도해 갔다. 이런 의미에서 부분적이기는 하지만 그럼에도 불구하고 문화간의 대화에 토대를 둔 이 선교 방법은 만나는 문화를 거의 일방적으로 우상숭배로 매도하면서 지역 문화는 물론 그

---

4 그는 자신이 쓴 *Della Entrata della Compagnia di Giesu e Christianita nella Cina*에서 1부를 차이나와 차이나인들에 대해 진술하는 데 할애한다. 첫 장 도입부에 이어서 다룬 주제는 다음과 같다. "차이나의 명칭과 위치와 면적", "차이나에서 생산되는 것들", "차이나의 공예", "차이나의 학술과 과거 제도", "차이나의 정치", "차이나의 풍습", "차이나인들의 미신과 폐습", "차이나인들의 종교들"

5 적응의 선택적 성격과 상호적 차원에 관해서는 "명말 예수회 선교사들의 사회적 적응에 관한 연구" 참조.

주체들까지 총과 대포로 파괴하며 신앙을 전파하는 지배주의적인 선교 방식과 대비된다. 어느 민족, 어느 부족과 만난다고 하더라도 의도적이 건 비의도적이건, 명시적이건 비명시적이건 그리스도교 문화와 지역 문화의 접촉과 대화 시도 없이 신앙을 전하고 나눈다는 것은 근원적으로 불가능한 일이다. 설령 총과 칼을 앞세워서 개종시키는 행태가 주도적 으로 나타난다고 하더라도, 이와 같은 문화 접촉과 상호 영향은, 이미 아메리카 지역에서 그러했던 것처럼, 어느 지역에서나 발생할 수밖에 없는 필연적 현상이다. 그런데 루지에리와 리치는 발리냐뇨의 적응주의 노선에 따라서 보다 더 명시적이고 적극적으로 차이나 문화와 복음 선포 를 대립시키지 않고, 오히려 자신들이 먼저 차이나 문화를 배우고 이를 기초로 선교를 수행하는 것을 정상으로 설정하였던 것이다.[6]

---

6 동아시아 그리스도교 역사에서 명말 예수회 선교사들의 선교 여정과 이들과 명말 사회 의 상호 관계에 관한 모든 연구는 이들의 '적응'과 연결되어 있다. 이 시기에 예수회 선교사들이 펼친 차이나 선교를 연구할 때 그리스도교계 연구자들이나 관계자들은 일반 적으로 예수회의 '적응'에 초점을 맞추어서 접근해 온 면이 있다. 참조: Arnold H. Rowbotham, *Missionary and Mandarin: The Jesuits at the Court of China*, New York: Russell & Russell, 1966; Jacques Gernet, 앞의 책; Andrew Ross, *A Vision Betrayed: The Jesuits in Japan and China 1542-1742*, Maryknoll, New York: Orbis Books, 1994; David E. Mungello, *Curious Land: Jesuit Accommodation and the Origins of Sinology*, Honolulu: University of Hawaii Press, 1989; David E. Mungello, *The Great Encounter of China and the West, 1500-1800*, Lanham, Maryland: Rowman & Littlefield, 2005. 이에 비해서 교회 밖 비판자들과 연구자들의 경우 예수회 선교사들 이 적응한 면과 부적응한 면을 대비시켜서 접근하면서 예수회 선교사들의 폭력적 문화 파괴를 비판하기도 한다. 히라카와 스케히로 같은 연구자는 적응과 지배의 대립 구도에서 접근한다고 볼 수 있다. 히라카와 스케히로, 『마테오 리치: 동서문명교류의 인문학 서사시』, 노영희 역, 동아시아, 2002 참조. 교회 안팎의 연구자들 가운데 일정하게 방법적인 관점 에서 적응에 관하여 접근한 사례들도 있다. 명말 예수회의 선교 사건에 관한 일련의 연구들 가운데 다음 자료들 참조: 김혜경, 「16-17세기 동아시아 예수회의 선교 정책: 적응주의의 배경을 중심으로」, 『신학과 철학』 17, 서강대학교신학연구소, 2010, 35~68

루지에리와 리치는 1583년 9월에 처음으로 차이나 내륙에 거주하도록 허락받고 자오칭에 들어가게 되는데, 이때 이들은 승려 차림을 선택하였다. 이것은 발리냐노를 중심으로 당대 선교사들이 나름대로 체험한 동아시아 사회, 좀더 정확하게는 일본 사회에 대한 인식을 전거로 차이나 사회 생태를 읽은 데 따른 것이었다.[7] 이들이 이렇게 한 것은 당대 아메리카나 아프리카나 인도에서 선교사들이 시도했던 선교 태도와는 다른 것이었다. 당대에 이들이 선택한 이런 시도 자체가 이미 발리냐노의 적응주의 노선을 따라서 차이나 사회와 문화에 적응하려 하였던 기본 태도를 증거하는 것이었다.

하지만 이들은 자오칭에 도착해서 유교 중심으로 구조화되어 있던 명말 시기 사회 생태를 안에서 직접 체험하면서 이것이 옳은 선택이 아니었다는 것을 확인할 수 있었다. 리치에게 유자복을 입고 머리를 기르도록 권유한 인물은 뒤에서 살펴볼 이냐시오라는 세례명으로 입교한 소주 사람 구태소인데, 이들은 1594년경에는 승복을 벗고 유자복을 입으면서 차이나 사회와 문화에 적응해 가는 과정을 지속해 갔다.[8] 리치는 이탈리아에 있는 친구들에게 이렇게 쓴 적이 있다. "우리의 의복을 통해서, 우리의 외모를 통해서, 우리의 생활방식을 통해서 그리

쪽; 김혜경, 「마태오 리치의 적응주의 선교와 서학서 중심의 문서선교의 상관성에 관한 고찰」, 『선교신학』 27, 한국선교신학회, 2011, 125~157쪽; 김혜경, 『예수회의 적응주의 선교: 역사와 의미』, 서강대학교출판부, 2012; 최영균, 「알렉산드로 발리냐노의 일본선교와 동아시아 적응주의」, 『교회사연구』 53, 한국교회사연구소, 2018, 39쪽과 각주 74.

7 최영균, 「알렉산드로 발리냐노의 일본선교와 동아시아 적응주의」, 『교회와역사』 53, 한국교회사연구소, 2018, 10~11쪽, 15쪽, 22쪽, 25쪽 이하 등 여러 곳.

8 마테오 리치, 『마테오 리치 중국 선교사 I』, 신진호·이미경 역, 지식을만드는지식, 2013, 413~414쪽.

고 모든 외적인 것들을 통해서 우리는 중국인이 되었습니다."⁹

2) 차이나 문화 존중으로서 신명의 토착화

다시 이들이 차이나 대륙에 들어온 시기로 돌아가서 보자면, 이들은 당시에 이미 차이나 문화를 존중하여 차이나식으로 하느님의 호칭을 토착화한다. 이들이 마카오를 떠나 자오칭에 도착한 직후였는데, 이들은 서구식으로 Deus, 오늘 우리의 표현으로 "하느님"의 이름을 차이나식으로 받는, 신명(神名)의 동아시아화하여 "天主(천주)"로 부르기 시작하였다.

이들이 이렇게 차이나의 문화에 잠겨들 수 있도록 길을 열어 준 인물은 서구 선교사들이나 차이나의 이름 있는 선비들이 아니라 아직 세례도 받지 않은 한 차이나 청년이었다. 하느님의 이름의 토착화가 오늘 우리에게 이름조차 제대로 알려져 있지 않은 젊은이가 자기 식으로 하느님의 이름을 표현하는 새로운 이름짓기[新作名]에 의해 매개되었다. 이것은 이들이 차이나에서 시도한 여러 적응 과정 중에서 특히 주목할 만한 사건 가운데 하나인데, 리치는 이 사실과 관련해서 그의 보고서에서 다음과 같이 전한다.

> 전임 총독이 안배한 천녕사 거주지에서 멀지 않은 곳에 행동이 방정하고 마음씨가 착한 청년 진모(제니거의 역음)가 살고 있었는데, 신부들과 사이가 매우 좋았다. 오래지 않아 그는 교회의 교리를 배우고, 입교를 준비했다. 그런데 갑자기 사고가 발생해 뜻을 이루지 못하게 되었다.

---

9 이규성, 앞의 책, 185쪽.

신부들이 어쩔 수 없이 조경을 떠나게 되었을 때 그들은 미사를 할 때 쓰는 제단을 그의 집에 놔두었다. 당시에는 아직 세례를 받은 교우가 없었기 때문에 제단을 그리스도교 교리에 가장 근접한 이에게 부탁한 것이었다. 이 신부들이 조경으로 돌아가 그의 집을 찾아갔을 때 온 가족의 열렬한 환영을 받았다. 이 진씨 성을 가진 청년은 제단을 대청에 잘 두었고, 제단 위에는 '天主'라는 두 글자를 크게 써 놓았다. 또 제단 위에는 향로를 일고여덟 개 놓아두고 매일 향을 태우며 그가 알고 있는 천주에게 정해진 시각에 기도를 올리고 제물을 봉헌했다. 신부들이 돌아와서 정신적인 어둠에 싸여 있는 위대한 민족 가운데 천주를 향해 참된 기도를 올리는 사람이 있다는 것을 보고 무한한 안위를 느꼈다.[10]

루지에리와 리치는 이 청년에게 배워서 Deus를 "天主"로 부르기로 하고, 자신들이 자오칭에서 최초로 마련한 집 대청 앞쪽에 제단을 만들고 "天主" 두 글자를 써서 붙여 놓았다.[11] 이름도 제대로 알려져 있지 않은 이 차이나 청년의 하느님 이해와 하느님의 이름 짓기를 통해서 오늘 우리 동아시아 사회가 "天主"라는 하느님 호칭을 갖게 된 것이다. 이 두 선교사들은 차이나 문화의 핵인 말과 글에 대한 적응 과정을 토대로 하느님을 "天主"로 알고 경배해 온 이 청년의 지혜를 알아볼 수 있었다. 그리고 이들은 이런 식별력으로 하느님을 가리키는 차이나식 표현으로 "天主"를 택하여 오늘 우리에게까지 전해서, 서구에서 Catholic 교회로 불리는 신앙 공동체가 동아시아에서는 "天主敎"로 자기를 표현할 수 있게 된다. 루지에리와 리치는 이 청년의 하느님 이름짓기를 수용하여 하느님의 이름을 이렇게 차이나식으로 "천주"로 토착화함으로써

---

10 『중국 선교사 I』, 225~226쪽.
11 『중국 선교사 I』, 236쪽.

동아시아 문화의 강에 잠겨 문화의 세례를 받는 한 거대한 발걸음을 내딛었다. 이를 통해서 이들은 일본에서 하느님 이름의 현지화 혹은 토착화 과정에서 겪었던 오랜 진통을 단숨에 해소하게 되었다.[12]

리치는 자신의 보고서에서 자오칭에 도착한 초기에 하느님의 이름으로 천주(天主)를 사용하게 된 계기와 관련해서 이렇게 진술한다. "이 호칭은 가장 적당했다. 역음은 번거롭고 어려운데, 이 두 글자는 발음도 분명하고 의미도 심장해 들어 보면 장엄하고도 엄숙한 느낌이 있기 때문이다."[13] 리치는 1600년대 초에 이 작품을 쓸 당시 차이나에서는 "말할 때나 책에서 이미 보편적으로" "天主"를 사용하고 있다고 했다. 리치는 여기서 차이나 가톨릭인들이 하느님을 호칭하는 말로 天主와 더불어 "天帝", "上帝", "萬物眞原" 등을 사용하고 있다고 전한다. 루지에리와 리치는 차이나 말과 글의 적응 과정을 기초로 차이나의 한 젊은 청년이 하느님을 "천주"로 명명하고 예배한 것이 갖는 의미를 나름대

---

12 발리냐노를 비롯해서 일본 선교사들은 1590년경까지 "天道", "天主", "天帝" 등을 하느님을 가리키는 말로 사용한 것으로 전해진다. 그러다가 1591년 *Doctrina Christiana*를 번역하여 사용하면서 "Deus"를 음사하여 표기하는 것으로 통일하게 된다. 최영균, 「일본 교리서와 천주 하느님」, 『사목정보』 109, 미래사목연구소, 2019, 1~2쪽, 54~55쪽과 김선희, 「마테오 리치와 주희, 그리고 정약용, 심산」, 2012, 119~127쪽; 황예렘, 「일본 초기 개신교의 신 용어 '神(かみ)' 번역사에 대한 고찰」, 『성경원문연구』 36, 성경원문연구소, 2015, 234쪽 등 참조. 하지만 리치의 보고서에 의하면, 루지에리와 리치는 "天主" 개념을 신명(神名)으로 알지 못하였던 것으로 보인다. 프레마르 신부는 "天主"가 차이나 사회 문화 전통에서 낯선 신명이었다고 말한다. Lundbaeck, Knud, "Josheph de Prémare and the name of God in China", in *The Chinese Rites Controversy: Its History and Meaning*, ed. David Mungello, *Monumenta Serica Monograph Series*, xxxiii, Sankt Augustin, Nettetal: Steyler Verlag, 1994, p.132 이하.

13 『중국 선교사 I』, 236쪽. "天帝" 호칭과 관련해서, 루지에리와 리치가 자오칭 지부 왕반 앞에서 자신들이 온 목적을 설명하는 과정에서 자신들을 "天帝를 유일신으로 숭배하는 이들"로 소개한 대목도 참조. 같은 책, 223쪽.

로 식별하고, 동아시아 교회가 이를 자기 것으로, 곧 동아시아 그리스
도인들의 새로운 하느님 호칭으로 삼을 수 있는 길을 열어 주었다.[14]

3) 선교사들의 차이나 문화 존중과 이름의 적응

앞에서 루지에리와 리치가 차이나인들의 삶의 자리를 존중하여 하
느님의 이름을 Deus에서 天主로 바꾸어 부를 수 있는 신학적 식별과
용기와 결단을 보여준 것을 확인하였다. 이들은 이런 신학적 문화 적
응을 토대로 자신들의 존재 차원의 적응과 불가분리하게 연결되어 있
는 한 결정적 차원, 자신들의 이름을 차이나식으로 선택하여 작명해
간다. 이것은 이들이 차이나 사회와 문화를 얼마나 깊이 존중하였는가
를 보여주는 한 예이다. 이때 이후 루지에리와 리치를 비롯한 서구 선
교사들은 서구인으로서 자신들의 사회에서 쓰던 이름을 차이나 사회
에 맞게 적응시키는 새로운 이름 짓기를 기본 태도로 간직하였다.

이들은 이러한 문화적 유연함으로 자신들의 존재 이유였던 선교를
차이나 문화에 부합한 형태로 변형시켜 가는 작업을 보다 더 역동적으로
수행할 수 있었던 것으로 보인다. 이것은 마테오 리치 자신이 표현하는
것처럼,[15] 그와 그의 동료 선교사들이 유자 차림으로 생활하면서 유학자
들과 소통을 넓혀 가는 가운데 당대 차이나 사회에 적응해 가는 단계가
그만큼 깊어졌다는 것을 알려 주는 또 다른 한 표지라고 할 수 있다.

마테오 리치와 알렉산드로 발리냐노와 미켈레 루지에리와 니콜라스

---

14 주체적인 하느님 인식과 호칭과 관련해서는 HeeWan Jeong, 「A Methodological
  Reflection on the Question of God」, 『가톨릭신학』 23, 한국가톨릭신학학회, 2013,
  5~47쪽 참조.
15 『중국 선교사 Ⅰ』, 112쪽.

롱고바르디 등 많은 예수회 선교사들이 차이나 사대부들의 이름 관습에 따라서 이름과 호, 혹은 자를 갖추게 된다. 발리냐노는 차이나 식 이름 짓기에 따라 범예안(范禮安)이라는 이름을 취했고, 루지에리는 라명견(羅明堅)이라는 이름을, 리치는 리마두(利瑪竇)라는 차이나식 이름을 택했다. 발리냐뇨는 자신의 이름 가운데 성을 음차해서 이름을 택한 것으로 보이고, 루지에리와 리치는 루지에리와 리치의 첫 자를 성으로 택하고, 이름을 음차해서 명견(明堅)과 마두(瑪竇)라는 이름을 얻은 것으로 보인다. 리치의 차이나식 이름의 경우, 우리말로는 "마두"로 읽히고, 우리나라에서는 "마두"로 불린다. 하지만 차이나에서는 마두(瑪竇)가 "마더우"에 가깝게 발음되므로, 그의 이름 마두(瑪竇)는 이탈리아에서 받은 이름을 차이나 식으로 거의 그대로 바꾸어 놓은 것으로 생각된다. 루지에리는 자가 복초(復草)였고, 리치는 호가 서태(西泰)였다. 차이나인들이 리치를 서태로 불렀는데, 서쪽에서 온 큰 인물이라는 의미를 가지니, 차이나인들이 갖고 있었던 그에 대한 존경심을 이 호에 담아 놓은 것으로 보인다. 리치를 비롯해서 서구 선교사들이 차이나식 이름을 사용한 것은 리치와 그의 동료들이 적응주의적 관점에서, 우리의 표현으로는 선택적 적응주의의 관점에서 차이나에서 활동을 펼친 것을 실제적으로 그리고 상징적으로 드러내준다고 할 수 있다.[16]

리치에게서 차이나 선교의 책임을 물려받은 니콜라스 롱고바르디는 자신의 이름을 용화민(龍華民)으로 택했다. 디에고 데 판토하는 방적아(龐迪我), 아담 샬은 탕약망(湯若望), 줄리오 알레니는 애유락(艾儒略)으로 불렸다. 롱고바르디는 자신을 화민(華民)으로 부를 만큼 차이나 민중

---

16 이규성, 같은 글, 182쪽 참조.

을 사랑했고, 알레니는 서방의 공자로 불릴 정도로 차이나인들에게 덕과 학문으로 사랑받았다. 니콜라스 트리고는 김니각(金尼閣), 사바티노 데 우르시스는 웅삼발(熊三拔), 라자로 카타네오는 곽거정(郭居靜), 알폰소 바뇨니는 고일지(高一志) 혹은 왕풍숙(王豊肅), 주앙 다 호차는 라여망(羅如望), 페르디난드 베르비스트는 남회인(南懷仁)으로 불렸다.[17]

이것은 프란치스코 하비에르가 밭을 갈고 발리냐노가 씨앗을 뿌리고 루지에리와 리치가 싹을 틔운 예수회의 적응주의의 흐름 속에서 한 선교사 공동체에서 일관성을 가지고 발생시킨, 당대 선교 역사에서는 획기적인 현지 적응의 사례였다. 참으로 새로 만난 문화 안에서 존재와 행위가 통합될 때, 알로이스 피어리스의 표현을 빌리자면, 새로 만난 차이나 문화와 차이나 민중들의 삶의 강에 잠겨 세례를 받아서 그 문화와 사회의 자녀로 새롭게 태어날 때,[18] 그 문화와 사회를 복음적으로, 그리고 창조적으로 변용시킬 가능성이 그만큼 커진다.

---

17 차이나 미션에 참여한 예수회 선교사들에 관해서는 다음 자료 참조. Benoît Vermander SJ, "Jesuits and China", 2015: https://www.oxfordhandbooks.com/view/10.1093/oxfordhb/9780199935420.001.0001/oxfordhb-9780199935420-e-53(최종검색일: 2020.7.22.). 또한 다음 자료도 참조. https://en.wikipedia.org/wiki/Jesuit_China_missions(최종 검색일: 2020.7.22.). 예수회의 2차 미션에 관해서는 Strong, David, S.J., *A Call to Mission: A History of the Jesuits in China, 1842-1954 I The French Romance*, ATF Press, 2018; Strong, David, S.J., *A Call to Mission: A History of the Jesuits in China, 1842-1954 II The Wider European and American Adventure*, ATF Press, 2018 참조.

18 알로이스 피어리스, 『아시아의 해방신학』, 성염 역, 분도출판사, 1988, 90~98쪽; 151~154쪽 참조. 피어리스는 여기서 예수가 요르단 강에서 세례자 요한에게 세례를 받은 것은 "다른 사람들에게 세례를 베풀기 위해서가 아니고 자신이 세례를 받고 시골의 '경건한 가난뱅이들'과 스스로 같아지기 위함이었다"고 말한다: 같은 책, 90쪽. 예수의 종교적 투신이 사회적 통합으로 이어지고 있는 것인데, 명말 예수회 선교사들의 적응은 복음 살이를 이렇게 사회 문화화하는 데까지는 이르지 못하고 있다.

하지만 이들은 차이나의 문화와 사회 실재라는 강에서 머리를 숙여 세례를 받기보다는, 아래에서 확인할 수 있는 것처럼, 선교의 한 방법으로 이름을 차이나식으로 받은 면이 있었다. 프랑스에서 figurists라고 불리는, 17세기말에서 18세기 초에 활동한 예수회 선교사 조아킴 부베(1656~1730)나 조셉 프레마르(1666~1736) 같은 인물들에 이르러서는 차이나 역사와 문화에 대한 보다 더 깊은 이해를 찾아볼 수 있다.[19] 그러나 명말 시기 예수회 선교사들은 차이나인들에게 세례를 주면서 이들의 존재에 통합되어 있는 종교 사회 문화 인자들을 깊게 이해하지 못한 상태에서 전반적으로 단죄하는 모습을 보였다. 그럼에도 불구하고 차이나 사회의 많은 구성원들이 리치를 존경하며 그를 서태(西泰)로, 대서태(大西泰)로 기억해 왔고, 차이나 공산당이 베이징 시 한복판에 있는 차이나 공산당 중앙교육원 자리에 있는 그의 묘지를 지금도 정중하게 지켜가고 있다. 이것은 이들이 드러낸 저와 같은 한계에도 불구하고 이들이 당대에 보여준 차이나식 존재 방식으로서 차이나 문화들에 대한 깊은 적응 노력을 차이나인들이 깊은 우애 속에 높이 평가해 온 한 결과일 것이다.

---

19 조아킴 부베의 차이나 이해와 관련해서는 데이비드 먼젤로, 이향만 외 공역, 『진기한 나라, 중국: 예수회 적응주의와 중국학의 기원』, 나남, 2009, 특히 9장 "부베의 색은주의와 예수회 적응주의의 진화" 참조. figurism을 "색은주의"로 번역하였는데, 차이나 역사와 문화 현상들에 대한 이들의 접근을 "의미"로 받은 것이 "색은주의"라고 한다면, 원래 이 표현을 만들어서 사용한 프랑스 비판론자들의 경멸을 포용해서 이 말을 그대로 표현하자면 "표상주의"로 말할 수 있을 것이다. 조셉 프레마르의 figurism, 곧 "표상주의"의 실재에 관해서는 조셉 프레마르, 『중국 고전에서 그리스도를 찾다』, 이종화 역, 루하서원, 2018 참조. 프레마르의 생애와 그의 표상주의에 관해서는 D.E. Mungello, *The Silencing of Jesuit Figurist Joseph de Prémare in Eighteenth-Century China*, Rowman & Littlefield Publishers, Inc., 2019 참조.

3. 차이나 선교사들과 차이나 가톨릭인들의 문화 인식과 파괴

루지에리와 리치를 비롯한 초기 예수회 선교사들은 차이나 문화에 적응하여 하느님의 이름과 자신들의 이름을 차이나식으로 바꾸었다. 이를 통해서 그들은 차이나인들이 자신들의 문화에 익숙한 방식으로 부르기 쉬운 존재가 되어 주었다. 이런 이름 적응을 통해서 그들은 차이나인들에게 그리스도교식 존재로 탄생하는 과정을 매개하였다.

선교사들이 차이나인들에게 세례를 줄 때, 반드시 교리 교육 과정을 지켜 갔다. 루지에리가 1584년에 천주실록을 쓰고 마테오 리치가 1590년대 중반부터 천주실의를 준비하기 시작한 것은 차이나 새 입교자들에게 차이나 문화에 적응된 형태로 교리를 가르치기 위해서였다. 이 두 작품은 모두 당대 차이나 사회에서 형성되어 있던 종교 문화 전통들을 가톨릭 신앙 진리와 대면시켜서 그 옳고 그름을 밝히려 시도하고 있다. 이것은 이들이 열어 간 교리 교육 과정이 바로 이런 목적을 갖고 있었다는 것을 말한다.

이 과정에서 선교사들은 자신들의 그리스도교 신학의 관점에서 동과 서, 동아시아 종교 문화 전통들과 서구 문화로서 그리스도교의 신앙을 조율한 결과들을 차이나 민인들에게 전달해 갔다. 이것은 선교사들의 차이나 문화 인식이 단순히 선교사들의 의식 차원에 머물러 있지 않았다는 것을 증거한다. 그들은 차이나인들에게 교리를 가르치고 신앙 생활을 이끄는 위치에 있으면서, 자신들의 신학과 영성에 비추어 해석한 차이나 문화 인식을 차이나인들에게 전달 혹은 주입해 갔던 것이다. 아래에서 볼 수 있는 것처럼, 선교사들의 차이나 문화 인식이 차이나 민인들의 입교를 좌우할 기준으로 작용하면서, 선교사들의 차이나 문화관은 차이나인 신자들이 세례를 받아서 신앙살이를 지속하고자 하는 한 이들의 자기 존재 인식과 자신들의 차이나 문화 인식에 결정적인 영향을 미치게 되었다. 그러면 먼저 차이나 민인들이 세례를 받는 것이 이들의 존재 인식과 관련해서 갖는 의미를 보고, 다음 절에서 선교사들의 차이나 문화 인식과 그 결과를 살펴보기로 한다. 이어서 차이나 민인들이 세례를 준비하면서 받는 교리 교육을 통해서 이들이 자신들의 문화에 대해 어떤 태도를 취하였는가를 보기로 하겠다.

1) 차이나 민인들의 그리스도교 세례 체험

세례를 통해서 차이나 민인들의 자기 인식에서 나타난 현상들을 보자면, 이것은 당대 차이나 사회의 문화 관습과 연결해서 볼 때 보다 더 선명하게 드러난다. 실제로 이것은 단순히 좁은 의미로 종교 관습적인 것에서 그치지 않는다. 모든 이름은 종교가 종교이게 하는 원천이면서 구체적인 사회 문화 현장에서 종교가 궁극적으로 지향하는 도착점이기도 한 존재 차원을 띠기 때문이다.

리치가 전하는 보고서에 따르면, 당시 차이나에서 아이가 태어날 때 이름을 받는 것은 일반적으로 남자 아이다. 여자 아이들은 이름을 받지 못하고 어른이 되어서도 부친의 성을 따라 불린다고 하였다.[20] 이것이 여자들에게 의미하는 것은 일종의 비존재화다. 리치는 차이나에서 여자들에게 강제되었던 사회 관습으로 전족 사례들을 소개한 적이 있었다. 여자 아이들은 이미 "어릴 때 발을 단단히 싸매서 자라지 못하게"하고, 이로 해서 이들은 "죽을 때까지 발을 싸맨 헝겊을 풀지 못하고 길을

---

20 『중국 선교사 I』, 111쪽.

걸을 때는 뒤뚱뒤뚱하면서 아주 어렵게 걷는다." 그러면서 그는 "그녀들
의 발은 모두 장애를 입었다"고 진술하였다.[21] 전족으로 단순히 차이나
여자들의 신체적 발만 왜곡된 것이 아니다. 이것은 남자 중심의 사회
문화 속에서 여자들의 존재에 가해진 폭력의 실상을 계시한다. 그리고
바로 이런 폭력이 남자들에게 발생시키는 것은 이들의 자유나 우월이나
행복이 아니다. 이런 폭력이 남자들에게 발생시키는 결과는 도리어 자
기 존엄의 부실화이다. 모든 '너'는 '하나로 이어진 존재장'에서 '하나로
이어진 나'이다. 마테오 리치가 교우론에서 "나의 벗은 타인이 아니라
바로 나의 반쪽이니 바로 '두번째의 나'라고 할 수 있다"고 표현한 것이
바로 이것을 말한다.[22] 그러므로 여자를 비존재화하는 사람과 집단과
사회와 문화와 국가는 이렇게 하는 주체들인 남자 자신과 그들의 사회가
이미 자기 존엄을 지켜갈 역량을 제대로 갖추기 어려운 상태에 있게
되고 또 그런 역량을 형성해 가는 것 자체를 스스로 어렵게 만든다.

　이런 상황에서 선교사들은 명나라 사대부들과 일반 민중들에게 가
톨릭 교리를 가르치면서 이들과 믿음의 우애를 나누어 갔다. 그런 가
운데 그들은 차이나 민인들이 하느님의 한 가족으로서 다시 자기의 존
재로 설 수 있도록 다리를 놓았다. 이 새로운 존재 회복이 이들이 세례
때 받은 새로운 이름을 통해서 상징적으로 드러나는 것을 볼 수 있다.
예를 들면 서광계는 바오로, 이지조는 레온, 구태소는 이냐시오, 양정
균은 미켈레라는 이름을 받으면서 하느님의 자녀로 자기를 새롭게 인

21　같은 책, 108~109쪽.

22　마테오 리치, 「교우론 스물다섯 마디 잠언 기인십편」, 송영배 역주, 『교우론』 1, 서울
　　대학교출판부, 2000.

식하고 사는 때를 열어갔다.[23]

우리는 이들이 이렇게 가톨릭식으로 이름을 얻을 때 이것이 이들의 존재에서 의미하는 것이 무엇인가를 '추측'할 수 있다. 그런데 구태소는 1606년 3월에 세례를 받으면서 자신이 "이냐시오"라는 이름을 얻은 것이 의미하는 것을 회중 앞에서 스스로 고백한 적이 있다. 리치는 자신의 보고서에서 이 내용을 전해주어서, 이들이 세례 때 그리스도교식으로 이름을 받는 것이 이들의 존재에게서 의미할 수 있는 것에 대한 우리의 추측을 실체화할 수 있게 한다.[24]

> 구태소, 세례명이 이그나티우스는 기유년 음력 2월 6일(1549년 3월) 명나라의 남직예 소주 상숙현에서 태어났습니다. 오늘 천주(天主)님의 제단 앞에서 공손한 자세로 일생 동안의 죄과를 참회하고 또 천주님께 용서를 구합니다. … 이제 천부(天父)께 바라옵건대 제 심령을 진리로 채워 주시고, 이 진리에 따라 살게 해주시고 온 마음을 다해 천주님의 존엄함을 빛내면서 살 수 있도록 해주십시오. … 지금부터 천부의 가르

---

23 https://en.wikipedia.org/wiki/Three_Pillars_of_Chinese_Catholicism(최종 검색일: 2020.2.17.).

24 리치는 구태소의 고백문을 전하기에 앞서 그가 세례받은 것을 전하면서 자신이 이탈리아어로 그의 고백문을 번역하는 것이 얼마나 한계가 있는 것인가를 함께 고백한다. "구태소는 성모 영보 대축일에 세례를 받았다. 그해 성모 영보 대축일은 마침 예수 사순절의 금요일이었다. 그날의 말씀은 예수님이 라자로를 부활시킨 이야기였다. … 구태소는 … 자신은 죽었다가 부활한 라자로에 비유해 그 자리에 있던 교우들이 모두 감동했다. 세례를 받을 때 그는 바닥에 꿇어 앉아 네 번 머리를 숙였다. 중국 풍속에 따르면 네 번 머리를 숙이는 것은 참회를 나타낸다. 그 뒤에 그는 믿음에 대한 자신의 성명을 낭독했다. 아울러 부본을 신부에게 건네주어 성심을 나타냈다. 아래는 이 성명의 번역이다. 번역을 거치면 원문에서 좋은 점들이 없어지게 마련이다. 어떤 번역이라도 원문과는 비교가 되지 않기 때문이다." 마테오 리치, 『중국 선교사 Ⅱ』, 신진호·이미경 역, 지식을 만드는지식, 2013, 792쪽.

침을 엄수하고 계명의 길 위에서 용감하게 전진할 것이며 제 오관을 삼가 지키고 이성의 불빛을 환하게 밝혀 제 심령을 비추게 함으로써 다른 사람과 더불어 모든 좋은 일을 하도록 도울 것입니다. … 간구하노니 성신의 빛을 제 마음에 비추어 그 의미를 깊이 깨달을 수 있도록 해주십시오. 지금 제 믿음 생활을 막 시작했습니다. 예쁜 꽃의 싹이 태양을 향해 피어나는 것처럼 제 심령은 천주님 성총의 밝은 빛을 향해 열리고 있습니다. … 천주께서 제 영혼의 능력을 열어 주시어 진리를 받아들이고 이성을 유지하며 제 마음을 깨끗하게 해주시기를 바랍니다. 제 입이 중화제국에서 상주(上主)의 법률을 널리 알려 모든 중국 백성들이 상주의 법률을 알고 성실하게 지킬 수 있기를 원하옵니다.[25]

리치가 전하는 내용에 의하면, 구태소는 여기서 하느님을 천주(天主)와 천부(天父)와 상주(上主)로 부른다. 그는 하느님을 "주님" "아버지" "지고자"로 인식하면서, 모든 진리의 근원이자 모든 빛의 근원으로 알고 있다. 그러면서 자신이 태어난 사회에서 50년이 넘도록 걸어온 길을 신앙으로 걸어갈 길과 대조하여 어둠으로 표현한다. 그의 고백에 의하면, 그에게 "이그나티우스", "이냐시오"는 그의 세례명(Ignatius → ignis, 불꽃)이 뜻하는 것처럼, 성령의 빛 안에서 하느님의 밝은 빛을 향해 걸어갈 새로운 존재를 의미하는 것으로 보인다. 구태소는 하느님의 자녀로서 하느님 집안에 새롭게 들어선 선물로 이냐시오라는 이름을 선물받았다. 위의 고백은 이 존재의 선물, 혹은 존재의 회복에서 오는 깊은 기쁨으로 충만해 있다.

크리스티안 안데르센은 "미운오리새끼"라는 동화를 우리에게 남겨

---

25 『중국 선교사 Ⅱ』, 792~795쪽. 이응시의 고백을 전하는 『중국 선교사 Ⅱ』, 735~737쪽도 참조.

주었다.[26] 이 이야기는 어린 백조가 오리들 사이에 태어나서 미운 오리라며 구박당하던 집을 떠나서 떠돌다가 다음해 봄에 백조 무리를 만나 하늘을 나는 이야기로 끝난다. 이것은 자기가 자기의 이름을 모르면 그가 백조이든 오리이든 미운 오리로, 미운 백조로, 못나고 제구실 못하는 존재로 천대받으면서 지배당하기 쉽다는 것을 상징적으로 보여준다. 여기서 관건인 것은 생물학적으로 백조인가 오리인가가, 혹은 이탈리아인인가 차이나인인가가 아니다. 연구자는 뒤에 가서 송천성이 아프리카 민담을 통해 이름의 존재 차원을 설득력있게 증거한 예를 좀더 살펴볼 것인데, 여기서 관심의 핵은 자신의 본 정체성, 자신이 하느님에게서 온 자녀라는 것을 아는가 모르는가에 놓여 있다. 구태소는 차이나인으로서 리치 신부를 만나서 가톨릭 신앙을 전달받고 그를 지지하며 리치 신부와 그의 동료들을 동반하다가[27] 자기를 "천부" 하느님 아버지의 한 자녀로 아는 존재의 충만에 이르면서 새로운 가톨릭 문화 생명을 맛보게 된다.[28]

---

26 C. Andersen, "The Ugly Duckling": http://hca.gilead.org.il/ugly_duc.html(최종 검색일: 2020.2.25.).

27 리치 신부는 보고서에서 구태소가 예수회와 차이나 교우들에 대한 공이 가장 큰 인물로 기록한다. 『중국 선교사 Ⅱ』, 789쪽. 리치 신부가 자신의 보고서 3부 3장을 구태소를 소개하는 데 할애할 정도로 그는 차이나 복음화 과정 초기에 중요한 역할을 수행한 인물이다. 『중국 선교사 Ⅰ』, 363~372쪽.

28 리치는 명시적으로 교회 안에서 모든 사람이 한 아버지의 자녀가 된다고 말한다. 마테오 리치, 송영배 외 역, 서울대학교출판부, 1999, 429쪽. 또한 그는 세상 사람들 사이에서는 "비록 '임금과 신하', '아버지와 아들'이라는 차별이 있지만", 만인의 아버지인 하느님 앞에서는 "평등하게 모두 형제가 될 뿐"이라는 것이다. 천주실의, 412쪽.

2) 명말 예수회 선교사들의 문화 인식과 문화 파괴

위에서 본 것처럼, 명말 예수회 선교사들은 다른 대륙들에서 선교하던 선교사들과는 달리 자신들이 선교하는 사람들의 문화를 익히고 그들의 이성을 존중하면서 그들과 대화를 시도하였다. 이것은 명백한 역사적 사실이다. 연구자는 선행 연구들을 통해서 예수회 선교사들 가운데 리치와 그의 노선을 따르는 선교사들이 공자 제례와 같이 사회적 차원을 띠는 제사를 존중한 사실이 갖는 신학적 사목적 의의를 높이 평가해 왔고, 이에 대해 감동하고 있다. 이들은 참으로 이런 공적 제사의 경우, "죽은 자 섬기기를 마치 산 자 섬기듯이 하는 것이야말로 효의 지극함이다(事死如事生 事亡如事存 孝之至也)"라는 중용 19장의 제사 인식에 따라, 사자와 제사와 효를 통합한 사회 관습을 선하게 살아가는 것으로 보았다.[29]

그런데 당대 예수회 선교사들이 이들의 이원론적인 신학과 내세주의적인 영성 살이에 따라서 이루어진 차이나 종교 문화 전통들에 대한 판단이 차이나 입교자들의 교리 교육 과정에서 그대로 표출되게 된다. 이로 해서 이들이 귀결시킨 차이나 종교 문화들에 대한 폭력적인 단죄를 수용한 당대 차이나 가톨릭 신앙인들은 교회에 입문하면서 자신들의 선대로부터 물려받은 차이나 종교 문화 관습들을 파괴해 갔다. 다음 절에서 볼 기회가 있겠는데, 위에서 세례를 받으면서 자신이 하느님의 자녀로서 새로운 삶을 살게 된 기쁨과 충만을 노래한 구태소도

---

29 『중국 선교사 Ⅰ』, 148~149쪽. 이에 관한 연구자의 논문으로는 앞의 주 3에 소개한 선행 연구 가운데 특히 「마테오 리치의 적응주의 선교에 관하여 – 조상 제사를 중심으로」 와 「마테오 리치의 적응주의 선교의 신학적 의의와 한계」 참조.

마찬가지였다. 명말 시기 초기 예수회 선교사들은 차이나 문화를 한편
으로는 존중하면서도 자신들의 이러한 존중을 보다 더 철저하게 지켜
가지 못한 면이 있었던 것이다.

 구체적으로 살펴보자면, 위에서 진술한 것처럼, 선교사들은 리치를
중심으로 고대 유교의 천사상은 수용하고 공적인 제사는 지켜 갈 수
있도록 길을 열었다. 하지만 이들은, 당대에 차이나에서 도미니코 수
도회나 프란치스코를 따르는 수도자들로서 선교에 참여했던 선교사들
이 그런 것만큼은 아니라고 하더라도, 그럼에도 불구하고 성리학과 불
교와 도교와 무교 모두 배격하였다. 뿐만 아니라 이들은 차이나인들이
가정 단위로 지켜 가는 제사 역시 우상숭배로 보면서 철저하게 배격하
였다. 우리 신학계에서 그동안 공적 제사와 사적 제사를 구분하여 접
근하기는 하였지만, 이런 틀 위에서 리치와 그의 동료들이 보였던 후
자에 대한 철저한 배격에 대해서 주목한 사례는 많지 않다. 도미니코
수도회와 프란치스코 계열 수도회 선교사들과 예수회의 일부 선교사
들은 공적 제사 역시 배격하였다는 점에서 분명히 차이가 있기는 해도,
불교와 도교 전통들과 사적 제사 영역에서 이들이 보인 배타적인 태도
는 단적으로 루지에리도 리치도 롱고바르디도 거의 차이가 없었다.[30]
연구자 역시 선행 연구 단계에서는 이 사목적 사실을 제대로 식별해서
제시하지 못하면서 이들의 적응주의의 의의를 진술하고 그런 가운데
한계를 지적하는 수준에 머물렀다.

---

30 리치가 쓴 보고서 가운데 4부 17장은 리치가 쓴 원고와 트리고가 보완한 원고가 함께
   있는데, 여기에 리치와 롱고바르디가 당대 차이나인들의 민중 신심에 대해서 취한 태도
   가 전해진다. 『중국 선교사 Ⅱ』, 665~687쪽 참조.

명말 예수회 선교사들이 당대 차이나 문화에 대해 보인 폭력성은 후
대의 연구자들이 그들의 관점에서 시도한 연구에 의해 해석된 것이 아
니다. 아래에서 분명하게 확인할 수 있는 것처럼, 이것은 첫째로 루지
에리와 리치, 롱고바르디와 트리고 등이 직접 당대에 남긴 일차 자료
들이 그대로 드러내주는 역사적 실재이다. 그리고 이런 역사적 실상은
둘째로 자신들의 당대 가톨릭 신학의 제약에 의해서 하나-셋 셋-하나
하느님의 창조와 구원, 하느님의 사랑의 한결성의 철저함과 얽힘의 규
모, 그리고 하느님이 창조하신 만물에게 이루어 주시는 그분의 초동반
의 실상[31]을 자신들의 구원관에 종속시킨 결과로 나타난 것이다. 그리
고 셋째로 바로 이런 차이나 문화에 대한 당대 선교사들의 태도가 이들
이 차이나인들에게 세례를 주기 전에 이들에게 교리를 교육하는 과정
에서 집중적으로 전달되고 강요되었다는 것이다.

예를 들면, 리치는 차이나의 종교에 대해 진술하는 맥락에서 불교
도교는 물론 고대 유교에서 멀어진 명말기 유교와 성리학적 세계 인식
역시 모두 그릇된 것으로 인식한다. 그런 가운데 그는 명시적으로 "대부

---

31 이 글 서두에서 쓴 다음 내용 참조. "하나가 하나를 낳아 둘이 되고, 둘에서 하나가
생성되어 셋을 이룬다. 하나가 셋이 되어서 하나-셋이 되고, 셋이 하나에서 비롯되어
셋-하나가 된다. 하나-셋이며 셋-하나인 존재를 '하나-셋'이요 '셋-하나'라고 이름붙일
수 있는데, 이 '하나-셋 셋-하나'에게서 만물이 생성된다." 이것은 한 분 하느님과 만물
이 서로 분리될 수 없는 존재의 참여 관계에 있다는 것을 뜻한다. 그런데 명말 시기
리치와 그의 동료 선교사들은 하느님의 이같은 사랑의 "한결"(cohrence)과 "얽힘"
(entanglement)과 "초동반"(superposition)의 규모와 일관성을 신학적으로 주제화하지
못한 상태에서 자신들의 좁은 구원관에 의해 차이나 민중들의 종교 문화 관습을 단죄하여
우상시하였던 것이다. 위의 하느님 하나-셋 셋-하나 인식은 무극 ⟍ 과 하나 一과 둘
二와 셋 三에 대한 조셉 프레마르 신부의 해석과 상통한다. Josheph H.M. de Prémare,
*Selecta quaedam Vestigia praecipuorum Christianae relligiounis dogmatum, ex antiquis
Sinarum libris eruta* (우리말 역본: 『중국 고전에서 그리스도를 찾다』), 204~210쪽 참조.

분의 중국인들은 뿌리 없는 뜬구름처럼 무신주의의 하늘에 매달려 있다"고 말한다.[32] 리치는 차이나인들이 만들어 놓은 "사당 안은 우상으로 가득한데, 한 사당에 수천, 수백 개의 우상이 있"고, "개인 가정집에 있는 우상도 적지 않다"고 비판한다. "중국에는 우상의 숫자가 매우 많아서 사람들이 믿음을 가지기 어렵다"는 것이 그의 판단이었다.[33] 이런 인식에 따라 리치와 명말기 그의 동료 선교사들은 세례 받기를 원하는 차이나인들에게 교리를 가르치면서 차이나에서 형성되어 온 종교 문화 영성 전통으로서 불교와 도교, 가정 제사 문화 등과 관련된 전통적인 관습들을 우상숭배로 배척하고 파괴하게 만들었다. 그들은 사대부들이든 평민이든 관계없이 모든 차이나인들에게 이렇게 하도록 요구하였다.

리치와 그의 동료들이 당대에 차이나 문화 전통들에 대해 갖고 있던 의식을 가장 잘 그리고 가장 결정적으로 드러내주는 자료로 앞에서 소개한 리치가 쓴 보고서를 들 수 있다. 그런데 리치가 쓴 이 자료는 니콜라스 트리고의 원고도 일부 포함하고 있다. 이 보고서 1부 서론부터 5부 22장 가운데 5부 17장까지 전체적으로 리치가 직접 썼고, 그의 원고를 로마 예수회 본부로 가져간 트리고가 4부 17장의 반 이상을 포르투갈어로 쓰고 4부 18장 역시 포르투갈어로 썼다. 리치가 쓴 5부 17장 이후 18장부터 20장까지는 트리고가 포르투갈어로, 21장은 라틴어로 썼다.[34] 그러므로 보고서에 나오는 진술이 리치의 것인지 트리고의 것인지 분별하는 것이 필요할 수는 있다. 하지만 명말 시기 예수회 선교

---

32 『중국 선교사 Ⅰ』, 165쪽.
33 같은 책, 164~165쪽.
34 「〈마테오 리치 중국 선교사〉의 원고와 판본」, 『중국 선교사 Ⅰ』, xviii-xx.

사들의 문화 인식을 전체적으로 조명할 경우 만일 이들이 모두 당대 불교와 도교와 무교의 종교 관습들과 사적 제사에 대한 태도 면에서 차이를 보이지 않는다면, 위의 보고서는 이들의 전반적인 문화 태도를 보여주는 매우 중요한 증거 현상들로 볼 수 있을 것이다.

예를 들면, 트리고는 명 황제 만력제에게 받은 묘지에 그를 안장하면서 아래와 같이 썼다. 이것은 위에서 소개한 리치의 진술에 비추어 볼 때 트리고의 과장된 해석이 아니라 리치가 차이나의 다른 종교 관습들에 대해 생각하고 있었던 것을 실제로 전해주고 있다고 할 것이다.

"여기서 언급할 것이 하나 있는데, 이는 아마 하늘의 뜻일 것이다. 일생 동안 우상을 반대한 리치 신부에게 우상을 매장했다. 가장 큰 우상을 부수고 잘게 갈아 물을 섞어 묘지 벽돌 사이를 붙이는 용도로 쓴 것이었다. 분묘를 세우는 동시에, 이전 사찰을 구세주 예수께 봉헌하는 성당으로 바꾸기 위해 몹쓸 것들을 한바탕 몰아냈다. … 제단 중간에는 진흙으로 만든 보기 흉한 조각상이 놓여 있다. 겉에는 머리부터 발끝까지 금색이 칠해져 있다. 중국인들은 그것을 '지장왕(地藏王)'이라 부른다. 땅을 관리하는 신이자 진귀한 보물을 관장하는 신으로 중국의 저승신이다. … 대청 양쪽에는 커다란 탁자 두 개가 놓여 있다. 각 탁자에는 저승 재판관이 다섯 명 있다. 탁자 위 벽에는 똑같은 인물 다섯 명이 그려져 있다. 모두 자기 자리에 앉아 속세에서 죄를 지은 사람들을 심판한다. … 맞은편 벽에도 벽화가 그려져 있다. 이 그림은 지옥의 동굴을 나타낸다. 동굴 내부에는 불과 뱀과 마귀가 있다. 한 승려가 많은 마귀들의 저지에도 불구하고 동굴 안의 불구덩이에서 자신의 어머니를 구출한다. 이는 수많은 이야기 가운데 하나일 뿐이다. 본래 천주께서 세상 사람들이 죄를 짓는 것을 막기 위해 보여주신 징벌은 사람들이 두려워하고 죄를 짓지 말라는 뜻이었다. 하지만 이제는 그것들이 마귀에게 이용당해 사람들의 영혼을 파괴하고 있다. 이 인류의 사기꾼 마귀가 똑같은 징벌을 가지고 사람들을 범죄에 끌어들이는 것이다. … 우상을 제단에서 들어낸 후 진흙으로 만든 우상은 부수었고, 목재로 만든 것은 불에 태웠다. … 사악한 신의 제단을 철거했고, 벽에 걸린 벽화도 덧칠했다. 새 제단을 세우고 제단 위에는 구세주 예수의 성상을 놓았다. 성상은 예일성 수사가 그렸는데, 매우 아름다웠다."[35]

트리고는 리치가 "일생 동안 우상을 반대한" 것으로 명기하고 있다. 그런 가운데 그는 차이나에서 숭상되어 온 지장왕 등 여러 신들을 "우상"으로 일컬으면서 이것들을 부수고 갈아서, 나무들로 만들어진 신상들은 불태웠는데, 리치 신부가 묻히는 무덤에 "매장했다"고 전한다. 그는 이것을 "하늘의 뜻일 것"이라고 해석하였다. 리치와 트리고, 그리고 리치의 뒤를 이어 차이나 선교를 책임진 롱고바르디 등은 이같은 차이나 종교 문화 관습 이해를 교리 교육을 통해서 차이나 입교자들에게 철저하게 관철시켰다. 이들은 자신들의 이같은 우상론을 받아들이지 않는 한 누구에게도 세례를 주지 않을 정도였다.

위에서 언급한 것처럼, 이런 진술은 추상적 사변이나 추론에 의해서 개진되는 것이 아니다. 선교사들이 직접 신앙의 진리를 지켜 간다는 확신을 가지고 자신들이 행했던 일들을 직접 기록하여 오늘의 우리에게까지 전해주고 있다. 이런 사회 종교 문화 관습에 대한 파괴의 실재를 리치와 당대 선교사들 자신이 직접 기록으로 남겨 놓았다는 것 자체가 다른 누구보다도 동아시아 교회에게 축복이라고 할 수 있다. 그들의 확신이 그들의 폭력을 후대인인 우리가 알 수 있게 해주었던 것인데, 이것을 다행한 일로 보는 것은 실상을 실상으로 아는 틀 위에서만 개혁

---

35 『중국 선교사 II』, 1008~1012쪽.

과 회심과 치유가 발생할 수 있기 때문이다. 연구자는 바로 이런 실재 앞에서 한편으로는 그들의 사실 진술에 감사하면서, 다른 한편으로는 선교사들이 신학적 확신을 가지고 보였던 종교적 폭력에 아파하면서 이런 일차 진술들을 신학적 성찰의 기초로 삼아서 이 연구를 함께 나누고자 하는 것이다.

트리고는 리치의 보고서를 보완하면서 원전에는 없는 4부 18장에서 자신들이 당대 종교 문화 전통들을 반대하는 것이 차이나 입교자들에게 미치는 영향을 매우 분명하게 인식하고 있었다는 것을 확인시켜 준다. 그는 여기서 "비교인들이 천주교에 진입하는 과정에서 가장 어려운 문제는 천주교가 우상을 절대적으로 반대한다는 사실에 기인한다"[36] 면서 이렇게 진술한다.

> "중국인들은 다른 비교도 민족들과 마찬가지로 공공 사찰에 우상을 모셔 놓고 있을 뿐만 아니라 가정의 수호신처럼 집집마다 많은 우상들을 모시고 있다. 중국인들은 우상 곁에서 성장하는 것이다. 따라서 교우가 사찰에 가는 것을 막는 것으로는 부족하고, 그들로 하여금 집에 있는 우상들을 버리도록 해야 한다. 이로부터 한 사람이 천주교를 믿으려면 얼마나 큰 용기와 정성스러운 의지가 있어야 하는지를 알 수 있다. 그들은 과거에 의지했던 우상을 모두 쓰레기통에 버리거나 심지어는 불태워야 한다. 어떤 사람은 우상의 연기와 재마저도 참지 못하고 우상을 강에 버리거나 신부에게 처리를 맡기기도 했다."[37]

---

36 같은 책, 688~689쪽.
37 같은 책, 689~690쪽.

트리고는 "비교도의 눈에 이것은 미친 짓일 뿐만 아니라 잔인하기도 한 것"[38]이라고 말한다. 그는 차이나인들이 이렇게 인식하는 사회 문화 적 배경과 관련해서 다음과 같이 진술한다.

> "그들은 우상에게 절하는 것이 천주에 대한 예의에 어긋나는 것은 아 니라고 생각한다. 왜냐하면 그들은 우리가 성인에게 예를 표하는 것과 마찬가지로 우상이 대표하는 인물을 천주의 부하라고 보기 때문이다. 우상이 대표하는 인물이 가르치는 사람됨의 도리가 모두 나쁜 것은 아니 므로 부정확한 점이 있더라도 동기는 좋다. 전해지는 말에 근거해서 보자 면 이 사람들의 생애는 대부분 도덕에 합당하다. 그리스 로마 시인들이 그린 옛 서방 신들처럼 그렇게 악하지 않은 것이다. 이로 인해 중국인들 은 천주교의 신앙과 도덕을 높이 받들지만 천주교의 우상에 대한 태도를 받아들이려 하지 않는다. 그들은 불합리하다고 여길 뿐만 아니라 이 인물 들에 경의를 표하는 것이 선조가 남겨 놓은 전통이며 우상을 배척하는 것은 선조를 배척하는 것과 다를 바가 없다고 여긴다."[39]

하지만 트리고와 당대 명말 선교사들은 차이나인들의 이런 관점을 명확히 알면서도, "우상에게 절하는 것이 보편적이라면 문제가 매우 심각해진다"[40]는 판단에 따라 위에서와 같은 차이나 민중 종교 문화 파괴 를 관철시켜 갔다. 트리고는 이들의 이런 태도가 차이나 사회에서 미친 영향에 관해 계속해서 이렇게 말한다.

---

38 같은 책, 690쪽.
39 같은 책, 689쪽.
40 같은 책, 679쪽.

"우상 문제는 또 다른 어려움을 야기해 교우를 일생 동안 불편하게 만들었다. 왜냐하면 각지에서는 매년 여러 차례에 걸쳐 우상 행진을 거행하는데, 관습에 따라 그 비용은 모두가 분담하곤 했기 때문이었다. 하지만 돈을 낼 수 없다는 교우의 입장은 처음부터 매우 완강해 지금은 이미 모든 사람들이 받아들이게 되었다."[41]

연구자가 1610년을 전후해서 쓰인 예수회 선교사들의 1차 진술들을 전기로 루지에리와 리치와 그의 동료 선교사들이 차이나 사회와 문화에 적응해 간 것이 "선택적"이었다고 말한 결정적인 이유가 여기에 있다. 이들은 저렇게 당대 차이나 민중들과 사대부들이 지켜 가는 종교적 문화적 사회적 관습들이 갖는 영성적 의의를 모르지 않았다. 그리고 이를 단절시켰을 때 그것이 차이나인들 사이에서 귀결시키는 존재 차원의 갈등 역시 명시적으로 알고 있었다. 그러면서도 이들은 선택적으로 이를 우상숭배로 단죄하며 금지시켜 갔다. 이것은 이들이 사적 제사를 금지시킨 것이 이들이 갖고 있던 신학적 이해의 폭과 영성 살이의 방향에 대한 확신에서 비롯된 것임을 확인시켜 준다. 이들은 무지해서가 아니라 명확한 신학적 사목적 판단에 따라서 당대 종교 문화 현상들과 사적 제사를 우상숭배로 단죄하고 파괴해 갔던 것이다.

3) 차이나 신앙인들의 입교와 문화 파괴

앞에서 가톨릭 신앙을 선택하여 세례를 받으면서 이것이 자신에게 의미하는 것을 기록으로 남겼던 구태소는 리치를 매우 깊이 존경하며

---

41 같은 책, 690쪽.

따랐고 신앙을 받을 내면적 준비가 충실하게 되어 있었다고 전해진다. 하지만 그는 오랜 동안 선교사들에게 세례를 받지 못하였다. 그 이유 중에 하나가 차이나 종교와 문화 전통들과 연결되어 있었다. 구태소가 우상을 숭배하면서 우상에 관한 책을 출판하려 했기 때문에 세례를 받을 수 없었다고 증언한 것은 리치 자신이다.[42]

다시 한 번 강조하지만, 이것은 21세기의 한 연구자에 의해 해석된 것도 아니고 그런 해석에 근거해서 진술하는 것도 아니다. 이것은 리치 자신이 1609년에 직접 쓴 보고서에 진술된 내용을 가감없이 그대로 전한 것이다. 그러다가 마침내 구태소가 집안에 모셔 두고 있던 크고 작은 상들과 모든 제사 용기들과 불교를 비롯하여 여러 종교에 관한 서적들을 교회에 가져다가 불태우겠다는 약속을 이행하고 세례를 받게 되었다는 것이다.[43] 이를테면 구태소는 리치와 선교사들을 통하여 하느님의 불꽃에 닿은 존재로서 "이그나티우스"라는 이름을 얻으면서 그 대가로 자신의 차이나 종교 문화 전통들에 배어들어 있던 흠들과 함께 이 전통들에 간직되어 온 성령의 불꽃들도 같이 불살라 버렸다. 선교사들이 전해준 불을 받아안으면서 선조들에게서 전달받은 것 가운데 지켜 가야 할 자신의 문화 영성의 불들[traditions]까지 전면적으

---

42 『중국 선교사 Ⅱ』, 790쪽. 리치 신부는 구태소가 입교하지 못하는 이유를 두 가지 들고 있다. 하나는 그에게 두 아들을 낳아 준 첩이 있어서 일부일처제를 정상으로 인식하는 교회의 혼인관에 의해 세례를 받지 못하였다는 것이고, 다른 하나는 그의 말대로 차이나 문화 전통과 연관되어 있는 "우상 숭배"였다. 3부 3장에서는 구태소의 신앙에 대한 열정과 깊은 이해를 소개하면서 그에게 세례를 줄 수 없었던 이유로 본처가 세상을 떠난 후에도 결혼을 하지 않은 상태에서 첩과 함께 사는 것을 들었다. 『중국 선교사 Ⅰ』, 367~368쪽도 참조.
43 『중국 선교사 Ⅱ』, 791~792쪽.

로 꺼버린 것이다.

리치는 당대에 베이징 교회에서 세례를 받을 때 세례받는 사람들이 "신앙 선언 또는 기도문을 써서 제단 앞에서 낭독한 뒤 신부에게 건네주"는 전통을 만들어 놓았다. 3장 1절에서 본 구태소가 남긴 증언은 이런 전통 위에서 형성된 것이었는데, 그는 여기에서 자신이 차이나에서 태어나서 살면서 그동안 따라 살았던 종교 문화 전통들에 대해서 식별한 내용을 직접 밝히고 있다.

> 오늘 천주(天主)님의 제단 앞에서 공손한 자세로 일생 동안의 죄과를 참회하고 또 천주님께 용서를 구합니다. … 저는 금년 57세로서 비록 눈은 있지만 천주님의 계명을 보지 못하고 귀가 있으나 천주님의 성명(聖名)을 듣지 못했다는 것을 이제야 알았습니다. 석가모니를 따르고 천주님의 가르침과는 반대의 길을 걸었습니다. 불교는 이성 및 진리와 다른 길을 걷는다는 사실을 분명히 알았습니다. 불경을 알리는 데 힘쓰면서 멀리하지 못한 것이 제 일생의 한입니다. 또한 가장 큰 죄악입니다. 만약 참회하지 않으면 영원한 지옥의 벌을 받을 것입니다. 몇 년 전에 다행히 서양에서 먼 길을 마다하지 않고 찾아온 진리의 대사(大師) 마테오 리치 신부와 그의 동료 카타네오 신부, 그리고 보좌수사 종명인 등이 참된 신의 오묘한 비밀을 알려 주었습니다.[44]

구태소는 리치 신부와 몇몇 예수회 선교사들에게 가르침을 받아서 자기 존재에 배어들어 있고 자기가 충실하게 살았던 동아시아 종교 문화 전통들에 대해서 "영원한 지옥의 벌을 받을" 원천으로 인식하고 있는 것이다.

---

[44] 『중국 선교사 Ⅱ』, 792쪽 이하.

다시 리치가 직접 기술한 예를 하나 더 보자면, 그는 4부 20장에서 "북경의 선교 업무"에 관하여 진술하면서, 세례를 받은 차이나 가톨릭인들 사례를 전한다. 그는 1602년 여름을 전후해서 베이징에서 세례를 받은 사람이 70명 정도 되는데, 이들 가운데 가장 설득하기 어려웠던 인물로 이응시를 들면서 그에 관하여 소개한다. 그는 베이징에서 태어나서 금위의 관리로 봉직하고 있었고 임진왜란 당시 참군을 지낸 인물이었다고 했다. 그는 차이나에서 학문의 경지가 높고 유교와 불교와 도교 모두에 정통한 학자로서 수학 방면에서 특히 탁월하여 많은 이들에게 존경받았던 것으로 전해진다. 그런 그를, 리치의 표현을 빌리자면, "어려서부터 배워 익숙한 것으로 알고 지낸 잘못된 관념과 학습에서 벗어나게" 하기가 매우 어려웠다는 것이다. 리치 신부는 그가 마침내 "대오각성"하여 1602년 9월 마태오 사도 축일에 세례를 받으면서 바오로라는 세례명을 받았다고 했는데, 이 과정을 이렇게 진술한다.

> "그는 학식이 매우 넓어서 별자리나 사주팔자를 가지고 미래를 예측할 수 있었고, 풍수로 집터를 볼 줄 알았으며 길일을 택할 줄도 알았다. 이 방면에서 그의 인기는 대단했고, 많은 사람들이 존경해 그를 초청했다. 그런 까닭에 이 모든 것들이 가짜라는 것을 설득하기가 쉽지 않았다. 그가 여러 차례 영험함을 보여 주었기 때문이다. 신부는 그에게 영험함을 보여주는 경우가 있었다면 대부분은 마귀가 장난을 친 것이라고 말했다. 그는 그제야 꿈속에서 깨어나 대오각성했다."[45]

이응시는 1602년 9월 마태오 사도 축일에 세례를 받으면서 바오로

---

45 같은 책, 732쪽.

라는 세례명을 받았는데, 그는 차이나의 3교에 통달했다고 했다. 그런데 리치와 선교사들은 차이나 사회에서 형성되어 온 종교와 문화에 대한 그의 이해가 그와 그의 가족과 민족 사회에서 갖는 의의를 제대로 헤아릴 역량도 갖추지 못하고 그런 시도도 하지 않은 채 그의 통찰들을 "마귀가 장난을 친 것"으로 단죄하였다.[46] 이런 상황에서 이응시는 선교사들에게 교리를 배워서 세례를 받았는데, 이것은 그가 자신의 존재 장에서 형성되어 자신의 존재에 각인되어 있는 동아시아 종교 문화 전통들을 등지고 배격할 것을 선택하였다는 것을 의미한다.

이응시도 세례를 받으면서 자신에게 세례가 갖는 의미를 진술한 증언을 남겼는데, 리치는 이 증언 역시 그의 보고서에 소개하고 있다. 이 증언도 구태소의 그것과 함께 명말 차이나 가톨릭인들에게 세례가 그리스도 신앙과 그리스도 문화를 통해서 새로운 생명 탄생을 체험하는 계기로 작용하고 있다는 것을 증거하는 매우 귀중한 사례이다. 그런데 여기서 역시 리치 신부와 선교사들이 이응시에게 당대 차이나 종교 문화 전통들을 하느님의 길에서 벗어난 것으로 가르쳤고 그는 이런 가르침을 받아들여서 세례를 받게 되었다는 것을 명확하게 확인시켜 준다. 이 두 차원을 모두 포함하고 있는 그의 증언을 제시하면 다음과 같다.

"제자인 이응시는 온 마음 온 뜻으로 천주교의 성도(聖道)를 받아들입니다. 이에 충심으로 하늘을 바라보며 천주님께 비오니 저의 고백을 들어주시옵소서. … 태어나면서부터 유순하지 못하고 맹목적이었던 저는 종일 나쁜 모습으로 옳지 않은 언행을 일삼았습니다. 얼마 전에 다행

---

46 같은 책, 732쪽.

히도 유럽의 큰 인물이자 대스승인 마테오 리치와 판토하를 만나니, 그분들은 학문과 도덕이 출중해 저에게 〈천주교 요리〉를 가르쳐 주시어 제가 그리스도 성상을 우러러볼 수 있게 해주었고, 절할 수 있게 해주었습니다. 그리하여 세상을 구원하기 위해 세상 사람들에게 성도를 계시해 주신 성스러운 아버지[聖父: 연구자 삽입]를 알게 해주었습니다. …

태어나서 지금까지 43년 동안 이 성도를 몰랐고, 그런 까닭에 실수를 범하고 늘 길을 잘못 들었습니다. 이제 천주 성부(聖父)께 비노니 큰 자비를 베푸시어 의롭지 못한 행위로 취한 이익이나 거짓말을 하거나 더러운 말과 행동을 하거나 온당치 못한 말, 또는 다른 사람을 해치려는 마음, 그리고 그밖에 제가 전에 저지른 크고 작은 여러 죄들을 알면서도 일부러 저질렀던 무의식중에 저질렀던 모두 용서해 주옵소서. 제가 맹세하노니 지금 세례를 받는 순간부터 최선을 다해 죄악을 피하고 전에 저지른 잘못을 속죄하며 그리스도를 공경하고 십계를 지키겠나이다. 저는 성교의 도리를 굳게 믿고 성심껏 십계를 준수해 영원히 어기지 않기를 원합니다. 저는 과거의 잘못된 풍습과 지금 유행하는 사설(邪說)을 버리겠나이다. 성스러운 하느님 아버지이시며 인자하신 조물주께서 … 제게 신덕을 주시고 힘을 주시어 주님의 하인처럼 온 세상에 주님의 성교를 전파하고, 전 인류가 당신의 품으로 돌아갈 수 있도록 해주시오소서."[47]

이응시 바오로는 "천주교에서 금지하는 서적을 불태우기 위해 그의 장서를 조사하는 데 꼬박 3일이 걸렸다"고 했을 만큼 많은 자료들을 갖고 있었다. 그는 그것들을 "마당에서 3일 동안 불태웠"고, 그래도 남은 책들은 "교회당에서 공개적으로 불태웠"다.[48]

---

47 『중국 선교사 II』, 735~737쪽.
48 같은 책, 733쪽.

구태소도 이응시도 자신들의 '존재로서' 동아시아 종교 문화들을 파괴할 것을 선택하여 세례를 받았다. 하지만 당대에 선교사들을 만난 차이나인들 가운데는 자신들의 역사에서 선교사들의 선택적 문화 적응과 대화, 곧 선택적 문화 단죄와 파괴에 자신들의 존재를 걸고 저항한 인물들도 있었다. 이들이 보인 판단과 행동들이 언제나 타당한 것은 아니었지만, 이들은 자신들이 직접 체험한 데 근거해서 선교사들과 당대 차이나인 가톨릭 신자들이 보인 문화 파괴가 어떤 것이었는가를 증거하였다. 구체적인 한 예로 리치 사후 6년 만인 1616년에 난징 사건을 들 수 있는데, 당시 남경 예부 시랑 심각은 바뇨니 신부와 종명인 수사 등이 선교하는 과정에서 유교를 옹호하는 듯이 하면서 유교와 다른 이단을 퍼뜨리며 사술로 민중을 현혹시키고 있다고 고발한다. 이들은 "조상에게 제사를 지낼 필요 없다. 오직 천주를 섬기면 천당에 오를 수 있고 지옥을 면할 수 있다" 하면서, "집에 모시는 신을 모두 집어던지고 오직 천주상만을 걸어 놓게 강요"하고 사회 질서를 어지럽힌다는 것이 그 이유였다. 이 사건으로 당시 바뇨니 신부를 비롯해서 13명이 체포하여 심문 과정을 거친 후에 추방이나 구금 처분 등을 내려 시행하였다는 것이다.[49]

참으로 문화 존중이나 적응이나 대화나 사랑은 말이나 외양으로 되는 것도 아니고, 추상적인 논의에 그치는 것도 아니다. 그것은 필연적으로 행동으로 그러므로 다양한 관계들로 그러므로 역사로 그러므로 구체적

---

49 심각(沈㴶)이 쓴 "南宮書牘"과 남경 예부가 이 사건과 관련해서 제출한 자료 참조. "南宮書牘"에 관해서는 서창치·우가이 테츠죠우 편, 『파사집』, 안경덕·이주해 역, 일조각, 2018, 42~66쪽; 남경 예부 관련 자료는 같은 책, 67~100쪽 참조.

인 사회적 실재로 드러난다. 이들이 역사에서 보여준 문화 적응과 대화의 실체는 단순한 적응과 대화의 시도나 적응과 대화의 실패로 끝나는 것이 아니다. 그들의 문화 적응과 대화는 처음부터 끝까지 선택적 적응이고 선택적 대화였으며, 그 결과는 사회 현장 구체적 관계 속에서 창조적 변용이나 폭력적 파괴 사이에서 어느 한 형태로 나타났던 것이다.[50]

차이나에서 선교한 이들의 문화 인식은 동아시아 종교 문화에 대한 독단적인 인식으로 우리나라에서 역시 매우 강력하게 종교 폭력적인 모습을 드러내면서 커다란 영향을 미쳤다. 이들의 이런 배타적 구원주의 신앙의 영향을 한국 교회가 극복하는 데 큰 역할을 한 심상태 몬시뇰이 증언한 것처럼, 이 영향은 1962년에 시작하여 1965년에 끝난 제2차 바티칸 공의회에 이르러서야 아시아에서 복음적으로 극복되기 시작하였을 만큼 심대한 것이었다.[51]

---

50 리치 사후 6년 만인 1616년에 난징 사건을 겪을 때 차이나 사대부들이 예언한 그리스도인들의 종교제국주의적 파괴와 지배가 1839년부터 아편 전쟁을 겪으면서 역사적 사회적 실재가 되기에 이르는 비극을 체험하게 된다. 아편 전쟁 이후 더욱 극심해진 서구 그리스도인들의 종교와 문화 우월 의식에 따라 발생한 폭력적인 차이나 선교 현상들과 관련해서는 특히 David E. Mungello, *The Catholic Invasion of China: Remaking Chinese Christianity*, Rowman & Littlefield Publishers, 2015 참조.

51 심상태는 이런 유형의 서구 교회 중심 구원 의식을 "옹졸한 구원분파주의" 혹은 "옹졸한 구원국지주의"라고 표현하며 비판해 왔다. 심상태, 『익명의 그리스도인-칼 라너 학설의 비판적 연구』, 성바오로출판사, 1985, 199쪽과 203쪽 등 참조. 제2차 바티칸 공의회가 한국 가톨릭 교회에서 동아시아 종교와 문화에 대해 열린 태도를 형성하도록 매개한 것과 관련해서는 황종열, 「한국 교회의 전통 종교 이해와 제2차 바티칸 공의회」, 『교회사연구』 25, 한국교회사연구소, 2005, 177~227쪽과 황종열, 「심상태 몬시뇰의 신학적 전환」, 『빛은 동방에서-심상태 몬시뇰 팔순기념 논총』, 곽진상·한민택 편, 수원가톨릭대학교출판부, 2019, 24~79쪽 참조.

4. 맺으면서

그동안 일반적으로 가톨릭 교회는 예수회가 적응주의를 통해서 차이나인들과 그들의 문화와 대화한 것을 강조해 왔다.[52] 이런 면이 있는 것은 분명하다. 하지만 그럼에도 불구하고 마테오 리치 자신과 트리고 등이 직접 증언하듯이, 명말 시기 예수회 선교사들이 행한 것은 그들 중심의 선택적 문화 적응이었다. 이에 따라 그들이 파괴의 대상이라고 판단한 불교 전통을 비롯한 차이나 문화들에 철저하게 비판적이었고, 그들과 그들에게 교리를 배워서 신자가 된 차이나 민인들은 한편으로는 꺼리면서도 그것들이 차이나 사회와 문화와 영성의 맥락에서 갖는 고유한 의미와는 관계없이 혹은 충실한 고려 없이 파괴해 갔다. 명말 시기 예수회 선교사들은 선택적 적응주의에 따라서 그들이 우상숭배로 판단한 차이나 민중 문화에 관한 한 정도의 차이는 있었지만 다른 수도회 선교사들이나 파리 외방전교회 선교사들과 마찬가지로 이것들을 이단시하고 무자비하게 파괴하면서 이를 따라 사는 존재들의 이름을 역사에서 지워 갔다.

송천성은 아시아 지역에서 "선교사들과 개종한 그리스도교인들은 힘을 모아 자기들이 얻은 사람들과 정복한 땅을 '그리스도교 소유'로 만들었다"고 진술하였다. 이런 맥락에서 송천성은 차이나에서 "그리스도교 선교는 본질적으로 '그리스도교 소유화' 선교였다"고 말한다.[53] 이것은 매우 뼈아픈 말인데, 가톨릭 교회는 이러한 역사적 과오를 20세

---

52 앞의 주 6 참조.
53 송천성, 『아시아 이야기 신학』, 이덕주 역, 분도출판사, 1988, 153쪽.

기 중반에 이르러 제2차 바티칸 공의회를 통해서 극복해 간다. 하지만 우리가 알고 있는 것처럼, 실제로 차이나에서의 경우 20세기 중반에 이르기까지 차이나 전역에서 차이나식 이름은 속명으로, 세례를 받으면서 얻은 이름은 "본명(本名)"으로 일컬으면서, 우리나라에서도 그러하였는데, 그리스도교 구원분파주의를 강력하게 견지해 갔다. 송천성이 보고 있는 것처럼, "그리스도교 소유화 선교"의 주체들이 "그리스도교 개종자들에게 이름을 지어주며 그들을 지배하는 권력, 그들을 변화시키고 그들로 하여금 본래의 문화적 토양에서 뿌리뽑히게 만드는 그런 권력"을 행사하였다.[54]

명말 예수회 선교사들은 차이나 그리스도인들에게 그들의 사회 관계 속에서 하느님의 자녀라는 이름을 찾아주기도 하였고, 하느님께 축성받은 자녀로서 그분 안에서 선대로부터 물려받은 하느님의 역사(役事)로부터 이들이 단절당하게 만들기도 하였다. 이름과 문화를 준 선교사들과 이름과 문화를 빼앗은 선교사들. 이 깊은 축복과 슬픈 관계를 차이나 그리스도교 역사는 동시에 갖고 있다. 하느님께 창조된 존재로서 "하나–셋 셋–하나" 그분에게서 직접 받은 원축성(原祝聖, original consecration)을 회복하게끔 다리를 놓은 복된 역사와 그 다리를 지배하면서 원축성을 다시 무력화시킨 아픈 역사가 동아시아 가톨릭 교회의 성립을 가능하게 한 명말 예수회 선교사들의 선택적 문화 인식과 살이와 맞물려 있다.

앞서 피어리스를 인용하여 그리스도인들이 아시아 문화와 가난한 민중의 강에 세례받을 사명을 언급하였는데, 그는 이것을 교회의 선교

---

54 『아시아 이야기 신학』, 154쪽.

에 적용하여 이렇게 질문한다. 예수의 모범을 따라 "우리 크리스찬들도 세례주기보다는 세례받도록 노력해야 하지 않을까." 그는 그리스도교가 요한 세례자와 요르단 강으로 상징되는 예언자적 종교심과 가난한 민중들의 실재에 잠겨들어 그 종교심과 가난한 이들과 하나가 된 예수의 여정을 따라 "아시아의 종교심과 가난"이라는 현실을 직시할 것을 요청한다. 이런 토대 위에서 "아시아 그리스도 신자들에 의해서 다시 고쳐 들려주는 '예수 이야기'"가 아시아 민중들에게 전해질 수 있게 해야 한다는 것이다.[55]

명말 시기 선교사들은 시대의 아들들로서 서구 중심 그리스도교 구원주의에 강하게 지배되고 있었고 신앙 실천과 사회 생태의 상관성을 복음적으로 실천할 역량을 갖추지 못하였다. 이것은 하느님의 자유와 사랑, 그리고 그분의 자유와 사랑에 근거한 그분의 창조를 그들의 신학과 영성과 사목에서 충실하게 지켜가지 못한 것과 연결되어 있다. 심상태 몬시뇰이 확인시켜 준 것처럼,[56] 이것은 20세기 중반까지도, 때로는 오늘 우리의 삶의 자리에서까지도 영향력을 행사하고 있다. 모든 신학과 영성은 사회적 영향을 발생시킨다. 이제 동아시아 지역 사회를 하나의 단위로 저 사회적 영향까지 복음적일 수 있는 방식으로 '하느님의 자녀'라는 '축복'을 육화시켜 가는 '하나-셋 셋-하나' 하느님의 한 집안으로서 상생의 문화 시대를 열어가야 할 것이다.

---

55 피어리스, 같은 책, 154쪽.
56 앞의 주 51 참조.

한국천주교회의 성경 수용 연구

최초의 '부분 성경' 필사본 『성경직히광익』의 완성을 중심으로

조한건

1. 들어가면서

동아시아에서 천주교의 성경 수용은 개신교(protestant)에 비해 늦는
다. 루터의 '오직 성경'이라는 표어와 가톨릭의 '라틴어(Vulgata) 성경
의 고수'가 가장 큰 원인일 것이다. 한국 천주교회는 개신교에 비해
100여년 먼저 수용되었음에도 불구하고 성경의 전체 번역이 매우 늦었
다. 그렇다고 해서 천주교 신자들이 성경을 모르거나 읽지 않은 것은
아니다. 오히려 초기의 긴 박해기간 동안 순교로 복음을 증거한 가장
근원에는 성경말씀과 천주교의 가르침에서 기인한다고 하겠다. 본 글
에서는 '부분성경'이라 할 수 있는 필사본 『성경직히광익』의 완성과 그
영향에 대해 개략적으로 다룰 것이다.

필사본 『성경직히광익』에 관한 연구로 최석우의 계몽적인 성격의 글이 하나 있다. 최석우는 프랑스 선교사 매스트르(Maistre) 신부의 1853년 보고서에 나타나는 『사사성경강론집(四史聖經講論集)』[Homiliae in Evangelia]이 한글본 『성경직히』임을 논증하였다.[1] 그는 성경(聖經)의 한글번역에 있어서 한국 천주교회의 선구적 역할을 논하면서 로마 교황청에 기증된 가장 오래된 필사본의 한 대목을 소개하였고, 이미 그러한 사본이 박해시기 한국 천주교회에서 전해지고 있었음을 밝히고 있다. 그 후 활판본 『성경직히』에 대한 연구논문이 나왔다. 조화선은 활판본 『성경직히』가 어떠한 과정을 거쳐 한글로 번역되었는지 개략적으로 설명하였고, 그 내용에 있어서 4복음서의 30% 이상이 번역되었고, 특히 수난복음에 대해서는 4복음서의 96% 이상 거의 대부분이 번역되었음을 분석적으로 고찰하였다.[2]

1984년 한국 천주교회 창설 200주년이 되던 해에 한국교회사연구소에서는 활판본 『성경직히』와 그 대본이 되었다고 하는 필사본 『성경직히광익』 그리고 한글번역 이전의 원서(原書)인 한문본 『성경직해(聖經直解)』·『성경광익(聖經廣益)』의 영인본을 발간했다.[3] 그 후 이에 대한 연구가 국문학과 교회사 분야에서 계속 이루어지고 있다.[4]

---

1 『교회와 역사』 53(1980), 『한국교회사연구입문(37)』에서 "성경직히"가 소개되면서, 국문학자와 교회사학자들에게 큰 관심을 끌기 시작하였다.
　최석우, 「聖經한글번역에 있어서 韓國天主教會의 先驅的 役割」, 『한국교회사의 탐구』, 한국교회사연구소, 1982, 344~352쪽; 여기서 당시 한글로 쓰인 것으로는 강론집 외에도, 『要理問答』·『聖人傳』·『遵主聖範』·『祈禱書』 등이 있다(350쪽).
2 조화선, 「『성경직히』의 연구」, 『한국교회사논총: 최석우 신부 화갑 기념』, 한국교회사연구소, 1982, 247~276쪽.
3 『한국교회사 연구자료』 제12집, 태영사, 1984(한국교회사 연구소에 소장되어 있는 4가지 고서가 영인·간행되었다).

성경번역사의 관점에서『성경직히광익』을 언급하고 있는 것은 이용
결의 연구이다. 그는『성경직히광익』이 비록 완역(完譯)의 형태로 이루
어진 성경은 아니지만, 역편(譯編)을 통해서 신자들에게 많은 영향을
주고 있었고, 당시의 상황에서 한문 서학서를 한글로 옮기는 일은 중요
한 문화 변혁 운동이라고 평가하였다.[5] 이성우는「한국 천주교회의 우
리말 성서번역사와 우리말 성서번역의 의미」에서『성경직히광익』을
미사성제를 위한 "전례용 발췌성서"로 보고자 하였다.[6] 그런데 본론에
서 살펴보겠지만『성경직히광익』의 복음번역이 옛『로마미사경본』의
주일과 축일 복음에서 발췌한 것은 맞지만, 그 이용면에서 교우촌 혹은
공소모임에서 회장이 낭독하기 위한 "준-독서집"의 성격이 강했다고
보아야 할 것이다. 그 외의 연구로 필사본을 비교·검토한 서지적 연구
가 있었다.[7] 이 연구는 6개의 필사본을 비교함으로써 박해시대에 엮어

---

4 김충효, 「'성경직히광익'과 '독립신문'의 국어학적 비교고찰」, 『한국학논총』 14, 한양
대학교 한국학연구소, 1988.
최태영, 「초기번역성경의 대두법 표기」, 『숭실어문』 7, 숭실어문학회, 1991.
심우일, 「『성경직히』에 나타난 토씨 연구」, 상명여자대학교 대학원 국어국문학과 석
사학위논문, 1994.
김진소, 「초대교회 신앙공동체의 '하느님 말씀' 살이: 성경직해광익을 중심으로」, 『이
성과 신앙』, 수원가톨릭대학교출판부, 2005, 7~41쪽.
이용결, 「한국 천주교회의 성서운동」, 『한국 천주교회사의 성찰: 최석우 신부 수품 50주
년 기념 논총 제2집』, 한국교회사연구소, 2000, 373~416쪽.
권구식, 『교회와 역사』 2003.3-2004.9. 〈교회사 원전 읽기, 성경직해광익〉
조한건, 『교회와 역사』 2004.10-2005.12; 2006.8-2007.2. 〈『성경직히광익』의 예수
일대기〉
5 이용결, 위의 책, 377쪽.
6 이성우, 「한국 천주교회의 우리말 성서번역사와 우리말 성서번역의 의미」, 『한국 근·
현대 100년 속의 가톨릭교회(상)』, 가톨릭출판사, 2003, 106쪽.
7 조한건, 「『성경직히광익』의 서지적 연구」, 『교회와 역사』 2008, 3-4월호, 394~395쪽.

진『성경직히광익』이 어느 하나의 원천에서 나와서 완성본으로써 필사되었음을 논증하려 했다. 본 글에서는 한글본의 모본(母本)이 되는 한문본을 살펴보고, 한글 필사본이 최종적으로 완성되는 과정과 조선신자들에 끼친 영향에 대해서 살펴보고자 한다.

2. 한문서적 수용과 『성경직히광익』의 모본들

일반적으로 한국 천주교회는 선교사의 진출 없이 평신도의 자발적인 수용으로 시작되어 '문서선교' 성공의 대표적 사례로 언급되고 있다. 조선 시대 근기 남인 학자들 중심으로 한문서학서의 수용을 통해서 서학(西學)에 대한 관심을 갖게 되었고, 그들 중 일부에 의해서 천주교 전례예식이 도입되면서 천주교회 공동체가 탄생되었다. 이를 성경수용이라는 데에 초점을 맞추어 평신도 중심 시기, 주문모 신부 사목시기, 프랑스 선교사 시기로 나누어 살펴보고자 한다. 그리고 한글본 "복음해설서"의 모본(母本)이 되는 한문서학서를 소개할 것이다.

1) 평신도 중심 시기

한국천주교회의 기원은 1784년부터 시작되었다는 것이 가장 일반적인 견해이다. 1783년 이승훈은 북경에 갔을 때, 북당에 있는 그라몽 신부에게 수학과 천주교 교리에 대해 배운 후에 세례를 받았다. 그때 베드로라는 세례명을 받았는데, 한국교회의 '반석'이 되라는 뜻으로 붙여준 것으로 보인다. 1784년 이승훈이 한양으로 돌아올 때에, 그는 최소한의 신앙생활을 위한 서적과 성물을 가져왔을 것으로 보인다.

"제가 우리나라에 돌아왔을 때, 저에게 가장 시급하다고 생각되었던 일은 제가 갖고 온 책들을 가지고 제가 믿는 종교에 대해서 공부하는 것, 그리고 그것을 저의 부모님과 친구들에게 가르쳐 주는 것이었습니다. … 저는 모든 사람들의 요청대로 제가 북경에서 세례를 받을 때 행해졌던 예절에 따라 많은 사람들에게 세례를 베풀어 주었습니다."[8]

위의 내용으로 볼 때, 천주교 세례를 처음으로 받고 돌아온 이승훈은 최소한 천주교 교리, 예식서, 기도서 등의 기초적인 천주교 서적을 가지고 왔을 것이다. 그 서적 가운데는 성경과 관련된 서적, 곧 『성경직해』와 같은 책도 포함되었다고 추정할 수 있다.[9] 1784년 세례공동체로 출발하여, 신자가 늘어감에 따라 더 큰 집회장소인 김범우의 집에서 모임을 가지다가 형조에서 적발되는 사건이 벌어진다.

"을사년(1785) 봄에 이승훈은 정약전·정약용 등과 함께 장례원 앞에 있는 중인 김범우 집에서 설법(說法)을 하였는데, 이벽이라 하는 자가 있었는데, 푸른 두건으로 머리를 덮어 어깨까지 드리고 … 모두가 얼굴에 분을 바르고 푸른 수건을 썼으며 거동이 해괴하고 이상스러워서, 드디어 체포하고 예수화의 화상과 서적들 및 몇 가지 물건을 추조에 바쳤다."[10]

---

8 이 베드로가 북당의 선교사들에게 보낸 편지(1789년 말경); 역주 윤민구, 『윤유일 바오로와 동료 순교자들의 시복 자료집』 제4집, 천주교 수원교구 시복시성추진위원회, 1996, 97, 99쪽.
9 한문서학서의 유입에 대해서는 이원순, 『조선서학사연구』, 일지사, 1986 등 여러 연구가 있다. 한문본 『聖經直解』의 조선 유입은 최소한 사도세자가 남긴 서목에 나오는 것으로 보아 1762년 이전까지 거슬러 올라간다(정민, 『파란』 1권, 천년의 상상, 2019, 337~339쪽; 이 책이 전문 연구서적은 아니지만 관련 사료를 근거로 하기 때문에, 입수 시기를 추정하는 데에는 충분하다고 생각한다).

천주교 사건이 공적으로 드러난 이 최초의 사건을 두고 여러 가지
해석이 있어 왔다. 이 모임은 불교의 법회가 아니라 분명 천주교회의
예식에 해당하는 것으로 보이는데, 말씀 곧 성경이나 교리에 대한 강
론이 있었고, 푸른 두건을 걸치고 분을 바르는 어떠한 예식을 한 것으
로 보인다. 이를 오늘날의 '재의 수요일 예식'으로 추정하기도 한다.[11]
이들은 정부의 금지 명령으로 집회를 연기하다가 1786년 이른바 '가성
직제도'를 만들어 시행하였다. 그때 천주교의 세례식 이외에도 여러 가
지 성사(聖事) 예식도 거행하였다. 비록 무지에 의한 성사의 거행이었
지만, 영적인 이득을 얻으며 천여명의 신도가 새롭게 탄생하였으며,
얼마 후 가성직자 중 한명이 성사와 미사 집전이 '독성죄'가 된다는 사
실을 알고 이의를 제기하였다. 이승훈은 그 편지에 근거하여 윤유일을
밀사로 파견하여 북경교회에 알렸다.

> 신자들은 서로 고해하는 방법을 토의하고자 1786년 봄에 가진 모임
> 에서... 또 10명에게도 미사를 드릴 동일한 권한을 주었습니다. 예절은
> 여러 책과 시과경(時課經, prières d'heures) 에 있는 대로 하되, 좀 삭제
> 도 하고 첨가도 했습니다. 경문은 우리 기도서(nos formules de prières)
> 에서 택했습니다. … 그(유항검으로 추정됨)는 사제로 임명되자 "청 캬
> 오 유아 야오(Cheng Kiao Iva yao)"라는 책을 열심히 정독함으로써 내
> 가 떨어진 모든 죄를 발견하였습니다...[12]

---

10 이만채 작, 『벽위편』, 김시준 역, 명문당, 1987, 95~96쪽.
11 조한건, 「성경직해광익 연구」, 서강대학교 박사학위논문, 2012, 16쪽; 그러나 이 주장
   에는 하나의 단점이 있는데, 1785년의 '재의 수요일'은 2월 9일인데, 이 사건은 3월에
   있었던 것으로 나타나고 있다.
12 최석우, 『조선에서의 첫 대목구 설정과 가톨릭교의 기원 1592-1837』, 조현범·서정화

가성직제도 시기에 지도급 신자들이 읽어야 할 서적은 최소한 기도서와 성무일도, 미사경본 등의 예절서가 필요했을 것이다. 거기에 성사를 위한 기초적인 절차와 교리지식을 알아야만 그것을 실행할 수 있을 것이다. 위의 인용문에서 "우리 기도서"라는 대목을 주목할 필요가 있다. 양반과 중인 중심으로 이루어진 초기 모임에서는 한문을 자유롭게 구사하던 이들이 한문 천주교 서적을 가지고 기도문과 전례예식문을 만들어 사용했던 것으로 보인다. 그러한 예식을 거행할만한 기도서와 예식서를 가지고 있었을 것으로 추정되며, 밀사를 통해서 성경과 교리에 대한 서적이 추가적으로 유입되었을 것이다. 조선인 평신도(平信徒)들만으로 이루어진 천주교회의 공동체는 서적을 연구하면서 지속적으로 발전해 나가고 있었는데, 이 가운데 성경은 필수적이라고 할 수 있다.

2) 주문모 신부 사목시기

서학(西學) 연구로 시작된 조선 천주교는 주문모 신부의 입국과 더불어 더욱 체계적인 문서선교 시대로 접어들었다. 이 시기 천주교 서적에 대한 연구는 많이 축적되어 있지만, 서지적 연구 혹은 단편적인 소개에 그치고 있다.[13] 그러나 주문모 신부 사목시기에 중인 최창현에 의해 성경이 번역되고 있었으며, 많은 천주교 서적이 한글로 번역되었음을 알려주는 자료들이 있다.[14] 이들 자료들을 종합해보면 천주교 서적

옮김, 한국교회사연구소, 2012, 162~163쪽.

13 배현숙, 「조선에 전래된 천주교 서적」, 『한국교회사논문집』 1, 1984; 문서를 통해서 드러나는 천주교 서적의 유입을 다루고 있다.
　　하성래, 「한국천주교회의 한글번역활동」, 『한국천주교회사의 성찰』, 2000; 한글로 번역된 천주교 서적을 시기별로 추적하는 연구이다.

가운데 성경과 관련된 한글 제목이 보인다. 다음은 『성경직히광익』과 관련되는 서적만을 간추려 본 것이다.

<표 1> 신유년 소각된 복음해설서 목록[15]

소장자	한글본	한문본	적발된 장소
韓新愛의 집	성경직히 三卷, <u>성경광익직히</u> 六卷	聖經廣益 六卷	묻은 것을 파냄
洪氏 여인 집	녀슈성탄첨례 一卷, 녀슈성호 一卷		桃花洞
尹鉉의 집	봉지후 三, 예쥬성탄 一, 녀슈성탄 一, 성년광익 一, 성경직히 一, 졔성첨례 一	聖經廣益 八卷, 聖經直解 五	집 방구들
金喜仁의 집	녀슈성탄 一, 성여수성호 一, 성경광익 一		軍器寺 앞

위의 표에서 "녀슈성탄첨례, 녀슈성호, 봉지후, 예쥬성탄, 녀슈성탄, 졔성첨례, 성여수성호" 등은 『성경직히광익』에 포함된 서목(書目)을 가리킨다. 이 서목 가운데 "녀슈성호"와 "성여수성호"는 현존하는 필사본의 "닙예수성명성경"의 초기 형태로 여겨진다. 즉 한문본 『성경광익(聖經廣益)』의 "상야소성호(上耶穌聖號)"와 『성경직해(聖經直解)』의 "립야소성명첨례(立耶穌聖名瞻禮)" 가운데 앞의 것을 중심으로 제목을 채택한 것으로 추정된다. 또한 위의 도표에서 "성경광익직히"라는 이름이 분명히 나타나고 있는데, 이는 한글본이 최초로 번역되어 편집될 당시 전례

---

14 달레의 『한국천주교회사』(상권, 315쪽. "'주일과 축일 성경의 해석'이라는 한문책을 조선말로 번역한 사람이 그(최창현)였다고 한다.") 내용과 『사학징의』의 권말 부록 '妖 畵邪書燒火記'에는 당시 한문과 한글로 사용하던 천주교 서적의 제목을 알려주고 있다.

15 조광, 『조선후기 천주교사 연구』, 고려대학교 민족문화연구소, 1988, 91~95쪽에는 『사학징의』, 379~386쪽을 토대로 교회서적을 구분해 놓았다. 총 120종 177권 199책을 분야별로 분류해 놓았다. 그 가운데 성경과 관련된 제목만 다시 도표화시켰다.

력에 더 맞는『성경광익(聖經廣益)』을 보다 우선적으로 선택한 서명(書名)일 것으로 보인다. 여기에서 "녀슈" 혹은 "여수"는 "예수"의 한글표기법의 가장 오래된 형태를 보여주고 있다. 불행하게도 현존하는 필사본 가운데 이 시기까지 소급시킬 수 있는 것을 발견하기 어렵기 때문에 이 "성경광익직히"가 현존하는『성경직히광익』과 동일한 형태의 것인지를 확인할 수는 없다. 다만 신유박해 당시『성경직히광익』과 유사한 한글본이 있었고, 이와 관련된 책으로 한문본 19권과 이 한문의 부분역으로 보이는 한글본 22권이 있었음을 볼 때 이 시기부터 한글로의 번역이 시작되었고, 필사본의 초기 형태가 있었음을 확언할 수 있겠다.

그러나 달레가 전하는 것처럼『성경직해(聖經直解)』의 번역이 최창현(崔昌顯; 요한, 1759~1801) 한 개인에게만 맡겨졌던 것은 아닐 것이다. 앞서 보았듯이 천주교와 관련된 여러 종의 한문서학서의 한글 번역이 한 개인에게 전담될 수 있었던 것은 아니었고, 한문을 번역할 수 있는 여러 사람에 의해 공동으로 이루어졌을 것이라고 믿어지기 때문이다.[16] 또한 "성경광익직히"라는 서목(書目)에서 보듯이 조선 천주교에는 이미 토착화된 형태의 서적이 만들어지고 있었고, 정약종(丁若鍾)의 한글교리서『쥬교요지』는 각종 한문교리서 및『성경직해(聖經直解)』등 성경의 영향을 강하게 받고 있음을 보여준다.[17] 이를 토대로 보면 성경(聖經)의 한글 번역은 최창현을 중심으로 한 평신도 지도자들에 의해 공동

---

16 조광은 한글번역에 참여한 이들로 崔昌顯, 李承薰, 鄭仁赫을 들었고, 權日身, 黃嗣永도 참여했을 것으로 추정하였다(조광,『조선 후기사회와 천주교』, 경인문화사, 2010, 위의 책, 260쪽: 확인 필요함).

17 조한건,「주교요지와 한역서학서와의 관계」,『교회사연구』26, 한국교회사연구소, 2006, 71쪽.

작업으로 이루어졌을 것으로 추정해 볼 수 있다.

3) 프랑스 선교사 시기

다음은 서양선교사로서 국내에 첫발을 내디딘 모방 신부가 자신의 출신지역인 바씨(Vassy)의 본당 신부인 모파(Maupas)에게 보낸 편지의 일부이다.

> "4달 동안 우리는 꾸준히 성무를 집행해서, 대부분 10년 이상된 신자들에게서 약 900명 이상 고백을 들었고, 150 lieues(600km) 이상의 길을 걸어다니면서 성인, 유아 세례를 대략 2천 명에게 주었습니다. 이 나라에 (하느님의) 자비가 있었다고 생각합니다. 우리 신자들에게 거룩한 교리를 설명해 줄 사람이 한 명도 없기는 했지만, 그럼에도 불구하고 한글을 읽지 못하는데도 성사를 받기 충분한 교리를 알지 못하는 사람을 만나는 것이 드뭅니다. 모든 주일과 주요 축일마다 그들은 함께 읽는데, 특별히 교리서 혹은 매 주일과 축일에 따른 <u>각각의 복음과 그 해설</u>을 그렇게 하는데, 보통은 두 가지 모두 합니다. 노소를 불문하고 아무도 빠지지 않습니다. 어른들은 그렇게 하는 것을 스스로 명예로 여기고, 아이들도 그것을 동경합니다"[18]

1837년으로 되어 있는 이 편지에서 모방은 조선에 들어온 지 얼마되지 않은 때에 신자들이 모임에서 읽고 있었던 복음과 그 해설서에 대해서 묘사하고 있다. 이 사료에 나오는 "각각의 복음과 그 해설"[19]은

---

18 모방 신부가 바씨(Vassy)의 본당신부에게 보낸 편지 : Copie d'une lettre du Ven. P. Maubant(디디에 신부 판독자료, 「*Monsieur Maubant, Lettres de 1832 à 1839*」, p.103); 편지의 날짜가 정확하게 나오지 않고 다만 1837년이라는 년도만 나타나고 있다.

19 프랑스어 원문은 "les Sts. Evangiles respectifs pour chaque dimache et fêtes,

서양 선교사들이 오기 전에 한국교회에서 전승되고 있었던『성경직히 광익』이라고 보여진다. 왜냐하면 모방은 박해시기를 통해 면면히 이어 온 신앙공동체와 그 모습을 '하느님의 자비'로 묘사하면서 공동체 모임 을 전하고 있기 때문이다.

선교사들은 한국교회가 고유하게 전승하고 있던 한글 복음해설서를 집회에서 계속 이용하고 있었고, 한글을 배워 나가면서 조선 신자들의 도움을 받아 더욱 본문을 다듬어나갔을 것으로 추정된다.[20] 현존하는 필사본『성경직히광익』가운데 복음의 번역부분은 한문본『성경직해』 에서 번역한 것이 아니라, 라틴어 성경에서 번역한 것으로 나타나고 있다. 그렇다면 이것은 본래 한문본 번역으로 전해져 내려오던 전승된 성경을 프랑스 선교사가 개정한 것이라고 할 수 있다. 그렇다면 필사 본을 다듬어 좀 더 보완된 책을 완성한 이들은 누구이며, 어느 시기쯤 에 이루어졌을까?

선교사들은 조선에 입국하여 말을 배우면서 성무활동을 시작하였다. 달레의『한국천주교회사(韓國天主敎會史)』에서 이와 관련하여 몇 대목 을 발췌해 본다.

> "… 그는 2개월 간 자세한 省察規式을 외는 데 힘썼고, 그런 다음 조 선 말로 백 명 가량의 고해를 받는 것으로 성직의 첫 시험을 할 수가

---

avec les homélies"라고 되어 있다; Ibid.

20 기해-병오 박해의 순교자들의 증언들을 보면 앵베르 주교시대에 이미 필사본『성경직 히광익』이 상당히 유포되어 있음을 추정해 볼 수 있다(수원교회사연구소, 『기해·병오 순교자 시복재판록』2, 하상출판사, 2012, 319쪽, 349쪽 등). 그러나 현존하는 필사본의 성경본문이 정교하게 다듬어진 것은 좀 더 긴 시간을 요하는 일이므로 상대적으로 교회 가 안정되었던 베르뇌-다블뤼 주교 시대에 이루어진 것이 아닌가 한다.

있었다."[21]

"3개월 동안 조선 말을 배운 후 앵베르(Imbert) 주교는 고백을 들을
수 있었다. 3백 명 이상의 신자가 부활축일 준비로 그에게 고백성사를
받고 그의 손으로 성체를 영하였다."[22]

앞의 기사는 샤스탕 신부의 국내 첫 활동을 전하는 것이고, 두 번째
는 조선에 들어온 첫 주교로서 2대 감목구장인 앵베르의 성무활동을
전하고 있다. 조선말을 배워가면서 선교사들은 기존에 외우던 신자들
의 기도문과 이용하던 서적을 접했을 것이다. 앵베르 주교의 보고에
의하면, 프랑스 선교사가 첫 발을 내딛는 시점에서 조선 신자들의 기
도문들은 주로 한문본에 의존한 발음이었다고 한다.[23]

주문모 신부 이후 주로 문서 선교에 의존해 있던 조선교회는 필사본
으로 전해지던 기도서와 교리서를 통해 천주교를 배웠을 것이고, 이는
전적으로 한문본에서 기인하였다. 앵베르 주교는 즉시 어린이와 노인
들, 똑똑한 이와 어리석은 이들을 위한 공동 기도문의 번역에 착수하
였다.[24] 그러나 이러한 노력은 기해-병오 박해(1839, 1846)로 말미암아
계속 이어질 수는 없었을 것이다. 한국교회가 다시금 한글로 된 완전
한 서적들을 준비한 것은 그 이후의 일이었다.

매스트르 신부의 보고서[25]를 통해 늦어도 1853년 경에 한글로 이루

---

21 달레 中, 358쪽.
22 위의 책, 376쪽.
23 수원교회사연구소, 『앵베르 주교 서한』, 하상출판사, 2011, 343쪽.
24 Ibid.
25 매스트르 신부의 1853년 10월 20일 포교성성으로 보낸 보고서(SOCP)

어진 교회서적들이 계속해서 남아 있었음을 알 수 있다. 이러한 매스트르 신부의 보고를 전후로 하여 선교사들은 여러 가지 교회서적을 보내달라는 요청을 하고 있다.

> "… 리브아 신부님께서는 기다리시면서 우리를 기억해 주십시오. 그리고 상황이 된다면 우리에게 몇 가지 보내주십시오. 만일 모든 것이 통과될 수 없다면 부분적으로라도 이방인들 눈에 띄어도 통과될 수 있는 물건들을 변문을 통해 보내주십시오. 그 물건이란 아시다시피, 예를 들면 편지지, 작년에 요청했던 신기한 물건들, 제대봉사를 위한 천(제대보), 또 장식으로 사용하기 위한 장식줄 등입니다. 당신께서는 그것들이 북경으로부터 오면서 상업적 목적을 위해 통과한다는 것을 짐작하실 것입니다. 최대한 이 모든 것을 보시고 준비해 주십시오. 더욱이 라틴어 문법책, 쉬운 치체로의 편지나 그와 같은 것들, Lhomond의 성경요약집, 교리서, 구약(Lhomond의 요약집이나 그와 같은 것), 시편 해설집 2권. … 우리가 이곳에 들어온 이후로 중국어로 출판된 책들을 추가해 주십시오 …"[26]

다블뤼 신부는 파리 외방전교회 극동대표부의 대표로 있던 리브아 신부에게 여러가지 물품과 책을 요청하고 있다. 이 가운데는 프랑스어로 된 성경 요약집도 포함되어 있다.

> "선교지에 (선교사를) 보낼 수 없다면, Lhomond의 예수 그리스도 이전의 종교요약사 1부와 중국어로 된 <u>복음 해설서 5부, 성인전 5부</u>, 사

---

26 다블뤼 신부가 리브아 신부에게 보낸 편지 1851년 11월; A-MEP: cause 1866, HB-13

천(교구)의 교리서 5부, 예수 그리스도의 말씀과 행적 10부, <u>성인들에</u>
<u>대한 해설서 10부를</u> 보내주십시오."[27]

위의 사료에서 중국어로 된 복음해설서는 『성경직해(聖經直解)』를,
성인전은 『성년광익(聖年廣益)』을 가리킨다. 이처럼 다블뤼 신부를 비
롯한 파리외방전교회의 선교사들은 조선 교우들을 위한 한글교회서적
을 준비하기 위해 지속적으로 책과 물품을 요구하고 있었다. 그러나
이들 선교사들의 인원과 물자로는 역부족이었다. 다음의 사료는 당시
의 어려운 상황을 전해주고 있다.

"가장 긴급히 필요한 일의 하나는 교육입니다. 그런데 지금 우리가
몰린 처지에서는 책으로 밖에 가르칠 수 없는데 책이 없습니다. 그러므
로 몇몇 선교사는 일체의 성무집행을 포기하고 말을 배우는 데 전념하
여 그리스도교 교리의 우리 책들을 번역할 수 있게 하는 것이 필요한
일입니다.[28]

베르뇌 주교는 1857년 11월 11일 서한에서 부주교(다블뤼)가 『한한불
사전(韓漢佛辭典)』을 거의 끝내고 순교자들에 관한 자료 수집을 활발히
전개하고 있음을 간단히 보고한 후, 7명의 선교사 중에 4명만이 포교활
동을 하고 있으며, 재정과 물자의 부족을 호소하고 있다. 베르뇌 주교는
가장 긴급한 일이 책을 번역하는 일임을 지적하였다.[29] 그리고 적어도

---

27 다블뤼 신부가 리브아 신부에게 보낸 편지 1854년 11월; A-MEP: Ibid.; 『다블뤼
   문서』(II), 한국교회사연구소, 1994, pp.150~151.
28 달레 下, 276쪽.
29 한국교회사연구소 역, 『베르뇌 주교 서한집』 상권, 가톨릭출판사, 2018, 429쪽.

이때부터 노력을 기울인 결과로 1861년부터 목판본으로 여러 한글서적을 펴낼 수 있었을 것이다.[30] 그러나 불행하게도 1861년부터 인쇄된 한글 천주교 서적의 목록에 『성경직히광익』은 나타나지 않는다. 그 이유는 『성경직히광익』이 방대한 분량의 서적이며, 그 번역에 신중함을 요구하였기 때문이다. 그렇다면 『성경직히광익』이 만들어지기까지 그들이 사용한 원자료, 곧 모본(母本)들은 어떠한 것들이 있었을까?

4) 한글번역 이전의 한문본들[31]

(1) 『성경직해(聖經直解)』

한문본 『성경직해』의 저자는 포르투갈 출신의 예수회 선교사 디아즈(E. Diaz, 陽瑪諾, 1574~1659)이다. 이 책은 1636년 북경에서 14권으로 간행되었다. 『성경직해』의 표지에는 매 권마다 "양마락 역(陽瑪諾 譯)"으로 나와 있다.[32] 여기서 역(譯)의 의미는 디아즈 신부가 유럽권에서 이용하고 있던 복음해설서를 부분적으로 발췌·번역하면서 편집했다는 뜻으로 보아야 할 것이다. 왜냐하면 디아즈 신부는 『성경직해』를

---

30 베르뇌 주교의 서한을 통해 1861년 한양에 두 개의 목판인쇄소가 있었음을 확인할 수 있다(베르뇌 주교가 베롤 주교에 보낸 서한, 1861.8.20);『베르뇌 주교 서한집』, 한국 교회사연구소, 2018, 하권 157쪽; 달레 下, 363~364쪽.

31 이 부분은 주로 "조한건, 「필사본 '성경직해광익'의 편찬배경과 형성」,『한국천주교회 의 역사와 문화』 김성태 신부 고희기념논총, 한국교회사연구소, 2011, 537~544쪽"의 내용을 중심으로 보완하였다.

32 조화선은 이 "譯"의 의미를 두 가지로 해석하였다. 첫 번째는 성경 본문을 디아즈가 한문으로 번역하였기 때문에 譯이라고 했으며, 두 번째는 성경 본문 뿐 아니라 주석과 잠의 부분까지 다 포함된 유럽어로 된 원본에서 번역되었다는 것이다. 그러나 조화선은 이것이 "단순한 번역에만 그친 것이 아니라 역자인 양마락 신부의 경험과 지식이 가미되어 있는 작품"이라고 평가하였다; 조화선, 「『성경직히』의 연구」, 위의 글, 1982, 251~252쪽.

저술할 때, 유럽에서 출판된 세바스티아노(1542~1615)의 "4복음 공관해설서"를 참조하였으며[33] 완역(完譯)이 아닌 부분적 번역이고, 자신의 견해를 첨가하고 있기 때문이다.

피스터(Louis Pfister S.J)는 디아즈의 『성경직해』에 대해 매우 중요한 평가를 내리고 있다.

> 이 저서의 주석은 상당히 풍부하고 신심깊고, 독실하며 학구적이다. 맑고, 우아하고, 정교한 문체로 쓰여졌으며 평범한 신자들의 수준을 넘어선다. 이것은 1년간의 주일과 축일에 대한 복음해설서인데, 거룩한 교부들을 인용하였고, 실천적인 반성으로 이루어져 있다. 디아즈 신부는 우리 주 예수 그리스도의 수난과 죽음에 대해 길게 다루었다. 학식이 뛰어난 어떤 그리스도교인이 구어체 관어를 가지고《聖經淺解》(복음의 요약 풀이)라는 제목하에 요약해 주었다. 복음 본문의 번역 자체에 대해서 말한다면 디아즈 신부에 의해서 經이라는 문체가 만들어졌는데, 가장 화려하지만 이해하기가 가장 어렵기도 하다.[34]

위의 내용을 통해 디아즈가 성경을 번역하였을 때, 매우 신중하고 조심스럽게 한문 문장을 다듬어 가며 복음의 원문을 아름다운 중국어로 옮겼음을 알 수 있다.[35] 『성경직해』는 초판 이후에도 1642년, 1790년,

---

33 Albert Chan, S.J., *Chinese Books and Documents in the Jesuit Arichives in Rome* - Japonica-Sinica I-IV, 2001, p.123; Catalogue de la Bibliotheque de la ville de Roanne(No. 180), I. 70 聖經直解

34 Louis Pfister, S.J., *NOTICES BIOGRAPHIQUES ET BIBLIOGRAPHIQUES SUR LES JESUITES DE L`ANCIENNE MISSION DE CHINE 1552-1773*, CHANG-HAI: IMPRIMERIE DE LA MISSION CATHOLIQUE, 1932, p.109.

35 1615년 6월 27일 교황 바오로 5세가 반포한 소칙서(Bref)에는 관(冠)을 쓰고 미사를 하도록 관면하고, 미사경본 및 예식서의 중국어 번역을 허용하였다. 이때 성경의 중국어

1866년, 1914년에 중간(重刊)되었다.[36] 이 책의 표지에는 "천주강생성경
직해(天主降生聖經直解)"라는 서명(書名)이 붙어있고, 디아즈 신부의 자
서(自序)가 들어가 있다. 이어서 목록(目錄)이 나타나는데, 주일[성경직해
주세주일지목록(聖經直解周歲主日之目錄), 1권-8권]과 축일[성경직해주세첨
례지목록(聖經直解周歲瞻禮之目錄), 9권-14권]로 나누어져 있다. 이 책의
큰 특징 중에 하나는 색인(索引)이 있다는 점이다. 본문이 나오기 전에
145개의 항목[37]에 걸쳐서 자세한 색인을 첨가함으로써, 이 책을 통해

번역도 허용하였는데, 다만 일상어가 아닌 지식층의 언어, 문어체로 매우 정성스럽고
신앙적인 언어로 번역할 것을 지침으로 주었다.

"Praeterea regularibus praefatis ut sacra Biblia in linguam Sinarum, non tamen
vulgarem, sed eruditam et litteratorum propriam transferre illisque translatis uti;
ita tamen ut in hujusmodi translatione summam et exquisitam exhibeant diligentiam
ut translatio fidelissima sit." (Bref ⟨Romanae Sedis Antistes⟩); François Bontinck,
La lutte autour de la liturgie chinoise aux XVIIe et XVIIe siècles, Louvain: Nauwelaerts,
1962, p.412.

36 方豪, 『中國天主敎史人物傳』第一册, 香港公敎眞理學會出版社, 1970, p.175.
      이밖에도 1739(Beijing), 1790(Beijing), 1842(Ning Bo), 1866(Shang Hai), 1904
(Hong Kong), 1912(Yan Zhou), 1905(Shang Hai), 1930, 1945(兗州, 山東) 등이
있다.

37 천주, 천주삼위일체, 천주성부, 천주성자, 천주성신, 오주(吾主), 오주지명(吾主之名),
성체, 제(祭), 십자성가(十字聖架), 성모, 천신(天神), 마귀, 사신(士神), 영혼, 명사(明司),
의(意), 진리, 사(思), 찰(察), 욕사(欲司), 주장(主張), 심(心), 사정(邪情), 구(懼), 육구(肉
軀), 오사(五司), 삼교(三敎), 성교(聖敎), 성경, 성회(聖會), 주일, 첨례일(瞻禮日), 종도
(宗徒), 백탁라(伯鐸羅)종도(=베드로), 보록(葆祿)성도(=바오로), 성 약한(若翰)종도(=요
한 사도), 성사(聖史), 성인, 치명자, 약한보제사대(若翰保弟斯大=세례자 요한), (약슬(若
瑟)성인(=요셉), 아당(亞黨)원조(=아담), 사제, 교우, 선인(善人), 선우(善友), 선사(善師),
덕, 신덕, 망덕, 애덕, 천주애인(天主愛人), 인애천주(人愛天主), 애인여기(愛人如己), 애
구(愛仇), 교우상애(敎友相愛), 겸덕, 정덕(貞德), 인덕(忍德), 양선, 화목, 효덕, 서유(恕
宥), 근덕(勤德), 항덕(恒德), 절덕(節德), 재덕(齋德), 극기, 신빈(神貧), 신빈(身貧), 제빈
(濟貧), 인덕, 애긍, 통회, 고해, 속보죄(贖補罪), 사은, 진실, 기구, 고난, 성세, 할손(割損),
성적(聖迹), 화인(化人), 은사(隱士), 부부, 가주가복(家主家僕), 여인(旅人), 국왕, 해제
(孩提), 신생(神生), 신광(神光), 십계, 행(行), 언(言), 천주당, 죄악, 원죄, 죄요(罪繇),

여러 가지 개념들을 찾아보기 쉽게 해 주고 있다. 중국에서 색인은 바로 이 책이 효시가 된다.[38]

그렇다면 『성경직해』는 어떠한 목적으로 저술되었는가? 디아즈는 서문(序文)에서 세상은 본래 천주(天主)의 명(命)으로 움직이지만, 사사로운 마음이 세상을 미혹하고 어지럽혔다고 전하고 있다. 그리고 나서 성경을 풀이한 뜻을 다음과 같이 이야기 하고 있다.

이로써 우리 주님은 불쌍히 여기시는 마음을 참지 못하시고 하늘에서 강생하시어 세상에 계실 때에 가르침을 펴시고 미혹함에 빠진 것을 깨우쳐 주셨는데 그 진술을 다하기가 참 어렵다. 그리하여 그것을 요약하고 또 요약한 것을 사도들이 전하고 후에 성인들이 부연하였으니 이를 聖經이라 부른다. 그 가운데 심오한 뜻이 숨어 있으니 지금까지 1630여년에 이르렀다. 재주가 모자라고 고루한 내 식견을 버리고, 선배의 글과 옛 가르침으로 直解를 지어 그 뜻을 깊이 이해하기 편하게 하

습관, 죄인, 여답(茹答)(=이스카리옷 유다), 악우(惡友), 초인죄(招人罪), 조인선(阻人善), 영인(佞人), 예언(譽言), 광언(誑言), 교오(驕傲), 음욕, 분노, 도악(饕惡), 투기, 태타(怠惰), 사치, 인색, 비방, 한악(閑惡), 빈은(貧恩), 탐악, 위덕(僞德), 세락(世樂), 세재(世財), 세복, 세귀(世貴), 세무(世務), 세위(世位), 이민(理民), 세물(世物), 금세(今世), 인(人), 인생, 시(時), 연(宴), 장례, 지리, 지(地), 전무(全無), 형벌, 사말(四末), 사후, 심판, 천당, 지옥.

38 徐宗澤 編著,「明淸間耶穌會士譯著提要」,『中國學術叢書』第一編 11 哲學 · 宗敎類, 上海書店(1949년 영인본), p.23.

　康志杰,「一部由欧州传教士編纂的索引」-评阳玛诺的〈圣经直解杂事之目录〉, 湖北大学政治行政学院 武汉 430062), 138~142쪽: 중국 북경대학교 도서관에서 PDF 파일로 입수한 글이다. 여기에는 이 색인의 특징을 몇 가지로 언급한다. 첫째, 논리와 학술이 결합된 분류원칙: 하나의 글자가 서로 같은 종류끼리 묶기도 하고, 같은 주제(예를 들면 칠죄종)로 묶어 분류하였다. 둘째, 직관적 검색방법: 큰 주제 밑에 세부적 내용을 부가하여 색인을 첨부하였다. 셋째, 중국 독자들에게 적합한 문화 적응주의적 방식으로 색인을 마련했다고 한다.

기 위함이다. 이는 대체로 사람들이 천주를 흠숭하고, 지극히 진실하고 올바른 가르침을 따라 영성을 잃지 않고 천주께서 부여 해 주신 진리를 온전하게 實踐할 바를 알고, 모두 온 마음을 다하여 힘써 화목하고, 이 세상을 태평성대로 만들어, 다함께 복을 누리고자 함이다. 이것이 성경을 해설한 본 뜻이다.[39]

이 책의 원제목을 "천주강생성경직해(天主降生聖經直解)"라고 지은 뜻이 여기에 있었다. 1년 주기의 주일과 축일 복음해설서인『성경직해』는 천주강생, 곧 예수의 탄생과 수난·부활로 이어지는 전례력과 긴밀히 연결되고 있었던 것이다. 이것은 천주교 전례인 미사에서 이용할 수 있는 준(准)-복음독서집(Lectionarium Evangeliorum)의 성격을 지녔다고 할 수 있다. 이러한 점에서『성경직해』는 학문적인 호기심에 의해 西學을 연구하던 이들에게 천주교 경전과 그 가르침을 이해시킬 가장 중요한 도구로 작용했을 것이다.『성경직해』는 조선의 신자들이 최초로 마주했던 복음이요, 상세한 풀이를 곁들인 성경해설서였다.

(2)『성경광익(聖經廣益)』

『성경광익』[40]의 저자는 프랑스 출신의 예수회 선교사 드 마이야(de Mailla, Joseph François Marie Anne de Moyriac, 1669~1748)로, 중국 이

---

39 用是吾主不勝矜憐 自天降誕 在世敷敎 以醒沈迷 殆難殫述 而其要之 又要者 宗徒傳之 後聖衍之 名曰聖經 中藏 奧旨 蓋千六百三十餘年于玆矣 不佞忘其固陋 祖述舊聞 著其直解 以便玩繹 大率欲人知崇天主 從其至眞至正之敎 無沒靈性 以全所賦之道 務使人盡和睦 世躋雍熙 公享福報 此則解經意也; 김진소, 「초대교회 신앙공동체의 '하느님 말씀'살이-성경직해광익을 중심으로」, 앞의 책, 11쪽의 번역을 토대로 가다듬었다.

40 이에 대한 한글번역은 마이야 지음, 유은희 수녀 옮김,『성경광익』, 순교의 맥, 2017이 있다.

름은 풍병정(馮秉正)이다. 역사·지리학 등 다방면에 해박했던 마이야는 그의 말년(1740)에 『성경광익』을 저술하였다. 그의 책 중에는 조선 신자들이 읽었던 것들이 많다. 한문교리서인 『성세추요(盛世芻蕘)』, 성인들의 축일에 맞게 1년 주기로 매일의 성인전을 엮은 『성년광익』도 그의 저서이다.

마이야는 『성경광익』에서 성인이 되는 완덕의 길로 성경과 성전을 묵상하고 피정하는 방법을 제시한다. 이 책은 상·하 2권으로 이루어져 있으며, 각 복음마다 3부분으로 구성되어 있다. 즉 첫째 부분인 성경본문은 『성경직해』에서 발췌하여 한문 성경 원문만을 그대로 인용하여 쓰고 있다. 둘째 부분 의행지덕(宜行之德)에는 하나의 묵상주제 밑에 주로 3가지 '묵상거리[聖思]'를 제시해 주고 있다. 이러한 형식은 유럽에서 만들어진 묵상집의 영향을 받은 것으로 보인다. 왜냐하면 그 시기의 "유럽의 묵상집"[41]도 하나의 주제 밑에 3가지를 묵상하는 방식으로 구성되어 있기 때문이다. 세 번째 부분은 기도제목[當務之求]과 기도문[祝文]이 제시되어 있는데, 당무지구(當務之求)는 그 날의 기도 지향을 가리키고, 기도문은 『로마미사경본(Missale Romanum)』의 본기도(Oratio)에서 번역한 것이다. 『성경광익』은 주일과 축일복음 묵상을 위해서 만들어진 책이지만, 서문(序文)을 통해서 볼 때 이 보다 앞서 발행한 『성년광익』과 병행하여 이용하도록 한 묵상집임을 알 수 있다.

---

41 원제목은 "*MEDITATIONS SUR LES PRINCIPALES VERITEZ CHRÉTIENNES, ET ECCLESIASTIQUES, POUR TOUS LES DIMANCHES, FESTES, ET AUTRES JOURS DE L'ANNÉE*": "모든 주일과 축일 및 연중 특별한 날을 위한 신자와 성직자들의 주요 진리에 대한 묵상집"; 책 제목 뒤에 "연중 실행하는 영적 집회에서 이용할 수 있도록 그 주제를 51개의 묵상으로 넣었다"라고 附記되어 있다. "유럽의 묵상집"으로 약칭함.

매일 묵상의 간략하고 중요한 방법을 『성년광익』의 머리 부분에 기
술해 놓았다. 이 법을 따르는 사람은 상세함으로 그 정성을 이루고, 이
를 배우기 좋아하는 사람은 그 세밀함으로 정밀함에 나아갔다. 비록
죄악의 더러움으로 향하는 경향이 있는 우리이지만 四末의 귀착점과
예수님의 좋은 표양과 거룩한 도우심과 신성한 은총의 무수함을 사람
들이 모르는 것은 아니다. 그러니 매일 참회하고 죄를 피하려면 묵상신
공을 부지런히 하라.[42]

이처럼 『성경광익(聖經廣益)』은 『성년광익(聖年廣益)』과 함께 박해시
기의 신자들에게 주일 복음묵상집과 매일의 성인묵상집으로서의 역할
을 했다고 할 수 있다. 이러한 묵상을 통해서 신자들은 성직자가 없어
서 받을 수 없는 성사(聖事)의 은혜를 독서와 참회 혹은 상등통회로 대
신할 수 있었을 것이다.[43]

『성경광익』은 『성경직해』보다 대략 100년 이후의 책으로, 후자가
복음을 읽고 이해하기 위한 해설집이라면, 전자는 묵상집의 성격이 강
하다. 그리고 이 두 책은 모두 당시 교회전례력과 긴밀히 연관되어 있
기 때문에, 집회에서도 쓰였을 것으로 보인다. 초기 한국교회의 신자
들은 이 두 개의 책을 새로운 전례력에 맞추어 절묘하게 결합하여, 독
서·묵상을 위한 도구로 사용하고 있었다. 이 책이 한글 교리서인 『주

---

42 마이야 저, 유은희 수녀 옮김, 위의 책, 45쪽; 已將每日默想之簡易要法 敍明於聖年廣
益之首編 惟是立法者 以精而成其精 斯好學者 因密而進於密 況吾人之趨向罪惡之醜汚
四末之指歸 耶穌之善表 聖佑之神恩.之數者 人人莫不知之 然欲每日動人悔悟 免人犯罪
勤行默想之工

43 북당에서 세례를 받은 이승훈은 북경주교에게 답장을 쓰면서, 구원을 위한 수단으로서
상등통회를 언급하고 있다; 이승훈의 둘째 서한(1790년 7월 11일); 최석우, 「李承薰關
係 書翰 자료」, 『敎會史 硏究』 8, 한국교회사연구소, 1992, 178쪽.

교요지』가 편찬되는 시기에 여러 천주교 서적들과 함께 한글로 번역되어 읽히고 있었다는 것을 감안하면, 한국 천주교회는 그 가르침을 받아들이던 시초부터 믿는 이들을 위한 복음이 자국어(自國語)로 선포되고 있었던 것이다.

(3) 『성년광익(聖年廣益)』[44]

기존의 연구는『성경직히광익』이 위에 언급한 두 개의 한문서학서만을 그 대본으로 했다고 보았다.[45] 그러나 필사본에 포함되어 있는 성인들을 기념하는 축일에는 성인의 생애부분인 '성전(聖傳)'을 『성년광익』에서 번역하여 쓰고 있음을 확인할 수 있다.[46] 마이야는 『성경광익』을 완성하기 2년 전에 『성년광익』을 먼저 발행하였다. 마이야는 서문에서 "성경은 일찍이 사랑 없이 인(仁)이 될 수 없고 인(仁) 없이 사랑을 이룰 수 없어서 과연 인(仁)과 사랑이 함께 있음을 말한다"[47]라고 전하면서 『성년광익』을 1년 단위의 성인묵상집으로 편찬했음을 말하고 있다.

---

44 프랑스 출신 예수회 선교사 드 마이야가 1738년 역술한 뒤 쾨글러(Kögler, 戴進賢) 등의 교열을 받아 북경에서 12권으로 간행된 성인전. 프랑스의 크루아제(Croiset)가 지은 『전기』(Vies)를 바탕으로 저술한 것이다. 매일 하나의 전기를 읽고 묵상하도록 365종의 성인전을 수록하였다. 警言-聖傳-宜行之德-當務之求의 순서대로 구성되어 있다;『한국 가톨릭 대사전』 7권, 한국교회사연구소, 1999, "성년광익" 항목, 4543쪽.

45 조화선, 위의 글 참조; 그밖에 대부분의 연구는『聖年廣益』의 내용이 포함되고 있음을 주목하지 않았다.

46 예를 들면, "성시몬다두이위종도쳠례성경", "성안드릐아 종도 쳠례성경", "성 방지거 사베리노 쳠례성경", "성 도마종도 쳠례성경", "셩스데파노 슈션치명 쳠례성경", "셩요왕종도겸 셩슈쳠례 셩경", "셩 베드루 셩 바노로 이위 종도 셩경", "셩 실베스딜 쳠례성경" 가운데 '聖傳' 부분이 『聖年廣益』을 번역한 것이다.

47 徐宗澤 編著, 앞의 책, 40쪽.

여러 성인들이 전하는 바를 가지고 하루에 한 사람씩 모두 본래 성인
이 세상을 떠나는 날에 의거하여 하루 단위로 차례를 엮었는데 간혹
구별을 해야 하므로 전후로 이동하여 1년이라는 수를 채웠다. 매일 첫
번째로 성인의 이름을 열거하고 이어서 훈계하는 警言을 붙였다. 사람
들로 하여금 눈에 보이는 것 마다 마음을 삼가도록 하며 자신의 행위와
말이 합하는지 여부를 반성하도록 한다. 합하면 감사를 열심히 드릴
것이요 합하지 못하면 게으름을 고쳐야 한다. 또한 그 明悟를 높이고
그 견문을 높이고자 한다면 장차 성인의 평생의 아름다운 공로를 근본
으로 하여 그 대략을 따름으로써 본받는 바탕으로 삼아야 한다. 宜行之
德과 當務之求에 이르러서는 곧 우리 주께서 원하시는 것이고 우리의
큰 빛이 되니 최고로 긴요한 것이다.[48]

위의 머리말에 따르면『셩년광익』은 신자들이 매일의 성인전을 묵
상함으로써 자신의 행위와 말을 반성하고, 성인들의 행적을 본받도록
하기 위해 만들어졌다. 이『셩년광익』역시 신유박해 이전에 이미 한
글로 번역되어 이용되고 있었던 것으로 추정되는데, 현존하는 한글 필
사본[49]은 마이야의『셩년광익』에서 번역한 것이 아니라, 좀 더 후대에
편집된 것으로 보이는 작자미상의『셩년광익』을 번역한 것으로 알려
져 있다.[50] 즉『셩경직히광익』에 포함되고 있는 성인전기 부분은 좀 더

---

48 위의 책, 41쪽; 將所傳衆聖人 一日用一位 多依本聖人棄世之期 挨日編次 亦間有別故
    那移前後者 統滿一年之數 每日 首列聖人之名位 繼以訓誨之警言 使人觸目儆心 反求自
    己之行事語言相合否 合則感謝不遑 不合 則改遷靡解 又欲增其明悟 廣其見聞 將本聖人
    生平之美功 序其大略 以爲效法之資 至於宜行之德 當務之求 卽吾主所望我輩之大光 最
    爲緊要.
49 한국교회사 연구소는 전 13권으로 되어 있는 한글필사본『셩년광익』을 소장하고 있다.
50 김윤성,「초기 한국 가톨릭의 성인 전기-서지 및 구조적 특성을 중심으로」,『교회사
    연구』15, 한국교회사연구소, 2000, 57쪽, 각주 9) 참조.

오래된 전승인 마이야의 저서를 따르고 있다고 볼 수 있다.

이처럼 『셩경직히광익』은 3개의 모본(母本)인 한문서학서를 통해서 곧 중역(重譯)을 통해 번역된 천주교회의 "주요 복음해설 묵상서"라고 정의할 수 있다. 이는 유럽의 복음이 선교사 없이 문서선교를 통해 전달되는 하나의 사례로서 한국 천주교회는 복음수용의 첫 단계에서 적극적으로 그 복음을 번역·수용했다고 평가할 수 있겠다. 그리고 여기서 먼저 한마디 부언하면 필사본의 성경본문은 한문번역이 아니라 라틴어 성경 혹은 최소한 유럽의 성경에 영향을 받은 번역으로 나타나고 있다. 따라서 현존하는 필사본은 프랑스 선교사 이후에 개정된 형태라고 보여진다.

3. 『셩경직히광익』의 완성과 영향

필사본의 성경본문 즉 복음구절과 한문본, 라틴어본을 대조해보면 대부분은 라틴어본 번역을 따르고 있음을 보게된다. 따라서 처음에 조선 신자들이 한문에서 한글로 번역한 『셩경직히광익』은 프랑스 선교사 도착 이후에 다듬어졌음을 알 수 있고, 그 시기는 베르뇌 주교 활동 쯤으로 추정되고 있다. 그러나 이 필사본 성경은 박해시기 교우촌에서 줄곧 사용되고 있었기 때문에 신자들에게 지속적인 영향을 주고 있었다. 여기서는 선교사 도착 이전, 이후 시기의 필사본 편집에 대해서 생각해보고 조선 신자들의 신앙에 미친 영향을 추적해본다.

1) 프랑스 선교사의 편집 이전

앞서 살펴본 바와 같이 한글본 『셩경직히광익』은 한문본 『셩경직해』

와 『성경광익』에서 주로 번역되고, 추가로 마이야의 『성년광익』에서 성인의 생애 부분을 추가한 것이다. 그러나 이것은 단순히 세 권의 책을 번역한 것이 아니다. 한글본이 완성되기까지 전례력의 변화와 한글 번역 등의 복잡한 과정이 개입되었다.

현재 우리가 분명하게 연대를 알 수 있는 필사본 『성경직히광익』은 없다. 최석우가 지적한 대로 최소한 1853년에 이미 한국에 한글 필사본이 남아 있었고, 기록상으로 신유박해 이전과 모방 신부 입국 시기에도 이러한 필사본이 있었던 것으로 전해진다. 또한 로마의 포교성성(현 인류복음화성) 도서관에 보관되어 있는 2종의 필사본이 병인박해(1866) 이전의 것으로 알려져 있다.[51]

필사본으로 전해지던 『성경직히광익』이 처음으로 인쇄된 것은 1892년부터 1897년 사이로 모두 9권으로 이루어져 있다. 뮈텔 주교는 활판본 『성경직히』 서문(序文)에서 이 책의 편찬에 대한 중요한 정보를 전해준다.

성경직히 셔(건양 2년:1897)
··· 죠션쥬교와 신ᄌ들이 힘을 다ᄒ야 쥬일과 첨례 성경을 언문으로 번역ᄒ고 그 끗히 한문 성경직히와 성경광익에셔 요긴ᄒ 졀과 믁샹데목을 내여 교우의게 주엇시나 번역ᄒ 공부ᄂ 훈사름이 훈 거시 아닌즉 청탁의 다름이 업지 못ᄒ고 또 등셔ᄒ 때마다 오ᄌ, 락셔ㅣ 졈졈 더ᄒ고 또 셔역ᄒᄂ 공부ㅣ 더듸고 귀ᄒ야 성경을 작만훈 교우ㅣ 몃치

51 최석우, 「聖經한글번역에 있어서 韓國天主教會의 先驅的 役割」, 앞의 책, 348~349쪽; 첫째 사본은 대구 교구 李 바오로가 기증한 것으로 1860년 필사된 것으로 추정되는 9권중 1,3,5,7,9권만 전하고, 둘째 사본은 20권으로 병인박해 순교자인 李 바오로의 수택본으로 李 방지거가 기증한 것이다.

못되는지라. 이러므로 나ㅣ 주교 위에 잇서 교우의 원의를 치오고져ᄒ
야 즉시 성경을 준ᄒ야 판각ᄒᄂᆫ 공부를 니르컷시나 늣게야 이제 ᄒᆫ질
칙을 ᄆᆞᄃᆞ러 교우의게 반포ᄒᄂᆞ니 <u>이ᄂᆞᆫ 전에 잇던 성경과 대동쇼이ᄒ
니 성경대문은 본문에 뒤ᄒ야 더옥 맛ᄭ게 번역ᄒ고 줍은 간략ᄒ야 더
옥 보기 쉽게 ᄒ고 문ᄌᆞ를 풀고 락셔를 깁고 오즈 곳치기를 힘썻시ᄃᆡ</u>
… 쥬일과 쳠례날마다 그 당ᄒᄂᆞᆫ 성경데목을 보고 듯거나 믁샹ᄒ고 완
미ᄒ면 가히 령혼 빗최ᄂᆞᆫ 신광과 모병 다ᄉᆞ리ᄂᆞᆫ 약과 덕힝에 나아가게
ᄒᄂᆞᆫ 효험을 엇을 거시오 나의 본분이 응당 이 모든 교우를 친히 ᄀᆞᄅ
칠거시로ᄃᆡ 홀일 업시 ᄆᆞ음대로 밋지 못ᄒᄂᆞᆫ 결흠을 이 칙의 반포홈으
로 기울가 ᄒ노니 모든 데형들은 이 칙에서 신익을 취홈이 나의 ᄇᆞ람이
오 다힝이로라[52]

위의 내용을 통해 책의 간행자였던 뮈텔 주교는 『성경직히』를 편집한
편역자에 불과하며, 활판본 편집과정에서 이미 존재한 필사본들이 기준
이 되었음을 알 수 있다. 또 성경(聖經) 대문(大文)(여기서는 성경의 한글번
역문을 말한다)이 본문(本文)[53]에 가깝게 다듬어졌고, '잠(箴)'과 '묵상(黙
想)' 조목들이 한문본 『성경직해』와 『성경광익』에서 발췌되었음을 밝히
고 있다. 한국교회사 연구소에서는 활자본 『성경직히』의 대본이 되었을
것으로 추정되는 필사본을 영인(影印)·배포한 바 있다.[54] 과연 이 필사본
에는 용어와 문맥을 다듬고 고친 흔적이 나타나 있고, 활판본 『성경직히』

---

52 韓國敎會史硏究資料 第12輯, 『성경직히』I, 태영사, 1984, 3쪽; 띄어쓰기와 밑줄, 괄
호안의 한자어는 필자가 첨가한 것임(이하 같은 방식으로 인용할 것임).
53 성경의 본문은 라틴어(Vulgata) 성경을 기준으로 한 것이 분명하며, 활판본으로 건너가
면서 그리스어 원어 성경도 참조하고 있음을 확인할 수 있다. 따라서 여기서 본문은 라틴어
성경 혹은 그리스어 원어 성경을 가리킨다고 하겠다.
54 韓國敎會史硏究資料 第12輯, 『성경직히광익』I-IV, 태영사, 1984.

에 그대로 반영되고 있다. 그러면 전승되고 있던 한글 성경이 어떠한 과정을 거쳐서 선교사에 의해 최종 완성되었는지 추적해 보기로 하자.

신유박해(1801) 이전부터 활발히 전개된 천주교 서적의 한글번역 사업은 박해로 인하여 완전히 파괴되었다.[55] 그럼에도 불구하고 교우들은 단편적으로 전하는 서적과 경문에 의지해 신자 생활을 영위하고 있었다. 신미(1811)년의 서한은 신입 교우들이 한글교리서인 『주교요지』에서 많은 것을 배우고 있음을 전하고 있다.[56] 또한 이 편지에는 성물과 성경이 모두 태워지고 압수된 일을 전하면서 마지막에 천주교 서적을 요청하는 부분이 추가되어 있다.[57] 다음의 사료는 신앙생활을 위해 교회서적이 절실하게 필요했던 사정을 전해준다.

> "… 교우들이 갖고 있는 것 중에서 현재 펼쳐서 읽을 만한 것은 조각난 단편들이거나 찢겨진 낱장들뿐으로서 전체 백 가지 책 중에 한두 개도 안 남아 있는 실정입니다. … 남아 있는 것이라고는 조그만 경문책 두 권뿐인데 어떤 여교우가 갖고 있습니다. 그런데 예전에 저희들이 보았던 중국판 책들은 너무 커서 감추기가 매우 어려웠습니다. … 만약 성물과 대사(大赦)를 내려 주신다면 실로 저희들은 삼덕(三德)을 더욱 굳건하게 할 수 있는 행복을 누리게 될 것입니다"[58]

---

55 달레 中, 10쪽. "聖物과 聖書는 거의 모두가 파괴되었었고, 조금 남아 있는 것도 땅속에 파묻히거나 담 구멍 속에 감추어져 있었다"; 11쪽. "박해가 마침내 가라앉기는 하였으나, 우리는 서로 뿔뿔이 헤어져 있었고, 모든 經文册을 잃었었다"

56 "조선 천주교 신자들이 북경 주교님께 올린 편지"; 윤민구 역주, 『윤유일 바오로와 동료 순교자들의 시복 자료집』 제5집, 천주교 수원교구 시복시성추진위원회, 2000, 201쪽.

57 위의 책, 239쪽; 서적 이름은 한문필사본에는 나오지 않고, 이탈리어 번역본에만 전하고 있다. 『성년광익』 외 7개의 책 이름이 보이지만, 『성경직해』 혹은 『성경광익』은 나오지 않는다.

58 위의 책, 227~229쪽.

이처럼 남아 있는 경문과 교리책을 통하여 신앙생활을 해 나가면서 교회를 재건하고 성직자를 새롭게 영입하려는 노력이 시작되었다. 그 결과로 1831년 조선대목구가 설정되었고, 선교사들이 파견되었다. 다음의 사료 역시 성직자가 오기 이전에 신자들의 기도생활과 성경읽기에 대한 단서를 제공해 주고 있다.

> "박해가 마침내 가라앉기는 하였으나, 우리는 서로 뿔뿔이 헤어져 있었고, 모든 經文冊[기도서]을 잃었었다. 어떻게 신자 본분을 지킬 방법이 있겠는가. 나는 우연히 몇몇 순교자 집안의 유족들이 龍仁 지방에 산다는 소식을 듣고, … 그들은 經文冊 몇 권과 복음성경해설서를 가지고 있기는 하였다. 그러나 모두 깊숙이 감추어 두었다. 그 책을 보자고 청하니, 내 말을 막고 '가만히 있으라'고 손을 내저었다. … 나는 거기에서 40리 되는 곳에 살고 있었는데, 그 때부터 8일이나 10일에 한 번씩 서로 찾아 다녔다. 오래지 않아 우리는 한 집안 식구나 다름없이 서로 깊고 진실한 정이 들게 되었다. 우리는 성서를 다시 읽기 시작하였고, 主日과 祝日의 의무를 지키기 시작하였다. 이 사람들은 神父에게 聖事를 받았었다"[59]

신태보는 1827년 정해박해 때 전주에서 체포되어 13년 동안 옥중 생활을 하다가, 샤스탕 신부의 요청에 따라 옥중수기를 썼다.[60] 달레가 전하는 위의 기록에 의하면 주문모 신부로부터 성사를 받았던 신자들은 신유박해(1801) 이후 뿔뿔이 흩어질 수밖에 없었다. 박해 후 성직자가 없는 상황에서 남아있던 교우들은 산속에 숨어 들어가 경문책과 성

---

59 달레 中, 11~12쪽.
60 『한국가톨릭대사전』 8권, 한국교회사연구소, 2001, "신태보" 항목, 5479쪽.

경을 보고 있었던 것이다.

다음의 사료는 파리외방 전교회 선교사로서 국내에 첫발을 디딘 모방과 샤스탕 신부가 조선에 입국한지 얼마되지 않은 상황에서 『성경직히광익』을 이야기하는 대목이다.

> "(1836년) 부활절 후에 모방(Maubant)신부는 처음에는 서울에서, 그 다음에는 京畿道와 忠淸道에서 포교활동을 계속하였는데 16내지 17개 교우촌을 방문하였다. 12월(양력)까지는 어른 213명에게 聖洗를 주고, 6백 명 이상에게 고해성사를 주었다. 그는 할 수 있는 곳에 會長들을 세워 主日과 祝日에 신자들을 모으게 하였다. 이 모임에서는 공동으로 기도를 드리고, 敎理問答과 <u>福音聖經</u>과 聖人傳記 등을 몇 대목 읽고, 그런 다음 대개는 마을에서 가장 능력 있고 학식 있는 교우인 <u>회장이 낭독한 대목을 해석하였다.</u>[61]

> 동료 신부님들이 아시는 바와 같이 이 나라에 두 가지의 문자가 있어서, 유식한 사람들은 한자로 글을 쓰고, 그렇지 못한 사람들은 조선의 문자로 글을 씁니다. 신자들 가운데 대다수는 언문을 읽고 쓸 줄 압니다. 신자들은 종교서적을 몇 권 갖고 있고, 특히 주일과 축일에 열심히 '<u>복음 해설서</u>'를 읽습니다. 신자 가정의 어린이들은 대체로 교리문답에 나와 있는 교리를 아는데, 10살, 심지어 6살밖에 먹지 않았어도 교리문답서의 첫 장부터 마지막 장까지 암송하는 어린이들도 더러 있습니다.[62]

사제가 없을 경우 신자들은 주교가 명령한 대로 정해진 기도문을 외

---

61 달레 中. 335쪽.
62 파리외방전교회 지도신부들과 마카오 대표부 신부들에게 보낸 서한(1837. 9. 15 서울); 수원교회사 연구소 역주, 편찬, 『샤스탕 신부 서한』, 수원교회사연구소, 2019, 405쪽.

우면서 의무를 다해야 했다. 이러한 첨례의 의무를 대신하기 위해서 선교사들은 공동체별로 공소(公所)를 만들고 회장을 임명하여 책임지도록 하였다. 모방 신부는 이러한 의무를 수행하는 예식을 만들어가기 시작했다. 그런데 이미 신자들 모임에서는 교리문답서·복음성경·성인전 등이 활용되고 있었다. 위의 사료에서 "회장이 낭독한 대목을 해석"하고 있었다는 것은 집회에서 낭독되고 있었던 복음해설서가 한문 서적 혹은 한글 번역이 완전하지 못한 서적이 아니었을까 하는 추측을 가능케 한다. 왜냐하면 뜻을 알고 있는 기도문과 성경해설을 읽고 나서 다시 반복하여 신자들에게 해석해 줄 필요는 없기 때문이다.[63] 추측 컨대 신유박해 이후 한글 필사본으로 전해지고 있던 교회서적들은 불완전한 상태로 일부만이 전해지고 있었던 것이 아닐까 한다. 선교사들은 그러한 필사본들을 수집하여 보완·완성해가기 시작했을 것이다.

2) 프랑스 선교사 편집 이후: 베르뇌 주교 시기

그렇다면 활판본 『성경직해』의 서문에 있는 바와 같이 "주일과 축일 성경을 언문으로 번역"했다는 주교와 신자들은 누구인가? 그들의 범위는 한국교회사의 흐름 속에서 "베르뇌, 다블뤼 주교시대"와 최양업 신부가 사목활동을 하던 시대로 좁혀진다.[64]

반복되는 이야기이지만 필사본 『성경직히광익』을 한문에서 최초로

---

63 '해석'을 '해설'로 본다 해도, 집회에서 성경을 크게 낭독했던 것은 사실이고, 그것을 풀이해야 할 의무는 공소회장에게 맡겨져 있었을 것이다.

64 물론 『邪學懲義』에 부기된 한글서목에는 '성경광익직히'를 비롯한 몇 개의 "첨례" 이름이 나타난 것으로 보아, 辛酉迫害 이전에 한문본으로부터 전체 혹은 부분 번역이 있었음에는 틀림없다.

번역한 이는 중인 최창현으로 알려져 있다.[65] 이러한 초기 형태의 번역은 신유박해 이후 교우촌에서 그 명맥을 유지하면서 파리 외방전교회 선교사들에 의해 발전되어 갔다. 앵베르 주교 시대에 3명의 선교사는 대략 1~3년 정도 머물면서 '성경'을 새롭게 다듬기에는 시간적으로 어려웠을 것으로 보인다. 기해사옥(1839)으로 그 기회를 놓친 후 다음 선교사 시기까지 기다려야 했다.

1850년 이후부터 선교사들의 서한에서는 여러 가지 교회서적을 조선교회에 보내달라는 요청을 하고 있다.

> "… 리브아 신부님께서는 기다리시면서 우리를 기억해 주십시오. 그리고 상황이 된다면 우리에게 몇 가지 보내주십시오. 만일 모든 것이 통과될 수 없다면 부분적으로라도 이방인들 눈에 띄어도 통과될 수 있는 물건들을 변문을 통해 보내주십시오. 그 물건이란 아시다시피, 예를 들면 편지지, 작년에 요청했던 신기한 물건들, 제대봉사를 위한 천(제대보), 또 장식으로 사용하기 위한 장식줄 등입니다. 당신께서는 그것들이 북경으로부터 오면서 상업적 목적을 위해 통과한다는 것을 짐작하실 것입니다. 최대한 이 모든 것을 보시고 준비해 주십시오. 더욱이 라틴어 문법책, 쉬운 치체로의 편지나 그와 같은 것들, Lhomond의 성경요약집, 교리서, 구약(Lhomond의 요약집이나 그와 같은 것), 시편 해설집 2권. … 우리가 이곳에 들어온 이후로 중국어로 출판된 책들을 추가해 주십시오 …"[66]

⎯⎯

65 달레 上, 315쪽.

66 다블뤼 신부가 리브아 신부에게 보낸 편지 1851년 11월; A-MEP: cause 1866, HB-13

다블뤼 신부는 파리 외방전교회 극동대표부의 대표로 있던 리브아 신부에게 여러가지 물품과 책을 요청하고 있다. 이 가운데는 프랑스어로 된 성경도 포함되어 있다.

> "선교지에 (선교사를) 보낼 수 없다면, Lhomond의 예수 그리스도 이전의 종교요약사 1부와 중국어로 된 <u>복음 해설서 5부</u>, 성인전 5부, 사천(교구)의 교리서 5부, 예수 그리스도의 말씀과 행적 10부, <u>성인들에 대한 해설서 10부</u>를 보내주십시오."[67]

위의 사료에서 중국어로 된 복음해설서는 『성경직해』를, 성인전은 『성년광익』을 가리킨다. 이처럼 다블뤼 신부를 비롯한 파리외방전교회의 선교사들은 조선 교우들을 위한 한글교회서적을 준비하기 위해 지속적으로 책과 물품을 요구하고 있었다. 그러나 이들 선교사들의 인원과 물자로는 역부족이었다. 다음의 사료는 당시의 어려운 상황을 전해주고 있다.

> "가장 긴급히 필요한 일의 하나는 교육입니다. 그런데 지금 우리가 몰린 처지에서는 책으로 밖에 가르칠 수 없는데 책이 없습니다. 그러므로 몇몇 선교사는 일체의 성무집행을 포기하고 말을 배우는 데 전념하여 그리스도교 교리의 우리 책들을 번역할 수 있게 하는 것이 필요한 일입니다."[68]

---

67 다블뤼 신부가 리브아 신부에게 보낸 편지 1854년 11월; A-MEP: Ibid.; 『다블뤼 문서』(II), 한국교회사연구소, 1994, pp.150~151.

68 달레 下, 276쪽.

베르뇌 주교는 1857년 11월 11일 서한에서 부주교(다블뤼)가 『한한불사전(韓漢佛辭典)』을 거의 끝내고 순교자들에 관한 자료 수집을 활발히 전개하고 있음을 간단히 보고한 후, 7명의 선교사 중에 4명만이 포교 활동을 하고 있으며, 재정과 물자의 부족을 호소하고 있다. 베르뇌 주교는 가장 긴급한 일이 책을 번역하는 일임을 지적하였다. 그리고 적어도 이때부터 노력을 기울인 결과로 1862년 경부터 목판본으로 여러 한글서적을 펴낼 수 있었을 것이다.[69] 그러나 불행하게도 『성경직히광익』의 목판본은 나타나지 않는다. 목판본으로 배포된 서적들을 보면, 당시 신자들의 신앙생활이 기도와 성사가 중심이 되었음을 알 수 있다. 그리고 성경은 이미 교우촌에서 회장을 중심으로 읽어나가는 것이 관례였기 때문에 지속적으로 다듬어지면서 최종 완성을 향해 나갔을 것으로 보인다.

앞서 밝혔듯이 1853년 매스트르 신부의 연례보고서 제 57항[70]에 한글로 쓰인 교회서적 중 "복음강론집(Homiliae in Evangelia)=『성경직히광익』"이 포함되어 있었다.[71] 그러나 그때의 복음강론집은 지금의 필사본처럼 완전한 형태로 편집된 것이 아니고, 부분적인 번역일 것으로 추정된다. 왜냐하면 오늘날 전해지고 있는 『성경직히광익』 필사본은

---

69 달레 下, 363~364쪽.

70 감목대리(Pro-vicarius)가 라틴어로 올리는 연례보고서에는 번호에 따라 보고내용이 정해져 있었다. 그 중 제 57항은 선교지역의 토속어로 쓰여져 있는 교회서적을 보고하게 되어 있었다. 예컨대 1846년 페레올 주교의 연례보고서 57항에는 "모든 오류로부터 정화된 한글로 된 다양한 교리서들이 있다"라고 되어 있다; 『A-MEP Vol. 577, Corée 1797-1860, 필사문서 판독자료집』, 한국 천주교 주교회의 문화위원회, p.513.(이하 『A-MEP Vol. 577 자료집』으로 약칭함)

71 매스트르 신부의 1853년 연례보고서; 『A-MEP Vol. 577 자료집』, p.557(연례보고서의 57항에 유의할 것).

그 성경본문이 라틴어 성경을 참조하여 정교하게 한글로 번역한 것이 대부분(75%)을 차지하고 1년 주기의 주일과 축일 복음을 완전하게 전해주고 있기 때문이다.[72] 이처럼 한문번역을 통해 전해지던 『성경직히광익』은 베르뇌 주교 시대(1856~1866)에 다블뤼와 최양업 신부의 노력으로 유럽성경의 영향을 받으며 성경본문이 번역되고 있었다.

또한 한국교회사연구소가 소장하고 있는 『뮈텔문서』에는 「드브레드 주교문서」가 포함되어 있다. 거기에는 "바티칸 포교박람회 출품문서(出品文書)"가 들어가 있는데, 한글본 『성경직히』(활판본 시기부터는 『성경직히광익』을 약칭하여 "성경직히"라고 부르기 시작했다)에 대한 정보가 들어있다. 즉 20권으로 되어 있는 한글필사본과 전 9권으로 되어 있었으나 4권이 분실되어 5권만 전해지고 있는 필사본 두 종류이다.[73] 출품문서에는 두 사본 모두 1866년 이전에 한글로 번역되었고, 대구에서 출품된 것은 1860년경 필사된 것으로 보고되고 있다. 이 가운데 20권으로 되어 있는 한글필사본은 현존하는 필사본과 같은 형태이고 비슷한 시기에 필사되었을 것으로 추정된다.[74]

---

72 조한건, 「필사본 '성경직해광익'의 편찬배경과 형성」, 위의 책, 〈표 6〉 참조.

73 바티칸 포교박람회 出品文書, 「드브레드 주교문서」, 『뮈텔문서』, 1925; 이 책은 최석우가 로마 포교성 도서관에서 발견할 수 있었다고 했던 책과 그 정보가 일치한다. 다만 그 가운데 전 20권인 책은 이 토마 신부와 형제지간인 李 방지거가 기증했다고 되어 있는데, 出品文書에는 "李 스테파노"로 쓰여있다; 최석우, 「聖經 한글번역에 있어서 韓國天主敎會의 先驅的 役割」, 앞의 책, 348~349쪽.

74 차후에 가장 오래된 형태의 필사본으로 추정되는 이 사본을 입수하게 되면 좀 더 확증하게 될 것이다. 현재로서는 1860년을 전후로 하여 주로 다블뤼와 최양업이 성경을 새로 번역하고, 조선 신자들이 한문번역을 다듬었다고 하겠다.

3) 『셩경직히광익』이 신자들에게 끼친 영향

순교자들의 증언 속에는 성경에서 가르치는 대로 실천하려는 그들의 태도가 나타나고 있다. 옥중수기와 편지를 통해서 그들이 『셩경직히광익』의 "예슈슈난쳠례셩경"에 묘사된 예수의 수난을 따라가려던 모습을 엿볼 수 있고, '동정생활'을 살아가고자 했던 그들의 소망을 찾아볼 수 있다.

> 제가 옥에 갇힌 지 두 달쯤 되어서 저는 어떻게 해야 천주의 은총을 얻을 수 있는지 궁리하고 있었는데, 어느날 잠결에, 십자가를 따르라고 말하는 예수의 십자가가 얼핏 보였습니다.[75]

> 저희들이 네 동네를 지나갔는데, 저는 예수께서 갈바리아에 가실 때 지나가신 네 동네를 생각하고 속으로 중얼거렸습니다. '이것은 천주께서 구세주를 좀 닮으라고 하시는 것이 아닐까' 포졸들을 다시 보니 마치 제 친부모를 만난 듯 말할 수 없이 기뻤습니다.[76]
> … 제가 위대하신 천주의 자녀가 되어 義人들의 행복에 한 몫 끼고 하늘의 모든 聖人들의 친구가 되며 완전한 복락을 누리고 거룩한 잔치에 참여할 수 있게 된다면 얼마나 큰 영광이겠습니까.[77]

위의 사료는 각각 박취득(朴取得; 라우렌시오, ?~1799)과 이순이(李順伊; 루갈다, 1782~1802)의 편지 중에 나오는 것으로, 그들이 생각하고 있던 순교에 대한 단상을 엿볼 수 있는 대목이다. 『셩경직히광익』에는

---

[75] 달레 上, 415쪽; 박취득이 어머니에게 보낸 편지 중에서.
[76] 달레 上, 546쪽; 이순이가 두 언니에게 보낸 편지 중에서(이 편지의 다른 필사본에는 이 내용이 나오지 않는다고 한다; 위의 책, 546쪽 각주 57 참조).
[77] 달레 上, 548쪽

4복음서가 결합된 하나의 수난복음이 전해지고 있었기 때문에, 신자들의 신앙생활에 매우 깊은 인상을 심어주었던 것으로 보인다. 박취득의 편지에는 십자가라는 상징을 통해서 예수 그리스도의 수난의 길에 대한 사명감을 보이고 있다.[78] 이순이의 편지에도 그리스도의 수난에 따르려는 뜻과 성인들의 통공과 하늘나라의 잔치에 대한 희망을 전하고 있는데, 모두 복음을 통해 배웠을 것으로 추정해 볼 수 있다.[79]

또한 이순이는 유중철(柳重哲; 요한, 1779~1801)과 더불어 동정부부로 알려져 있는데, 그들이 그러한 삶을 선택하는 데에도 『성경직히광익』이 영향을 미친 것으로 볼 수 있다.[80]

혹이 무릇디 부부의 례에 지극히 묘홈은 이것거니와 동신의 -동신은 아희몸이라- 묘홈은 엇더ᄒᆞ뇨 왈 닐ᄋᆞ기 어렵도다 셩교공회즁 사름이 셰층이 잇스니 동신의 경을 -동신의 경은 아히 몸으로 늙도록 졍결홈이라- 직희는 쟈는 샹층이오 환과의 경을 -환은 홀아비오 과는 홀어미니 빈합ᄒᆞ엿다가 ᄒᆞᆫ 짝이 죽으면 다시 엇지 아니ᄒᆞ고 죽도록 졍졀홈이라- 직희는 쟈는 버금이오 빈필의 경을 -빈필의 경은 ᄒᆞᆫ 지아비 ᄒᆞᆫ지어미 샌을 닐음이라- 직희는 쟈는 또 그 버금이니 셩현이 덧덧이 동신의 경은 금에 비ᄒᆞ고 환과의 경은 은에 비ᄒᆞ고 빈필의 경은 구리에 비ᄒᆞ니 그 굿지 아님이 이굿고[81]

---

78 『성경직히광익』의 "심획십ᄌ셩가쳠례셩경"에는 십자가에 대한 의미를 자세히 전하고 있다.

79 하늘나라의 잔치에 대해서는 『성경직히광익』의 "셩신강림후뎨이쥬일셩경"을 참조할 수 있다.

80 물론 동정생활에 대한 내용은 『天主實義』와 『七克』에도 나오지만, 말씀의 體化라는 점으로 볼 때 주기적으로 읽고 있었던 『성경직히광익』이 큰 영향을 미쳤을 것으로 추정해 볼 수 있다; 빤또한 著, 박유리 譯, 『七克』, 일조각, 1998, 353쪽에도 정결과 관련한 3등급의 내용이 나온다.

교인들 가운데 3등급이 있는데 상급은 동정을 지키는 자요, 다음은 환과의 정을 지키는 자요, 또 그 다음은 부부동정자가 바로 그것이다.[82]

---

81 『셩경직히광익』 "삼왕리됴후 뎨이쥬일 셩경" 셩수요안 뎨이편(Jn. 2, 1b-11), **"잔치에 계시더라"** 箴중에서; 이어지는 箴에도 동정생활의 높은 지위를 계속해서 강조하고 있다.

"上古淇水將發 天主命諾厄造舟避之 舟有三層第一最高 乃諾厄 及其家人所居 次居飛鳥 又次居走獸 聖奧斯定曰 舟 聖教公會像也 三層以像奉敎三等人也 上層童身之分位 中層鰥寡之分位 下層 配耦之分位也 또 오쥬ㅣ 비유롤 베퍼 모든이롤 フ르쳐 굴ㅇ샤디 농부ㅣ 곡식을 쎄흐매 그 씨롤 눈화 삼분을 므드니 일분은 흐나흘 심거 설흔을 거두고 일분은 흐나흘 심거 예순을 거두고 일분은 흐나흘 심거 빅을 거두다 ㅎ시니 여로 셩인이 풀어 굴ㅇ디 밧츤 셩이공회오 봉교인은 그 아름다온 씨오 설흔을 거두는 쟈는 비필의 졍 직흰 쟈롤 닐음이오 예순을 거두는 쟈는 환과의 졍 직흰쟈롤 닐음이오 빅을 거두는 쟈는 동신의 졍 직휨을 닐음이라 ㅎ니라 바로 셩인이 동졍의 묘홈을 드러 굴ㅇ샤디 아비 그 쏠을 셔방 맛침이 진실노 됴흐디 셔방 맛치 지 아니면 더욱 됴흐니 대개 동신의 ㅁ음은 오직 오롯ㅎ고 오직 혼갈 ㅈㅎ야 다만 텬쥬의 일을 일삼기롤 힘쓰고 텬쥬의 ㅁ음을 깃거ㅎ시게 ㅎ기롤 힘쓰고 다만 흥샹 ㅁ음과 몸을 직희기롤 힘써 ㅎ여곰 다 거룩ㅎ고 조출ㅎ디 우잇는 사름은 그 ㅁ음이 눈호이고 형셰 부득불 셰샹 일을 힘쓸 거시오 부득불 그 비우의 ㅁ음 깃기기롤 힘쓸거시니 동졍의 비겨 보면 엇지 능히 ㅈ치 닐ㅇ랴

聖祭彼盎嘆童身之德曰 美哉 童身之德 諸德之榮也 其善諸善之節也 其天主之像也 其諸信者之間 至高至貴 至尊之分也 又 씍수 셩인이 굴ㅇ디 동신의 덕이 비필 잇는 쟈의셔 결승ㅎ야 하늘이 짜희셔 나음ㅈ고 텬신이 셰인에셔 나음ㅈㅎ니 嗟夫 童身者純淨如天 尊貴如天神也 較有配者 엇지 크게 다르지 아니랴

聖祭彼盎嘆童身之德曰 美哉 童身之德 諸德之榮也 其善諸善之節也 其天主之像也 其諸信者之間 至高至貴 至尊之分也 又 씍수 셩인이 굴ㅇ디 동신의 덕이 비필 잇는 쟈의셔 결승ㅎ야 하늘이 짜희셔 나음ㅈ고 텬신이 셰인에셔 나음ㅈㅎ니 嗟夫 童身者純淨如天 尊貴如天神也 較有配者 엇지 크게 다르지 아니랴"; 중간의 한문은 한글본에 생략되어 나타나는 부분이다.

82 『셩경직히광익』 "삼왕리됴후 뎨오쥬일 셩경" 셩수마두 뎨십ㅅ편(Mt,13,24-30), **"텬국은"** 箴중에서; 이 대목은 한글본에는 생략되어 있고 한문본『聖經直解』에만 들어가 있다. 이 앞 대목에도 교회의 직책이 敎皇,, 主敎, 主祭 3등급으로 나누어짐을 설명하고 있다.

"聖敎公會 猶天國也 其總領敎事 獨一敎皇也 其不離其側者 宰相也 其出外治民 主敎主祭者是也 其名哲 傳註聖經 開釋人疑 敎示庶民者是也 其勇士 各方守禦國寇 各方敷敎者 是也 其上中下之民 敎中三級人也 上級守童貞者 次級守鰥寡貞者 又次級守夫婦貞者

위의 인용문을 통해 박해시기 신자들은 당시 교회의 가르침에 따라 정결을 매우 중요한 덕으로 여기고 실천하였다. 신유박해 이전의 신자들은 성경(聖經)의 가르침을 천주의 명령으로 알아듣고, 그에 따라 실천하려고 했다. 이순이는 옥중편지에서, 전주에 시집을 온 후로 두 부부가 서로 동정을 서약하고 지켜나가면서 많은 유혹을 겪었다고 고백하고 있다. 그러나 그때마다 예수의 십자가 죽음과 사랑을 기억하며 극복해내었다고 한다.[83] 그들이 동정서약을 결심하고 실천하려고 했던 일은 모두 『셩경직히광익』에서 그 전거를 찾아볼 수 있다.

『셩경직히광익』의 "줌"을 외워서 증언하는 다음의 사례들[84]은 이 시기에 성경이 많이 읽히고 있었고 신자들의 삶에 뿌리내리고 있었음을 보여준다. 조선의 최초의 사제인 김대건의 종조부인 순교자 김종한(金宗漢; 안드레아, ?~1816)의 옥중서한에는 다음과 같은 기록이 나타나고 있다.

"이 세상의 만물은 그 자체로는 선하지도 악하지도 않은 것이라, 그것을 잘 사용하면 선한 것이고 나쁘게 사용하면 나쁜 것입니다. 마치 사다리와 같아서 그것을 타고 올라갈 수도 내려올 수도 있는 것이지요. 이 세상의 만물을 가지고 죄를 피할 수도 있고 공로를 얻을 수도 있습니다. 매사에 기쁘게 예수님을 위해서 행동하세요. 그러면 형님은 뽑힌 사람이 됩니다."[85]

是也"

83 이순이 루갈다가 어머니에게 보낸 편지; 김진소 편저, 『이순이 루갈다 남매 옥중편지』, 양희찬·변주승 옮김, 천주교 호남교회사연구소, 2002, 38쪽,

84 '줌'과 순교자들의 증언 사이의 연관 관계는 주로 "김진소, 「초대교회 신앙공동체의 '하느님 말씀'살이」, 앞의 책"을 참조하여 재구성해 보았다.

김종한은 죽음을 앞둔 옥중서한에서 자신이 평소에 묵상하던 복음
의 내용으로 자신의 형을 위로하고 뽑힌 이들 대열, 곧 위주치명(爲主致
命)에 들도록 권고하고 있다. 『셩경직히광익』 "셩신 강림후 뎨이쥬일
셩경"의 '줌'에는 위의 내용과 병행하는 대목이 나온다.

> **모든이 홈쯱 핑계ᄒ야** : 이ᄂ 텬쥬의 브ᄅ심을 경홀이 넉임이니 그
> 흐림이 깁히 앗갑도다 셰샹에 잠간 락을 인ᄒ야 텬당 진복을 일흐니
> 셰샹 직물과 육신ᄉ무와 더러온 즐기ᄂ 세 가지 크게 모든 악에 문을
> 열고 텬당에 길을 크게 막음이니라 혹이 굴ᄋ뒤 이러ᄒ면 사름이 다
> 셰샹 일을 힘쓰지 아니랴 아ᄂ스딩 셩인이 굴ᄋ뒤 셰샹 거슬 씀을 텬쥬
> ㅣ 금치 아니신지라 <u>셰샹 거시 사닥다리ᄀ치ᄒ야 가히 오르기도 ᄒ고 가
> 히 ᄂ리기도 ᄒᄂ니 셰물을 잘 쓰면 사닥다리되야 오르고 잘못쓰면 사
> 닥다리가되여 ᄂ리ᄂ니 텬쥬ㅣ 만물을 내심은 사름으로 잘 써 션을 ᄒ
> 게 ᄒ심이니 金銀等物 無定善惡因人用而定 잘 쓰면 션ᄒ고 잘 못쓰면
> 악ᄒ지라</u> 비컨대 칼을 아히가 스면 해홈을 밧고 어룬이 쓰면 해를 피홈
> ᄀ치ᄒ니라[86]

본래 위 셩경 대목은 루카복음(14, 15-24)의 '저녁잔치에 대한 비유'
를 해설하는 대목이다. 처음에 초대받았던 이들은 모두 핑계를 대고
오지 않았고, 나중에 불리운 사람들이 잔치상에 앉는다는 내용이다.
이 복음의 해설인 '줌'에는 아우구스티노의 사다리의 비유가 나온다.
김종한은 이 대목을 정확히 기억하고 있었고, 형에게 '뽑힌 사람이 되

85 "조선 주요 순교자 약전"(Noitices des Principaux martyrs de Corée); 한국 천주교
주교회의 시복 시성 주교 특별위원회, 『하느님의 종 윤지충 바오로와 동료 123위』 시복
자료집 제4집, 2007, 339쪽에서 재인용(이하 "시복자료집 제4집"으로 약칭함)
86 필사본 『셩경직히광익』 "셩신 강림후 뎨이쥬일 셩경"

라'고 마지막에 권고하는 것을 보아서, 복음이 가르치고 있는 핵심을 꿰뚫고 있음을 알 수 있다. 그가 옥중 서한에서까지 이러한 성경해설 부분을 외워서 인용할 수 있었던 것은 평소의 기도와 독서 외에도 많은 서적들을 베끼면서, 신자와 비신자들을 독려했던 삶에서 기인한 것으로 보인다.[87]

4. 나가면서

이상으로 필사본으로 전해지고 있는 천주교의 옛 "주일·축일복음해설서"인『셩경직히광익』의 완성과 그 영향에 대해서 살펴보았다. 마태오 리치는 생애 말년에 자신의 중국 선교를 돌아보면서 자신이 중국어로 써낸 서적들에 대해 스스로 평가하고 있다. "문장을 써내는 것 자체는 큰 성취다. 하물며 평범하지 않은 중국어 책, 그것도 전국 열다섯 개 성에서 두루 통용되어야 할 책을 쓰는 것은 대단한 일이었다. 게다가 중국 서적은 일본, 조선, 베트남의 백성들도 읽을 수 있었다. 왜냐하면 이 나라 문인들도 모두 중국 글자를 알기 때문이다. … 실정이 이러하다면, 우리가 쓴 책은 중국인만이 아니라 전체 중국 문화권에 영향을 미칠 것이었다."[88] 물론 마태오 리치 시기에는 성경과 성전이라는 가톨릭 계시 진리를 직접적으로 전하기보다는『천주실의』,『기하원본』등을 통해서 중국문인들과 대화를 시작하고, 이른바 위로부터의

---

87 다블뤼 주교의 「조선 주요 순교자 약전」, 『시복자료집』 제4집, 325쪽.
88 마태오 리치, 『마태오 리치 중국 선교사 Ⅱ』, 신진호·전미경 옮김, 2013, 750쪽.

선교, 엘리트주의를 지향하는 선교방식을 선택했다. 그후로 많은 예수회 선교사들은 가톨릭 전례와 기도 등 다양한 방식의 문서선교를 펼치기 시작했다. 조선후기 필사본『성경직히광익』의 전승과 완성은 문서선교의 대표적 성공 사례라 말할 수 있다. 한문번역을 통해 매주일의 복음 양식을 조선인들에게 제공해 주었던 "성경직히광익"은 선교사들에 의해 더욱 다듬어지면서 1860년 전후로 완성되어 지속적으로 천주교 신자들에게 영향을 주었다. 향후 이에 대한 연구는 좀 더 내용분석을 통해 어떠한 신학이 담겨져 있으며, 어떠한 성경해석이 담겨져 있는지 파악하고, 조선교회는 물론 조선사회에 어떠한 반향을 일으켰는지에 대해 더 탐구되어야 할 것이다.

도(道), 학(學) 예(藝), 술(術)[*]

서학의 도전과 조선 유학의 변용

김선희

1. 들어가며

16세기 말에 시작된 예수회원들에 의한 중세 유럽의 신학과 철학, 자연 철학과 자연학적 이론들의 중국 도입 즉 '서학(西學)'의 전래는 명말(明末)부터 근대 초기까지 동아시아 전체에 상당한 영향을 주었던 강도 높은 사상사적 사건이었다. 이 사상사적 사건을 조망하는 다양한 방법과 관점을 가설할 수 있지만 적어도 한 가지 점은 분명하다. 초기에 중국과 조선의 지식인들이 서학에 민감하게 반응했던 이유를 단순

* 이 논문은 김선희, 「도(道), 학(學) 예(藝), 술(術): 조선 후기 서학의 유입과 지적 변동에 관한 하나의 시론」, 『한국실학연구』 35, 한국실학학회, 2018을 수정·보완한 것이다.

히 서학의 이론적 진보성이나 진리성으로만 설명할 수 없다는 것이다. 중국인들을 이성적으로 설득해 기독교 신앙을 전파할 수 있을 것이라는 예수회 회원들의 기대와 달리, 독자적 문명과 학술의 역사를 축적해 온 양자의 대면은 지적으로 혹은 문화적으로 더 우월한 한 쪽이 다른 쪽을 완전히 대체하는 전면적 교체과정일 수 없었다.

고대 유학을 수용하면서 성리학을 비판했던 마테오 리치의 전교 방식은 중국과 조선의 지식인들 사이에서 상당한 갈등과 논쟁을 낳았다. 이 갈등과 논쟁은 근본적으로 '종교'로서의 '기독교의 수용' 문제가 아니라 표면적으로 진리-오류 논쟁의 형태로 표출되었다. 그러나 본질적 차원에서 양 측의 논쟁은 진리와 오류의 대립이 아니라 통약 불가능한 이론 체계간의 대립이었다. 당연히 한쪽의 손을 들어 줄 객관적이고 보편타당한 기준은 없었다. 이러한 상황에서 예수회는 중국 지식인들을 설득하기 위해 새로운 방법론을 도입한다. 중국과 서양의 세계관적 긴장을 해소하고 예수회의 중국 진출을 가능하게 할 또 다른 다리를 가설하고자 한 것이다. 기독교적 세계상을 중국인들에게 전달하기 위해 예수회원들이 놓은 지적 교두보는 수학, 천문학, 지도제작술, 자명종과 같은 실용적인 지적 체계와 기술들이었다.

예수회의 이원적 접근 방법은 중국과 조선의 유학자들에게 일종의 지적 반향을 발생시켰다. 당시 서학서를 접한 중국과 조선 학자들 가운데 서학이 주장하는 윤리적 회복에 공감한 이가 있었고 서학이 보여준 자연학의 수준과 기술적 진보에 공감한 이들도 있었다. 예수회원들의 기대와 달리 이 공감이 모두 개종으로 이어지지 않았지만 적어도 윤리학과 자연학을 중심으로 한 전략적 접근은 중국 내에서 예수회의 활동의 안정성을 보장하고 이들이 들여온 낯선 지식을 정당화하는 데 큰 도움이 되었다.

특히 이들이 '번역'이라는 방법을 통해 중국에 도입한 다양한 서양의 자연학적 지식들과 기술들은 당시 동아시아의 학풍에 상당한 영향을 끼친 것으로 평가된다. 후기의 조선 뿐 아니라 청대 중국의 새로운 학풍을 '실학(實學)'이라고 부른다면, 이 실학의 학풍에 서학 그 중에서도 천문 역법 등 서구 자연학과 기술의 번역과 전이가 상당한 영향을 끼치며 중요하게 개입하고 있음은 여러 연구들을 통해 규명되어 왔다. 현재는 총론 차원의 연구 뿐 아니라 개별적인 학자의 서학 이해에 대한 연구 역시 양적으로 확대되고 있는 추세이다.

서학의 수용이라는 관점에서 다양한 인물과 주제를 다루었던 선행 연구들의 일반적인 결론은 서학이 조선 후기의 지적 풍토에서 성리학의 사변적인 논쟁을 넘어서 실용적 학풍에 영향을 끼쳤다는 것이다. 대체로 서학의 영향을 다룬 연구들은 서양의 '과학'과 유학(儒學)을 대비시키거나 조선 후기에 태동하고 있던 이른바 '실사구시(實事求是)'적 학풍을 연결시켜 논의하는 경우가 많다. 다시 말해 서양의 '과학' 지식들이 동아시아의 근대 전이에 중요한 역할을 했다는 것이다. 이 논문의 질문은 이 지점에서 시작된다. 조선 후기 지식인들은 서양 과학을 수용했는가? 여기서 질문의 핵심은 '어떤' 과학을 수용했는지가 아니라 '과학'을 수용했는지에 놓여 있다. 당연한 말이지만 저 일반적 상식에 담긴 두 개념 즉 '과학'과 '근대'를 당시 동아시아 지식인들이 운용하고 있던 지식의 맥락이나 토대 그 자체로 볼 수 없기 때문이다.

이러한 질문에서 출발하여 이 논문에서는 조선 유학자들의 서학 수용에 관한 선행 연구들을 토대로 서학의 유입에 따른 보편학으로서의 유학과 그 세부 지적 체계의 운용에 대한 동아시아인의 인식의 변화를

재검토해 보고자 한다. 서학은 동아시아의 지적 지형 가운데 어떤 층
위에 개입했으며 중국과 조선의 지식인들은 이에 대해 어떻게 대응했
는가? 또한 서학서들이 어떻게 조선의 지적 지형과 이념들, 지식의 운
용 방식과 그 대상을 바꾸었는가? 이 논문은 서학의 전래를 둘러싼 모
종의 일반론을 다른 관점에서 재고하기 위한 하나의 시론이다.

2. 도(道), 학(學), 술(術)로서의 서학(西學)

낯설고 먼 이국에서 8만 리를 건너 중국에 들어왔다는 서양 선비(西士)
마테오 리치(Matteo Ricci, 利瑪竇, 1552~1610)는 중국과 조선에서 이인(異
人)[1]이나 신인(神人)[2]으로 여겨졌지만 때로 유학에서 최고의 인격으로
추앙받은 '성인(聖人)'[3]으로 불리기도 했다. 이처럼 그에 대한 평가가 다
층적인 원인 중 일부는 그들의 전교 전략에서 기인한다고 할 수 있다.

그들은 중국에 들어왔던 초기부터 철학자이면서 수학자였으며 천문
학자이기도 했다. 이들은 먼저 서양에서 온 유자 즉 서유(西儒)로서 지
식인 사회에 지적, 도덕적으로 접근하고자 했지만 동시에 수학과 천문
학을 바탕으로 천문 역법을 관장하던 흠천감(欽天監)을 책임지고 천자
의 권리이자 의무인 역법을 개정하는 등 일종의 기술적 전문가의 역할

---

1 다음 문장을 예로 들 수 있다. '또한 서양인 리마두에 대해 물었는데 역시 이인(異人)
이다.(又問西洋國人利瑪竇, 盖亦異人.)' 「外俗」, 『海游聞見雜錄』, 『青泉集』 권8.

2 다음 문장을 예로 들 수 있다. '리마두라는 자는 서양에서 왔는데 곧 신인(神人)이다.
(利瑪竇者來自西洋國, 而便神人也)' 「答鵝山成公」 庚午, 『屛溪集』 권32.

3 성호 이익은 마테오 리치를 성인이라고 표현한 바 있다. 「紀聞編」, 『遯窩西學辨』.

도 수행했다. 물론 이미 고대부터 백성들의 실질적인 삶에 도움이 되는 실용적 지식을 '격물(格物)'이라는 관념에 담아 실용적인 지식을 축적하고 관리하던 중국과 조선에서 산학이나 천문역법은 기술 전문가인 중인들만의 전문 영역이 아니라 유학자들의 연구 영역이기도 했다. 그러나 적어도 '기술적 전문가'가 진정한 유학자에게 기대되는 역할이 아니었음은 분명하다. 유학자들은 자연학적 이론이나 기술을 연구하고 검토할지언정 실질적인 방법의 창안이나 기술적 실현을 전적으로 책임지는 역할을 요구받지 않았기 때문이다.[4]

그러나 이와 동시에 본질적으로 이들은 단순한 기술 전문가를 넘어서 그 기술의 토대가 되는 근본적인 지식과 방법의 소유자이기도 했다. 동아시아 지식인들은 이들에게 '학(學)'의 주체이자 '도(道)'의 전달자이자 '교(敎)'의 담지자의 역할 또한 기대했던 것이다. 주지하듯 동아시아 지식인들은 세계의 근본적 질서이자 이념인 도(道)와 그 운용으로서의 기(器), 예(藝), 술(術)을 통합하는 전통 속에서 다양한 학술 분과를 발전시켜 왔다. 다시 말해 동아시아 학술은 도(道) 차원의 유학-성리학의 이념적 보편학과 함께, 민생을 위한 실용적 지식 체계들 즉 수학, 천문학, 음악, 농업, 군사, 각종 제작술과 건축술 등의 실용적, 실질적 지식 체계를 역사적으로 축적하고 상황적으로 운용해왔던 것이다.

양자의 분리와 통합은 고대부터 형성된 관념에 따른 것이라고 할 수 있다. 『설문해자(說文解字)』에 따르면 '술(術)'은 '나라 안의 도로(邑中道也)'라는 뜻으로, 길에서 농산물을 사고 파는 것을 형상화한 단어였는데 결과적으로 '기술(技術)'을 의미하는 단어가 되었다고 한다. 한편 '예

---

4 김선희, 『마테오 리치와 주희 그리고 정약용』, 심산, 2012, 431~432쪽.

(藝)'는 나무를 심는 것을 형상화한 단어로, 이 역시 후에 '기술'의 의미로 확장되었다. 이런 맥락에서『논어(論語)』에 등장하는 '학(學)'의 대상과 범위가 생각보다 광범위하고 전문적인 기술들을 포함하고 있는 배경을 이해할 수 있다.[5]『예기(禮記)』에서도 '덕(德)이란 자기 몸에 획득하는 것을 말한다. 그러므로 "옛날 사람이 기예와 도리를 배웠던 것은 이것으로 자기 몸에 획득하려는 것이었다. 그러므로 성인(聖人)이 여기에 힘썼다."라고 한 것이다.'[6]라며 '기예(技藝)'를 중요한 삶의 자원이자 방법으로 규정한다.

이러한 전통 속에서 실용적 지식들은 언제나 유학–성리학의 보편적 이념을 현실화하는 중요한 수단으로 인식되었다. 그러나 동시에 이것들은 서로 분리되어 있기도 하다. '도(道)'와 '술(術)'이 통합되어야 한다는 것은 서로 다른 두 층위의 협력과 조화를 의미하는 것이지 두 차원 사이에 어떤 긴장도 존재하지 않는다는 의미가 아니다. 다시 말해 유학자들은 '술(術)'을 '도(道)'의 현실화를 위한 중요한 방법으로 인정했지만 한편으로 이를 말단의 기술로 한정하며 도(道)의 하위 차원에 두고 관리하고자 했던 것이다. 다음 문장이 그 분리에 담긴 긴장을 드러내준다.

내(서유구)가 일찍이 종남산 기슭에 있는 유금(柳琴)의 집을 들른 일이 있었는데 그 방의 편액을 보니 '기하실'이라고 되어 있었다. 들어가 그를 힐난하며 말했다. '선생은 듣지 못했습니까. 예(藝)는 도(道)의 말

---

5 공자에 따르면 녹을 구하는 법을 배운다(學干祿)거나 농사법, 채소 심는 법, 군대를 이끄는 법, 수레나 활을 잡는 법 등이 모두 학(學)의 대상이다.
6 德也者, 得於身也. 故曰, "古之學術道者, 將以得身也. 是故聖人務焉." 「鄕飮酒義」, 『禮記』.

단이요, 예 가운데서도 수는 더욱 말단입니다. 당신의 학문은 이처럼 보잘 것 없는 것입니다.' 그러나 그의 안색을 살피니 부끄러워하는 기색이 없었다. 좌우는 모두 천문역수(天文曆數)의 책들이었는데 마치 모두 깨달은 듯 흔쾌한 표정이었다. 대개 그 성품이 그러하기 때문이다. 이를 깨닫고 나는 그에게 사과하며 말했다. '당신은 명성을 위해 성품을 바꾸지 않는 분이군요. 온 세상 사람들이 큰 것에 매달릴 때 선생 혼자 작은 것을 부끄러워하지 않으니 독보적이라고 할 만합니다.'[7]

이 글은 상수학(象數學)을 가학(家學)[8]으로 전수하며 서양 수학을 연구했던 서호수(徐浩修, 1736~1799)의 아들 서유구(徐有榘, 1764~1845)가 아버지와 교류하던 자신의 어린 시절 스승 유금(柳琴, 1741~ 1788)의 서재 '기하실(幾何室)'을 찾아갔던 일을 기록한 글 「기하실기(幾何室記)」의 일부이다. 서얼이라는 신분적 한계 때문에 사회적 활동에 여러 제약을 받았지만 유금은 유득공(柳得恭, 1748~1807)의 숙부로, 박지원, 홍대용, 박제가, 이덕무, 이서구, 서호수 같은 북학론자들과 교류한 당시 지식인 가운데 한 사람이다. 서호수의 사행길을 따라 연경(燕京)에 가보았던 그는 여러 경로에서 접한 산학(算學) 즉 서양 수학에 매진했고 자신의 서재 이름을 '기하실'로 지을 정도로 마테오 리치와 서광계가 번역

---

7 「幾何室記」, 『楓石鼓篋集』 권2. 余夙與柳琴彈素相好, 其爲人也, 專詳靜密, 學之而弗知弗措也, 思之而弗得弗措也, 幾乎其精審者矣. 余嘗過其家於終南之麓, 視其扁則曰幾何室, 入而詰之曰子不聞之乎, 藝道之末也, 而數於藝又末也, 若是其小哉, 子之學也. 然察其色則亡歎焉, 而左右者皆天文曆數之書, 快然若自得者, 蓋其性之固然也. 余從而謝焉曰子其不以名易其性者也, 且當擧世騖大之時, 子獨不以小爲歎, 亦可謂特立己已.

8 서명응(徐命膺, 1716~1787) - 서호수(徐浩修, 1736~1799) - 서유구(徐有榘, 1764~1845)로 이어지는 달성 서씨 삼대는 상수학을 가학으로 전수한 것으로 유명하다. 구만옥, 「마테오 리치 이후 서양 수학에 대한 조선 지식인의 반응」, 『한국실학연구』 20, 한국실학학회, 2010, 334쪽.

한『기하원본(幾何原本)』을 집중적으로 연구했다. 그러나 이 문장에서 알 수 있듯 유금의 지적 과정을 충분히 이해하고 있었을 서유구의 평가는 매우 냉정하다. 유금이 추구하는 산학이 단지 도(道)의 말단에 불과한 작은 학문이라는 것이다.

이런 인식은 사실 유학자들의 보편적인 전제 가운데 하나였다. '학문의 도는 다른 것이 아니라 놓친 마음을 찾는 것일 뿐이다.(學問之道無他求其放心而已矣)'이라는『맹자(孟子)』의 구절은 유학자들이 생각한 학문의 궁극적인 방법론과 지향점이 무엇이며 어디인지를 보여준다. 이들에게 학문이란 외부의 대상을 분류하고 통제해서 얻은 객관적인 체계에 한정되지 않는 도덕적 수양의 길이며, 근원적 이념에 합치하는 우주적인 자각이었다. 이런 관점에서 도덕적 수양과 직접적으로 연관되지 않는 외부 세계에 대한 지적 탐구는 언제나 '말(末)' 즉 제한적인 지식으로 한정될 수밖에 없었다. 유학자들은 언제나 '도(道)'-'학(學)'을 '예(藝)'-'술(術)'과 통합적으로 관리하고자 했지만 그 통합에는 반드시 일종의 위계적 관계가 전제되어 있었던 것이다. 상수학을 가학으로 전승하던 집안에서 성장한 서유구조차 기예가 도의 말단이라는 인식 속에서 양자가 동등한 관계 혹은 위상에서 통합된 것이 아니라 일종의 위계적 관계 혹은 이념과 실제의 관계로 연결되어 있다고 간주하는 것이다.

이 두 차원의 이중적 성격을 드러내 준 거울 역할을 한 것이 당시 중국을 경유해 조선에 유입된 서학이라고 할 수 있다. 서학서에 담긴 각종 이론 체계와 지식들은 이를 단순히 '예(藝)'나 '술(術)' 차원으로 한정하기 어려운 측면이 있었기 때문이다. 서학은 '술' 차원의 실용적 지식이었지만 동시에 그에 한정되지 않는 근본적인 이론 체계이기도 했다. 다시 말해 말단으로서의 실용적인 개별 지식만이 아니라 그 지식의 의미의 위상을 결정하는 체계화된 원리이자 이론이기도 했던 것이다. 이 점이 유학자들로 하여금 이들을 단순히 뛰어난 기술자로 규정할 수 없게 만드는 하나의 배경이라고 할 수 있다. '도(道)'·'학(學)'·'예(藝)'·'술(術)' 등 학술에 대한 전통적인 이념을 담은 용어들이 뒤섞여 등장하는 홍대용의 「유포문답(劉鮑問答)」 속 문장이 하나의 예가 될 것이다.

> 명나라 만력(萬曆) 연간에 리마두(利瑪竇)가 중국에 들어오면서부터 서양 사람의 교통이 시작되었다. 산수(算數)를 가지고 도(道)를 전하기도 하고, 또 의기(儀器)를 만들어 기후를 귀신처럼 측량하기도 하였는데 역상(曆象)의 정묘함은 한·당(漢唐) 이후 없던 것이다. 리마두가 죽은 뒤에도 항해(航海)하여 동쪽으로 건너온 이들이 늘 끊이지 않았으며, 중국에서도 그 사람들을 기이하게 여기고 그 **술(術)**을 바탕으로 하여, 실제의 일[事]을 좋아하는 이들이 종종 그들의 **학(學)**을 함께 숭상하였다. 강희(康熙) 말년에는 서양에서 건너온 이가 더욱 많았으므로 황제가 그들의 **술(術)**을 모아 『수리정온서(數理精蘊書)』라는 것을 만들어 흠천감(欽天監)에 주었으니, 이는 실로 역상(曆象) 가운데 심오한 것이었다. 이 때문에 **서학(西學)**이 성행하기 시작하여 천문(天文)을 말하는 이는 모두 그들의 **술(術)**을 조술(祖述)하게 되었다. (고대 중국의 천문 이론이 유실되어) 세차의 법의 경우 곧 망상(妄想)과 억측(臆測)으로 구한 것이오, 그 방법을 가지고 한 것이 아니었던 것이다. 이제 서양의 법[泰西之法]은 산수로 근본을 삼고 의기(儀器)로 참작하여 온갖 형상을 관측하므로 무릇 천하의 멀고 가까움·높고 깊음·크고 작음·가볍고 무거운 것들을 모두 눈앞에서 마치 손바닥을 보는 것처럼 하니, '한·당 이후 없던 것이라' 함은 망령된 말이 아니리라.[9] (강조 필자)

---

9 「劉鮑問答」, 『湛軒書』. 利瑪竇入中國, 西人始通, 有以算數傳道, 亦工於儀器, 其測候如神, 妙於曆象, 漢唐以來所未有也. 利瑪竇死後, 航海而東者常不絕, 中國亦奇其人而資

홍대용의 이 문장은 마테오 리치의 지적 활동이 유학자들에게 어떻게 인식되고 수용되었는지 보여준다. 서양인들이 들여온 학술은 기본적으로 하나의 지적 담론 체계로서의 학문[學]이자 자신들만의 이념을 담고 있는 '도(道)'이며 그 내부에 실질적인 지식 운용 방법인 '술(術)'을 포함하고 있다. 다시 말해 중국과 조선의 지식인들에게 예수회가 도입한 서양 지식은 '도(道)'·'학(學)'·'예(藝)'·'술(術)'의 층위가 모두 통합되어 있었던 것이다. 그러나 이 복합적인 층위들이 모두 긍정적인 의미로 받아들여졌던 것은 아니다. 다음의 문장들을 통해 마테오 리치와 서학-천주교에 대한 조선인들의 복잡한 인식을 엿볼 수 있다.

리마두(利瑪竇)는 서방에서 와서 이른바 예수의 가르침[耶穌之敎]을 창도(倡道)하여, 위로 신천(神天)에 의탁하여 대중을 미혹시켰다.[10]

『기인십편(畸人十篇)』을 보면 그 도술(道術) 역시 인의절검(仁義節儉)에 근본하고 있으니 이른바 (『장자(莊子)』의) '그 가르침을 듣고 기뻐한 자'가 아니겠는가.[11]

천문 역법을 논함에는 서법의 수준이 매우 높아 전인미답을 밝혔다고 할 수 있다. 그러나 그 학은 우리 유가의 상제(上帝)의 칭호를 훔쳐

其術. 好事者往往兼尙其學, 康熙末, 來者益衆, 主仍採其術, 爲數理精蘊書, 以授欽天監, 實爲曆象源奧 … 由是西學始盛. 談天者皆祖其術 … 亦終不得其詳, 則由妄想億中, 而求之不以其道也, 今泰西之法, 本之以算數, 參之以儀器, 度萬形窺萬象, 凡天下之遠近高深巨細輕重, 擧集目前, 如指諸掌, 則謂漢唐所未有者非妄也.

10 「耶穌像災記」, 『江漢集』 권10. 利瑪竇出於西方, 倡所謂耶穌之敎, 上託神天以惑衆.

11 「利瑪竇南北極圖記」, 『修山集』 권4. 觀畸人十篇, 其道術亦本於仁義節儉, 斯非所謂聞其風而說者歟.

불가의 윤회(輪廻)의 설로 꾸민 것이니, 천루하여 가소로웠다.[12]

마테오 리치는 잘못된 '가르침(敎)'으로 사람들을 현혹시킨 사람이지만 인의절검이라는 '도술(道術)'을 가진 사람이기도 하고, 전인미답의 서법 (西法)을 확보한 지식인이기도 하다. 현재까지의 연구는 이 온도차를 대체로 '과학'과 '종교'의 관계 혹은 그 부정 교합으로 이해하는 경우가 많았다. 유학자들이 서양의 실용에 도움이 되는 '과학'은 우호적으로 수용했지만 '종교'에 대해서는 부정했다는 것이다. 그러나 이 지점에서 한 가지 확인할 것이 있다. 예수회 회원들의 활동은 근대적 관점으로 보자면 철학, 종교, 자연학, 기술 등으로 나눌 수 있을 것이다. 그러나 당대 중국과 조선의 지식인들에게는 이러한 구분이 없었다. 다시 말해 동아시아 지식인들은 서구의 근대적 학제와 관계없이 그 모든 것을 아울러 진정한 가르침이라는 의미에서 '교(敎)'나 '학(學)'이라고 표현했을 뿐이다.

더 중요한 것은 중국과 조선의 지식인들이 서양의 새로운 지식과 종교를 '서교(西敎)'라고 부를 때 이들에게는 '기독교', '불교', '도교'와 같은 제도 종교(religion)의 관념이 존재하지 않았다는 것이다. 동아시아인들에게 유교(儒敎)는 도교(道敎)나 불교(佛敎)와 구분되는 '종교'가 아니라 진정한 가르침[敎] 혹은 진정한 학문[學]에 가깝다.[13] 다시 말해 중국과 조선 유학자들이 양학(洋學), 천학(天學), 천주학(天主學), 서양학 (西洋學)이라고 부르는 어떤 영역이 서교(西敎), 천주교(天主敎)와 차별적인 영역에 별도로 존재하는 것이 아니라는 것이다. 따라서 '서학(西

---

12 「杭傳尺牘」, 『湛軒書』 外集 권2. 論天及曆法, 西法甚高, 可謂發前未發, 但其學則竊吾 儒上帝之號, 裝之以佛家輪廻之語, 淺陋可笑.
13 김선희, 앞의 책, 41~52쪽 참조.

學)'과 '서교(西敎)'를 '철학–과학 vs 종교'의 구도로 이해하는 것은 근대적인 시선에 따른 판정일 가능성이 있다.

유학자들은 유학–성리학이라는 근원적이고 통합적인 차원에서 이념적 지식과 실질적 지식을 통합하고 구분해왔다. 서학(西學) 역시 천학으로서 통합적인 세계관이자 동시에 세부적인 방법과 기술을 포함하고 있다는 점에서 유학과 유사한 학술적 지향과 구조를 가지고 있다. 이 이중적인 성격을 이해하지 않으면 우리는 '발달된 서양 과학이 전달되었고, 일부 지식인이 이를 적극적으로 수용하여 조선 시대 학풍에 변화가 생겼으나 이를 실질적으로 제도로 구현하지 못하는 사이 근대화에 뒤처지기 되었다'는 일반론으로 무한 회귀할 수밖에 없을 것이다.

3. 도(道)와 학(學)의 통일

이 맥락에서 예수회원들이 가설한 기독교를 향한 진입로가 단수가 아니었음을 상기할 필요가 있다. 예수회원들은 도덕적, 철학적, 자연학적, 기술적 통로를 가설해 중국 지식인들에게 기독교를 전달하고자 했다. 예수회원들은 당대 유학자들의 일반적 목표였던 불교 배척을 기독교와 유학의 공통적 목표라고 제시한 뒤 스콜라 철학을 고대 유학에 연관시켰다. 나아가 이들은 유럽의 과학적, 기술적 지식들을 '격물치지 (格物致知)'라는 성리학의 학문적 이념에 연결시켰다. 이 전략은 어느 정도 성공적이었다고 볼 수 있다. 명말 기독교의 세 기둥으로 불리는 서광계(徐光啓, 1562~1633), 이지조(李之藻, 1571~1630), 양정균(楊廷筠, 1562~1627) 등 명말 중국 관료–유학자들의 호교론적 저술들이 이를 잘

보여준다. 현대 연구자들은 이들의 개종과 협력 동기를 아래와 같이
설명한다.

> 만일 많은 사대부들이 그들에게 존경과 찬양을 표했다면, 그것은 두
> 가지 요인의 적절한 결합 때문이다. 하나는 그들이 중국에 전해 준 유
> 용한 지식이며, 다른 하나는 그들의 윤리적 엄격함과 중국인들에게 자
> 신의 종교적 전통을 일깨워 주기 위해 고심했다는 점이다.[14]

이러한 평가는 현대 연구자들의 일반적인 평가라고 할 수 있다. 장
군매(Carsun Chang)은 서광계의 개종 동기를 다음과 같은 관점에서 평
가하기도 한다.

> 중국인들의 전통적인 사유에 따르면 도(道, metaphysical principles)
> 와 학(學, learning)은 항상 조화로운 관계(harmonious relationship)를
> 가지는 것으로 인식되어 왔다. 서광계는 이러한 표준을 마테오 리치에
> 게 적용했으며 마테오 리치야말로 그런 조화의 모범적 사례라는 점을
> 발견했다. 그의 성품에서도 이 두 가지 면이 놀랍게 혼합되어 있었는데
> 그에게 있어 기독교는 도의 전형이고 과학(science)은 학의 전형이었기
> 때문이다.[15]

종교적 가르침으로서의 도(道)와 실용적 지식으로서의 학(學)의 통합
적 추구는 명말의 혼란스러운 사회 속에서 실질적 개혁을 추구했던 비

---

14 Jacques Gernet, *China and the Christian Impact*, Cambridge University Press,
   1985, p.58.
15 Carsun Chang, *The Development of Neo - Confucian Thought Ⅱ*, Bookman
   Associates, 1962, p.189.

판적 지식인으로서 서광계의 사명감이 드러난 결과라고 말할 수 있다. 여기에 덧붙여 수학과 천문학 관련 번역 작업에 대한 관심 역시 새로운 기술 도입을 통한 사회 개혁을 꿈꾸었던 당대 관료 지식인의 일반적인 의식을 보여준다고 할 수 있다.

그러나 이런 식의 판단은 서광계의 의도를 지나치게 단순화한 것일 수도 있다. 중국에서의 '학(學)'은 외부 세계를 향한 실용적 지식의 성격도 가지고 있지만 더욱 근본적으로는 내적인 자기 수양의 의미도 포함하기 때문이다. 그가 영혼 불멸과 사후 세계에 대한 관심으로 기독교에 발을 들이고, 미사와 영성체에 참석하며 주변 사람들에게 기독교식 수련을 권했던 일 역시 유학–성리학적 맥락의 '학(學)'에서 크게 벗어나지 않는다. 그에게 기독교는 천주–상제(上帝)를 섬기는 학문이면서 동시에 일상의 삶을 이끌어갈 도덕적 지표이기도 했을 것이다. 다음의 문장이 이를 잘 보여준다.

(기독교의) 이론은 상제를 밝게 섬기는 것을 근본으로 삼고 몸과 영혼을 지키고 구원하는 것을 요점으로 삼으며 충효와 자애를 공부로 삼고 개과천선을 입문으로 삼고 뉘우쳐서 잘못을 씻는 것을 수양으로 여기고 천당에 오르는 복을 선행에 대한 상으로 여기며 지옥에 떨어지는 재앙을 악행에 대한 업보로 삼으니 일체의 훈계와 규율 조리가 모두가 지극한 하늘의 이치이자 인간적 도리입니다.[16]

1616년 기독교를 옹호하기 위해 써 올린 「변학장소(辯學章疏)」에서

---

16 徐光啓, 「辯學章疏」, 『徐光啓集』. 其說以昭事上帝爲宗本, 以保救神靈爲切要, 以忠孝慈愛爲工夫, 以遷善改過爲入聞, 以懺悔滌除爲進修, 以升天眞福爲作善之榮賞, 以地獄永殃爲作惡之苦報, 一切戒訓規條, 悉皆天理人情之至.

서광계는 서교(西敎)가 '왕의 교화에 보탬이 되고 유학의 학술을 보조하며 불교의 폐해를 고칠 수 있다(補益王化, 左右儒術, 救正佛法.)'고 주장한다. 그는 국가 경영의 일익을 담당하는 관료로서, 서학을 받아들여야 하는 객관적이며 공개적인 이유로 왕의 교화와 유가 학술에의 보탬이 된다는 점을 내세우고 있다.

이렇게 본다면 그들이 마테오 리치가 제안한 종교적 가르침 즉 서교를 받아들인 것은 자기의 사상적 토대를 완전히 버리고 새로운 미지의 종교로 개종한 것이라고 보기 어려운 측면이 있다. 오히려 그들은 유학의 가르침이 서양이라는 낯선 테두리 안에서도 훌륭하게 발전할 수 있다는 자신감을 바탕으로 유학에 보탬이 될 다양한 지식을 수용한 것이라고 평가할 수도 있을 것이다. 서광계의 다음 문장이 이를 잘 보여준다.

> 내가 천주교를 믿는다 해서 유학을 버렸다고는 할 수 없다. 다만 중국의 옛 경전이 사라져 주해가 많이 어긋나서 불교에 속임을 당하는 지경에 이르렀으니 천주교를 믿어 불교의 그릇된 이론을 물리치고 유학의 부족한 점을 보충하고자 할 뿐이다.[17]

서광계는 안과 밖 모두에서 사회를 바꿀 힘을 찾았던 것으로 보인다. 그리고 그 활력을 서양에서 들어 온 새로운 학문, 새로운 도덕론, 새로운 신앙에서 찾았던 것 같다. 물론 기독교를 통과시킨 그의 지적 필터는 개인의 도덕적 수양과 사회적 실천, 그리고 국가에 대한 책무와 세계의 근원적 존재에 대한 신앙을 모두 포괄하는 유학(儒學)이었다

---

17 『性理眞詮』. 我信天主敎, 非棄儒敎, 只因中國古經失傳, 註解多舛, 致爲佛說所誣, 信天主敎乃所以闢佛敎之謬說, 補儒敎之不足耳.

고 말할 수 있다.

비슷한 경향을 보이는 인물이 또 있다. 『천학초함(天學初函)』을 간행하여 당시까지의 예수회원들과 저작과 자신이 쓴 글을 집대성한 이지조(李之藻, 1565~1630)다. 철학적 저술과 기술적 저술을 분리해서 편집했던 『천학초함』의 구성에서도 알 수 있듯 그는 서학의 자연학과 기술적 측면에 큰 관심을 보였던 인물이다. 이지조는 원래 자연학에 소질과 흥미가 많았던 사람이었고, 마테오 리치와 만나기 전에도 천문, 지리, 군사, 수학 등 다양한 중국 전통 자연학에 조예가 깊은 인물로 알려져 있다. 이런 그가 체계적이고 논리적인 서양 수학과 과학에 큰 흥미를 느꼈던 것은 자연스러운 일일 것이다.

그러나 그에게 '천(天)'은 결코 자연학의 대상으로서 물리적인 자연적 세계만이 아니었다. 그에게 하늘은 진심으로 알고[知天], 충심으로 섬기는[事天] 대상이기도 했다. 모든 유학자들과 마찬가지로 그에게 도덕성의 세계로서의 천과, 천문 현상의 천은 하나였다. 이런 맥락에서 이지조는 마테오 리치에 대해 양자를 종합한, 성인이 다시 일어나도 바꾸지 않을(聖人復起, 不易也.) 가장 진실하고 가장 광범위한 가르침(最眞最廣之敎)의 소유자로 규정한다. 그는 마테오 리치에게서 가장 전형적인 유학자의 모습을 보았던 것이다.

마테오 리치 선생(利先生)의 학술은 한결같이 하늘을 섬기는 것을 근본으로 하여 하늘이 하늘인 까닭을 매우 밝게 논하였다. 세속에서 하늘을 모독하고 부처에게 아첨하는 것을 목도하고 (올바른) 말을 펼쳐서 그들을 배격하였다.[18]

마테오 리치에 대한 이지조의 인식은 서광계와 크게 다르지 않다. 이지조는 천주교와 유교를 하나의 보편적 축에 놓고 함께 바라본다. 그것은 양자가 모두 하늘을 알고 하늘을 섬기는 것을 근본으로 삼기 때문이다. '특히 하늘을 알고 하늘을 섬기는 그의 이론적 핵심은 유학 경전이 기록한 바와 합치한다.(而特於知天事天大旨, 乃與經傳所紀, 與券斯合.)' 하늘을 알고 하늘을 섬기는 학문은 그가 생각하는 가장 보편적인 가르침이었고 그가 내면화하고 있는 유학이나 새로 받아들인 기독교 모두 이 보편성에서 벗어나지 않는다.

이들은 유학을 하나의 보편적 이념으로 보고 기독교 역시 그 보편 이념을 공유한다고 믿었던 것이다. 서학-서교의 철학과 윤리학, 종교적 신앙과 자연학, 기술은 이들에게 기능주의적으로 분리된 실용적 분과 지식이 아니라 분리되지 않는 하나의 통합된 체계였다. 다음의 평가가 이러한 경향을 이해하는 데 도움을 준다.

> 명 말의 지식인들은 선교사들의 가르침 즉 도덕적, 철학적, 과학 기술적 성격들을 통합된 전체의 개별적 부분으로 여겼다. 이 세 가지가 모두 합쳐져 중국인들이 말하는 '천학(天學)' 또는 '서학(西學)'을 형성하는 것이다.[19]

이 분과 학문으로 분리되지 않는 통합적 전체를 '보편학(普遍學)'에 대한 요구라고 간주할 수 있다. 명 말의 지식인들은 보편학을 추구하는

---

18 「天主實義重刻序」,『天學初函』. 利先生學術, 一本事天, 譚天之所以爲天, 甚晳. 睹世之藝天佞佛也者, 而昌言排之.
19 Jacques Gernet(1985), ibid., pp.57~58.

과정에서 유학과 서학을 통합하는 패러다임으로 '천학(天學)'을 제시했다고 할 수 있다. 보편학으로서의 천학은 유학과 새로운 가르침인 기독교 사이의 조화와 균형을 의미한다. 유학자로서 이들은 서학의 개별 이론들을 유학적 필요에 따라 적극적으로 활용할 수 있다는 자신감과 사명감을 가지고 있었다. 이러한 맥락에서 이들의 서학의 수용을 기독교라는 특정 종교의 전파 여부로만 평가하지 않는 것이 중요하다. 이들은 종교적 신앙으로 향했던 것과 동시에 유학에 대한 보편주의적 전망을 버리지 않았던 실용주의적 유학자들이었기 때문이다. 그런 맥락에서 이들에게 도(道)와 학(學)은 분리되지 않은 하나의 통합적 체계였고『기하원본』에 담긴 지식 역시 궁극적으로 도(道)를 실현하기 위한 방법에 불과했을 것이다. 이 점은 조선의 지식인들에게도 크게 다르지 않았을 것이다.

4. 예(藝)와 술(術)의 시대

앞의 문장에서 보았듯 서양 수학에 심취한 유금을 도의 말단으로 평가했던 서유구는 같은 글에서 보편적인 학문과 전문적인 학문을 위계가 아닌 성품에 따른 선택이라고 말한다.

트이고 통달한 사람은 큰 것을 배우고 정밀하게 살피는 자는 작은 것을 배운다. 성품이 가까운 쪽에 달려 있으니 성인이 가르친 바 역시 그 성품에 따른 것이다. (중략) 지금의 학자들은 그렇지 않으니 오직 그 학이 크지 않을까 염려할 뿐 자신의 성품에 가까운 것을 따를 수 없다. (중략) 내가 일찍이 공자의 학문을 살펴보니 그 큼이 지극하나 사람을 가르치는 바는 하나가 아니셨다. (중략) 제자들이 학문에서 얻는 바는 큰 것도 있고 작은 것도 있고 보편적인 것도 있고 전문적인 것도 있었다.[20]

서유구는 학문이 근본과 말단이 아니라 보편적인 것과 전문적인 것의 관계로 이루어져 있으며 이 차이는 위계나 가치의 차이가 아니라 성품의 차이일 뿐이라고 말한다. 그런 구도에서 예(藝)는 말단이 아니라 정밀한 것을 추구하는 성품에서 비롯된 하나의 학문적 방법이 되는 셈이다.

서유구의 조부인 서명응은 한 발 더 나아간다. 박제가(朴齊家, 1750~1805)의 『북학의(北學議)』를 위해 쓴 서문에서 그는 '인간의 만든 문명에는 모두 자연의 수법(數法) 즉 치수와 제작법이 담겨 있고(城郭室廬車輿器用, 莫不有自然之數法) 이를 기록한 책들을 통해 성인이 남긴 지식이 광대하고 정미하여 만물의 법도와 치수, 제작법을 포괄하고 있음을 알 수 있었지만(此可見聖人之識廣大精微, 包括萬有之數法) 한(漢) 대 이후 만물의 치수와 제작법에 능통하지 못한 유학자들이 이를 백공의 일로 치부했기 때문에(自漢以後, 儒者不能通萬有之數法, 槩曰此百工之事也) 수법을 온전히 사용하지 못하게 되었으면서도(數法失其宜乎) 이를 알지 못하고 그저 나라가 가난하다고(我國貧國) 한탄만 한다'고 주장한다. 성인은 결코 만물의 규격과 제작법과 같은 실용적인 지식에 대해 자질구레하다 하여 폐기한 적이 없었다는 것이다(何嘗以爲瑣屑而去之乎).[21]

---

20 「幾何室記」, 『楓石鼓篋集』 권2. 疏者達者其學大, 精而審者其學小, 蓋由性之近, 而聖人之敎之者, 亦惟因其性爾 … 今之學者不然, 惟恐其學之不大, 而不能因其性之近也 … 余嘗以爲孔氏之學, 其爲大也至矣. 然其敎人也不一 … 其學焉而得之者, 有大有小有全有偏.

확실히 조선 후기는 다양한 사회적 변화와 서학의 유입 등 지적 조건
의 변화와 함께 과거에 비해 이른바 '명물도수(名物度數)'나 '예(藝)'를
언급하는 언설들이 늘었다고 볼 수 있다. 다음 홍대용의 문장도 이러한
풍조를 잘 보여준다.

> 내가 생각하건대 『주역(周易)』은 시의(時義)를 귀히 여겼고, 공자(孔
> 子)는 주(周)를 따른다 하였으며, 고금의 마땅함이 달라 삼왕(三王)의
> 예(禮)가 같지 않았습니다. 지금 세상에 살면서 옛 도(道)로 돌아가고자
> 한다면 또한 어렵지 않겠습니까? 수년을 연구하고 낱낱이 분석한다 해
> 도 심신의 치란과 국가의 흥망성쇠에 조금도 관련이 없어 송사를 다툰
> 다는 비난을 얻기에 족할 따름이라면 아마도 이는 율력(律曆), 산수(算
> 數), 전곡(錢穀), 갑병(甲兵)으로 세상의 수요에 따라 알맞게 쓰이는 것
> 과 같지 않을 것입니다.[22]

이런 경향은 주로 '실용'이라는 관점에서 조선 후기의 중요한 학풍
중 하나로 평가되어 왔다. 조선에서도 널리 읽혔던 서광계의 글 「기하
원본잡의(幾何原本雜議)」에서 그는 기하학의 효용을 '천하 사람들을 이
끌어 실용으로 돌아가게 하는 것(率天下之人而歸於實用者)'이라고 말한
다. 이런 인식은 조선 후기 학풍에 대한 일반적 결론으로 받아들여진
다. 그러나 과연 이들이 생각한 실용성이란 과연 무엇인가? 과연 서학
이라는 자극을 통해 유학에 '실용'의 학풍이 작동하게 된 것일까?

---

21 「北學議序」, 『保晚齋集』 권7.
22 「與人書」, 『湛軒書』. 竊意易貴時義, 聖稱從周, 古今異宜, 三王不同禮, 居今之世, 欲反
     古之道, 不亦難乎. 窮年累世, 縷析毫分, 而實無關於身心之治亂, 家國之興衰而適足以來
     聚訟之譏, 則殆不若律曆筭數錢穀甲兵之可以適用而需世.

사실 이런 질문은 어떤 면에서 다시 일반론으로 흡수되기 쉬운 측면이 있다. 조선 후기에 다양한 천문, 수학, 농법, 제도 등의 이론들이 도출되기 시작했다면 유학자들이 추상적 이론 체계로서 성리학에 집중했다는 전 시대와 구분될 수도 있을 것이다. 그러나 이런 결론은 실제에 대한 면밀한 관찰과 이해에서 비롯되었다기보다는 조선 후기에 대한 일반적 인상에서 비롯된 것일 가능성이 있다. 이른바 '실학자'들이 새로운 학풍으로 나아갔다는 시대에도 여전히 주류의 학자들은 성리학의 사변적 이론을 학문의 핵심이자 본령으로 삼았으며 소수에 의해 시도된 새로운 학풍이 실제로 조선을 바꾸었다는 점을 실질적으로 확인하기도 어렵기 때문이다. 변별적 특성을 확인하는 것과 이를 전체로 확대해서 일반화하는 것 사이에 간격이 발생하는 경우가 있는 것이다.

한 가지 살펴볼 것은 서학의 실용적 학풍이 주류 담론에 어떤 영향을 끼쳤는가 하는 점이다. 우선 이 시기에 들어온 서학이 모두 성리학에 대한 긴장을 발생시켰다고 볼 수 없을 것이다. 선행 연구들이 보여주듯 김석문(金錫文, 1658~1735), 황윤석(黃胤錫, 1729~1791), 서명응처럼 철학적 이념이나 윤리적 제안에 대한 기대가 아니라 수학적 관심에서 서학에 접근한 이들은 체제 교학으로서 성리학의 이념을 손상시키지 않고도 얼마든지 서학을 자기 학문의 테두리 안에서 활용할 수 있었다. 박학을 추구하면서도 성리학을 체계화하고자 했던 황윤석의 다음 문장이 이를 잘 보여준다.

대저 서양 사람들이 말하는 천학(天學) 가운데 오직 역산(曆算)과 수법(水法)만이 천고에 탁월하다. 대개 성현의 성리학설은 염락관민(濂洛關閩)의 학문이 최고이며 역산(曆算)의 제법(諸法)은 서양보다 뛰어

날 수 없으니 이는 아마도 바뀔 수 없는 이론이라 할 것이다.[23]

이는 서양 수학에 의해 촉발된 어떤 지적 흐름을 단순히 실용에 근거한 '탈성리학적 실학'의 확산이라는 의미로 단순화할 수 없음을 보여준다고 할 수 있다. 이런 맥락에서 서학을 수용한 조선 유학자들이 생각한 실용이 무엇인지, 이 학문을 통해 무엇을 추구했는지 살펴볼 필요가 있을 것이다. 다르게 말하자면 서학을 의미있는 지적 자원으로 수용하게 된 이유를 살펴보는 것이다.

> 내가 일찍이 공에게 '도(道)란 형이상이요, 예(藝)는 형이하입니다. 군자는 형이상에 대해 말하지만 형이하에 대해 말하지 않는 법인데 공이 좋아하시는 것은 술(術)을 가리지 않는 것은 아니신지요.'라고 물었다. 공이 말씀하셨다. '그렇다. 나 역시 모르는 바는 아니다 도는 형체가 없어 현혹되기 쉽고 예는 형상이 있어 거짓되기가 어렵다. 나는 도를 좋아하지 않는 것이 아니라 도를 좋아한다고 말하면서도 실제로는 도가 아닌 것과, 이른바 예(藝)에 대해 아무 것도 얻지 못하는 것을 미워할 뿐이다.'[24]

이 문장은 서호수와 그의 동생 서형수가 나눈 대화의 일부이다. 서형수는 군자는 형이하인 기술에 대해 말하지 않는 법인데 형이 지나치게 술(術)을 가리지 않고 택하는 것이 아닌지 염려한다. 이 문장에서

---

23 『頤齋亂藁』제1책, 330쪽. 大抵西洋之人, 其所謂天學之中, 惟曆算水法等卓絕千古. 蓋聖賢性理學問之說, 莫尚於濂洛關閩, 而曆算諸法, 又莫尚於西洋. 此或可爲不易之論歟.
24 「幾何室記」, 『明皐全集』. 道者, 形而上者也, 藝者, 形而下者也. 君子語上而不語下, 公之所好, 無乃不擇於術乎. 公曰, 然. 吾固無不知也, 夫道無形而易眩, 藝有象而難假. 吾非不好道也, 所惡名好道而實不道, 并與所謂藝者而無得焉爾.

흥미로운 것은 서호수의 대답이다. 서호수는 도(道)와 예(藝)의 전통적인 관계가 아니라 양자의 본질적인 성격에 주목한다. 그에게 도(道)는 보이지 않은 것이지만 예(藝)는 보이는 것이다. 보이지 않기 때문에 도(道)에 대해서는 속이기 쉽지만 형상이 분명히 드러나는 예(藝)는 쉽게 거짓으로 꾸밀 수 없다. 서호수에게 더 중요했던 것은 거짓으로 꾸밀 수 없는 구체적이고 실질적인 것을 얻는 과정이었던 것이다.

서호수의 이 말은 이 시기에 지적 연구의 대상과 방법이 변화하고 있음을 보여준다고 할 수 있다. 다시 말해 서호수는 보이지 않는 것에서 보이는 것으로, 형상이 없는 것에서 형상이 있는 쪽으로, 속이기 쉬운 고원한 세계에서 속일 수 없는 구체적인 세계로 연구의 대상을 전환하고 있는 것이다. 이는 다른 국면에서 연구 방법의 변화라고도 볼 수 있다. '보이는 것'을 연구하는 과정과 방법은 '보이지 않는 것'을 추구하는 방법과 다를 것이기 때문이다. 예를 들어 전통적으로 성리학자들은 '보이지 않는 것'을 얻기 위해 독서라는 방법으로 세계를 이해하고 자신을 변화시켜왔다.

> 정자(程子)가 말씀하시길, "『논어(論語)』와 『맹자(孟子)』를 읽고 도(道)를 알지 못한다면, 소위 '비록 많이 읽었다고 한들 또한 무슨 소용이 있겠는가?'"라는 것과 같다.[25]

> 요즘 사람들은 책을 읽을 줄 모른다. 만약 『논어(論語)』를 읽었는데 읽기 전에도 이러한 사람이고 읽은 후에도 또한 단지 그러한 사람이라면 이는 곧 읽지 않은 것이다.[26]

---

[25] 「讀論語孟子法」, 『孟子集註』. 程子曰, 讀論語孟子而不知道, 所謂雖多, 亦奚以爲.

성리학자들에게 읽는다는 행위는 곧 근원적인 진리에 도달하는 과정이자 동시에 인격을 변화시키는 경로를 의미한다.[27] 그런 맥락에서 보이지 않는 것에 관한 학문의 가장 긴요한 방법은 '독서'였다.[28] 그러나 동시에 이들에게 '학(學)'이란 '다른 사람에게 본받을 만한 바가 있어 그것을 나 자신에게서 완성하기를 구하는 것을 말한다. 내가 아직 알지 못하는 것에 대해 이미 알고 있는 이를 본받아 그 앎을 추구하고, 내가 하지 못하는 바에 대해 할 수 있는 사람을 본받아 그 할 수 있음을 추구하는 것, 이 모두가 학에 해당하는 일'이기도 하다.[29] 이들에게 학문은 독서라는 행위로부터 출발하여 타인을 본받아 나를 완성시켜 가는 인격적 행위를 의미한다. 다시 말해 학문의 방법으로서의 독서는 '보이지 않는' 어떤 세계에 대한 인격의 개입과 정착이 관련된 구도적 과정이다.

---

26 「讀論語孟子法」, 『孟子集註』. 程子曰, 今人不會讀書. 如讀論語, 未讀時是此等人, 讀了後又只是此等人.

27 「勸學篇」, 『荀子』. 유학에서 인격 변화의 최종 목표는 성인(聖人)이 되는 것이다. 순자(荀子)의 다음 문장이 이를 잘 보여준다. '학문은 어디에서 시작하고 어디에서 끝나는가. 그 방법으로 말하자면 경을 외는 데서 시작하여 예를 읽는 데서 끝나고 그 의로 말하자면 선비가 되는 것에서 시작하여 성인이 되는 데서 마친다.(學惡乎始, 惡乎終. 曰其數則始乎誦經, 終乎讀禮, 其義則始乎爲士, 終乎爲聖人.)'

28 『朱子語類』 권10. 다음의 문장이 이를 잘 보여준다. '학문은 자기 자신의 절실하고도 긴요한 곳에서 이해해야 비로소 옳다. 독서는 이미 두 번째 의미이다. 자기 자신한테 도리는 모두 갖추어져 있는 것이지, 일찍이 바깥에서 더해 온 것이 아니다. 그러나 성인이 사람을 가르칠 때 모름지기 이 책을 읽어야 한다고 했었던 때는 아마도 스스로 이 도리를 갖고 있더라도 반드시 경험을 거쳐야 비로소 얻을 수 있는 것이기 때문이었을 것이다. 성인이 말한 것은 그가 일찍이 경험을 거쳐 왔던 것이다.(學問, 就自家身己上切要處理會方是, 那讀書底已是第二義. 自家身上道理都具, 不曾外面添得來. 然聖人敎人, 須要讀這書時, 蓋爲自家雖有這道理, 須是經歷過, 方得. 聖人說底, 是他曾經歷過來.)'

29 『論語或問』. 或問學之爲效何也, 曰所謂學者, 有所效於彼, 而求其成於我之謂也. 以己之未知而效夫知者, 以求其知 以己之未能而效夫能者, 以求其能, 皆學之事也.

이런 관점에서 본다면 조선 후기는 학문의 이념이 아니라 그 방법과 대상이 변화한 시대라고 말할 수 있다. 학의 대상이 '보이는 것' 다시 말해 '읽을 수 없는 것'과 '본받을 수 없는 것'으로 옮겨가고 있었기 때문이다. '실학'으로 부르는 어떤 지적 경향 안에서 독서만으로 도달할 수 없는 현상 세계, 즉 보이는 것들을 학문의 대상으로 삼는 경향이 가시적으로 나타나고 있었기 때문이다. 이런 관점에서 본다면 이 시기 서양 수학과 천문학에 관심을 보이던 이들의 공통적 지향 중 하나는 '보이는 것'과 '경험가능한 것'에 대한 관심이라고 할 수 있을 것이다. 이에 대해 본격적으로 살펴보기 전에 먼저 생각할 지점이 있다. 마테오 리치가 동아시아에 소개하고자 했던 학문 방법론 즉 연역 체계다.

5. 이념에서 경험과 관측으로

마테오 리치가 중국에 전한 중요한 학술적 자원 중 하나인 『기하원본(幾何原本)』이다. 주지하듯 『기하원본』은 중국 지식인들 사이에서 상당한 인정을 받았다. 『기하원본』의 저술을 마테오 리치의 가장 큰 공으로 여기는 인식이 일반화되었기 때문이다. 현대 연구들은 마테오 리치가 『기하원본』을 통해 중국에 없던 '연역 체계'를 중국인들에게 이해시키고자 했다고 평가한다.[30] 주지하듯 마테오 리치는 서광계의 조

---

30 예를 들어 엽향고(葉向高, 1559~1627)는 마테오 리치 사후에 『기하원본』을 마테오 리치의 최고의 공으로 내세우며 장지를 하사해야 한다고 주장한 바 있다. 송영배, 「마테오 리치의 『곤여만국전도』와 중국인들의 반응」, 『문화역사지리』 24(2), 한국문화역사지리학회, 2012, 3쪽.

력을 받아 유클리드의 『기하학원론』에 대한 주해서[31]를 『기하원본』으로 번역해서 동아시아에 공리계에 근거한 연역 체계를 소개한 것으로 알려져 있다. 다시 말해 마테오 리치는 보이는 것과 경험가능한 것을 넘어 이 지식들을 연역적으로 소급할 근본적 학술 원리를 전달하고자 했던 것이다.

한 선행 연구는 마테오 리치가 '중국의 학문은 경험 세계와의 교섭에서 얻은 귀납법적 추론에만 의존하는 실천(practice)-의존적 응용기술만 있을 뿐, 응용기술의 바탕이 되는 순수이론과 그 순수이론에서 논리적 필연성을 근거로 전개되는 연역적 논증(deduction)이 없었다는 것'에 충격을 받아 『기하원본』의 연역추리에 의한 서양 학문의 우수성을 중국 문인에게 각인시키고자 했다고 설명한다. 그리고 그 효과가 상당했다고 평가한다.[32]

이러한 평가는 큰 저항 없이 받아들여지는 일종의 일반론이라고 할 수 있을 것이다. 그러나 이 문제에 대해서 쉽게 답하기 어려운 점들이 있다. 예를 들어 다른 선행 연구는 『기하원본』이 중국의 조정과 학자들 사이에서 비판된 일이 없을 정도로 상당한 권위를 가지게 되었지만 그것이 충분한 이해와 내면화에 따른 결과로 볼 수는 없다고 주장한다. 실제로 번역에 참여한 서광계가 『기하원본』이 담고 있는 연역체계와 공리계를 충분히 이해하지 못했다는 것이다. '(서광계)에게조차 증명이란 기지

---

31 『기하원본』은 마테오 리치가 예수회 대학 콜레지오 로마노(Collegio Romano) 시절 스승이었던 독일 출신의 클라비우스(Christopher Clavius) 유클리드 기하학의 주해서인 *Euclidis Elementorum* 가운데 여섯 권을 중국어로 번역한 것이다.

32 송영배, 「마테오 리치가 소개한 서양학문관의 의미」 『한국실학연구』 17, 한국실학학회, 33쪽.

에서 미지로 추론을 행하는 것, 다시 말하면 증명을 통해 보편성을 확보하는 추론의 연쇄와는 다른 맥락으로 (중략) 이해되었고 따라서 그의 언설에서 증명이란 단지 알고리즘의 일반해를 구하는 것 이상의 의미를 지니지 않는, 다시 말하면 공리계와는 전혀 무연한 체계였다.'[33]

또한 이 선행 연구는 서광계가 '공리계의 성격에 대한 오해 혹은 이해의 불철저함'으로 인해 '연역적 추론이 갖는 보편성(분석적 성격)은 알고리즘의 일반성(일반해)으로 대체'했다고 평가하기도 한다.[34] 실제 수학의 세부적인 내용을 이해하지 못하더라도 이러한 주장은 충분히 설득력을 가진다. 실제로『기하원본』은 국가적으로 승인된 서학서였지만 그만큼 대중적으로 읽혔거나 이해되었다고 보기 어렵다. 책이 귀하기도 했지만[35] 이해하기 대단히 어려웠기 때문으로 보인다.[36] 서유본의 다음 문장이 이 점을 잘 보여준다.

내가 처음『기하원본』을 읽었을 때는 마치 철벽에 구멍을 뚫고 야생마에 굴레를 씌우는 것 같아서, 심한 경우는 구두도 떼지 못하였다. 3차례 읽고 난 뒤에도 간간히 막히는 곳이 있었는데, 이것이 마음에 걸려 답답할 때면 문득 책을 덮고 버려두었다. 그리고 밥 먹은 뒤나 침상에서 이리저리 뒹굴면서 깊이 생각하고 알지 못하면 또 생각하고, 다음날

---

33 안대옥, 「마테오 리치와 보편주의」『명청사연구』 34, 명청사학회, 2010, 52~53쪽.
34 안대옥, 위의 논문, 53쪽.
35 이규경은『五洲衍文長箋散稿』의「數理辨證說」에서 당시에 질이 낮은 필사본을 제외하고 이 책이 조선에 네 본뿐이라고 밝힌 바 있다.
36 조선에서 이 책에 통달했다고 일컬어지는 인물들은 황윤석, 홍길주, 이가환 등 유학자들과 김영, 문광도, 홍양해 등 관상감에서 실무를 담당했던 중인 전문가들뿐이었다. 안상현, 「기하원본(幾何原本)』의 조선전래와 그 영향: 천문학자 김영(金泳)의 사례」,『문헌과 해석』 60, 태학사, 2012, 132쪽.

아침 다시 생각하고 알지 못하면 또 생각하였다. 다만 늘 마음에 두고 딴 생각을 하지 않고 수시로 머릿속에 떠올리니, 비록 어지럽게 얽힌 곳도 석연히 깨닫지 못하는 곳이 없었다. 애! 사람의 병폐는 생각지 않는 데 있을 뿐이다.[37]

 이덕무는 당시 한양에 서명응의 가계를 중심으로 이른바 '서학수리전문가(西學數理專門家)' 집단이 형성되어 있다고 기록한 바 있다. 이덕무가 언급한 사람은 서명응과 서호수 부자, 이벽, 정철조 등이다.[38] 정약용은 형인 정약전이 '일찍이 이벽(李檗)과 교류하며 천문 역법[曆數]의 이론을 듣고 『기하원본(幾何原本)』을 연구하며 정미한 이치를 분석하였는데, 마침내 서교(西敎)의 설을 듣고는 매우 좋아하였으나 몸소 믿지는 않았다.'[39]고 밝힌 바 있다. 남인계 뿐 아니라 노론에 속한 황윤석 같은 인물도 산학에 심취했고 실제로 수학을 공부하고 연구해야 했던 관상감의 실무진인 중인 전문가들도 활동했지만 그 숫자가 많다고 보기는 어렵다. 더 중요한 것은 이들이 대부분 사적인 연구에 그쳐 이를 실질적인 지적 자원으로 외화하지 못했다는 것이다. 활용보다 더 중요한 문제가 있다. 수학에 통달한 이들조차도 마테오 리치가 기대한 수준으로 공리계를 이해한 것으로 보이지 않는다는 점이다.

---

37 余始讀幾何原本, 如穿鐵壁, 如絡生馬, 甚或不能以句. 凡三讀, 遇有透不去處, 心氣爲之煩憊, 則輒掩卷捨置. 或於飯後, 或於枕上, 宛轉沈思, 不得則又思之, 平朝又思之, 不得則又思之, 而但令存心勿他, 時時揭起, 則雖至棼錯處, 未嘗不釋然而頓悟. 嗟, 夫人患不思耳.「題幾何蒙求」,『左蘇山人文集』. (조창록,「조선 실학에 끼친 徐光啓의 영향」,『사림』 41, 수선사학회, 2012, 114쪽 재인용.)
38 구만옥, 앞의 논문, 334쪽.
39 「先仲氏墓誌銘」,『與猶堂全書』. 嘗從李檗游, 聞曆數之學, 究幾何原本, 剖其精奧, 遂聞新敎之說, 欣然以悅, 然不以身從事.

왜 이들은 공리계에 의거한 연역 체계를 마테오 리치가 기대한 방식으로 수용하지 않았는가? 그것은 선행 연구가 밝히듯 단순히 동아시아의 전통적인 방법론 즉 자연에 대한 경험과 귀납이 더 우세했기 때문이라고 단정하기는 어려울 것이다. 한 가지 추측 가능한 답변은 마테오 리치가 연역법의 논리적 구조에 대한 설명으로 제시한 내용들을 중국과 조선 지식인들은 '성리학'의 관점에서 수용했을 가능성이 높다는 것이다. 그 설명들은 대부분 '리(理)'에 관한 전통적인 관념들 즉 이기론의 일반론으로 흡수될 수 있기 때문이다.

예를 들어 수학서 『구수략(九數略)』을 저술한 최석정(崔錫鼎, 1646~1715)은 이 책을 집필할 때 이지조가 편찬한 『천학초함(天學初函)』과 자코모 로(Giacomo Rho, 나아곡, 羅雅谷, 1593~1638)가 저술한 『주산(籌算)』 등에서 얻은 서양 수학 지식을 활용한다. 한 선행 연구는 최석정이 전통 산학에 서양 수학 지식을 결합하여 상수학적인 독특한 수학 이론을 구축했다고 평가한다. 최석정에게 서양 수학은 자신의 수학적 연구의 세부를 증명해줄 중요한 지적 자원이었던 것이다.

사실 동아시아인들의 학문 방법론에 귀납과 경험론만 있었던 것은 아니다. 이들에게는 세부 방식이나 논증 과정을 생략한 더 근본적인 연역 체계가 있었다. 리는 언제나 이미 알려진 것이었고 이를 대체할 세부적 이론이나 개념은 설정되기 어려웠다. 엄밀히 말해 성리학에는 별도의 연역 체계가 필요하지 않았다. 서양의 합리주의와 다르지만 모든 것을 리에 의거해 해석하는 진정한 '합리주의'로서의 이기론은 사물에 대한 객관적 정보가 축적되기를 기다리지 않고도, 다시 말해 귀납적인 결론에 도달하기 이전에 이미 존재하는 모든 것들에 선험적인 의미와 규격을 부여하는 강력한 연역의 시스템이었다.

이런 맥락에서 볼 때 마테오 리치가 중국과 조선 지식인들에게 준 지적 충격의 핵심은 사실 연역체계가 아니었을 지도 모른다. 다음의 문장들이 조선 유학자들이 어떤 이유에서 서학서를 신뢰하고 수용했는지를 보여주는 사례들이다. 예를 들어 홍대용은 서양의 측량 기술에 대한 신뢰를 바탕으로 지구설을 수용한다.

세상 사람은 상식에 고착되어 습속이 된 것은 살피지 않는다. 이치가 눈앞에 있는데도 일찍이 추험하고 모색하지 않기 때문에 평생토록 하늘을 이고 땅을 밟건만 그 사정과 상황에 대해서는 어두울 뿐이다. 오직 서양 어떤 지역은 지혜와 기술이 정밀하고 상세하며 측량하는 것이 매우 자세하다. 땅이 둥글다는 이론은 다시 의심할 여지가 없다.[40]

정약용 역시 정조에게 서학에 몰두했던 시절을 반성하는 문맥에서 다음과 같이 말한다.

신이 이 책을 본 것은 대개 약관(弱冠) 초기였는데, 이때에 원래 일종의 풍조가 있어, 천문역상(天文曆象)의 이론이나 농정수리(農政水利)의 도구, 측량과 추험[測量推驗]의 방법에 능한 이가 있으면 사람들이 서로 전하면서 이런 이들을 가리켜 박식하다고 칭했는데 신은 그때 어렸으므로 속으로 이런 것들을 사모했습니다.[41]

40 「醫山問答」, 『湛軒書』. 世之人, 安於故常, 習而不察. 理在目前, 不曾推索, 終身戴履, 昧其情狀, 惟西洋一域, 慧術精詳, 測量該悉, 地球之說, 更無餘疑.
41 「辨謗辭同副承旨疏」, 『與猶堂全書』. 臣之得見是書, 蓋在弱冠之初, 而此時原有一種 風氣, 有能說天文曆象之家, 農政水利之器, 測量推驗之法者, 流俗相傳, 指爲該洽. 臣方 幼眇, 竊獨慕此.

이들은 외부 자연 세계에 대한 실질적인 측정과 관찰의 도구와 방법에 크게 흥미를 느꼈던 것으로 보인다. 이미 다산에 훨씬 앞서 성호는 서양 선교사들이 '대지를 두루 돌아다니면서[遍歷] 혼개(渾蓋)의 이치를 미루어 밝혔으며 역법(曆法)은 천년의 동지와 하지를 빠짐없이 관측하여 기록한 것[推步]으로, 백년이 지나더라도 어긋남이 없다[42]고 말하며 신뢰의 근거를 실질적인 경험과 관측, 기록이라고 평가한다. 특히 성호 이익은 관측의 도구인 원경의 효용에 대해 상당한 기대를 보인다.

원경(遠鏡)이란 것은 백 리 밖에서도 적진(敵陣)을 능히 정탐할 수 있고, 미세한 부분도 모두 관찰할 수 있으며, 조총이란 것은 화승(火繩)을 쓰지 않고도 불이 제대로 일어나게 되는데, 쏘는 시간은 우리나라 조총에 비해 두 번 쏠 동안에 네댓 번을 쏠 수 있고, 홍이포란 것은 포탄 한 개가 말[斗]만큼 커서 80리까지 그 힘이 미칠 수 있다 한다.[43]

그는 서국 시원경을 얻어 직접 천문현상을 관찰할 수 없는 것이 한스럽다.[44]고 말하기도 한다.

금성(金星)의 곁에 두 귀[兩耳]가 있는 것과 은하[天河]에 특히 많은 별이 늘어서 있음도 모두 망원경[天鏡]으로 보면 그 사실을 징험할 수 있다.[45]

---

42 「答族孫輝祖」, 『星湖全集』 권33. 壬申, 遍歷大地, 推明渾蓋, 授時之典, 千歲之日至, 推步無遺欠. 行之百年, 不差毫末.
43 「陸若漢」, 『星湖僿說』. 遠鏡者百里外能看望敵陣, 細微可察, 鳥銃不用火繩而石火自發, 其放丸比我國二放之間, 可放四五丸, 紅夷炮丸大如斗可及八十里云云.
44 「十二重天」, 星湖僿說類選」 권1 상. 恨不得西國視遠鏡而躬親視之也.
45 「紀聞編」, 『遯窩西學辨』. 金星之旁, 有兩耳, 天河之特多列宿, 皆以觀天鏡驗其實.

이 문장들을 통해 당시 조선 유학자들이 서학에서 놀란 것, 그리고 서학에 담긴 새로운 주장을 수용하게 된 계기 중 일부를 확인할 수 있다. 서학서들은 공통적으로 직접 경험한 것을 바탕으로 새로운 지식을 제시하고 있다는 것이다. 이런 맥락에서 홍양호(洪良浩, 1724~1802)처럼 '근래의 서양인들이 처음으로 「곤여지도」를 만들었는데 바다가 땅 가운데에 있음을 분명히 말하였다. 그들은 일찍이 배를 타고 바다 끝까지 가보았다고 하니 그 말이 진실로 근거가 있을 것이다.'[46]고 말하며 실질적인 경험에서 나온 서양의 지식을 승인하고 관측 기술의 유용성을 높이 평가하는 인물도 등장하게 된다.

서양인들이 실질적인 관측과 경험을 통해 이론을 증명했다는 사실은 척사론자에게도 승인되는 바였다. 성호의 후학으로 척사론 성격의 저술을 남긴 윤기(尹愭, 1741~1826)는 다음과 같이 말한다.

> 나는 리마두(利瑪竇)가 천문·지리를 비롯하여 천하의 일에 대해 통달하지 않는 바가 없다는 말을 듣고, 스스로 생각하기를 그가 사해 만국에 발걸음이 미치지 않은 바가 없고 책력을 추산하는 방법이 매우 정묘하여 지금까지 천하가 그 방법을 준용하는 것이니 비록 절역의 서양 오랑캐라도 신묘하고 지혜로운 사람이라고 할 만하다 생각했습니다.[47]

중국 지식인들도 예외가 아니다. 이지조는 마테오 리치가 만든 세

---

46 「遼野日出記」, 『耳溪集』 권13. 近世泰西之人, 始作坤輿之圖, 明言海在地中, 彼嘗乘舟而窮海者也.

47 「闢異端說」, 『無名子集』. 吾聞利瑪竇於天文地理及天下之事, 無所不通. 自謂四海萬國, 跡無不及, 故其星曆推步之術, 最極精妙, 至今天下遵用其法, 雖在外夷絕域, 亦可謂神智之人也.

계 지도 「곤여만국전도(坤輿萬國全圖)」에 붙인 서문에서 다음과 같이
말한다.

> "마테오 리치 선생은 몸소 배를 타고 적도(赤道) 아래를 지났는데,
> 그 때 그는 하늘의 남북 두 극을 수평선 위에서 동시에 바라볼 수 있었다.
> 그리고 더 남쪽으로 내려가 대랑산(大浪山)에 이르러 하늘의 남극이 땅
> 에서 얼마나 올라왔는지를 바라보니, 그 각도가 36도에 이르렀다. 옛
> 사람 중에서, 일찍이 이처럼 멀리 가서 측경(測景)한 사람이 있었는가?[48]

「곤여만국전도」에 발문을 쓴 중국 관료 기광종(祁光宗)은 이로부터
한 발 더 나아간다.

> 마테오 리치[西泰子]는 여러 나라를 수십 년간 유람하며 몸소 듣고
> 본 것에 의거하고, 자신의 독자적 해석을 가미하여, 왕왕 앞 사람들이
> 아직 말한 일이 없는 것을 말하고 있다. 지구의 도수(地度)가 하늘의
> 궤도(天躔)에 상응한다든지, 천지(天地)의 책을 읽는다든지 하는 말에
> 이르러서는, 그는 위기지학(爲己之學)을 하고 있는 것이니, 이는 '도
> (道)'에 가깝다.[49]

마테오 리치가 직접 관찰하고 경험한 것을 바탕으로 구축한 지식을
통해 그의 학문을 '도'에 가깝다고 평가하고 결과적으로 마테오 리치를

---

48 西泰子汎海, 躬經赤道之下, 平望南北二極. 又南至大浪山, 而見南極之高出地至三十六
度. 古人測景曾有如是之遠者乎? 송영배, 앞의 논문, 7쪽, 재인용.
49 西泰子流覽諸國, 經歷數十年, 據所聞見, 參以獨解, 往往言前人所未言. 至以地度應天
躔, 以讀天地之書, 爲於己之學, 幾於道矣. 『坤輿萬國全圖』에 실린 「祁光宗발문」, 송영
배, 앞의 논문, 9쪽 재인용.

'도를 가진 자'로 부르는 것이다.

> (리치) 선생은 조용하고 담백하여 이익을 탐하지 않고, 도를 터득한 사람 같다. 말하는 바는 이치에 맞고, 망령스럽지 않다. 또 그 나라 사람들은 멀리 여행하기를 매우 좋아하고 상위(象緯)의 학문을 배웠다. 산을 오르거나 항해하면서, 도처에서 (하늘과 땅을) 측정하니, (옛날 禹 임금의 부하) 대장(大章)과 수해(豎亥)를 훨씬 뛰어 넘는다. 계산은 절묘하여 (우리 중국 사람들을) 어리둥절하게 하고 연구하게 만든다.[50]

이런 평가를 바탕으로 기광종은 마테오 리치가 진정한 유학자라고 주장한다. '옛 사람이 말하기를, 천지인(天地人) 삼재(三才)를 통달하면 유학자[儒]라 했다.'[51] 이런 생각에 따르자면 마테오 리치는 도와 학과 술을 통합한 인물이며 그 연구 대상인 천, 지, 인을 포괄한 인물이라고 할 수 있을 것이다. 만일 그렇다면 그는 진정한 유학자로서 도를 위해 위기지학(爲己之學)을 실현한 인물로 평가될 수 있다.

이런 인식들을 통해 청과 조선 후기에 천문학이나 수학, 지리학 등의 자연학과 기술적 측면을 통해 서학을 접한 일부 지식인들에게 서학은 단순히 뛰어난 학문이나 정교한 기술이 아니었음을 알 수 있다. 이들에게 서학은 단순히 예나 술이 아니라 전통적인 지식의 목표와 효용을 극대화할 수 있는 도(道)이기도 했던 것이다.

---

50 其人恬澹無營, 類有道者, 所言定應不妄. 又其國多好遠遊, 而曹習於象緯之學, 梯山航海, 到處求測, 蹤逾章亥, 算絕撓隷. 송영배, 앞의 논문, 7쪽, 재인용.

51 昔人謂通天地人曰儒.『坤輿萬國全圖』에 실린「祁光宗발문」송영배, 앞의 논문, 8쪽 재인용.

6. 나가며

『천주실의』에서 마테오 리치는 리(理)가 사람보다 낮은 것임을 강조하기 위해 공자의 말을 끌어온다. '리(理)는 사람보다도 비천하다. 리는 사물을 위한 것이지, 사물이 리를 위한 것이 아니다. 그러므로 공자는 "사람이 도(道)를 넓힐 수 있는 것이지 도가 사람을 넓히는 것은 아니다."[52]라고 말한 것이다.' 마테오 리치는 추상적인 리가 아니라 사람의 실질적인 행위를 통해 밝히는 것들이 진정한 도의 실현이라고 주장한다.

당시 중국과 조선의 지식인들은 아마 이 지점에서 새로운 가능성을 읽었을 지도 모른다. 이들 가운데 마테오 리치가 기대했던 것처럼 태극은 물질일 뿐이며 세계에 별도의 리(理)가 존재하지 않는다고 생각하는 차원에 이르거나 더 나아가 리 대신 천주를 섬기는 차원까지 나아간 이는 많지 않았다. 그러나 적어도 사물과 관계를 어떻게 맺는가, 지식에 어떻게 접근하는가에 따라 이들이 진정한 이념으로 삼았던 도가 어떻게 현실화되고 구현되는가가 달라지리라는 점에 대해서는 공통적인 인식을 가졌던 것으로 보인다.

적어도 이들은 '술(術)'과 '예(藝)'가 '도(道)'와 '학(學)'에 의해 소외되지 않는 방식이 가능하다는 사실을 서학을 통해 경험했으며 이 층위들을 통합하고 활용할 때 이념보다 실제적 경험을 더 중시했다고 보인다. 특히 조선 후기에 서양 수학과 천문학을 수용한 이들은 경험과 관찰이 이론 안에서 작동할 때 깊은 신뢰를 보낸다. 세부가 없는 연역이나 세부

---

52 『天主實義』권2. 理卑於人. 理爲物, 而非物爲理也. 故仲尼曰, 人能弘道, 非道弘人也.

만으로 이루어진 잡박한 정보의 집적이 아니라 체계적 이론 안에서 작동하는 관찰과 경험, 측량을 새로운 학술의 방향으로 여긴 것이다.

그런 의미에서 조선 지식인들에게 서학과의 만남은 외부의 관점을 통해 자기 언어를 재검검하고 이론적 세부를 다시 조정하는 과정을 통한 진정한 문명을 향한 유학자의 자기 반성이자 확장의 과정이라고 평가할 수도 있을 것이다. 그렇다면 지금 필요한 것은 두 세계관의 조우를 일방적인 전달이나 거부가 발생했던 닫힌 영역이 아니라 상호 간의 논쟁이 발생했던 사상적 개방 공간으로 보고 이들의 대응과 변용을 철학적 논리로 재구성하는 과정일 것이다.

제3부

북방 초원실크로드
:비잔틴계 성서문명의 동진과 초국가적 과제

'의식 식민화': 러시아 제국 극동지역 토착민족에 대한 정교회의 선교에 대하여

사할린을 중심으로

포타포바 나탈리야 블라디미로브나 / 김연수 옮김

1. 들어가는 말

19세기 후반기부터 과학과 기술의 발달로 세계 공간은 '좁아지고' 있으며, 지금까지 주목하지 않았던 변방에 대한 서구 문명의 공세가 가속화되고 있다. 이런 흐름에서 전 세계가 다양한 기독교 교파의 선교지가 되고 있다. 기독교 선교는 한편으로는 고차원적인 종교적 목적을 띠고 있었고, 다른 한편으로는 자국의 문명, 즉 본국의 문화적, 이념적, 정치적, 경제적 가치관을 새로운 영토에 이식하는 역할을 했다.

극동에서 정교 선교는 기독교화의 목적 외에도 토착민족의 러시아화라는 분명한 목적을 지녔다. 이러한 의미에서 그 방법이 전형적인 유럽의 식민지 선교활동과는 달랐다. 그럼에도 불구하고 러시아 극동지역의 세례 받은 토착민과 한인의 압도적 대다수가 진정한 정교도가 되지 않았다. 세례는 극히 형식적인 성격을 띠었다. 혁명 전 이 지역에서 정교 선교의 성과가 '매우 변변치 않다'는 연구자들의 평가를 초래한 요인은 한편으로는 토착민 기독교화 사업에 대한 형식적 접근이고, 다른 한편으로는 현지어를 아는 선교사의 부족, 성당과 학교 등의 부족이다.

강제노동 유형지 사할린에서의 정교회 선교활동은 훨씬 더 비효과적이었다. 사할린에 대한 자료를 포함하여 극동에 대한 연구는 토착민족의 기독교 개종과 연관된 '의식 식민화'의 첫 단계가 이 시기에 달성되지 못했으며 러시아화 시도 역시 이루어지지 못했음을 확인해준다. 그럼에도 불구하고 이 시기에 극동지역 토착민족 문화와 러시아 정교 문화가 가까워지는 경향이 어렴풋이 보이고, '러시아화', 즉 토착민의 동화 과정이 시작되었다. 이러한 점을 근거로 본고에서는 사할린에서 러시아정교의 선교 과정에 대해 보다 면밀하게 살펴볼 것이다.

2. 극동에서 러시아정교에 의한 의식의 식민화 과정

1) 극동에서 러시아정교에 의한 의식의 식민화 단계와 특징

러시아 제국의 경계가 확장됨에 따라 러시아 정교회의 선교가 토착민족들에 영향력을 미치기 시작한다. 19세기 후반기부터 20세기 초의 이러한 과정은 현지 주민의 '의식 식민화'의 맥락에서 고찰될 수 있다. 즉, 러시아 정교회의 선교활동이 극동지역의 일상에 러시아인의 정신적, 문화적 실제를 보급하고 정착시키려는 목적을 가지고 있었다. '의식 식민화'는 두 단계로 나누어 볼 수 있다.

첫 단계는 기독교 개종과 관련되는 것으로, 이것은 매우 종교적인 내용을 갖는다. 두 번째는 더 심오한 단계로, 이 때는 기독교적인 관점이 총체적인 세계 개혁의 필요성, 즉 '식민지 문화에 지배적인 형태와 관점과 실제를 도입'할 필요성이 있다는 생각의 출발점이 된다. 여기에 동의한다면 이 시기의 극동은 이 두 단계 중 첫 번째 단계를 보여주고 두 번째 단계를 준비해야 했다.

러시아 제국 시기에 기독교화와 러시아 정부에 중요한 '문명보급자'로서의 러시아 정교회의 사명이 연관되어 있다는 것은 비밀이 아니었다. 러시아 정부 및 러시아 정교회와 극동지역 토착민족들과의 상호관계에는 기독교화를 통해 토착민족을 '러시아화'하고 러시아에 대한 토착민족의 소속감을 높일 필요가 있다는 생각이 바탕에 깔려있었다. 토착민족들이 문화적 영향력을 상실하고 진리의 빛을 알지 못한 채 '인간적이라기보다는 동물적인 방식으로' 존재하는 반(牛)야만인들이며, 그들에게 도움의 손길을 내밀어야 한다는 생각이 지배적이었다. 러시아 정교회 선교지침서에 "이것(기독교화)에는 국가적인 관심도 필요하다. 이민족을 러시아 민족에 편입시키고 통합하는 일은 기독교 개종을 통해 가장 확실하고 성공적으로 이루어진다는 것을 수 세기에 걸친 역사적 경험이 증명해준다"고 공공연하게 언급되었다. 기독교화의 이면으로서의 '러시아화'는 불가피하게 반드시 필요한 것으로 여겨졌다. 베니아민 대주교는 이 과정의 본질에 대해 다음과 같이 썼다. "이민족에 대한 정교의 선교는 동시에 러시아화 사역이기도 하다. 정교는 낯선 신앙뿐 아니라 낯선 민족성, 풍습, 습관, 이민족의 생활상 전체와의 투쟁을 전개하고, 그들이 겉모습뿐 아니라 민족성까지도 러시아인이 되도록 하기 위해서 러시아 민족 풍습의 우월성을 그들에게 납득시켜야만 한다." 러시아 정교회의 선교활동은 서방교회와 마찬가지로 문명 간의 현상이었으며, 새로운 유형의 세계관과 정신·도덕적 가치체계에 편입시키는 문명보급자의 기능을 가졌다.

19세기 초에 '이민족'을 정교로 개종시키기 위한 방법론이 개발되기 시작하고 이동교회가 설립된다. 그 시기에는 교구 주교가 지역 토착민이 거주하는 곳을 따라 선교여행을 하며 선교사 역할을 수행했다. 19세기 후반기에 러시아 정교회는 선교사들이 상주하며 이교도들에게 영향력을 미치도록 규정한 새로운 조직적 형태의 선교활동으로 이행하기 시작한다. '이민족'이 거주하는 모든 교구에 전문 선교사 직책이 만들어진다. 19세기 후반기에 교회의 선교활동에 대한 정부의 지원이 시작되었다. 러시아 제국 변방에 상시 활동하는 선교센터 네트워크가 구축되었다. 이 시기에 정부는 선교사들에게 평화적인 방법으로만 포교활동을 하라고 지시했다. 정부는 선교사들이 강제적인 기독교화 수단을 사용한다는 것과 이교도들이 세례 받을 준비가 부족하다는 것, 그리고 선교활동 결과가 위조된다는 것을 알고 있었다. 이런 이유로 1861년 12월 4일 황제가 승인한 '비기독교인 이교도 세례 절차에 대한 규정'은 만14세 미만의 이교도 아동의 세례는 부모나 후견인의 서면동의가 필요하고, 만21세 미만의 미성년자에게는 6개월간, 성인에게는 40일간 신앙 원리에 대한 사전교육을 실시해야 하며, 세례식은 증인들이나 지역 수뇌부의 참관 하에 교회에서 수행되어야 한다고 규정했다. 또한 세례식을 시작하기에 앞서 성직자들과 지역 수뇌부는 이교도가 자발적이고 의식적으로 세례를 받는다는 것을 확인해야 했다. 그러나 극동지역 상황에서는 이 규정이 지켜지기 어려웠다. 캄차카 교구의 '이민족' 대부분은 문맹이었고 고유의 문자가 없었으며, 대부분의 경우 선교 활동지에 교회가 아예 없었기 때문이다. 1862년에 캄차카 교구 규정이 개정되었지만, 이후에도 계속하여 선교사들은 토착민 세례 규정의 간소화를 청원한다. 토착민을 정교회로 끌어들이기 위하여 이미 1853년에 종무원은 봉급을 받는 성직자가 '이민족의' 세례식, 설교, 성찬식, 결혼식, 장례식에 대해 댓가를 받는 것을 금지했다. 종무원은 1860년과 1887년에 이 명령을 확인했다.

이 시기의 주요한 기독교 보급 방법으로 들 수 있는 것은 선교사들의 구두 설교 활동, 교회와 예배당 설립, 토착민이 정교도와 결혼하는 경우 토착민에게 세례를 주는 것 등이 있다. 정교에 대한 식민지 토착민의 관심을 끄는 중요한 수단 중의 하나는 정교회 성직자들이 그들에게 제공하는 의료 원조였다. 종무원장의 연례보고서 중 하나에 다음과 같은 기록이 있다. "이민족들은 의술에 특별한 의미를 부여하기 때문에 비축 의약품이 있는 선교사들은 아픈 이민족들에게 의료 원조를 제공하는데, 이것은 성직자와 신도들 사이에 좋은 관계가 형성될 수 있게 해 준다." 니콜라이 일민스키의 시스템에 따른 미션스쿨의 설립이 19세기 후반기 기독교화에 있어서 중요한 수단으로 인정되었다. 이 미션스쿨들은 1870년 3월 26일 알렉산드르 2세에 의해 승인된 '이민족 교육 방법에 대한 규정'의 기초가 되었다. 19세기 후반기 선교활동의 특징은 선교사들이 이교도들 사이에 상주하며 그들의 생활양식과 경제제도, 신앙, 언어를 익힌다는 점이었다. 이것은 이교도들과 선교사 간의 상호이해를 용이하게 해주었다.

18세기~19세기 전반기 극동지역에는 정교회의 체계적인 선교가 없었다. 개별 성직자들의 선교 성과가 산발적으로 있었다. 19세기 하반기에 정교회의 선교활동이 지속적으로 확대되고, 지역적 및 민족적인 원칙들을 기반으로 하여 잘 짜인 선교 구조가 형성된다. 상설 선교회가 활동했으며 교구주교의 관리감독 하에 있었다. 그러나 인구 밀도가 낮고 광대한 영토에 인구가 분산되어 있어서 성직자의 활동에 큰 어려움이 따랐다. 그처럼 거대한 영토에서 선교사의 수는 부족했다. 성직자들이 선교의 기능과 교구의 기능을 병행하는 일이 빈번했다는 점이 극동지역의 특징이다. 20세기 초 러시아 정교회의 선교활동도 정부의 러시아화 정책을 실행하는 도구로 고찰될 수 있다. 그러나 1905~1907년의 혁명 사건들과 1905년 4월 17일 '신앙의 자유 원칙의 강화에 대한' 명령이 채택된 것과 관련하여 불가피하게 자유화가 진행된다. 1910년에 개최된 이르쿠츠크 선교대회는 "설교, 교육, 예배, 한 마디로 말해 모든 유형의 선교 행위가 이민족인들이 이해할 수 있는 언어로 행해져야 하고, 게다가 선교는 그 성질상 부차적인 목적을 가져서는 안 되나, 그 본래의 유일하고 고차원적인 목적을 달성하기 위해, 즉 그리스도의 교회를 위해 이교도들을 얻기 위해 노력해야 한다"고 결의했다.

2) 사할린에서 러시아정교에 의한 의식의 식민화 과정

(1) 러시아 편입 전 사할린 토착민의 러시아정교 수용 양상

19세기 중엽 극동, 특히 사할린에 거주하던 토착민족들은 원시공산제의 해체기에 있었으며, 이들에게는 낯선 국가권력의 영향권에 끌려들어갔다. 이때부터 토착민은 강력한 문명의 압력을 경험하기 시작한다. 이 시기 극동에는 러시아 문명, 동양 문명, 토착 문명의 상호작용이 관찰된다. 극동의 본토에서 동양 문화적 전통을 지닌 자들이 주로 중국인이었던 반면, 사할린에서는 토착민족들의 고대 문화와 밖에서 도입된 러시아 정교 문화와 일본 문화가 만났다.

이 시기 사할린에는 토착민족인 아이누족, 니브흐족(길랴크족), 윌타족(오로크족, 오로촌족)이 거주하고 있었다. 아이누족은 사할린 남부에 거주했다. 1898년 '사할린 일람'에 "아이누인들은 섬의 남부에, 동쪽 해안을 따라 테르페니야곶까지, 그리고 서쪽 해안을 따라 살고 있다"고 기록되어 있다. 1897년 러시아 제국 인구조사 자료에 따르면 사할린섬의 아이누족은 남자 739명, 여자 660명이었다. 니브흐족은 '사할린섬 북반부에, 동쪽 해안을 따라 테르페니야곶까지, 서쪽 해안을 따라 북위 50도까지' 살고 있었다. 1897년 인구조사에 따르면 여기에 남자 1085명과 여자 827명이 거주했다. 퉁구스어계 민족으로 순록 사육을 하는 윌타족은 '섬의 동쪽 해안을 따라 북위 53도부터 테르페니야곶까지, 그리고 (중략) 포로나이강을 따라' 살았다. 1897년 인구조사에 따르면 오로첸족은 남자 418명, 여자 374명이었다. 19세기 중엽에 본토에서 사할린섬으로 이주해 온 야쿠트족과 에벤키족(퉁구스족)이 니브흐족 및 윌타족과 바로 인접해 거주하고 있었다. 1897년 인구조사 자료에 따르면 퉁구스족은 남자 86명과 여자 71명, 야쿠트족은 남자 10명과 여자 3명이었다. 당시 퉁구스족은 '길랴크족의 가장 위험한 경쟁자이면서 심지어 적'이기도 했다. 시테른베르크의 말에 따르면 그들은 "우리는 세례받은 폐하의 사람이지만, 길랴크족과 오로촌족은 개고기를 먹는다"라고 하며 길랴크족과도 오로촌족과도 친연성을 거부한다.

(2) 러시아 편입 후 사할린 토착민의 러시아정교 수용 양상

사할린이 러시아에 편입된 결과 사할린섬 원주민의 생활에 변화가

일어났다. 이미 1880년대 초에 사할린 토착민들은 자신의 고향에서 소수민족이 된다. 사할린섬 전체 인구에서 그들의 비중은 15%도 되지 않았다. 식민지화는 그들의 전통 생활양식에 심각한 타격을 주었다. 여기에는 19세기 중엽 사할린섬에서 활동을 전개한 러시아 정교회의 러시아화 사역이 일정 역할을 했다. 캄차카 선교회의 1894년 활동보고서에 "우리 선교회는 지역 토착민에게 기독교를 전하며 러시아 민족과 토착민의 통합을 촉진하는 강력한 자극을 주고 있다. 이런 식으로 중차대한 러시아화 사업은 비록 매우 느리지만 기독교 덕분에 부단히 앞으로 나아가고 있다"고 언급되어 있다.

캄차카 교구 최초의 선교센터가 1858년에 아무르강 유역에 개설되었다. 1892년 사할린의 '이민족들'은 니콜라옙스크의 선교센터에 가입되었다. 그러나 선교사들이 산발적으로 단기간 섬을 방문하는 것은 효과적이지 않았다. 1899년 캄차카 교구가 블라고베셴스크 교구와 블라디보스토크 교구로 분할된 후 캄차카 선교회는 두 개로, 블라고베셴스크 선교회(19개 센터)와 블라디보스토크 선교회(9개 센터)로 나누어졌다. 블라디보스토크 교구가 편성됨에 따라 사할린이 그 일원으로 들어갔고, 사할린섬은 전문 선교사 없이 남겨졌다. 선교 임무는 사할린의 교도소 담당사제들이 맡게 되었다. 정교회 선교협회 산하 블라디보스토크 교구 위원회가 조직되어 교구의 선교사업을 담당하게 되었다. 교구 공보처에서 발행된 위원회 연례보고서는 전체 교구 내의 선교활동에 관한 상당히 풍부한 자료를 제공해준다. 1899년에 소집된 제1회 블라디보스토크 교구 성직자 대회에서 북사할린과 남사할린에 하나씩 두 개의 선교센터를 개설하는 문제가 논의되었다. 1902년 사할린 여행기간 동안 사할린섬 선교사업의 열악한 상황을 확인한 옙세비 주교가 사할린에 두 개의 이동 선교센터를 설립해줄 것을 종무원에 청원했다. 그러나 청원은 승인되지 않았다.

러일 전쟁 전까지 사할린섬의 세 개 관구에서 각 관구마다 개별 성직자가 300루블씩 받고 이민족을 순회했다. 1905년 이후에는 북(北)사할린의 두 개 관구에서는 성직자 한 명이 이 일을 해야만 했는데, 그에게 400루블이 지급되었다. 1906~1907년에 아르카디 발루예프 사할린 총독이 '이민족 선교활동이 수포로 돌아가고 있다'며 사할린에 수도선교사를 임명해 달라고 청원했다. 선교 업무를 하고 있던 사할린 성직자들(알렉산드르 고로드노프, 아폴리나리 샤스틴)도 수도선교사가 있는 독립된 이동 선교회를 사할린에 설립할 것을 제안했다. 1910년 이르쿠츠크 선교대회는 "본토에 5개의 선교센터, 그리고 필요에 따라서는 사할린에 1~2개의 선교센터를 설립하여 블라디보스토크 선교회를 강화할 필요가 있다"고 인정했다. 그러나 이 제안들 중 단 하나도 실현되지 못했다. 성직자들이 사할린 토착민 마을을 드물게 방문하는 것으로는 토착민 층에서 기독교 신앙이 유지되도록 해주지 못했다.

세계의 선교활동에서 식민지에 가장 효과적인 선교 및 문화 보급 방법 중의 하나는 미션스쿨의 설립이었다. 캄차카 선교회 내에 미션스쿨이 활발하게 운영되고 있었다. 1895년에는 그 수가 15개(204명의 '이민족' 자녀들이 수학하고 있었다), 1897년에는 이미 22개 학교가 있었으며, (유즈노우수리스크 지역의 한인학교들을 제외하고는) 모든 학교 산하에 아이들을 위한 기숙학교가 있었다. 1902년 블라디보스토크 교구에만 29개의 미션스쿨이 있었고, '이민족' 자녀들이 교회교구 학교와 문법학교에서도 공부하고 있었다(총 1010명). 사할린의 성직자 겸 선교사 알렉산드르 고로드노프는 사할린 선교사업의 효율성을 위해 토착민 마을마다

이동 미션스쿨을 열 필요가 있으며, 이 학교들은 동시에 성당이기도 해야 한다고 생각했다. 어떻게하면 사할린 선교사업을 더 잘 조직할 수 있을까에 대해 숙고하며 그는 이렇게 썼다. "교회 설립과 성직자 임명에 대한 그들의 청원을 교구 수뇌부에 보고해 달라고 이민족인들이 직접 나에게 부탁했다. 한 길랴크족 이교도가 말하기를, 만약 그들이 사는 동부 해안에 학교가 있었다면 자녀들이 읽고 쓰는 것 뿐 아니라 기독교도 배우도록 학교에 보냈을 것이라고 했다." 그러나 사할린에는 토착민을 위한 미션스쿨이 설립되지 않았다.

블라디보스토크 교구 전역에서 선교사업의 어려움은 많은 점에서 교구에 '이민족' 언어를 아는 선교사가 없다는 것과 관련이 있었다. 따라서 블라디보스토크 교구의 선교사들의 관심은 무엇보다도 한인 사회에서의 선교활동에 집중되어 있었다. 사할린 성직자들은 언어장벽을 가장 큰 문제로 여기고, 원활한 선교를 위해서는 선교사들이 토착어를 배울 필요가 있다고 주장했다.

3) 19세기 말~20세기 초 사할린 토착민의 러시아정교 수용 양상

극동의 다른 지역들과 마찬가지로 사할린 성직자들의 선교활동에는 난관과 비용이 수반되었다. 사할린에는 도로가 별로 없었다. 토착민의 가옥은 길에서 멀리 떨어져 접근하기 어려운 곳에 자리하고 있었다. 성직자들은 선교를 하기 위해 겨울에는 말을 타거나 순록썰매나 개썰매를 타고 섬을 돌아다녔다. 여름에는 걸어 다니거나 강을 따라 배를 타고 다녀야 했다. 썰매와 배를 빌리고 안내자를 고용하는 데 따르는 비용과 여정 동안의 시종 급료 지출은 성직자들의 자비로 충당했다. 20세기 초에 사할린 남부에서 선교활동을 한 알렉산드르 트로이츠키의 일기에 선교사의 일상생활에 대한 흥미로운 정보가 있다. 그의 기록으로 판단하면 성직자의 식사는 놀라울 만큼 부족했다. 그는 '자루에 든 건빵 수십개, 차, 설탕'을 선교여행 길에 가져갔다. 여기에 보탤 수 있는 것이라고는 토착민 부락에서 먹은 말린 생선뿐이었다. 고로드노프의 일기에는 사할린섬 선교여행 중에 밤을 어떻게 보냈는지 쓰여있다. "간밤에는 전혀 잠을 잘 수가 없었다. 추웠다. 밑에는 눈, 위에는 무더위와 비만 겨우 막아주고 영하 32도의 추위는 전혀 막아주지 못하는 얇은 텐트뿐이다."

사할린 성직자들의 선교활동 수단과 방법은 본토와 같았고, 전체적으로 유럽의 선교 상황과 다르지 않았다. 선교여행의 주 목적은 성직자들의 구두 설교였는데, 한편으로는 세례받는 토착민들의 신앙을 유지하고, 다른 한편으로는 이교도들의 관심을 유발해야 했다. 성직자들은 아침 예배와 저녁 예배를 집전하고, 이콘과 십자가를 나눠주고, 세례식, 고해성사, 성찬식, 결혼식, 장례의식을 진행했다. 선교사들은 이민족의 생활상에도 관심을 기울이고 의료 원조를 제공했다. 그리고 중요한 것은 "성직자로서의 의무 이행과 더불어 이민족의 러시아화라는 목표도 추구했다."

사할린 교회들의 교적부는 성직자들의 토착민 마을 체류 '일정표'를 보여준다. 그들은 1~2월과 7~8월에 가장 자주 '이민족'에 대한 의식을 집전했다. 북사할린에서나 남사할린에서나 성직자들의 시야에 가장 먼저 들어온 것은 주요 도로를 따라 자리한 토착민 부락이었다. 1880년대 초까지는 기독교를 받아들인 사람들 중에 '사할린에서 유목을 하는' 연해주의 야쿠트인과 퉁구스인들이 주로 언급된다. 야쿠트족, 에벤크족(퉁구스족), 그리고 기록에 드물게 언급되는 윌타족(오로촌족), 이들 모두는 타지에서 온 사람들로 사할린에서 유목을 하며, 다른 관구에 소속된 것으로 기록되어 있다. 1876~1879년 동안 니브흐족에서 세례를 받은 사람은 6명에 불과한데, 그들 중 사할린 사람은 남자 2명과 유형징역수와 결혼한 여자 1명이었다.

북사할린 토착민을 대상으로 한 선교사업은 1880년대 초에 두이스카야 교회의 성직자 니콜라이 도브로비도프가 가장 성공적이었다. 그는 1881년 1월에 '인근 마을 출신의' 오로촌인 74명에게 세례를 주고 바로 여기에서 오래전부터 결혼생활을 하고 있던 토착민들의 결혼을 합법화하는 혼례미사를 집전했다. 1882년 1월에는 3일동안 다키, 나이무치, 무이가치 마을의 오로촌족 남자 43명과 여자 44명에게 세례를 주고 그들의 혼례미사도 집전했다.

1880년대 중반에 알렉산드롭스크 교도소 교회의 성직자들이 '이민족'과 활발하게 활동한다. 예를 들면 1885년 2월에 성직자 그리고리 살니코프가 51명의 오로촌인에게 세례를 주고, 세례받은 사람들 사이에 10건의 혼인이 맺어졌다. 그 해 3월에 수도사제 이라클리가 총 48명의 오로촌인과 퉁구스인(성인과 아이들)에게 세례를 주었다. 세례를 통해 사할린 토착민들을 계몽하는 분야에서 가장 큰 '수확'을 거둔 이가 바로 수도사제 이라클리다. 그는 1880년대 후반기에 티몹스코예 교도소 교회에서 많은 세례를 행했다. 1887년 1월에 27명의 오로촌인과 퉁구스인에게, 8월에 또 37명의 '사할린섬 오로촌인'에게 세례를 주었다. 1888년 1월에 이라클리는 39명의 '사할린섬 오로촌인과 우드스키 관구의 퉁구스인'(성인들과 정교도 가정 출신의 자녀들)에게, 1888년 9월에 또 73명의 오로촌인과 퉁구스인에게 세례를 준다. 안톤 체홉이 1890년에 사할린에 있을 때 이라클리를 만났다. 체홉은 "그는 수도사의 임무에 따라 이민족에게 세례를 주고 성찬식과 혼례미사를 집전하러 1년에 한 두 번 니이스키만 쪽과 포로나이강을 따라 다녔다. 300명의 오로치인 이('오로촌'의 오기 – 즉, 월타족을 의미한다. 사할린에는 오로치족이 거주하지 않았다) 그에 의해 교화되었다"고 언급했다.

1890년대 경에는 세례 받기를 원하는 토착민이 더 이상 없었던 것 같다. 집단 세례가 없어졌다. 그러므로 이미 정교로 개종한 니브흐족, 월타족, 그 밖의 다른 '이민족' 자녀들의 세례 기록이 교적부에 드물게 기록되는 것이 가장 일반적인 일이었다. 이 시기부터 성인 토착민의 세례는 산발적으로 있었다.

남사할린에서의 선교활동은 아닙스키 교회의 성직자들이 수행했다. 1905년 이전에는 아이누족이 세례를 받는 일이 매우 드물었다. 1881년 성직자 A. 므라모르노프가 두 명의 아이누인(30세와 25세)에게 세례를 주었다. 1901년에는 성직자 P. 니키틴이 18세의 아이누인 예마스쿠 무코에게 세례를 주었는데, 신앙의 선택이 의식적으로 이루어졌음을 확인하는 그의 '서약서'가 흥미롭다. "정교도들과 지속적으로 교제하면서 그들을 통해 복음을 알게 된 후 본인은 주 예수 그리스도가 참된 메시야이시며 영혼의 구원이 오직 정교회의 품 안에서만 가능하다는 것을 확신하게 되었습니다. 그 어떤 세속적인 이익을 위해서가 아니라 오직 마음으로부터의 확신에 따라 정교회에 소속되기를 원한다는 것을 확인합니다. 이에 서명합니다."

세간의 사료와 교회의 사료는 사할린의 니브흐족이 특히 세례를 받지 않았다는 점에 일치한다. 그들을 기독교로 개종시키려는 모든 노력은 실패한 것으로 드러났다. 1908년에 사할린섬 토착민에게 백신 접종을 한 의사 시테이그만은 "길랴크족은 자신들의 이교 신앙을 고수하

고, 기독교가 민족성의 몰락과 같다고 생각하며 위험하게 여긴다"고
했다. 니브흐족의 종교 관념에 대해 말할 때, 정교 선교로 인해 니브흐
족 공동체 내에서 이교의 지위가 흔들리지는 않았다는 데에 동시대인
들의 의견이 일치한다.

사할린의 아이누족은 기독교화 과정의 영향을 그다지 받지 않았다.
그러나 니브흐족이나 윌타족과는 달리 아이누인들의 세례가 의식적인
선택의 결과였다는 것은 분명하다. 그들의 동족은 정교를 수용한 아이
누인들을 누쨔 아이누, 즉 러시아 아이누인이라고 부르며 비웃었다.
결론적으로 아이누족의 기독교화도, 러시아화도 일어나지 않았다. 아
이누족은 일본화의 위협 하에 놓여있었다. 일본과의 오랜 접촉과 일본
정부의 정책으로 아이누족에 대한 일본 문화의 영향력이 우세했다.
1905년 이후 남사할린은, 그리고 그와 함께 아이누족(약 1300명)도 일
본쪽으로 멀어져 갔다. 그것이 아니더라도 미미했던 카라푸토섬(사할
린섬) 토착민 기독교화 사업의 성과는 수포로 돌아갔다. 그 시기의 일
본 사료처럼 민속학자 빅토르 바실리예프는 아이누족의 영적인 생활
을 기술하면서 "러시아인의 영향으로 그들 사이에 기독교 신앙이 보급
될 조짐이 있었다. 그러나 현재는 그런 경향이 전혀 없다"고 언급했다.

이 시기에 윌타족에서는 이와는 다른 종교 상황이 형성된다. 반유목
생활을 영위하는 이 민족은 본토에 사는 동족들과 긴밀한 관계를 유지
하고 있었는데, 본토의 윌타족 사이에는 이미 기독교가 널리 유포되어
있었다. 이미 1880년대 중반에 윌타족 전체가 세례를 받고 십자가를
지니고 있었다. 그러나 이민족 언어 번역가 포포프는 1895년에 다음과
같이 썼다. "퉁구스인들과는 반대로 그들은 종교에 대해 무관심하다.
그들이 세례를 받았다면 그것은 오직 '러시아법에 따라야 하기' 때문일

뿐이다. 본질적으로 그들은 이교도이다." 선교사들의 회고록, 민속학자들과 여행자들의 저술에도 비슷한 정보가 포함되어 있다. 1880년대 말쯤에는 윌타족 전체가 세례를 받았다(시테이그만이 등록한 112명의 오로크인 전부가 정교도들이었다). 그들의 결혼식과 장례식은 정교회 의례에 따라 치뤄졌으며, 그들은 러시아 옷을 입고 다녔다. 그러나 그들은 이교의 풍습도 지켰다. 윌타족의 동화 과정은 니브흐족보다 성공적이었으나 그들 삶의 외적인 면에 더 치우쳤다. 정교가 전통 신앙을 밀어내지는 못했다.

에벤크족과 야쿠트족은 가장 늦게 사할린에 정착했다. 동시대인들은 그들을 '열성적인 정교도'로 평가했다. 그들 모두가 세례를 받은 데다가 그들은 의식적으로 기독교 신앙을 선택했다. 자녀들을 세례받게 하고 법적인 수속을 취하지 않은 동거를 피했으며 죽은 자들의 장례를 기독교식으로 지냈다. 자녀 양육에 큰 관심을 기울이고, 형편이 되면 자식들을 니콜라옙스크의 시립학교와 여자중학교에도 보냈다. 1908년에 시테이그만에 의해 등록된 75명의 퉁그스인과 13명의 야쿠트인 모두가 정교도였다. 그러나 그들은 '기독교와 전혀 관련이 없는' 풍습을 지켰다. 사할린의 퉁구스족 사이에 만연한 알콜중독이 기독교 신앙을 유지하는 데 큰 문제가 됐다. 성직자 알렉산드르 고로드노프는 사할린 섬 서부 해안에 음주 문제가 특히 심각하고, 동부 해안은 주류를 구하기가 더 어려웠기 때문에 알콜 문제가 눈에 덜 띄었다고 언급했다. 그의 견해에 따르면 사할린의 퉁구스족은 대륙의 이민족보다 덜 의식적이고 더 비도덕적이었다. 그 이유에 대해 고로드노프는 그들이 오래전에 계몽되었지만 성직자를 만날 기회가 드문 반면, 가까이에 있는 유형수와 탈주범들에게 매우 나쁜 영향을 받아 타락해서 음주와 죄악을 알게 되었다고 설명했다. 동시에 그는 퉁구스족과 야쿠트족이 윌타족이나 심지어는 니브흐족보다도 기독교 교리를 더 잘 이해하는 경향이 있다고 여겼다.

4) 사할린 토착민에 대한 러시아정교 전파의 문제점

전체적으로 사할린 토착민에 대한 러시아 정교회의 선교는 성공적이라고 할 수 없다. 1892년경에 극동지역 남부의 세례받은 '이민족'의 수가 전체 토착민의 약 77%를 차지했다. 반면, 20세기 초엽 사할린에는 세례받은 토착민이 4분의 1도 되지 않았다. 사할린 선교활동의 성공을 저해하는 객관적인 이유가 있었다.

- 교회와 성직자의 수가 적고 목적이 분명한 선교활동이 조직되지 못했다. 선교사들이 없어서 사할린섬 정교도 주민들의 수요만으로도 그 수가 부족한 성직자들이 선교사의 임무를 지게 되었다.

- 본토에서 기독교 신앙 보급의 유효한 수단이었던 미션스쿨이 사할린에는 없었다.

- 성직자들이 '이민족' 교화에 뜻과 힘과 시간이 있다 할지라도 열악한 도로 상황이 선교활동을 어렵게 했다. 사할린에는 정비된 도로가 알렉산드롭스키 근처에 단 세 개밖에 없었다. 도로의 총 연장은 30베르스타를 넘지 않았다. 나머지 길들은 울창한 타이가에 나무를 베어 낸 길로 통행하기에 부적합한 경우가 빈번했다.

토착민이 러시아인과 러시아 신을 자신들 및 자신의 신들보다 더 강하게 여겼음에도 불구하고, 강제노동 유형지의 풍습과 러시아 상인들의 전횡은 러시아 민족을 롤모델로 만들어 주지 못했다.

정교수용의 경제적 손해, 즉 정교를 수용한 이후 퉁구스족이나 야쿠트족처럼 니브흐족도 납세의 의무를 져야 한다는 것에 대한 우려 또한 정교회 성직자들의 선교활동의 성공을 촉진하지 못한 요인이다.

3. 나오는 말

극동에서 정교 선교는 기독교화의 목적 외에도 토착민족의 러시아화라는 분명한 목적을 지녔다. 이러한 의미에서 그 방법이 전형적인 유럽의 식민지 선교활동과는 달랐다. 그럼에도 불구하고 러시아 극동지역의 세례받은 토착민과 한인의 압도적 대다수가 진정한 정교도가 되지 않았다. 세례는 극히 형식적인 성격을 띠었다. 혁명 전 이 지역에서 정교 선교의 성과가 '매우 변변치 않다'는 연구자들의 평가를 초래한 요인은 한편으로는 토착민 기독교화 사업에 대한 형식적 접근이고, 다른 한편으로는 현지어를 아는 선교사의 부족, 성당과 학교 등의 부족이다.

강제노동 유형지 사할린에서의 정교회 선교활동은 훨씬 더 비효과적이었다. 사할린에 대한 자료를 포함하여 극동에 대한 연구는 토착민족의 기독교 개종과 연관된 '의식 식민화'의 첫 단계가 이 시기에 달성되지 못했으며 러시아화 시도 역시 이루어지지 못했음을 확인해준다. 토착민 사회에 대한 이교의 영향력은 사실상 근절되지 않았다. 이 유형의 민족들에게 있어서 종교는 '진리의 문제가 아니라 생활의 문제'로 계속 남아있었고, 더구나 강제노동 유형지 사할린에 대한 시선 하에서 이 진리는 매우 의심스러운 것으로 생각되었다. 강제노동 제도는 결코 러시아인을 롤모델로 만들어주지 못했고 그들 종교의 진실성에 대한 의구심을 불러 일으켰다. 정교 성직자들의 희생적인 행위에도 불구하고 이 기간 전체에 걸쳐 사할린에서의 선교활동은 조직력이 매주 약했다. 그 결과들 중의 하나가 미미한 수량적 지표이다. 기독교화의 '질적인 측면' 또한 개선의 여지를 남겼다. 세례받은 토착민들의 기독교 정신 유지에 대한 문제도 사할린에서의 러시아 정교회 선교활동의 부족한 조직력, 강제노동 유형지라는 사할린의 특수한 상황과 관련하여 해결되지 않았다. 그럼에도 불구하고 이 시기에 극동지역 토착민족 문화와 러시아 정교 문화가 가까워지는 경향이 어렴풋이 보이고, '러시아화', 즉 토착민의 동화 과정이 시작되었다.

러시아극동지역에서 한인들을 대상으로 한 러시아정교회 선교 연구

남정우

1. 서론

본고에서는 19세기 후반에 러시아극동지역에서 한인들을 대상으로 한 러시아정교회의 선교활동에 초점을 맞춘다. 여기서 말하는 한인이란 러시아 극동지역에 거주한 한국인 유이민자(遊移民者)들을 의미한다. 당시 그 지역에 거주하던 한인들은 누구였는가? 왜 거기에 가서 거주하였는가? 러시아정교회는 왜 그들에게 관심을 가지고 접근하였는가? 러시아정교회가 그들에게 접근하여 여러 가지 선교사역을 할 때 무슨 목적과 목표를 가지고 있었는가? 한인들은 어떻게 반응하였는가? 그 결과가 무엇인가? 그리고 이러한 연구가 지닌 함의가 무엇인가에 대하여 살펴보고자 한다.

러시아 정교회의 한인선교는 시기적으로 주로 1860년부터 1917년 사이에 이루어졌다. 지역적으로는 러시아 극동지역에서 집중적으로 일어났다. 필자는 이 논문의 목적을 달성하기 위하여 "쌍트 뻬쩨르부르그 제정 러시아 정부 역사 고문서실(РГИА)"에서 찾아낸 자료들, "모스크바 러시아 연방 외무성 제정러시아 대외 정책문서보관소(АВПРИ)"에서 찾아낸 자료들, 블라디보스톡 극동문서 보관소(РГИАДВ)를 찾아가 자료들을 수집하였다.

2. 본론

1) 러시아 극동지역에 거주한 한인들

이 논문에서 말하는 "러시아 극동지역"이란 19세기 말 블라디보스톡을 중심으로 한 연해주, 블라고슬라벤노예를 중심으로 한 아무르주, 치타시를 중심으로 한 자바이칼주를 의미한다.[1] 그리고 러시아정교회의 선교대상이 된 한인들은 가난과 억압을 피하여 국경선을 넘어온 가난한 유민들이었다. 러시아 극동지역으로의 한인유민(韓人遊民)들의 이주는 약 50여년에 걸쳐 이루어졌다.[2]

---

1 1894년에는 자바이칼주가 東시베리아 총독의 관할에 귀속됨으로써 분리되고 대신 사할린이 포함되어 1909년부터 1917년까지 극동변강은 아무르, 연해주, 캄차카, 사할린 4개의 지방(오블라스찌)으로 구성되었다. 그러나 이 논문은 1884년 조-러통상 조약이 체결될 때, 러시아 행정구역 구분법을 따른다.

2 참고. 김승환, 「극동에서의 러시아와 열강: 1855~1918」, 『슬라브 연구』 18(1), 한국 외국어대학교 외국학 종합 연구 센터 러시아연구소, 2002, 221~246쪽; 권희영, 「한민

노령(露嶺)이주 한인유민들의 50년사를 국제 관계적인 맥락과 국가 외교 경제 정치적인 맥락에서 대략 세 단계로 구분해 본다면 다음과 같다. 제1기는 경제적인 궁핍으로 인하여 이민을 시작한 1863~1883년의 시기, 제2기는 1884년 조-러 통상외교조약이 맺어진 이후 1909년까지의 시기, 그리고 제3기는 한일병탄조약이 맺어진 1910년 이후부터 볼세비키 혁명이 일어난 1917년까지의 시기이다.

러시아 연해주지역으로 한인들이 이주한 최초의 공식기록은 1863년 당시 노브고르드 경비대 레자노프 중위가 연해주지사에게 올린 보고서(1863년 11월 20일, No.205)에 나타난다.[3] 이 보고서에 따르면, 한인들이 노브고르드 경비대에서 15 베르스타[4] 떨어져 있는 티진혜강 평원으로 이주허가를 요청했으며, 5명의 군인들을 보내주어 안전이 보장된다면, 100가구 이상이 더 이주할 준비가 되어 있다고 했다. 연해주지사는 허가했다. 이 이주허가로 1864년 1월 한인 14가구(65명)가 티진혜강 유역에 이주해와 티진혜 마을을 세움으로서 연해주에서의 공식적인 한인들의 이주와 정착이 시작되었다.

이후 1860년대 연해주지역으로의 한인들의 이주는 급속도로 증가하였다. 기록에 따르면 1863년에 14가구이던 것이 1864년 607가구, 1866년 100가구 1868년 165가구, 1869년에는 1667가구로 급증하였다.[5] 1869

족의 노령 이주사 연구(1863-1917)」, 『國史觀論叢』 41, 국사편찬위원회, 1993; 李尚根, 『韓人露領移住史研究』, 서울: 探求堂, 1996.

3 "Рапорт командующего 3-ой ротой Линейгого батальона Восточной Сибири поручика Резанова военному губернатору Приморской области от 30 наября 1833 г." Б, Д. Пак, *корейцы в Российской империи*, С. 50.

4 러시아의 거리 단위. 1 베르스타(500사쉔)=1,067m.

5 С. Д. Аносов, *Корейцы в Уссуийском крае*(우수리스크 지역 한인들) (Хабаровск:

년도에 이렇게 대량이주가 일어난 이유는 조선 북쪽지역(함경도)에서 대홍수와 기아로 양식을 구할 수 없었기 때문이었다.[6]

당시 연해주 지역은 연해주가 지리적으로 한반도와 인접해 있으면서도 사람이 거의 살지 않는 신천지와 다름이 없었다. 따라서 새로운 개발지역으로서 노동력이 필요하였다. 따라서 이 시기에는 러시아 관헌의 태도도 한인이민에 대하여 대단히 긍정적이었다.[7] 또한 한인들에게는 역사적, 정치·외교적 경험 속에서 중국인이나 만주인에 대하여 부정적이고 적대적인 감정을 많이 가지고 있는 반면, 처음 대하는 러시아인들에 대해서는 호기심도 작용했다.[8]

1870년대 한인들의 이민은 완만하게 진행되었지만, 러시아와 한국의 경제관계가 활발하게 이루어지고 있었다. 덕분에 한국의 계절적인 노동자들이 러시아에 많이 출입하게 되었다. 이들은 봄에 러시아에 들어와서 노동을 하고 가을이 되면 한국으로 돌아가는 노동자들이었다. 1880년 초 이러한 계절적인 노동자의 수가 연간 3천명이나 되었다고 한다. 이들은 블라디보스톡 같은 도시에서 일하거나 혹은 한인들이 이미 정주해있는 농촌에서 일을 하였으며 돈을 벌어 귀국하였다. 그러나 이들 가운데 일부는 러시아에 정착하기도 하였다. 당시 조사에 의하면 1878년 3개의 지역에서 모두 6,142명의 한인들이 거주하며 20개의 촌락이 있었다고 한다.[9]

Книжное дело, 1928), c.5~6.

6 권희영, 「한민족의 노령이주사 연구(1863~1917)」, 『國史觀論叢』 41, 국사편찬위원회, 162쪽.

7 李尙根, 『韓人露領移住史研究』, 서울: 探求堂, 1996, 80쪽.

8 『동아일보』, 1993. 2. 2.

1880년대에 접어들면서 극동지역의 한인 이민은 새로운 전기를 맞게 되었다. 그것은 러시아가 극동지역을 유럽계 러시아인 이민자들로 정주시키려는 계획을 적극적으로 추진함과 동시에 한인 이민들을 배제하려는 정책을 시행하였기 때문이다.[10] 그러나 연해주지역에 이미 다수를 점하고 있는 한인들이 연해주지역 개발에 공헌한 사실들을 감안하여 러시아 당국은 한인들에게 가혹하게 대하지는 않았다.[11]

1910년 당시 광활한 연해주에 모두 52개의 한인 마을에 약 5만여 명의 한인들이 있었으며,[12] 1923년에는 약 106,000명이 있었다고 한다.[13] 그러나 계절노동자, 광산노동자들과 같은 러시아 당국에 알려지지 않은 한인 유민들까지 합하면 1917년 당시 20만 이상의 한인들이 러시아극동지역에 있었다.[14]

2) 한인에게 관심을 가진 배경

러시아정교회가 러시아극동지역에 거주하는 한인들에게 관심을 가지게 된 이유가 무엇일까? 두 가지이다. 러시아중앙정부가 러시아극동지역개발에 한인들이 유용할 것이라는 기대감을 가졌기 때문이다. 두 번째는 당시 러시아정교회는 러시아제국의 국가종교였기 때문이다.

9 C. Д. Аносов, *Корейцы в Уссуийском крае(우수리스크 지역 한인들)* (Хабаровск: Книжное дело, 1928), c.27~29.

10 권희영, 「한민족의 노령 이주사 연구(1863-1917)」, 『國史觀論叢』 41, 155~157쪽.

11 Ким Сын Хва, *Очерки по истории советских корейцев*(Essays on the History of Soviet Koreans) (Alma-Ata: Nauka, 1965), c. 29-30.

12 이상근, 앞의 책, 209쪽.

13 위의 책.

14 권희영, 앞의 책, 170쪽.

처음부터 기본적으로 국가종교의 성격을 지닌 러시아정교회는 러시아
제국의 팽창의 과정에 긴밀하게 협력해 온 역사와 전통을 지니고 있었
다.[15] 따라서 러시아정교회 선교사역은 복음을 전파하려는 열정과 러
시아 국가의 경계선을 확장하려는 욕망과 변두리에 살고 있는 소수부
족과 민족들을 제국의 중심부와 연결하려는 의도 등이 복합적으로 작
용하였다. 특별히 러시아제국의 영토가 최대에 달하던 19세기 후반기
에는 이러한 요인들이 최고조에 달하였다. 당시 러시아정교회 선교사
들은 구원의 진리를 잃어버린 자들에게 전파하며, 회심한 자들을 신앙
의 완성으로 인도하며 견고하게 붙들어주는 사명을 감당하는 동시에
새롭게 개종한 사람들을 정교회 신앙의 빛 안에서 러시아 국민으로 통
합시키는 것을 신성한 소명으로 여겼다.[16]

19세기 후반기에 러시아 극동지역에서 전개된 정교회 선교사역의
기본 성격도 이와 같은 맥락 속에서 진행되었다. 러시아제국은 19세기
마지막 25년 동안 아시아, 특별히 카프카즈(Caucasus)와 중앙아시아
및 극동에서 많은 영토를 획득하였다. 동시에 1867년 러시아 정부는
알래스카를 720만 달러에 미국에 팔아넘김으로 서반구에서 철수하고
극동지역을 견고하게 하는데 집중하였다.[17] 극동지역 국경은 그동안

---

15 남정우, 「러시아정교회와 러시아 역사문화 이해」, in 순천향대학교 인문학진흥원 편,
『동아시아와 문명: 지역공동체 지평의 인문실크로드』, 동과서, 2020, 159~185쪽.

16 Robert P. Geraci and Michael Khodarkovsky (ed.), *Of Religion and Empire:
Missions, Conversion, and Tolerance in Tsarist Russia.* New York: Cornell University
Press, 2001, p.189.

17 Andrew Malozemoff, *Russian Far Eastern policy, 1881-1904: with special emphasis
on the causes of the Russo-Japanese War,* 『러시아의 동아시아 정책』, 석화정 역, 서울:
지식산업사, 2002.

1689년 네르친스크 조약에 따라서 계속 유지되었다. 그러나 시간이 지남에 따라 시베리아 인구는 증가하였으며, 연해주의 아무르 강은 교통의 동맥으로서 그 가치와 중요성이 부각되었다.

1847년 무라비요프(Н. Н. Муравьёв)가 이르쿠츠크에 본부를 둔 동시베리아 지역 총독이 되었다. 그는 정력적이고 야심이 많은 인물이었다. 러시아의 태평양 진출에 있어서 아무르지역의 중요성을 인식한 그는 1850년 니콜라이 I세 앞으로 작성한 보고서에서, "청(淸)과의 무역을 강화하고, 러시아제국의 시베리아 경계를 캄차트카 반도와 아무르 강까지 확대해야 하며, 아무르지역과 오호츠크해는 곧 서구열강의 각축장이 될 것임으로, 아무르 강을 지배하는 자가 시베리아를 지배할 것"[18]이라고 했다.

러시아 황제는 그에게 힘을 실어주었고, 그는 아무르 지역에 러시아 진출을 추진하였다. 중국과의 외교 협상을 통하여 1858년 아이훈 조약을 맺어서 아무르 강 좌안을 얻었고, 1860년에는 베이징조약(條約)을 체결하여 우수리강 지역을 넘겨받았다. 이리하여 태평양 연안으로 나오려는 러시아의 계획이 순차적으로 이루어져서 1853년에는 아무르강 지역에 니콜라예프스키라는 도시가 만들어졌고, 1858년에는 하바롭스크라는 도시, 1860년에는 블라디보스톡이라는 도시가 세워졌다. 1875년에 러시아는 사할린 섬의 남부 절반에 대한 대가로 일본에게 쿠릴 열도를 양보했다.[19] 이렇게 됨으로 연해주지역은 러시아 영토로 확고

---

18 А. Федоров(под ред.) *История России 19-начала 20вв.(19세기 초 - 20세기 러시아 역사)*(М : 2000), c.764. (러시아어 책 페이지를 "스트라니짜"라고 하기 때문에 p. 대신에 c.라고 표기한다).

19 Nicholas V. Riasanovsky, *A History of Russia*(Oxford Uni. Press, 1977), 『러시아

히 굳어졌다.

당시 동시베리아 주교였던 인노켄티(1840~1868)는 무라비요프의 추진력과 개척자적인 정신을 치하하면서, "당신은 수 천개의 교회를 세울 수 있는 희망을 주었으며, 정교회는 교회의 건설자인 당신을 잊지 않을 것이오"[20]라며 아무르 지역 병합 축하 기도식에서 무라비요프를 축복했다.

러시아제국의 기독교화 해외선교를 위하여 조직된 러시아정교회 선교회(Russian Orthodox Missionary Society)는 19세기 후반 러시아 영토로 병합된 동시베리아 지역에 선교를 위하여 특별히 많은 인적 물적 자원을 투입하였다.[21] 이러한 특별 지원은 이후 지속되었다. 1899년도 특별히 바이칼 선교회, 이르쿠츠크 선교회, 토볼스크 선교회, 알타이 선교회 같은 선교회들이 모스크바 주재 러시아정교회 선교회에게 동시베리아 선교를 위하여 견고하고 일관성 있는 정책을 펼치고 지원해준 것에 대하여 깊은 감사를 표한 것이 그 증거이다.[22] 이것은 19세기 말엽 동시베리아 선교가 성공적으로 이루어지고 있었음을 말해준다. 새로 병합된 영토에서 정교회 선교의 강화와 성공은 러시아 단합을 견

의 역사 II 1801-1976』, 김현택 옮김, 까치, 1997, 117~118쪽.

20 Б. Пивоваров(сост.), *Избранные труды святитея Иннокентия митрополита Московского, апостола сибири и Америки*(시베리아와 아메리카의 사도 이노켄티 대주교 선집), (M: 1997), c.314.

21 Aaron Neil Michaelson, *The Russian Orthodox Missionary Society, 1870-1917: A study of religious and educational enterprise, 1879-1917*, p.113.

22 Aaron Neil Michaelson, *The Russian Orthodox Missionary Society, 1870-1917: A study of religious and educational enterprise, 1879-1917*, p.113. "Russian Orthodox Missions to the East." By: Maiyer, Vyacheslav; Fagan, Geraldine (Translator) in *Religion, State & Society*, 25 no.4. 1997, p.376.

고하게 만드는데 기여하였으며 러시아제국의 동진정책의 발판을 마련
해 주었다.[23]

러시아극동지역의 한인유민들에게 러시아정교회가 관심을 가지게
된 주된 배경도 러시아제국의 팽창과 국가 이익을 봉사적 차원에서 시
작되었다. 1860년대 이후 연해주를 비롯한 극동지역에서는 러시아 영
토 안으로 들어온 한인 유민들의 노동력을 적극적으로 활용하여 처녀
지 극동지역을 개발하고, 새롭게 병합된 변방 극동지역을 확고한 러시
아 영토로 만들고자 하는 국가정책이 마련되었다. 이러한 기조 속에서
국가의 이익을 위하여 마음을 같이 하는 러시아정교회가 한인들에게
선교적 관심을 가지게 된 것이다.

3) 러시아정교회의 접근 목적

19세기 말 20세기 초 러시아 극동지역에는 수많은 소수 민족들이 거
주하고 있었다.[24] 그런데 날이 갈수록 러시아 당국과 정교회 선교부가
막대한 국고요청을 하면서까지 한인들에게 특별한 관심을 가지게 된
이유가 무엇일까? 그 주된 이유는 1860년 북경조약 이후 중국으로부터
새로 획득한 불모지 극동지역을 개발하여 제국의 확실한 영토로 만듦
과 동시에 동유럽에서 차단당한 러시아의 새로운 진출 기회를 동아시

---

23 남정우, 「러시아제국 시대의 국가와 교회의 관계성 그리고 선교에 대한 연구」, 한양대
학교 아태지역연구센터·러시아·유라시아 연구사업단 엮음, 『러시아 근대사』 민속원,
2014, 130~156쪽.

24 참고: James Forsyth. *A History of the Peoples of Siberia: Russia's North
Asian Colony 1581-1990*, Cambridge: Cambridge Univ. Press. 1992). p.48. 그리고
Y. Slezkine · *Artlc Mirrors: Russia and the Small Peoples of the North*, lthaca: Cornell
Uni. Press. 1994, pp.2~7.

아 지역에서 마련하는데 교두보로 삼으려는 국가 경제 외교 군사적 목적을 달성하는데 당시 극동지역 거주 한인유민들의 인력이 필요하다고 여겼기 때문이다. 즉 극동지역에서의 한인선교는 제국의 국가-정치적 이익의 차원에서 고려되고 시작되었던 것이다.

처음에는 러시아 당국이 연해주 한인들을 불청객 대하듯 의심하는 눈초리로 보았다. 그러다가 차츰 한인들을 선호하는 태도로 변하게 되었다. 니키틴(Никитин) 장사제(長司祭)의 논문을 분석해 볼 때 3가지로 그 이유를 정리할 수 있다.[25]

첫째, 러시아 극동지역 식민지 개발에 한인들의 근면한 노동력이 많은 유익을 준다고 판단했기 때문이다. 러시아 극동지역에 거주민들은 크게 세 부류로 구분된다. 유럽에서 이주해온 백인들, 국경 수비를 위한 카자크인들, 그리고 한인, 일본인, 에스키모인 등 소수 아시아인들이다. 이중에서 극동지역을 개발하여 러시아의 식민지로 만드는데 가장 유용한 인력은 한반도에서 이주해온 한인 농민들이었다. 1911년 6월 26일자 신문 "모스크바의 목소리(Голос Москвы)"는 "노동력 측면에서 한인들은 중국인들에게 뒤지지 않았으며, 겸손함과 규율적인 면에서도 우월했다."[26] 라고 적고 있다. 이 때문에 당국은 지정학적인 상황으로 인해 중국에서 연해주로 들어오는 대량의 이주자들을 제한한 반면, 한인들에 대해서는 선호하는 입장을 취하였다.[27]

---

25 Архимандрит Августин (Никитин), "Православие у корейцев Забайкалья и Приамурья (연해주와 자바이칼 한인들의 정교회)", *История Российской Духовной Миссии в Корее (한국에서 러시아정교회 선교 역사)* (Сборник статей), (Москва: Издательство Свято-владимирского Братства, 1997 г). c.150~170.

26 위의 책, c.157에서 재인용.

27 심헌용, 「러시아 극동지역의 민족관계와 유업 이주민의 민족적 특성」, 『아시아 문화』

두 번째 이유는 한인들은 번 돈을 연해주에서 사용했기 때문이다. 한인들은 러시아에서 번 돈을 대부분 생활비와 의복에 지출하며, 러시아에서 소비하였다. 하지만 중국인 노동자들의 경우에는 번 돈을 중국으로 가지고 갔다.[28] 게다가 중국인들의 수는 한인들에 비하여 월등하게 많았다.[29] 러시아인들에게 중국인은 이질적인 민족이요, 위협적인 민족으로 생각된 반면에, 한인들에게는 친밀감과 안정감을 느낀 것이다. 한인들은 척박한 극동지역을 개척하고 개발하여 농경지로 만들었으며, 토지만 주어지면 정착하여 러시아제국의 신민이 되는데 적극성을 보여주었다. 이러한 한인들의 생활상을 보면서 당국은 극동지역 개발을 위하여 한인들을 적극 활용하는 방안을 검토하였다.[30]

세 번째 이유는 한인들의 러시아화가 신속하게 이루어질 수 있다고 보았기 때문이다. 위에서 언급한 『정교 회보(Православный Благовесник)』 잡지는 "극동의 모든 민족들 중에서 한인들이 가장 빨리 러시아화 되고 있으며, 자진해서 러시아 공민이 되고 있다. 정교회를 받아들이는데 호의적이며, 자녀들을 러시아인 학교에 보낸다."고 적고 있다. 1909년 "연해주 회보(Приморский Вестник)"는, "조선에서 기독교(정교회)의 확산은 어느 정도 성공적으로 진척되어 가고 있으며, 15-20년 후인 멀지

17, 한림대학교 아시아문화연구소, 2001, 158~159쪽.

28 *Записки Приамурского отдела Императорского Обшества востоковедения.* Хабаровск, 1912. Выпуск. 1 : Ф. Шлерк. *Россия дальнего Востока.* СПб., 1885: н в. СЛОНИН. *Современное положение Дальнего Востока.* СПб., 1908. *положение Дальнего Востока.* СПб., 1908.

29 *История Российской Духовной Миссии в Корее(한국에서 러시아정교회 선교 역사)* c.158.

30 심헌용, 위의 논문.

않은 장래에 조선은 완전한 기독교(정교회) 국가로 불리게 될 것이다"[31]
라고 적고 있다. 이렇게 한인들이 적극적으로 정교회로 개종하는 것을
보면서, 한인들의 러시아화는 신속하게 용이하게 이루어질 것으로 보
았던 것이다.

　이러한 이유들로 인하여 한인들은 러시아 당국과 정교회의 주된 관
심이 되었으며, 한인들의 러시아화를 위하여 당국과 교회가 협력하였
던 것이다.

4) 러시아정교회의 선교 방법

　러시아 극동지역에서 한인이주민들을 대상으로 전개된 러시아정교
회의 선교는 마치 군대식으로 계층적 질서에 따라서 움직여진 엄격한
선교조직에 의해서 이루어졌다. 선교의 최고 지휘부는 제국의 중심인
뻬쩨르부르그에 위치한 신성종무원 이었다. 주교회의가 있고, 기타 교
회 모임들이 있었지만, 사실상 표트르 대제 시대에 만들어진 국가관청
인 신성종무원의 지시에 따라서 선교지의 주교가 임면되었고, 주교의
책임 하에 선교회를 조직하여 해당지역 이교민족들을 선교하였는데,
선교에 필요한 재정적 지원, 학교설립, 교회설립 등도 신성종무원이
결정하였다. 심지어는 선교정책까지도 신성종무원의 허락을 받아서
이루어졌다. 그리고 신성종무원의 결정과 지시에 재무성, 외무성, 교
육성, 내무부, 국토개발부, 극동지역 총독부, 왕후, 백작 등이 관여하

31　Архимандрит Августин (Никитин), "Православие у корейцев Забайкалья и Приамурья
(연해주와 자바이칼 한인들의 정교회)", *История Российской Духовной Миссии в Корее
(한국에서 러시아정교회 선교 역사)* (Сборник статей), (Москва: Издательство Свято-
владимирского Братства, 1997 г). с.158~159에서 재인용.

였으며, 신성종무원은 주교회의와 황제 사이에서 다리 역할을 하였다.

연해주지역 한인들을 효과적으로 선교하기 위하여 신성종무원과 블라디보스톡 주교구가 협의하여 한인 거주 지역을 중심으로 선교지부를 설립해 나갔다.[32] 1913년 당시 러시아 극동지역에 한인들을 선교하기 위한 한인 거주 마을을 중심으로 9개 선교지부들을 설립하였다.[33] 그 이름을 기술하면 다음과 같다. ①코르사코프카 선교지부(Корсаковский стан), ②푸칠로프카 선교지부(Пуциловский стан), ③시넬니코보 선교지부(Синельниковский стан), ④얀치혜 선교지부(Янчихэнский стан), ⑤아지미 선교지부(Адиминский стан), ⑥자레체 선교지부(Зареченский стан), ⑦몽구가이 선교지부(Мангугайский стан), ⑧티진혜 선교지부(Тизинхэнский стан), ⑨크라베 선교지부(Краббэнский стан).

1914년 신성종무원이 국회에 보고한 자료에 따르면,[34] 이 9개의 선교지부는 모두 러시아 연해주지역에 위치하고 있는데, 이중 6개 선교지부는 포시에트 지구(조선 및 중국과 인접한 국경지역에 위치한)에, 3개 선교지부는 수이푼 지구(니콜스크-우수리스크와 가까운 평야지대)에 있었다. 이 선교지부들이 선교하는 대상은 러시아 땅에서 오랫동안 거주해온 한인들이었다.[35] 이들의 선교방법은 크게 세 가지였다. 세례식, 모범마

---

32 "선교지부"라고 번역한 "스탄(стан)"이란 사제 선교사가 상주하는 교회당을 중심으로 5~50여 개 마을을 관할하는 교구 선교지역을 의미한다.

33 Иеромонах Павел (Ивановский), "Очерк миссии среди корейцев Южно-Уссурийского края(남우수리스크 지역 한인들 사이에서 이루어진 선교사역에 관한 소고)" *История Российской Духовной Миссий в Корее(한국에서 러시아정교회 선교역사)*(Москва: Издательство Свято-Владимирского Братства, 1999), c.132~149.

34 РГИАДВ, Ф. 702, Оп. 3 Д. 443, Л. 22 об. 1914년 1월 4일 No.204.

35 위의 책.

을 건설 그리고 학교교육 이었다.

첫째는 러시아정교회 사제들의 세례식이다. 러시아정교회 선교사들 가운데 연해주 지역 한인들을 선교해야 한다는 최초의 목소리를 낸 사제는 바실리 삐얀코프(B. Пьянков)였다. 그는 "연해주 지역 한인들은 정교회를 받아들일 준비가 되어 있다. 정교회를 받아들인다는 것은 곧 러시아 문화와 교육을 수용한다는 말과 동일시될 수 있다"라고 주장했다.[36] 그리고 이어서 "연해주 지역은 광대하고 천연자원이 풍부하지만, 개발할 인력이 모자란다. '러시아화'(russification)된 한인들이 러시아 국민과 한 가족을 이룬다면, 연해주지역을 개발하는데 도움이 될 것이다"[37]라고 하였다. 이러한 명분하에 수많은 러시아정교회 사제 선교사들이 연해주 지역에 와서 한인들을 선교하였다.

한인 영세는 삐얀코프 사제에 의하여 많이 이루어졌다. 1872년도에 총 931명의 피영세자 중에서 697명(75%)이 삐얀코프 선교사에게 영세(침례)를 받았다.[38] 실제로 삐얀꼬프는 영세자 수에 관심이 많았다. 그래서 어떤 경우에는 단 4일 만에 175명에게 영세를 주었다. 또 다른 4일 동안에는 168명에게 영세를 주었다. 이렇게 준비 없이 영세를 주다보니, 한인들은 자신들의 영세명 조차도 기억하지 못하였다.[39]

이런 가운데서도 정교회 영세를 받는 한인들의 수는 꾸준히 증가하

---

36 Василий Пьянков, "К известию о корейском миссионере Пьянкове(한인을 위한 선교사 비안코프에 관하여)", *Миссионер(선교)*, No.18, 1874, p.180.

37 위의 책.

38 Michail Belov, *The Experience of The Russian Orthodox Church among Koreans 1865-1914*, 연세대학교대학원 국제문제연구소, 1991, p.41.

39 위의 책, p.44.

였다. "블라디보스톡 인류 고고학 역사연구소" 뻬트로프의 자료에 따르면,[40] 1875년 11월 러시아당국에 등록된 한인들의 총수 2,252명 가운데 748명(33.2%)이 영세를 받았다. 영세자 증가와 함께 신앙생활을 위한 공간도 생겨나기 시작했다. 1860년대 후반 포시에트지구 노보끼예프스크에 발레리안 선교사에 의하여 한인영세(침례)자들을 위한 최초의 공소가 세워진 이래, 뻬얀꼬프 선교사에 의하여 티진헤(1872)와 얀치헤(1872), 크라베 반도(半島)의 하드쥐다(1873)에 공소가 세워졌다. 1870년대 말에는 한인들의 교구도 조직되었다.

초기 러시아정교회 선교사역에 대한 한인들의 태도는 선교사의 재정적인 능력이나 성직계급 보다는 선교사 개인의 열정과 영적인 카리스마의 영향을 많이 받았다.[41] 한 예로 블라디보스톡 북쪽에 위치한 한카(Hanka) 호수 인근에 있는 세 개의 한인 마을을 중심으로 사역한 뻬얀코프가 사역할 때는 수많은 한인들이 그에게 세례를 받았다. 여러 개의 성당도 세웠다. 그러나 요시프 니콜스키 사제가 왔을 때에는 세례받기를 거부하였다. 요시프는 한인 어린이들을 입양하여 선교하려하였으나 한인 부모가 거절하였다. 요시프는 다른 마을로 건너가서 단지 3명의 한인에게 세례를 줄 수 있었다. 이러한 현상은 한인들이 정교를 받아들이는데 있어서 제도적이고 기구적인 요인 보다는 선교사 개인의 인격과 열정 그리고 영적인 카리스마가 중요한 역할을 했다는 사실을 말해준다.[42]

---

40 한인 영세(침례)자 수 1875년 11월 13일 현재. А. И. Петров, *Корейская Диаспора на Дальнем Востоке России 60-90-е годы века(1860 - 90년대 러시아극동지역에서 한인 디아스포라)*, владивосток: 2000, с.230.

41 Миссионер, No.14, 1875, с.110~111.

이 시기의 사제선교사들의 선교는 비계획적, 비조직적이었다. 그럼에도 불구하고 이후 다른 시기에 비하여 선교의 열매는 비교적 많았다. 그 이유는 한인들이 러시아인에게 좋은 인상과 기대를 가지고 있었기 때문이며, 외국인과 나그네로서 유민생활을 하는 한인들은 러시아 당국의 배려를 받아야만 하는 처지에 있었기 때문으로 보인다.

그러나 선교의 동기와 목표는 뻬얀코프 사제가 언급한대로 국가-정치적인 것이었다. 정교회 선교를 통하여 러시아에 호의적인 한인들로 하여금 러시아 문화와 교육을 흡수하게 하며, 광대한 연해주지역을 개발하는데 모자라는 인력을 개종한 한인들로 대신할 수 있을 것이라는 이유에서 한인들을 선교의 대상으로 삼았던 사실을 고려할 때, 극동지역에서의 한인선교는 순수하게 복음선교와 영혼구원의 차원에서 시작된 선교가 아니라, 제국의 이익 차원에서 이루어진 선교였다고 할 수 있다.

둘째 한인들을 위한 특수 정착촌 블라고슬라벤노예 마을 건설이다. 러시아 중앙정부가 볼 때 연해주로 이주해 오는 한인들은 미개척지를 개간할 유용한 노동력이었다. 광활한 지역을 중국으로부터 할양받은 러시아로서는 아직 그곳을 개척할 준비가 되어있지 못했고 국경경비를 위해 파견된 경비대들도 둔전병처럼 자급자족하기도 했지만 한계가 있었다. 결국 러시아 정부도 이주민의 국외로부터의 유입을 철저히 막을 명분이 없었다.

그러나 1870년대 이래 유입되어 오는 이주민의 규모가 커지고 주로 이들이 국경지대에 머무는 현상을 보고 심각한 경계를 감추지 않게 되

---

42 위의 책, c.55.

었다. 지방 당국은 연해주에 거주하는 한인 인구수가 러시아 주민수도 다 초과되는 현상에 대해 우려 내지 경계의 눈길을 보내지 않을 수 없었다. 1867~1869년에 우수리 지방을 돌아본 여행가 쁘르줴발스키(Н. М. Пржевальский)는 까자끄에 의한 극동 개발정책과 외국 이주민에 대한 정책에 관해 조언을 하였다. 특히 그의 한인에 대한 판단은 그 후 한인에 대한 러시아 정부의 양면적인 모습을 그대로 보여주고 있는데, 그는 자신의 여행 당시 1800명 정도가 산재해 사는 여러 한인촌을 둘러보고 그들의 근면성과 청결한 생활에 감동받으면서도 국경근처에 존재하는 관계로 위험성이 있다면서 다음과 같이 지적하였다.

> "이주민 한인들로부터 기대할 수 있는 결과가 다소간 있다할지라도, 최소한 그때까지는 우리 지역으로의 한인 접수를 일시적으로 중지시켜야 한다. 다른 한편, 한인이 자신들의 국경에서 멀지 않은 우리 지역에 접근 이주해 있는 데에는 적지 않은 잘못이 있다. 고국에서의 삶이 얼마나 힘들겠느냐만은, 그럼에도 불구하고 한인 모두는 고귀한 고국에의 향수에 젖어있다. 이를 쉽게 잊기 위한 과거로부터 현재로의 이전은 매우 어려운 일이다.
>
> … 중략 … 만일 이들이 국경에서 먼 어디엔가, 예를 들어 아무르강 중류나 심지어 항까 호수나 수이푼강 사이의 초원지대에 거주하게 되었다면 이는 또 다른 일이다. 이곳은 한인이 고국과 완전히 떨어져 살게 되는 곳이며, 게다가 러시아 농민들 사이에서 점차 모국의 언어와 습관으로부터 러시아의 언어와 습관에 스며들 수도 있을 것이다."[43]

---

43 Н. Пржевальский, *Путешествие в Уссурийском Крае 1867-1869 гг*(1867-1869년 우수리스크 지역 여행기), c.310~311.

동시베리아 군사령관지사 시넬니코프(Н. П. Синельников, 1871~1874)
는 두만강(p. Тумень-Ула) 인근지역에 거주하는 한인촌을 시찰한 다음
한인들을 재이주 시킬 계획을 세웠다. 이를 위해 13,651 루블의 예산을
세웠다.[44] 1872년 두만강에서 북쪽으로 약 700km 떨어진 곳에 아무르
강 중류 지역에 "하나님의 축복"이라는 뜻을 지닌 블라고슬라벤노예
(Благословенное)마을을 세우고,[45] 1872년 여름 두만강 유역에 위치한
수찬(蘇城)과 라즈돌노예(Раздольное) 마을의 한인 103가구(431명)를 아
무르주의 사마라(Самара)강 유역에 재이주 시켰다.[46] 이것은 관(官)주도
의 특수 이주정책으로 자발적으로 이주하는 자에게는 주택건설과 식
량공급, 등 생활에 필수적인 부분들을 보조하였다. 100가구의 이주 정
착민들을 위하여 러시아 정부는 이주자들이 필요한 생활필수품들을
갖출 수 있도록 전체 12,000루불을 이주자들에게 지급했다.[47] 이 돈으
로 한인 가정은 소와 농기구 등을 구입했으며, 주변에 사는 카자크인
들이 한인들이 집을 짓는 일을 도왔으며, 도움의 대가로 최소한의 수
고비를 주었다.

1871년 9월 블라고슬로벤노예 마을에 성당이 세워졌는데, 성당 건축
재원은 당시 동시베리아 군사령관지사(Генерал-Губернатор)가 제공했

---

44 김승화 저, 정태수 편역, 『소련 한족사』, 31쪽; 현규환, 『韓國流移民史』 上, 서울: 대한
   교과서주식회사, 1972, 808쪽.
45 Ross King, "Blagoslovennoe: Korean Village on the Amur, 1871-1937" *The
   Review of Korean Studies* 4(2), 2001, pp.133~176.
46 Ross King, *The Review of Korean Studies*, p.135.
47 Архимандрит Августин (Никитин) "Православие у корейцев Забайкалья и Приамурья
   (자바이칼지역과 연해주 거주 한인들의 정교회)", *История Российской Духовной Миссии
   в Корее(한국에서 러시아정교회 선교의 역사)*(Сборник статей), c.150~151.

으며, 성당 이름은 넵스키 성당으로 정했으며,[48] 성당의 위치는 마을의
중앙에 세워졌다. 이것은 성당건축이 단순히 종교생활의 공간이 아니
라 새로 이주한 이민족들을 러시아화 하여 정착민들을 모두 러시아제
국의 충성스러운 신민을 만들고자 하는 당국의 정치적 목표를 짐작케
하는 부분이다.

블라고슬로벤노예 마을 건설을 통한 정교회 선교는 성공적으로 이
루어졌다. 그렇게 성공적으로 이루어질 수 있었던 이유는 이주민들에
게 엄청난 혜택을 주었기 때문이다. 즉, 한인이주자들은 재이주와 동
시에 인두세 영구면제와 20년간 지세(地稅)면제 특권이 부여되고, 1 가
구당 100 데샤티나의 토지를 부여받는 특혜를 부여받았다.[49] 따라서 이
같은 특혜는 당시의 생활 조건이 어려웠던 한인 농민들을 순종적인 러
시아 국민으로 만들어 가는데 충분한 조건이 되었다.[50] 이 마을은 한인
들을 보다 효과적으로 러시아화 할 목적으로 세워졌다. 조선국경에서
북쪽으로 약 700km 떨어졌기 때문에 러시아 정부가 의도한대로 러시
아정교와 러시아어 교육을 통하여 한인들을 러시아문화 속으로 융화
시켜 나갈 수 있었다. 이 한인정착촌은 얼마 지나지 않아서 러시아 연
해주 한인들의 정교 중심지가 되었으며 극동지역 개발 정책과 러시아

---

48 Georgr W. Glube, *The Complete Book of Orthodoxy*, p.242.

49 1 데샤티나가 1.092ha이므로 100데샤니타는 약 109ha이다. 엄청나게 넓은 땅이다.
　　현규환, 『韓國流移民史』 上, 787쪽.

50 선교와 러시아화를 목적으로 정착촌이 세워진 예들은 19세기 카잔지역, 알타이지역에
　　서도 찾아볼 수 있다. David N. Collins, "Colonialism and Siberian Development:
　　A Case-Study of the Orthodox Mission to the Altay, 1830-1913," in ed. by Alan
　　Wood, *The Development of Siberia: People and Resources,* New York: St. Martin's
　　Press, 1989, pp.59~60.

정교회 선교가 긴밀하게 협력한 대표적인 사례로 기록되었다.

셋째 한인 자녀들의 학교교육이다. 극동지역을 개발하는 일은 러시아제국의 소수민족 통합사역과 병행되었다. 학교교육은 러시아제국의 통합과 부국강병을 위해서 중요한 일로 여겨졌다.

선교지부 설립과 나란히 동시베리아 지역 당국은 한인 이주자들의 빠른 러시아화를 목적으로 한인들의 자녀들에게 러시아어를 교육하는 일에 적극적인 관심을 가졌다. 연해주지역 한인들의 교육은 크게 세 가지 차원에서 이루어졌는데, 하나는 러시아 정부당국의 관심과 후원에 의하여 이루어진 교육이고, 두 번째는 정교회 사제선교사들에 의하여 이루어진 교구학교 교육이며, 마지막 세 번째는 한인 아이들을 러시아인 가정에 양자로 들임으로 이루어진 교육이었다. 이 모든 교육의 공통적인 목적은 "러시아화"였다.

1870년 연해주지사였던 푸르겔름(И. В. Фургельм)은 황인종의 러시아화 정책을 강조하면서, "우리나라에 정착하기 위하여 온 황인종들에게 그들의 민족 독자적인 삶의 가능성을 줄 기반은 전혀 없다"라고 선언하고, 실제로 러시아화를 위한 몇몇 학교를 극동지역에 설립하였다. 이 학교에서 모든 수업은 러시아어로 행해졌으며, 모국어로 교육하는 것은 금지시켰다. 그리고 교육의 모든 내용도 러시아에 관한 것으로 하였다.[51]

이러한 배경 가운데 연해주지역 한인들의 교육에 최초로 적극적인 관심을 보이며 학교시설 마련을 위하여 노력을 기울인 사람은 동시베

리아 군사령관 코르사코프였다. 당시에는 아직 하부 행정기관들이 조
직되어 있지 않았기 때문에, 총독부에서 학교교육도 관장하였다. 1866
년 동시베리아 군사령관 코르사코프는 포시에트지구 한인자녀들의 러
시아어 교육을 위한 특별학교 설립을 위해 은화 100루블을 연해주지사
푸루겔름에게 보냈다. 그 결과 교육에 필요한 각종 자료와 시설 도구
등이 확보되지만, 교사(敎師)의 부재로 지연되다가 1868년에야 티진헤
에 최초로 학교 문을 열었다. 초기 20명의 학생들이 공부를 했는데,
1년 후에 재정부족으로 문을 닫았다. 이후 1870년 말 학교의 중요성을
강조한 코르사코프는 연해주에 두 개의 학교가 세워지도록 학교설립
자금으로 각각의 학교에 150루블씩 할당했다.

　그러나 실제적인 한인 교육은 정교회 사제선교사들에 의하여 운영
된 교회교구학교를 통하여 이루어졌다. 앞에서도 언급했듯이, 이 당시
에는 이민족(異民族)을 전문적으로 가르칠 수 있는 러시아인 교사가 선
교사들 이외에는 없었다. 이 때문에 당시 러시아 교육부 대신이었던
톨스토이는 "만일 성직자들이 이민족(異民族)을 잘 교육시킨다면, 지역
주민들에 대한 성직자의 영향력은 도덕적으로 뿐 아니라, 정치적인 의
미도 지니게 될 것 이라고 확신한다."[52]라고 하며 성직자의 민중교육
참여에 큰 의미를 부여했다.

　정교회 사제 선교사들이 운영한 대표적인 학교가 1872년 5월 블라고
베쉔스크 정교회 선교협회 위원회의 지원으로 아무르주 블라고슬로벤

---

52 Бан Ил Квон, *К.П. Победоносцев и распространение церковно-приходских
школ в 1884 - 1904 гг(1884-1904년 포베도노스쩨프와 교회교구학교의 확산)*, 미간행
박사학위논문, 러시아학술원역사연구소, 2000, c.112~113.

노예 마을에 최초로 문을 연 한인학교이다. 1872년 7월 8일 베니아미노
프 주교가 블라고슬로벤노예 마을의 교회와 학교를 방문했을 때, 11세에
서 17세까지의 50여 명 학생들이 학교를 다니고 있었으며, 러시아어
문장을 작성하거나 '주기도문', '성모'와 같은 기도문 암송하기를 배우고
있었다. 1872년 말 요안 곰차코프(Гомчаков) 사제는 "학생들은 매우 괄
목할 만한 수준에 올라 있었으며, 읽기, 쓰기와 큰 자리 수까지 셈이
가능했으며, 기도를 할 줄 알았다"[53]고 보고서에 기록하고 있다. 이러한
진보에 감동받은 베니아미노프는 한인학교를 위해 적극적으로 기부금
을 보내고 칠판과 주판, 잉크 등을 보내기도 했다.[54] 한인들이 이곳으로
재이주 되어 올 당시인 1871년 한인이주자의 총수가 400여 명이었던
것을 감안한다면, 바로 이듬해 50여 명의 학생수는 적지 않은 수이며,
러시아화를 목적으로 설립된 학교에 적극적으로 참여했다는 것은 그
어느 지역보다도 러시아 국민이 되고자 하는 열망이 강하게 표출되고
있었음을 볼 수 있다. 이후 블라고슬로벤노예 마을의 한인교육은 연해
주 지역보다는 보다 안정적이고 실제적으로 이루어져 간 것으로 보인다.
1880년에는 캄차트카 선교부의 지원으로 마을에 1,200루블을 들여 완
전한 형태의 학교건물이 건립되었다. 이어서 1880년 초에는 이르쿠츠크
교사 양성학교를 마친 한인이 학교의 정규교사로 채용되기도 했다.[55]
　그런데 여기서 주목할 것은 당시 일반적으로 러시아인 학교의 유지

---

53 "Миссианерская Деятельность между Корейцами, перелившимися на Амуре(아무
　르주로 이주해온 한인들 사이에서 이루어진 선교사역)" *Миссионер(선교)*, 1874, No.26,
　c.240~241.

54 위의 책, c.241.

55 А. И. Петров, *Корейская Диаспора на Дальнем Востоке России 60-90-е годы
　века* (владивосток: 2000), c.212.

비용은 마을공동체(Сельское общество)의 규정에 따라, 러시아인 농민
들 스스로가 일정부분을 책임져야 했던 반면, 1880년대에 한인학교의
경우는 국가관청인 교회부(церковное ведомство)가 학교건립과 운영에
따른 일정부분의 비용을 책임졌다는 점이다.[56] 이것은 겉으로 보기에
는 교회교구학교와 사제들이 선교적 차원에서 한인들을 교육하였지
만, 국가 차원에서는 러시아화 작업의 일환으로서 한인교육을 생각하
였다는 증거이다. 실제로 당국은 사제들이 학교교육 시간에 정교회 교
리와 기도를 가르치면서 러시아어 사용할 것을 강조하였다. 대신 조선
어 사용은 억제시키도록 규정하였다. 정교회 사제 선교사들은 당국의
이러한 정책에 적극적으로 호응하였다. 한걸음 더 나아가 정교회는
"이민족(異民族)들이 자신들의 언어를 갖거나 부활시킨다면, 러시아 국
가사회 안으로 통합되는 일이 약화될 것이고, 이민족들은 독립을 소망
할 것이다"라고 주장하며,[57] 조선의 서원(書院)형태와 유사한 '한인 이
교(異教)학교'에 관심을 곤두세웠다. 캄차트카 마르티니안 주교가 군사
령관 지사에게 보내는 1885년 1월 18일자 문서에 따르면, 당시 안치혜
지역에 15개, 코르사코프카 지역에 20개의 한인이교(韓人異教)학교가
있었다.[58] 정교회 선교부가 볼 때, 한인이교학교는 정교회 선교를 가로
막는 방해세력으로 보였기 때문에 가능한 없애버리려고 하였다. 그러
나 한인들은 한인이교학교를 사랑하였다. 한인들의 민족성과 문화를

56 위의 책, c.214~215.

57 С. Д. Аносов, *Корейцы на Уссурийском крае*(Владивосток–Хаваровский Книжная Дела,
    1928). c.12~13.

58 А. И. Петров, *Корейская Диаспора на Дальнем Востоке России 60-90-е годы XIX
    века* (владивосток, 2000), *Корейская Диаспора в России 1897-1917 годы века*
    (владивосток, 2001), c.232.

보존하는 기관으로 여겼기 때문이었다. 이 학교는 한인들의 자발적인
지원과 헌신으로 지속되었다.[59]

5) 한인들의 반응

러시아 극동지역에서 정교회의 선교를 받은 한인들의 견해가 담긴
대표적인 문서가 『대한인정교보』이다. 『대한인정교보』는 1911년 10월
20일 자바이깔(後貝加爾州) 지역에 조직된 "대한인국민회 시베리아지
방총회"가 치타에서 1912년 1월부터 1914년 6월까지 발행한 순 한글
신문으로서 총 11호가 발행되었다.[60] 이 신문의 기본성격은 세 가지였
다. 하나는 재러 한인들의 러시아정교회 소식지로써의 성격이고, 다른
하나는 한민족 의식을 고취하는 민족독립운동 매체로서의 성격이고,
세 번째는 계몽운동 매체로써의 성격이다. 창간호에 백원보가 쓴 '축
사'에 이러한 세 가지 기본 성격이 뚜렷하게 잘 나타난다.

> 정교보의 소식이여, 반갑고 반갑도다. 정교보의 발간이여, 기쁘고도
> 기쁘도다. 정교보의 발행이여, 영화롭도다. 정교보를 발행하시는 이여,
> 감사하고 감사하도다. 정교보야, 정교보야, 네 이름이 정교(正敎)니, 정
> (正)이란 밝고도 모나고, 모나고도 평탄하며, 평탄하고도 이명하고, 이
> 명하고도 바르게 행하는 바를 정(正)이라 한다. 교(敎)란 진리를 순종하
> 고 인도를 극진히 하여 가르침이 되는 가르칠 교(敎)라. 네 이름과 가치
> 가 마치 노(老)선생이 될 줄은 내가 알고 믿어, 내가 빌고 하례 한다
> 만은 어찌 이와 같이 더디 나왔는고? 우리 동포가 러시아 극동지역에

---

59 이상근, 앞의 책, 245~254쪽.
60 박환, 「대한인국민회 시베리아지방총회 기관지-대한인정교보」, 『이기백선생 고희기
    념-한국사학논총』下권, 서울: 일조각, 1997, 1761쪽.

건너 온지가 40-50년이 아니며, 정교회 신자가 여러 만 명이 아닌가? 그러나 일찍이 러시아령 동포의 종교적 신문잡지가 세상에 나와서 정교회의 밝은 빛을 넓게 전파하지 못하였음으로 지금까지 흑암에 빠져 깊은 잠을 자며 마귀의 종이 된 자처럼 살더니, 이제는 너의 가르침을 받는 곳마다 어리석은 자가 지혜로와지며, 악한 자가 선하여지며, 어두운 자가 밝아지며, 약한 자가 강하여지며, 굽은 자가 곧아지며, 하나님의 복음을 모르는 자가 그리스도의 거룩한 공(功)을 알게 되며, 동포를 사랑하게 되며, 짐승같은 생활을 하며 학대받는 자, 사람이 마땅히 행할 바를 깨닫게 하는구나![61]

그리고 황공도(黃公道)도 창간호 '축사'에서 러시아 정교를 열심히 믿자고 권면하였다. 정교를 열심히 믿으면 도덕적으로 문화적으로 민족적으로 많은 유익이 있을 것이라는 취지로 다음과 같이 말하였다.

오호, 동포여, 받을지어다. 이 정교보를 열심히 받을지어다. 이 정교보의 가르침을 지킬지어다. 이 정교보의 가르침을, 이 정교보가 가르치는 정교의 참 진리를 발견하여, 우리 동포로 하여금 능히 캄캄함을 변하여 밝게 되며, 악함을 변하여 선하게 되며, 부패함을 변하여 신선하게 되며, 더러움을 변하여 깨끗케 하며, 망함을 변하여 부흥케하며, 이산(離散)함을 변하여 단합하게 하며, 죽음을 변하여 살게 하며, 지옥을 변하여 천당이 되게 하나니, 우리 동포의 행복을 위하여 이 정교보 만세를 하나님께 축사하노라.[62]

정교보의 표면적이고 일차적인 목적은 재러 동포들에게 정교를 믿

---

61 백원보 「정교보를 축하함」, 『대한인정교보』 창간호, 1912, 11~12쪽.
62 황공도 「정교보를 축하함」, 『대한인정교보』 창간호, 1912, 13쪽.

게 하는 것이었다. 그러나 신문을 만든 한인들의 궁극적인 목적은 정교를 통하여 문명화되고 단결된 재러 동포들을 바탕으로 독립운동을 전개하는 것이었다. 정교보는 당시 재러 한인들의 정교신앙 현황에 대하여 중요한 정보를 제공한다. 창간호에 실린 "아령한인 정교회의 근상"에 따르면, 1910년 당시 러시아 정교가 한인들에 전파된 이래 한인의 신도가 수만 명이며, 한인 전용(轉用) 교회가 9곳이나 된다고 밝히고 있다. 아울러 정교를 믿음으로써 한국인들은 구습을 벗고 문명한 사람이 되어 가고 있음을 지적하고 있다.

> 우수리 지방에 있는 주교(主敎)와 해삼위 뽀그롭스고이(빠크롭스키
> -필자 주) 첼고빅 예배당을 주관하는 대사제 포프(ПоФ)와 실니(Силь)
> 씨는 하나님의 충성된 일군이오, 한인들의 사랑을 받는 사제라, 수십
> 년 전부터 한인에게 전도하여 영세(침례)를 받은 자가 수만 명이요, 한
> 인들을 위하여 설립한 예배당이 9곳이라. 교회당마다 사제를 파송하여
> 하나님의 진리를 가르치게 하며, 교사를 택하여 인성에 필요한 학문을
> 가르치게 함으로, 오늘날 우리 동포들이 이단을 버리며 구습을 벗고,
> 문명의 세계로 나아온 자가 많은지라.[63]

이렇게 정교를 믿는 한인들이 많아짐에 따라서 신도들을 조직하고 토착민 지도자를 세우는 문제를 러시아선교사가 아니라 한인들 스스로 먼저 의논하고 러시아 주교에게 도움을 요청하였다고 한다.

---

63 「아령 한인 정교회의 근상(러시아 극동지역 한인들의 정교회 최근 상황)」, 『대한인정교보』 창간호, 1912, 18~21쪽.

1910년(한일병탄)에 일어난 우리의 불쌍하고 가련한 종족이 돌아가 의탁할 곳이 없어 마치 목자 잃은 양과 같이 된지라. 선각자 최봉준 고상준 씨 등이 민망히 여겨 이를 근심하여 하나님 앞으로 인도하기를 생각하고, 해삼위에 있는 대사제 포프씨와 더불어 의논하고 해항에 거류하는 뜻있는 교우들을 모아서 한인전도회를 조직하니, 이 모임의 목적은 우리 동포에게 전도하는 모든 방침을 연구하는 것으로 하였더라.[64]

전도회에서 전도 활동에 대하여 연구한 결과, 러시아어를 잘하는 사람 1인과 본국 언어를 잘하는 1인을 택하기로 하였는데, 러시아인 오바실리, 한국인 황공도가 선택되었다. 오 씨는 러시아 사범중학교를 마쳤다. 그는 러시아어에 익숙할 뿐만 아니라, 상당한 학식을 가진 자였다. 황 씨도 어렸을 때부터 장로교를 믿었음으로 성경의 진리를 많이 공부하였으며, 겸하여 미국에 유학하여 교회의 정치에 연단이 있던 자였다. 이 두 사람이 전도사가 된 이후로 블라디보스톡에 본 교회를 세우고, 각 처로 돌아다니며, 전도하니, 수많은 한인들이 정교회를 받아들이고 영세(침례)를 받았다. 한인 전도자들이 한국어로 한인들에게 정교회 교리를 설명하고 권면하니, 그 전도 효과가 크게 나타났던 것이다. 정교보는 이렇게 적고 있다.

사랑이 많으시고, 은혜가 많으신 하나님께서 돌아갈 길이 아득하여 방황하는 우리 동포를 구원하시고자 하여 전도하는 자들의 능력이 되시며, 지혜가 되시어 굳은 마음을 변하게 하시고, 우둔한 마음을 열어 주사 그들이 가는 곳마다 불일 듯 믿는 자들이 생겨나고 일년이 못되어

---

64 위의 책.

영세(침례)를 받는 자가 블라디보스톡에 300명이라. 하나님의 능력이 한인이 있는 곳마다 미침으로 블라고베센스코에도 수십 명이 영세(침례)를 받았으며, 그곳에서는 김봉초씨로 하여금 전도하는 일을 맡겼으며, 그를 통하여 일시에 100여 명이 영세(침례)를 받았으며, 영세(침례) 받은 자 중에 전도사를 택하여 전도하게 하였더라.[65]

한인들은 정교회를 믿을 때, 어떤 기대를 가지고 있었을까? 창간호에 실린 "정교론"을 보면, 문명한 인간, 문명한 집안, 문명한 국가를 이루기 위해서는 정교를 신앙해야 한다고 하고, 또한 창간호의 논설 "우리한국 사람은 급히 정교회에 도라올지어다"에서 우리 동포는 남녀노소를 막론하고 급히 정교를 신앙할 것을 강조하였다.

슬프다. 우리 한국 동포여! 내 나라가 망하였으니, 어디를 의지할 터이며, 집이 없어졌는데, 어디로 돌아갈 것인가? 이같이 참혹한 지경에 빠져 있는 우리를 대국 러시아정교회에서 사랑하는 마음과 도와주는 의리로서 우리 한인의 거류하는 곳마다 예배당을 세우며, 전도사를 두어 하나님의 참 진리를 가르치는도다. 강동에 사는 동포들이여, 어서 급히 하나님 앞으로 돌아올지어다. 돌아올지어다.[66]

그리고 5호 논설 "아령에 있는 한인은 정교로 통일함이 필요함"[67]에서는 "동포여 동서원근에 격리하는 마음과 충돌하는 무리를 무엇으로 통

---

65 「아령 한인 정교회의 근상(러시아 극동지역 한인들의 정교회 최근 상황)」, 『대한인정교보』 창간호, 1912, 18~21쪽.

66 「논설: 우리 한국 사람은 급히 정교에 돌아올지어다」(필자 사역), 『대한인정교보』 창간호, 1912, 14~15쪽.

67 『대한인정교보 5호』, 1912년 12월 1일, 논설, 3~8쪽.

일할까? 아령 한인의 과거 현재 미래를 참작하여 중야에 자지 못하고, 한 가지 통일할 방칙을 연구하였으니, 첫째가 정교요, 둘째가 정교요, 셋째가 정교라"[68]고 하면서, 정교회로 통일해야 할 네 가지 이유를 들어 러시아지역에 살고 있는 한인들은 정교로 통일해야 할 것을 주장하였다.

첫째, 세계사적인 맥락에서 볼 때, 국가 민족의 구심력을 형성하고 국론을 통일하고 부국강병을 이룩하려면 반드시 고등종교가 있어야 하는데, 그 고등종교로서 정교가 가장 적합하다는 주장이었다. 둘째, 사랑으로 한인들 간의 민족적인 단합을 위하여 반드시 종교가 필요한데, 러시아령에 사는 한인들에게는 정교가 가장 적합하다는 주장이었다. 셋째, 민족의 미래를 위하여 청소년 교육이 필수적인데, 정교회를 믿으면 러시아 당국으로부터 자녀교육에 많은 혜택을 입을 수 있다는 주장이었다. 넷째, 외교적인 이익을 위해서도 정교를 믿어야 한다고 주장하였다. 한인들이 정교를 믿으면, 정교를 믿는 러시아를 비롯한 다른 열강들과 우호적이고 협조적인 관계를 형성하는데 유익할 것이라는 기대감이 깔려 있었다.

> 원래 러시아는 우리나라와 정치사 관계가 중대하여 국교가 더욱 친밀하던 바라. 수년 이내로 국제 상 교섭은 많지 아니하였다 할지라도, 장래에 다시 우리와 밀접한 관계가 있을지니, 불가분리 교제하는 것이 필요하며, 또 아라사 영지에 체류하는 우리 동포가 십 수만 명이라. 교육과 단결을 주장하는 동시에 더욱이 이 나라 신민과 교제를 친밀히 하여 서로 신용을 발표하며, 정의를 소통함이 급선무이거늘, 이제 우리 가운데 일찍이 중요한 지위와 세력을 밟아와 외인의 믿을만한 정교는

---

68 『대한인정교보 5호』, 1912년 12월 1일, 논셜, 3~4쪽.

이 나라 국교인 고로, 상하 일반이 크게 신앙하는 바니, 우리가 다 신심
으로 정교에 들어와 한 교회당에서 배우며, 한 하나님을 믿으면, 자연
히 환영하는 마음이 생길 것이며, 또 교인은 사람 사랑하기를 제 몸같
이 섬길 것이며, 또 교인은 사람 사랑하기를 제 몸같이 함으로 자연히
친분이 생길 것이니, 이같이 되면, 원만한 외교를 얻을 것이요..."[69]

이와 같이 수용자 입장에 있던 한인들은 개인적인 혜택과 자녀 교육
혜택뿐만 이니리 정교회 수용을 통히여 부국강병을 통한 민족독립, 민
족 단결, 그리고 외교적 역량 확보와 같은 국가-정치적 이익을 기대하였
음을 알 수 있다. 이것은 삶의 터전과 국권을 상실한 한인 유민들이
강대국의 종교에 대하여 가지게 되는 자연스러운 기대이기도 하지만,
러시아정교회 자체가 지니고 있는 국교적인 위상과 국가-정치적인 선
교 성격을 알게 된 한인들이 정교회 선교에 호응하면서 가지게 된 기대
였다.

6) 목표: 한인들의 러시아화

소련시대 국가와 종교 관계 전문가 벤니그센(Alexandre Bennigsen)은
제정 러시아가 정복하거나 병합한 소수민족들을 러시아 민족으로 동
화시키기 위하여 적용한 정책들을 다섯 개로 분류했다.[70]

제 1 그룹은 문화·사회·정치적으로 고도의 발전을 이룩한 민족들로
서 외적으로부터 러시아의 보호를 필요로 했던 민족들이다. 이 중에는

---

69 『대한인정교보 5호』, 1912년 12월 1일, 논설, 6쪽.
70 Alexandre Bennigsen, "Soviet Minority Nationalism in Historical Perspective",
in Robert Conquest, ed., *The Last Empire. Nationality and the Soviet Future*, Stanford:
Stanford University Press, 1986, pp.136~147.

오토만 터키, 이란 등과 같은 이슬람교 국가들로부터의 침략을 우려했던 아르메니아가 있으며, 러시아는 몽골인들의 경우 중국의 침략으로부터, 카자흐인들의 경우는 불교세력으로부터 민족 및 국가의 안전을 보장해주는 보호자의 역할을 하였다고 주장하였다.

제 2그룹은 러시아의 정복 시 아직 국가를 형성하고 있지 못했거나 또는 이민족의 지배로 국가가 사실상 소멸상태에 있었던 민족들로서 러시아의 지배에 저항하지 않은 민족들이다. 러시아가 정복할 당시 봉건적 무질서 상태에 있었던 아제르바이잔이 이 그룹에 속한다.

제 3그룹은 러시아가 정복할 당시 아주 낮은 수준의 문화를 소유하고 있었던 민족들로서 러시아의 지배에 아예 대항할 민족의식이나 민족통합이 이루어지지 않았던 민족들이 이에 포함된다. 예를 들어, 이 그룹에는 핀족계인 마리인, 모르드바인, 우드무르트인, 코미인 등과 비터키계 이슬람교도인 츄바시인, 야쿠트인, 알타이인 등이 포함된다. 이들 민족에게 있어서 러시아정교로의 개종과 동화는 사회 문화적 진보를 의미했다. 역사적으로 잘 알려지지 않았던 이들 민족은 차르 정부의 러시아화 정책에 적극 협조하였으며, 러시아의 지배를 환영하였다. 또한 이들의 민족의식은 거의 형성되지 않은 아주 초기 단계에 머물러 있었다.

제 4그룹은 러시아 이외의 국가 지배를 피하여 러시아 영내로 이주해온 민족들로서 1865년 신장 지방에서 중국의 지배에 대한 봉기에 패하여 러시아 지역으로 이주해온 위구르인과 둔간인(Dungans), 그리고 이란과 오토만 터키의 지배를 피하여 이주해온 앗시리아인, 쿠르드인, 그리스인 등이 이에 해당된다. 이들 민족은 민족주의가 이미 형성되어 있었으나 러시아를 적대국으로 보지 않았고, 오히려 차르 정부가 그들을 과거 지배국으로부터 보호해준다고 믿었다.

제 5그룹은 차르 정부에 적극 협력하였던 귀족, 승려, 상인 계급 등으로, 핀란드의 스웨덴 출신 귀족, 발트 지역의 독일 귀족, 우크라이나의 고위 승려들, 볼가 타타르 민족의 상인 등이 이에 해당된다. 이들은 대부분 자신들이 러시아인보다도 높은 수준의 문화를 소유하고 있다고 믿었다. 이들은 자신의 종교를 지키면서 강한 민족의식을 보유하고 있었으나 차르에게 충성함으로써 많은 특혜를 받고 있었기 때문에 민족 동료들과 단합되지 못하였고, 그 결과 민족운동에 참여하지 않았다.[71]

러시아극동지역의 한인들은 이 5개 그룹 가운데서 제 4그룹의 성격과 비슷한 유민들이었다. 이들에게는 한국의 오래된 문화전통과 민족주의가 있었지만, 초기에는 경제적인 어려움 때문에, 1910년 이후에는 나라가 일본에 병합되었기 때문에 일본의 지배를 피하여 러시아 영내로 이주해온 난민들이요 유민들이었다. 한인들에게는 민족주의가 형성되어 있었으나 러시아를 적대국으로 보지 않았고, 오히려 짜르 정부가 그들을 일본으로부터 보호해준다고 믿었다.

이러한 한인들을 대상으로 러시아 극동지역에서 1860년대부터 약 50여 년간 진행되어온 러시아정교회의 한인선교의 목표는 "한인들의 러시아화"였다. 러시아 극동지역 한인들이 정교회 영세(침례)를 받은 것은 단순한 종교적인 개종이 아니었다. 그것은 러시아 신민이 되는 절차였다. 이러한 사실은 한인이 러시아 국적을 취득할 때, 작성해야 하는 서약서와 국적 취득을 허락한 증명서에 뚜렷이 나타난다. 비록

---

71 모든 민족이 러시아제국의 동화정책에 호응한 것은 아니었다. 짜르의 지배에 저항했던 소수민족들도 많이 있었다. 고재남, 『구소련지역 민족분쟁의 해부』, 경남대학교출판부, 1996, 177쪽.

관례적인 통과 절차의 형식적인 표현이라고 하나, 이러한 문서 속에
사용된 표현들 안에는 러시아제국의 오랜 역사와 전통 그리고 세계관
과 가치관과 문화가 녹아있다.

　러시아 극동지역 한인들이 러시아 국적을 취득할 때 예외 없이 직접
사인하고 서약해야 하는 문서의 첫 부분은 이렇게 시작된다.

　　이전에 조선 국적을 가졌던 ○○○는 알렉세이 미그노프 사제에게
　영세 (침례)를 받아 전능하신 하나님과 위대하신 군주 니콜라이 2세에
　게 다음과 같이 서약 하나이다.[72]

　그리고 본론에서는 어떤 형태로든지 황제의 신실한 신민으로서 책
임을 다하는데 반대되는 일은 하지 않겠다는 내용의 약속을 하고, 서
약서의 끝부분에서 다음과 같이 기원하고 다짐한다.

　　전능하신 주님이 정신적으로 육체적으로 나를 도와주시기를 바라며
　이 모든 것을 진심으로 지킬 것을 서약합니다. 끝으로 나의 맹세의 표
　시로 나의 구세주의 말씀과 십자가에 입을 맞추나이다. 아멘.

　이러한 서약을 한 한인들에게는 해당지역 아무르주지사의 이름으로
러시아 국적 취득을 증명하는 문서를 발급하였는데, 거기에도 "이전에
한국인 이었던 ○○○는 알렉세이 미그노프 사제의 영세(침례)를 받아

---

72 한 예로 1914년 2월 4차에 걸쳐서 러시아 국적을 취득하기 위하여 한인 120가정이
　서명 날인한 서약서이다 "Клятвенное Обещение на Поддансво бывший Корейский
　поданный, обещаюсь и всемогущему Богу и Я великому Государю....." РГИАДВ. Ф.
　1. Оп. 2. Д. 1184. Л. 23-24.

러시아 국적을 취득하였음을 증명 한다"고 하였다.[73] 즉 러시아정교회의 선교와 영세(침례)는 한인들을 러시아화 하는 필수조건으로 여겼으며, '한인들의 러시아화'라는 국가적 목표를 이루기 위하여 국가와 러시아정교회는 제도적으로 협력하였던 것이다.

3. 결론

극동지역에서 이루어진 러시아정교회의 선교는 이와 같이 제국주의적 팽창주의 맥락 속에서 그 필요성이 제기되고 논의되고 추진된 국가 −정치적 프로젝트였다. 극동지역 거주 한인들을 대상으로 한 러시아정교회의 선교가 이러한 특징을 보인 것은 우연한 일이거나 특이한 현상이 아니라, 제한적이기는 하나 러시아의 황제교황주의적인 역사전통 때문이었으며, 19세기 후반에 등장한 강력한 민족주의 운동 때문이었다. 특별히 니꼴라이 Ⅱ세(1825~1855년 재위) 시대 러시아정교회를 통한 제국의 정신적인 통일과 소수민족들의 통합을 추구한 관제국민주의가 국가 공식 이념으로 채택된 이후에는 국가−정치적 선교가 지배적인 성격이 되었다. 러시아 극동지역에서 한인 유민들을 대상으로 한 선교가 한창 시작될 때에는 알렉산더 Ⅲ세(1881~1884년 재위)시대로서 정교회를 통하여 모든 소수민족들을 러시아민족 문화와 동화시키려는 러시아화 정책이 국가 공식 입장이 되었으며, 당시 신성종무원장이었던 포베도노스쩨프(1827~1907)가 러시아정교회 선교를 통한 소수

---

73 РГИАДВ Ф. 704. Оп. 4. Д. 541. Л. 3 "СВИДЕТЕЛЬСТВО. N. 24970."

민족의 러시화를 구체적으로 강력하게 추진하였다.

19세기 말 러시아 극동지역에서 이루어진 한인선교는 러시아제국의 이러한 시대적 기조 속에서 이루어졌다. 연해주에서 사역한 발레리안, 서울에서 선교한 흐리산프 등과 같이 순수한 복음화/토착화의 열정으로 한인들을 선교한 사례들도 발견되지만, 한인을 대상으로 한 선교의 동기와 목표는 국가—정치적이었음을 부인하기 어렵다.

한인을 대상으로 한 선교가 그 어떤 선교보다도 국가—정치적인 성격이 강한 선교가 된 이유들을 생각해 본다면, ①극동지역 개발에 국가적인 관심이 컸기 때문이다. 이러한 관심은 시베리아 횡단철도를 건설한 이후 가시적으로 나타났으며, 중앙정부는 거대한 제국의 통합을 위하여 국가 이데올로기를 더욱 강화할 필요성을 느꼈기 때문이다. 따라서 1905년 러—일 전쟁을 전후하여 두만강에서 멀지 않은 연해주지역의 한인들을 비롯한 소수민족들을 러시아화 하는 일에 더욱 박차를 가하였다. ②러시아정교회 선교가 신성종무원을 비롯한 국가 관청에 의하여 감독을 받았으며, 특별히 선교비와 선교사 생활비를 국고에서 지원하고 있었기 때문이다. ③러시아 역사 속에서 러시아 국민은 당연히 러시아정교회 신자이어야 한다는 맹목적인 집단의식이 선교사들에게도 무비판적으로 수용되었기 때문이었다. 이러한 배경으로 인하여 한인을 대상으로 한 선교는 국가—정치적 성격을 강하게 지니게 되었다. 국가—정치적 선교의 기본적인 양태는 국가로부터 독점적인 특권을 부여받아 국가의 이익과 목표를 위하여 협력하는 방식으로 진행되었으며, 국가의 법적 제도적 지원을 받아 국가 행정기관들과의 협력 속에서 이루어졌다.

비잔틴정교문화와 동방기층문화의 융합

아무르지역 토착민족(에벤족)의 영혼관을 중심으로

엄순천

1. 들어가는 말

에벤족은 극동지역의 토착민족[1]으로 언어계통상 알타이어족 만주퉁
구스어파 북부분파에 속한다. 언어, 인종, 문화적 특성에 근거할 때 에
벤족은 퉁구스계 종족 중 에벤키족과 가장 유사하다. 하지만 씨족명의
형태적 특성, 기본 생업인 순록사육 방법론의 차이 등에 근거할 때 서로
다른 종족이다.[2] 두 종족의 분화시기를 명확하게 규명할 수는 없지만

---

1 〈그림 1〉 참조. Филиппова, В. В., "Локальные группы эвенов якутии: этнолингвистическое
   картографирование расселения, Язык коренных народов как фактор устойчивого
   развития артики", *Сборник материалов международной научно-практической
   конференции*, 2019.06.27.-29, pp.221~223.

바실례비치(Г. М. Василевич)는
에벤족이 순륙사육에 종사하기
이전인 6세기경에 분화되었다고
주장한다. 6세기 튀르크족이 북
상하면서 북(北)퉁구스족은 앙가
라강~바이칼호수 지역의 서부 그
룹과 레나강~비팀강과 트랜스바
이칼~아무르강의 동부 그룹으로
나누어졌고 이들은 서쪽의 오비
강에서, 동쪽의 태평양 연안에 이
를 정도로 광활한 영토를 차지했다.[3]

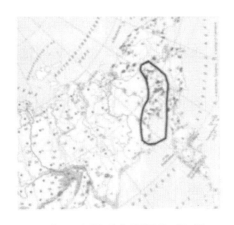

〈그림 1〉 러시아 영내 에벤족의 거주지역

　에벤족의 자명에는 이빈, 에벤, 에분, 라무트, 오로치, 메네, 돈디트
킬, 두드케, 일칸 등이 있는데 이중 라무트가 가장 널리 알려져 있다.
17세기 라무트는 인디기르카강과 콜림강에서 사냥에 종사하면서 오츠
크해 연안까지 유목을 다니던 그룹을 가리켰다.[4] 라무트와 음성적으로
유사한 단어로 라무트키, 람스키 퉁구스, 람스키에 무지키 등이 있다.
이 용어들은 '바다'를 의미하는 에벤키어 lamu에서 기원하며 에벤어에
서 '바다'를 의미하는 nam은 lamu의 음성변형이다. lamu와 nam이 '바

2　에벤키족 씨족명에는 −gir가 규칙적으로 접미되는 유형이 많지만 에벤족 씨족명에서
　는 에벤키족 기원 씨족명 이외에서는 그런 규칙성이 발견되지 않고, 에벤키족은 순록의
　젖을 식생활에 응용하지만 에벤족은 그렇지 않고, 에벤키족의 춤(천막집)은 시베리아−
　퉁구스형인 반면 에벤족 춤은 추코트−코랴크형이다.

3　Василевич, Г. М., *Эвенки: Историко-этнографические очерки XVIII~начала XX в.*,
　Л.: Наука, 1969, p.14.

4　Миллер, Г. Ф., *История Сибири*, No.3, М.: Вост. лит., 2005, p.458.

다'를 의미하므로 당시 라무-는 해안가에 거주하는 퉁구스족을 가리켰지만 아직 민족적, 인종적 의미를 지니지는 못했고 이들의 위치적 특성을 알려주는 용어였다.

에벤족 연구는 거주지인 러시아에서조차도 거의 이루어지지 않고 있다. 19세기 후댜코프(И. А. Худяков), 보고라스(В. Г. Богораз), 이오헬손(В. И. Иохельсон), 소비에트시기 이후 오를로프(Е. П. Орлова), 레빈(М. Г. Левин), 포포바(У. Г. Попова) 등에 의해 에벤족 연구가 수행되었지만 단편적 소개와 정보전달이 주를 이루었다. 1997년 투라예프(В. А. Туголуков)가 『에벤족 역사와 문화: 역사·인류학 개요(История и культура эвенов: Историко-этнографические очерки)』를 발표하면서 에벤족 정신문화와 물질문화를 보다 체계적으로 고찰하게 되었지만 필자 자신과 기존 연구자들의 답사자료를 정리한 인류학 소개서에 가깝다. 21세기 들어 로벡(Роббек В. А., Роббек М. Е.), 두드킨(Х. И. Дуткин)에 의해 보다 체계적으로 연구가 진행되고 있지만 에벤어 사전 편찬, 에벤어 형태·통사론 연구에 집중되어 있기 때문에 에벤족 문화 특히 전통신앙 연구는 절대적으로 부족한 실정이다. 2014년 바라비나(Г. Н. Варавина)가 『야쿠티야 퉁구스족 전통세계관에서 영혼의 개념: 전통과 현재성(Концепт души в традиционном мировоззрении тунтусоязычных народов Якутии: традиции и современность)』이라는 제하의 박사학위논문을 발표하면서 에벤족 애니미즘과 영혼관이 그 모습을 드러냈지만 바라비나의 논문은 퉁구스족 전체를 다루고 있어서 에벤족의 비중은 극히 미미하다.

본 논문에서는 에벤족 전통신앙 규명을 위해 애니미즘과 영혼관을 분석 대상으로 택하고 있지만 이에 관한 기초자료의 절대부족으로 본

논문에서도 깊이 있는 논의가 이루어지지 않고 있다. 하지만 본 논문은 국내외에 거의 알려지지 않은 에벤족에 대한 관심을 환기시키고 여전히 논쟁적인 에벤족을 비롯한 퉁구스족과 한민족의 계통적 상관관계 해결에 다소나마 도움을 줄 수 있을 것이다.

2. 에벤족 애니미즘과 영혼관의 특징과 기원지에 대한 관념

1) 에벤족 애니미즘과 영혼관의 발전 단계

에벤족 가장 초기 신앙의 하나는 애니미즘으로 에벤족은 인간을 비롯한 동식물 등 우주의 모든 존재물은 영혼을 가지고 있으며 생사의 사이클을 윤회하면서 불멸의 삶을 산다고 믿는다. 에벤족 사이에 애니미즘이 전파된 시기를 분명하게 알 수는 없지만 과학적 지식이 아주 빈약하고 원시적 수렵에 종사하던 시기 생존을 위협하는 주변 자연환경, 그로 인해 끊임없이 발생하는 불가해한 문제들, 인간의 힘으로는 이런 상황에서 벗어날 수 없다는 두려움과 공포 속에서 애니마티즘을 비롯한 다양한 관념들이 합쳐지면서 자연발생적으로 발생했을 것이다.[5]

에벤족의 애니미즘은 에벤족 사회의 역사적 발전에 맞추어 여러 단계에 걸쳐 변화되어 왔기 때문에 시기가 다른 여러 층위의 관념이 혼종, 융합되어 있는 복잡한 신앙체계이다. 에벤족 애니미즘 발전의 1단계는 모계씨족사회에 해당되는데 이 시기 씨족의 기원지 오미룩(Omiruk)[6]에

---

5 엄순천, 「에벤키족 애니미즘 분석: 인간의 영혼관을 중심으로」, 『인문논총』 53, 경남대학교 인문과학연구소, 2020, 196쪽.

대한 관념이 형성되었다. 2단계는 에벤족 사회가 부계씨족사회에 접어
들고 가부장적 질서와 계층관계가 확립된 시기에 해당된다. 부계씨족사
회의 구조적 특성은 전통신앙에도 반영되어 나무, 바위, 강, 절벽 등에
영혼이 있다는 믿음은 나무의 신, 바위의 신, 강의 신, 절벽의 신처럼
다신론으로 발전하였고 신들의 세계는 계층화되었으며 신들 간 서열이
자리 잡게 되었다. 3단계는 샤머니즘 수용 이후의 시기에 해당하는데
샤먼은 상계(上界), 중계(中界), 하계(下界)[7]를 왕래하면서 신과 인간의
영혼을 중재하는 절대적인 지위를 차지하게 되었고 에벤족의 애니미즘
과 영혼관은 보다 복잡해졌다. 4단계는 16세기 러시아인이 시베리아에
진출하던 시기에 해당하는데 이 시기 러시아정교의 요소가 애니미즘에
혼효되면서 상계 천신(天神)과 하계 악령은 신과 악마의 개념으로 대체
되었다. 5단계는 소비에트체제 이후의 시기로 애니미즘은 청산되어야
할 원시적 잔재, 미신으로 치부되었고 영혼의 개념은 폐기되었다. 이처
럼 에벤족 애니미즘과 영혼관은 역사적 시기에 따라 많은 굴곡을 거쳤지
만 여전히 에벤족 정신세계의 중요한 골간을 이루고 있다.

---

6 에벤어 오미룩은 에벤키어 오미룩에서 의미와 음성변형 없이 차용되었는데 에벤키어
에서 '-룩'(-ruk)은 명사 어간에 접미되어 '케이스, 해당 물체의 보관소, 장소' 등을 의미한
다. Болдырев, Б. В., *Эвенко-русский словарь*, No.2, М.: Филиал СО РАН ГЕО, 2000,
p.479.

7 에벤족의 관념에서 우주는 상계(上界), 중계(中界), 하계(下界)의 삼단구조이며 각 세
계도 다층구조로 이루어져 있다. 상계는 남쪽과 동쪽에 있고 삶의 기원, 씨족의 영속(永
續)을 책임지는 천신의 거처이고, 중계는 현실 인간의 세계이며, 하계는 북쪽, 서쪽에
있고 죽음과 관련이 있다. 저승은 하계 여러 층의 하나이므로 엄밀하게 에벤족의 관념
속에서 하계와 저승은 다른 개념이다.

2) 에벤족 애니미즘과 영혼관의 특징

에벤어에서 영혼을 의미하는 단어에는 '그림자, 정령, 환영'을 의미하는 hinjan과 '연기'를 의미하는 hānjan, '내장, 내면'을 의미하는 ɛmǯɛ, '생각'을 의미하는 mulgan, mulgachin, '터주 신, 인간의 내면세계'를 의미하는 henjan; anjan, an'이 있는데[8] 이 중 오미와 히냔이 가장 많이 사용된다. 오미와 히냔은 '영혼'을 의미하는 보통명사로 사용될 뿐만 아니라 새(鳥) 영혼, 그림자영혼을 가리키는 고유명사로도 사용된다. 영혼을 의미하는 단어들에 근거할 때 에벤족은 영혼을 인간의 생명, 지적·정신적 활동, 분신 등의 개념과 연결시킴을 알 수 있다.

에벤족의 영혼관은 여러 시기의 관념이 중층화되고 융합되어 있는 만큼 다양한 특징을 가진다. 첫째, 에벤족 영혼관의 핵심은 '윤회'인데 윤회는 씨족 단위로 이루어지므로 에벤족 영혼관의 기본적인 사회구조는 씨족이고 영혼관은 에벤족이 씨족사회의 단계에 있던 시기에 출현한 관념이다. 둘째, 에벤족의 관념에서 영혼은 인간 생명의 근원이며 인간의 생명은 육신과 영혼의 결합에 의한 것으로 영혼이 육신을 이탈하면 죽음에 이른다.

셋째, 에벤족의 관념에서 죽음은 소멸이 아니라 윤회를 위한 출발점이다. 죽음으로 영혼은 생자(生者)의 세계인 이승에서 망자의 세계인 저승 아야르[9]로 공간이동을 하지만 과거의 속성을 그대로 간직하며 일

8　Цинциус, В. И. & Ришес, Л. Д., *Эвенско-русский словарь*, Л.: Учпедгиз, 1957. p.226; Роббек, В. А. & Роббек, М. Е., *Эвенско-русский словарь*, Новосибирск: Наука, 2004, p.282, p.283; *Сравнительныйсловарь тунгусо-маньчжурских языков: Материалы к этимологическому словарю (ССТМЯ)* 2, Л.: Наука, 1977, p.308, p.315.

9　아야르(ajar)의 에벤 고어(古語)는 arai이다. Роббек & Роббек, Ibid, p.43.

정한 시간이 흐른 뒤 중계로 환생한다. 인간은 이러한 윤회 사이클 속에서 불멸의 삶을 살지만 윤회가 무한 반복될 수는 없다. 이에 대한 에벤족의 관념을 알려주는 자료는 없지만 에벤족과 정신문화의 많은 부분을 공유하는 에벤키족의 관념 속에서 인간의 윤회 사이클은 3회 정도이며 이후 선한 사람의 영혼은 신적 속성을 부여받아 상계 최상층 영생의 세계로 이동하여 불멸의 삶을 산다. 그렇다면 에벤족의 관념에서도 윤회 사이클은 무한반복이 아니라 3회 정도일 것이다. 이러한 추정이 가능한 또 다른 이유는 에벤족의 관념에서 씨족원의 출생은 조상의 환생을 의미하는데 조상은 현세의 씨족원들에게도 낯설지 않은 존재여야 하므로 윤회 사이클은 유한적일 수밖에 없다.

넷째, 에벤족의 관념에서 인간의 주요영혼은 새 영혼 오미, 그림자영혼 히냔, 육신의 영혼 베옌 3개이며[10] 일부 지역의 에벤족은 운명의 영혼도 인간의 주요 영혼에 포함시킨다. 하지만 운명의 영혼은 그 속성 상 영혼보다는 초월적 힘의 개념에 가깝기 때문에 인간의 주요 영혼에 포함시키는 데에는 무리가 있다. 새 영혼 오미는 태아에서 1세까지의 영혼으로 말하고 걷기 시작하면서 인간의 범주에 편입되는 1세 이후에는 그림자영혼 히냔으로 변신하고 사후 히냔은 다시 오미로 변신한다. 육신의 영혼 베옌은 자궁에 오미가 안착할 때 출현하며 사망할 때까지 생자와 함께 한다. 오미와 히냔은 동일한 영혼의 시공간에 따른 분신이므로 에벤족의 관념에서 생자의 영혼은 그림자영혼 히냔과

---

10 기지가강 에벤족은 육신의 영혼을 이키리 무란니(Ikiri Muranni)라고 부르는데 이는 '뼈 영혼'이라는 의미이다. *История и культура эвенов: Историко-этнографические очерки (ИКЭ)*, Отв. ред. В.А. Тураев, СПб.: Наука, 1997. p.113.

육신의 영혼 베옌 2개이다.

다섯째, 인간의 영혼은 자신의 수호동물인 헤베크의 영혼과 초월적 방법으로 관계를 맺을 수 있는데 인간의 영혼이 헤베크에게 해악을 끼칠 수도 있고 헤베크가 인간에게 불행을 가져다 줄 수도 있다.[11] 이처럼 영혼에 현세 초월적 힘, 신성한 힘이 있다는 믿음은 영혼숭배로 이어 졌을 것이다.

3) 기원지에 대한 에벤족의 관념

에벤족은 씨족의 기원지를 우주강(宇宙江)이나 우주목(宇宙木)으로 형상화 시키는데 이러한 차이는 거주지역의 차이와 그로 인해 발생한 우주관 및 세계관의 차이에 의한 것이다. 우주강이나 우주목은 에벤족 공통의 것이 아니라 개별 씨족의 것인데 이는 에벤족 영혼관이 씨족단위로 형성·발전되어왔음을 말해준다. 기원지의 형상은 우주목과 우주강으로 변별적이지만 윤회의 출발이 되는 신화적 씨족마을을 가리키는 용어는 오미룩으로 동일하다. 본 절에서는 기원지-우주목, 기원지-우주강의 특징과 이에 대한 에벤족의 관념의 차이에 대해 보다 구체적으로 살펴볼 것이다.

(1) 기원지-우주목

우주목[12]은 씨족별로 존재하며 상계, 중계, 하계를 하나의 세계로 연

---

11 수호동물의 종류는 경제활동 양식에 따라 순록이 될 수도 있고 개가 될 수도 있다. 과거 헤베크는 실제 동물로 형상화되었지만 현대에는 공장에서 만든 동물 인형으로도 형상화된다. *ИКЭ*, Ibid, p.113.

12 우주목에 대한 관념은 퉁구스족에 공통되며 울치족의 우주목은 포도호 모(подохо мо),

〈그림 2〉 알라이호프 울루스 오이오퉁 마을 에벤족 씨족의 성목
(Варавина, 2014, p.165, 좌), 기원지-우주목 관념과 우주 구조(우)

결하는데 영혼관 초기 단계에서는 우주목을 이용하여 뛰어난 능력이 있는 일반인도 우주를 드나들 수 있었다. 우주목 정상에는 씨족마을 오미룩이 있는 상계가 위치하고, 아래쪽에는 저승과 악령의 세계, 죽음의 세계인 하계가 위치한다. 그림 2를 통해 알 수 있듯 우주목을 기원지를 인지하는 그룹의 관념 속에서 우주는 수직구조이다.

우주목은 샤머니즘 수용 이후에는 샤먼목 투루(turu)로 형상화되는데 투루는 탄생, 성장, 부활의 상징이며[13] 샤먼 개인의 것이 아니라 씨족 공통의 것으로 신성시된다. 투루는 알타이 제어에 투루~투라~토라 (turu~tura~tora)의 형태로 전파되어 있는데 음성적, 의미적 유사성에 근거할 때 투루에 대한 관념은 알타이 제어가 분화되기 이전인 알타이

나나이족의 우주목은 콩오르 쟉다 얄로 투이게(Ko ŋor ʒagda jalo tuijɛ)인데 상계까지 닿아있고 신들은 우주목을 타고 상계의 여러 층을 자유롭게 돌아다닌다. Смоляк, А. В., *Шаман: личность, функции, мировоззрение: Народы Нижнего Амура*, М.: Наука, 1991, p.22.

13 Варавина, Ibid, p.21.

조어기(祖語期)에 출현했을 것이다. 투루는 퉁구스족의 의식 속에서 나무~지팡이~기둥~높은 기둥~장대~깃발~상징적인 깃발; 부락~주거지(집)~방~도시; 샤먼목, 샤먼의 계단의 세 갈래로 의미 확장을 했는데[14] 이러한 의미 확장에는 '나무, 기둥'이 메타포로 작용했다.

모든 에벤족에게 샤먼목은 두 가지로 형상화된다. 첫째, 높이가 다른 세 그루의 나무로 형상화 되는데 나무의 높이는 상계, 중계, 하계를 나타낸다. 낮은 키의 투루는 하계로 형상화되며 샤먼 조상령의 거처이고, 중간 크기의 나무는 중계로 형상화되고 샤먼 보조령들의 거처이다.[15] 이 나무는 중계 샤먼의 삶과 긴밀히 연결되어 있으며 이 나무로 샤먼의 무고(巫瞽)를 만들고 이 나무가 죽으면 샤먼도 죽는다. 높은 크기의 나무는 신의 세계, 씨족의 기원지가 있는 상계를 상징한다. 둘째, 샤먼목이 한 그루의 나무로 형상화되면서 정상은 상계, 기둥은 중계, 뿌리는 하계를 의미한다.

샤먼목 투루의 관념은 샤머니즘의 발전과 샤먼의 권위가 강화되면서 '샤먼의 계단'으로 의미 확장을 하였다. 샤먼의 계단으로서 투루는 끝이 두 갈래로 갈라진 두꺼운 장대 모양이며 자작나무와 사시나무를 제외한 모든 나무로 만들 수 있는데[16] 두 갈래로 갈라진 끝은 '새, 인간의 기원'을 상징한다. 샤먼의식 때 투루를 따라 샤먼은 상계로 올라가고 상계 천신은 중계로 내려오므로[17] 투루는 천신과 샤먼이 만나는 곳

14 Василевич, Г. М., "Древние охотничьи и оленеводческие обряды эвенков", *Сборник Музея Антропологии и Этнографии*, No.17, 1957, pp.155~156.

15 Анисимов, А. Ф., *Космологические представления народов Севера*, М.; Л.: Изд-во АН СССР, 1959, p.47.

16 Смоляк, Ibid, p.25.

이다. 투루의 이런 기능으로 인해 에벤족의 관념 속에서 투루는 상계와 중계를 연결하는 우주목과 동일시되었다.

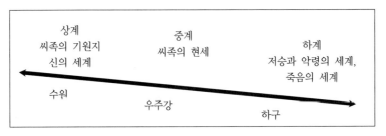

〈그림 3〉 기원지-우주강 관념과 우주의 구조

(2) 기원지-우주강

우주강은 상계, 중계, 하계를 하나로 연결하는 샤먼의 수로(水路)이며 씨족의 샤먼은 자신만의 고유한 우주강을 가지고 있는데[18] 우주강은 샤먼 개인의 것이 아니라 씨족 공통의 것으로 간주된다. 우주강 수원에는 씨족의 기원, 탄생과 관련이 있는 상계가, 하구에는 영원한 죽음의 세계, 악령의 세계, 저승이 있는 하계가 위치하며 샤먼 만이 우주강을 통해 우주를 통행할 수 있다. 그림 3을 통해 알 수 있듯이 우주강으로 기원지를 형상화시키는 그룹의 관념 속에서 우주는 수평 구조이다.

기원지로서 우주강에 대한 관념은 오래 전부터 강 인근에서 생활해 온 야쿠티야 에벤족 사이에 널리 전파되어 있다. 이들의 관념에 의하면 우주강 수원에 있는 씨족마을 제투르(ӡεtur)에서 새 영혼 오미가 환생을 기다리고 있다. ӡεtur는 ʼӡεt(늪, 물이 고인 툰드라)+ur(장소표지접미

---

17 Анисимов, Ibid, p.48.
18 Варавина, Ibid, p.21.

사)'의 구조인데[19] 씨족마을을 에벤족의 생산 활동과 불가분의 관계에 있는 순록과 큰사슴의 서식지인 툰드라로 형상화시킨다는 점에서 이들의 영혼관은 생산 활동 양식, 주변 생태환경과 밀접한 관련 하에 발전되어 왔음을 알 수 있다.

이상의 내용에 근거할 때 샤머니즘의 수용을 계기로 우주를 연결하는 매개체는 우주목에서 우주강으로 바뀌었고, 기원지-우주목의 관념에서는 일반인도 우주 통행이 가능했으나 기원지-우주강 관념으로 바뀐 뒤에는 샤먼만이 우주를 통행할 수 있게 되었으므로 우주의 수직배열이 수평배열보다 더 오래된 관념이다. 기원지-우주강 관념은 샤먼적 세계관의 근저가 되었고 샤먼에 의해 더욱 적극적으로 발전되었으며 이로 인해 샤먼의 권위는 더욱 강화되었을 것이다.

3. 에벤족 관념 속 인간의 주요 영혼과 운명의 영혼 마인

1) 인간의 주요 영혼 오미(Omi), 히냔(Hinjan), 베옌(Bεen)

(1) 새 영혼 오미에 대한 에벤족의 관념

① 새 영혼 오미의 관념적 근거: 「옴체니」 신화를 중심으로

에벤어 오미(omi)는 에벤키어 오미(omi, 새 영혼, 영혼), 나나이어 오마(oma, 화덕, 모닥불), 솔론어[20] 오메(omē, 자궁), 몽골어 우마이(umaī,

---

19 Варавина, Ibid, p.20.
20 초기 연구자들은 솔론어를 독립된 언어로 보아 퉁구스어파 북부분파에 포함시켰지만 솔론어는 형태·통사적으로 에벤키어와 아주 유사하여 현재는 에벤키어 방언으로 분류되고 있다.

자궁)[21]와 음성적, 의미적으로 유사하므로 오미에 대한 관념은 퉁구스족과 몽골족이 분화되기 이전에 출현했을 것이다. 에벤족의 관념에서 오미는 태아와 1세 이전 아이의 영혼을 의미하며 새의 형상인데 일반인의 오미는 박새, 샤먼의 오미는 독수리, 백조, 아비새 혹은 부엉이의 형상이다.[22] 이처럼 일반인의 오미는 평범한 박새로, 샤먼의 오미는 맹수인 독수리, 에벤족이 성조(聖鳥)로 숭배하는 백조, 아비새 혹은 부엉이로 형상화시키는 것은 샤머니즘 수용 이후 샤먼의 권위를 강화하기 위한 장치로 보인다.

영혼 오미가 씨족의 기원, 윤회의 출발점이라는 관념은 에벤족의 기원을 백조와 관련시키는 「옴체니(Омчэни)」(혹은 「우인쟈(Уиндя)」) 신화에서 찾을 수 있다. 옴체니와 우인쟈는 동일 기원의 신화로 지역에 따라 옴체니 신화와 우인쟈 신화로 분화되어 발전되어 왔다. 이 신화들은 모든 에벤족 사이에 전파되어 있으며 모티프, 슈제트 등은 동일하지만 지역에 따라 주인공의 이름, 설화에 등장하는 백조의 수 등 지엽적인 차이가 있으며 한국의 「선녀와 나무꾼」 설화와도 매우 유사하다.

옴체니는 잘 생긴 사냥꾼인데 자신의 출생에 대해 전혀 아는 바가 없었다. 옴체니는 수다리네라는 이름의 아주 키가 큰 순록을 기르고 있었다. 어느 날 옴체니가 순록을 타고 사냥을 나간 사이 백조아가씨 세 마리가 집 옆의 언덕에 와서 놀았다. 동생은 옴체니가 사냥에서 돌아오자 낮에 있었던 일을 들려주었다. 옴체니는 동생에게 백조들이 다시 오면 깃털을 손으로 돌돌 감아 날아가지 못하게 하라고 일렀다. 형은

---

21 *ССТМЯ 2*, Ibid, p.16, p.17.
22 Варавина, Ibid, p.52.

백조에게 보이지 않게 순록 털로 변신하여 언덕 위에 숨어있었다. 어제와 같은 시각 백조들이 언덕으로 와서 노래를 부르면서 놀았다. 옴체니의 동생은 백조들과 춤을 추면서 막내백조의 깃털을 손을 돌돌 감은 뒤 형을 불렀다. 사람으로 변신한 옴체니는 백조의 날개를 잡아 집으로 데리고 와서 아내로 맞이한 뒤 날개는 감추었다. 몇 년 뒤 아들이 태어났다. 백조는 옴체니의 동생에게 황금 공을 줄 테니 형이 숨긴 자신의 날개를 돌려달라고 애원하였다. 동생은 황금공의 유혹에 넘어가서 백조에게 날개를 돌려주었다. 백조는 날개를 입고 어깨에 요람을 메고 하늘로 날아갔다. … 옴체니는 때로는 담비로, 때로는 쥐로 변신하면서 아내를 찾아 하계로 공간이동을 했다. … 엄청나게 큰 바다 건너편에 아내와 아들이 있었다. 옴체니가 쫓아온 것을 눈치 챈 아내는 하늘로 달아났다. … 상계의 새가 옴체니를 하늘로 데려다 준 뒤 아내가 있는 곳을 가르쳐 주었다. 옴체니는 강 옆에 있는 웅장한 황금 집에 가서 아내와 아들을 만났고 아내의 부모를 만나 정식으로 결혼을 허락받은 뒤 아내와 아들을 데리고 중계로 돌아와서 에벤족의 기원이 되었다.[23]

위 신화는 1963년 레베죠프(В. Д. Лебедев)가 야쿠티야공화국 몸스키지역 오르토 도이두 마을에서 에벤족 네우스트로예프(М. Х. Неустроев)에게서 채록하였다. 위 신화의 중요한 모티프는 '새'인데 옴체니를 상계로 데려다주고 아내를 찾게 해 준 새는 신적 속성을 부여받아 영생불멸의 세계에 들어간 인간의 영혼으로 옴체니를 도와주기 위해 나타났다. 옴체니의 아내도 새인데 옴체니가 상계로 가서 아내로 맞이하므로 옴체니의 아내는 윤회를 기다리는 인간의 영혼 오미이다. 에벤족의 기원이 새-백조라는 위 신화의 모티프는 새 영혼 오미가 씨족의 기원이

---

23 Лебедева, *Архаический эпос эвенов*, Новосибирск: Наука, 1981, pp.126~127.

라는 관념과 연결된다.

또한 위 신화에서 옴체니는 에벤족의 문화영웅으로 상징화되고 있다. 아내를 찾아 하계를 여행하므로 옴체니는 하계와 저승을 개척하여 에벤족에게 생/ 사를 열어주었을 뿐만 아니라 순록사육이라는 주요 생산 활동 양식을 가져다 준 문화영웅이다.

② 새 영혼 오미와 불/ 연기의 관념적 관련성

출생 전 오미는 상계 우주목 정상이나 우주강 수원에 있는 씨족마을 오미룩에 거주한다. 오미는 환생이 임박하면 중계 씨족마을로 공간이동한 뒤 굴뚝을 통해 불의 신 토고 무순이 있는 춤의 화덕을 거쳐 여성의 자궁에 안착하여[24] 씨족의 대를 이어가므로 오미룩은 씨족의 기원지이며 윤회의 출발점이다. 우주목, 우주강은 기원지와, 불신은 임신, 출산과 관련이 있기 때문에 여성신과 동일시되며 '여성성'을 매개로 우주목, 우주강 → 불신 → 여성의 자궁의 연결고리가 만들어진다. 자궁에 안착한 오미는 말하고 걷기 시작하는 1세 이후에는 그림자영혼 히냔으로 변신하고 사후 히냔은 다시 오미로 변신한 뒤 환생을 위해 상계로 공간이동하므로[25] 오미와 히냔은 시공간적 차이로 인한 분신일 뿐 동일 영혼으로 볼 수 있다.

---

24 Анисимов, А. Ф., *Религия эвенков в историко-генетическом изучении и проблемы происхождения первобытных верований*, М.; Л.: Изд-во АН СССР, 1958, p.79.

25 Алексеева, С. А., "Космологические представления эвенов", *Илин*, No.3, 2002, pp.32~33.

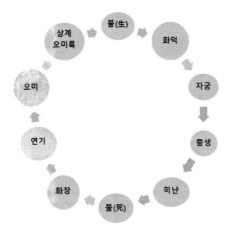

〈그림 4〉 불과의 관련 속에서 오미의 순환구조

에벤족은 새 영혼을 화장할 때의 연기와 관련짓는데[26] 연기를 의미하는 에벤어 하닌은 그림자영혼을 의미하는 히냔과 음성적으로 유사하다. 따라서 하닌과 히냔은 동일한 단어에서 기원하며 그림자영혼 히냔 → 화장 → 불 → 연기 → 새 영혼 오미의 관념적 연결고리가 만들어진다. 이러한 관념은 그림자영혼 히냔이 사후 오미로 변신하여 아주 빠른 속도로 상계 씨족마을 오미룩으로 이동한다는 신화적 상상력에 근거한다. 이때 새 영혼과 연기의 의미 확장에는 '하늘로의 상승', '빠른 속도'가 메타포로 작용하였다.

고고학 유물 유적에 근거할 때 만주퉁구스족의 선조인 발해족의 장례법 가운데 화장이 있었기 때문에[27] 에벤족의 관념 속에서 영혼-연기

26 Голубкова, О. В., *Душа и природа: Этнокультурные традиции славян и финно-угров*, Новосибирск: Изд-во Института археологии и этнографии СО РАН, 2009, p.200.
27 Деревянко, Е. И., "Племена Приамурья I тысяч, нашей эры", *Очерки этнической*

의 연결고리는 이들의 '체험적 근거'에서 찾을 수 있다. 새 영혼 오미의 관념에서 오미의 출현에는 상계 ↔ 중계, 생 ↔ 사 어떤 경우든 '불'이 매개로 작용한다. 따라서 오미는 불과의 관련 속에서 상계 오미룩 – 불(生) – 화덕 – 자궁 – 출생 – 히냔 – 화장(火葬) – 불/ 연기(死) – 오미 – 상계 오미룩의 순환구조 속에 존재한다.

(2) 그림자영혼 히냔(Hinjan)에 대한 에벤족의 관념
③ 꿈의 원천으로서 그림자영혼 히냔

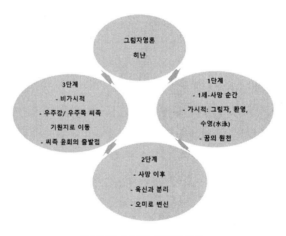

〈그림 5〉 히냔의 단계별 특성

히냔은 그림자 영혼으로 자신이 속한 사람과 똑같은 모습이며 다른 영혼들과는 달리 '가시적'이어서 거울, 물, 눈동자 등을 통해 그림자나 환영의 형태로 사람의 눈에 보인다. 히냔은 육신의 내부나 그 근처에

истории и культуры, Новосибирск: Наука, 1981, pp.216~217.

서 그림자의 형상으로 자신이 속한 사람과 일생을 함께 하는데 이러한 관념은 영혼과 그림자의 유사성에 근거한 메타포적 의미 확장이다. 하지만 히냔은 육신과 상대적 독립성을 지니고 있어서 육신과 쉽게 분리되며 자신만의 독자적인 삶을 누리기도 한다. 일례로 잠을 잘 때 히냔은 육신을 떠나 먼 곳을 여행할 수도 있는데 꿈은 영혼 히냔이 여행을 하면서 체험한 것들이므로 히냔은 꿈의 원천이다.[28] 야쿠티야 에벤족에게는 아직도 그림자영혼 히냔에 대한 관념이 보존되어 있다.

> 꿈에 과거 사냥이나 어로하던 곳이 보이는 것은 그림자영혼이 이곳을 여행했기 때문이다. 자는 사람을 갑자기 깨우면 안 되는데 이로 인해 히냔이 제때 돌아오지 못하여 병에 걸릴 수도 있기 때문이다. 그림자를 밟거나 그림자로 놀이를 하는 행위는 히냔을 불쾌하게 하기 때문에 절대 해서는 안 된다.[29]

히냔의 부재가 장기화되면 육신의 영혼이 악령의 공격을 받아 병에 걸리거나 죽음에 이를 수도 있는데 이 단계에 이르면 샤먼의 도움이 필요하다. 치병의식 때 샤먼은 환자의 히냔이 있는 곳을 알아낸 뒤 히냔을 소환하여 환자의 육신에 안착시킨다. 사후 히냔은 오미로 변신하여 우주강 수원이나 우주목 정상에 있는 신화적 씨족마을[30]에 가서 환생을 기다리므로 히냔은 중계/ 상계, 저승/ 이승, 생/ 사의 경계표지이다.

---

28 Варавина, Ibid, p.56.
29 Варавина, Ibid, p.56.
30 Алексеева, Ibid. p.33.

② 히냔의 의미장

〈표 1〉 ha- 어근의 에벤어 단어들

번호	단어	의미
1	ha	쌍, 부분, 친척(퉁구스조어)
2	hān	부분; 의식, 능력, 지식; 학문; 타자
3	hāni	부분, 몫, 조각; 혈연 친척; 성장(聖裝)
4	hān'	연기
5	hānjan	영혼, 연기
6	hānin	숨
7	hiran	숨
8	hāŋka	기억
9	hin'an	영혼, 그림자, 환영
10	hinjan	영혼, 그림자, 환영, 조상의 영혼
11	han/handaj	조상을 닮은 아이가 태어나다, 조상 대신 태어나다
12	injan	조상을 닮은 아이가 태어나다
13	kan	조상 대신 태어나다
14	kantat	혈연 친척을 가지다

에벤어 히냔은 '그림자, 실루엣, 반영'을 의미하는 네기달어 hanjan, 오로치어 hanja(n), 우데게어 hanja(n), 오로크어 panja(n), 울치어 panja(n), 나나이어 panjã[31], 에벤키어 hanjan과 음성적,

의미적으로 유사하므로[32] 퉁구스조어(祖語)에서 기원한다. 히냔의 어원은 퉁구스조어에서 '부분, 쌍, 친척'을 의미하는 ha에서 찾을 수 있다.[33] 〈표 1〉[34]를 통해 알 수 있듯이 ha-형 에벤어 단어는 매우 다양하

---

31 *ССТМЯ 2*, Ibid. p.315.
32 Болдырев, Ibid, pp.251~252.

〈그림 6〉 인간 영혼의 윤회 사이클

지만 의미에 따른 범주화가 가능하다. 첫째, hān(부분; 의식, 능력, 지식; 학문; 타자), hāni(부분, 몫, 조각; 혈연 친척; 성장(聖裝)), hāŋka(기억), han/handaj(조상을 닮은 아이가 태어나다, 조상 대신 태어나다), injan(조상을 닮은 아이가 태어나다), kan(조상 대신 태어나다), kantat(혈연 친척을 가지다)에는 씨족의 혈연적 계승성과 윤회에 대한 관념을 엿볼 수 있다. 이 단어들에 의하면 윤회는 무질서하게 이루어지는 것이 아니라 씨족 조상의 계보를 따라 이루어진다.

둘째, hān'(연기), hānjan(영혼, 연기)에서는 사후 히난의 속성 변화와 새 영혼 오미와의 계승성을 엿볼 수 있다. 셋째, hānin(숨), hiran(숨)에

33 *Сравнительныйсловарь тунгусо-маньчжурских языков: Материалы к этимологическому словарю (ССТМЯ) 1*, Л.: Наука, 1975, p.306.
34 Роббек & Роббек, Ibid, p.282, 283; *ССТМЯ 1*, Ibid, p.372. p.315.

서는 영혼을 숨과 관련짓는 원초적 관념을 엿볼 수 있으며, hin'an(영혼, 그림자, 환영), hinjan(그림자, 환영, 영혼, 조상의 영혼)은 그림자영혼으로써 히냔의 특성을 말해준다. 이 단어들 중 injan는 ha-형 단어에서 어두음 /h/가 탈락한 형태이고, kan, kanat는 어두음 /h/가 /k/로 변형된 형태이다. Hinjan-계 단어들은 부분 - 혈연친척 - 조상 - 조상의 영혼 - 환생 - 생자의 영혼 - 그림자 - 환영 - 그림자영혼 - 불 - 연기 - 씨족의 기원지의 의미구조를 가지며 히냔-형 딘이를 통해 에벤족의 조상숭배사상, 윤회사상을 엿볼 수 있다.

④ 육신의 영혼 베옌(Bεen)에 대한 에벤족의 관념

베옌은 육신의 영혼으로 에벤족은 베옌을 생자의 물질적, 육체적 기원, 생자의 신체 활동과 연결시키며 베옌이 죽으면 사람도 죽는다고 믿는다. 베옌은 영혼 오미가 자궁에 안착하는 순간 탄생하며 '비가시적'이고 살아 있는 동안 육신과 분리되지 않는다. 베옌은 '베에(bεjε, 어간)+-n(명사 파생 접미사)'의 구조로 어간 베에(bεiε)는 에벤어에서 '사람 남자, 남편; 수컷, 육신; 개성; 인형, 샤먼의 정령'의 의미를 가진다.[35] 베에는 현대 퉁구스 제어와 여진어에 유사한 의미로 bεi~bεiε~peiye의 형태로 전파되어 있으므로 베옌은 퉁구스족이 분화되기 전에 출현한 관념일 것이다. 베에의 의미에는 사람/ 동물, 남자/ 여자, 수컷/ 암컷, 문화/ 자연, 구체/ 추상, 샤먼/ 씨족원의 이항대립이 발견되며 시대가 다른 여러 층위의 관념이 융합되어 있는데 사람/ 동물, 남자/ 여자, 수컷/ 암컷과 같은 의미는 고대부터 존재했으며 샤먼의 증표로서 인형이나

---

35 *ССТМЯ 1*, Ibid, p.372. 12.

샤먼의 정령은 샤머니즘 수용 이후 확장된 의미일 것이다.

사후 육신의 영혼 베옌은 무덤 근처에 머무르다 영혼의 저승전송의 식이 끝난 뒤 저승 씨족마을로 간다.[36] 에벤족 사이에는 관 뚜껑의 머리 부위에 3개의 구멍을 뚫어놓는 관습이 있는데[37] 이는 하계로 가기 전 베옌이 구멍을 통해 자유롭게 출입하면서 우주여행을 하라는 의미일 것이다. 영혼의 저승전송의식이 끝나면 베옌은 하계 씨족마을로 가서 중계와 같은 생활을 이어간다. 이러한 관념으로 에벤족은 망자를 타이가 한적한 곳의 뗏목형 관에 안치한 뒤 하계에서 필요한 것들을 넣어주는데 관은 망자가 신화적 씨족의 강을 따라 하계 씨족마을로 갈 때 사용하게 될 교통수단의 역할을 한다. 에벤족의 저승에 대한 관념에서 특이한 점은 기원지를 우주목으로 형상화시키는 그룹도 사후는 우주 강을 따라 하계로 간다고 믿는다는 것이다. 이는 에벤족의 저승에 대한 관념은 샤머니즘 수용 이후 샤먼에 의해 발전된 관념이고 이와 동시에 기원지의 관념이 우주강으로 대체되었기 때문으로 추정된다.

이상의 내용을 종합할 때 에벤족의 관념에 의하면 인간 영혼의 윤회는 '상계 씨족마을 오미룩 – 오미는 중계 굴뚝을 지나 화덕에 도착 – 자궁에 안착 – 베옌 탄생 – 출생 – 1세 이후 오미 소멸, 히냔 탄생 – 죽음 – 히냔 소멸 – 화장 – 불/ 연기 – 오미 탄생 – 오미는 상계 씨족마을로, 베옌은 저승의 씨족마을로 이동 – 오미 환생'의 구조 속에서 윤회하지만 이 사이클이 무한 반복되는 것은 아니고 대개 3회 정도 반복된 뒤 마무리 된다.

---

36 *ИКЭ*, Ibid, p.113.
37 *ИКЭ*, Ibid, p.113.

2) 운명의 영혼 마인(Main)에 대한 에벤족 관념의 확장

(1) 운명의 영혼 마인에 대한 에벤족의 관념

운명의 영혼 마인은 천신 헤브키가 가지고 있는 줄로 인간이나 동물의 머리와 연결되어 있으며 사람의 눈에는 보이지 않지만 행복, 성공 등 개인의 운명을 주관한다. 에벤족의 관념에서 운명의 영혼을 가지고 있는 천신 헤브키는 노인의 형상이며 에벤족의 운명을 지배하고, 에벤족의 첫 조상이자 순록 사육을 비롯하여 물질문화의 기본적인 요소들을 만든 문화영웅이므로 운명의 영혼 마인에서는 부계 씨족사회의 흔적이 엿보인다. 에벤족의 관념에서 성공은 동물 사냥의 성공, 행복은 순록의 다산을 보장하는 자연의 풍요, 순록의 다산, 가족의 건강, 씨족의 안녕과 연결된다.

운명의 영혼 마인에 대한 관념은 퉁구스족에 공통된 것이 아니라 북퉁구스분파의 에벤키족, 에벤족, 네기달족과 남퉁구스분파의 나나이족 사이에 주로 전파되어 있기 때문에 퉁구스 북부분파와 남부분파가 분화된 이후 출현한 관념이다. 에벤어 main은 '샤먼의 보조령'을 의미하는 에벤 고어(古語) maijc에서 기원하는데 유사한 단어로 '사냥의 성공; 영혼; 인간과 동물 영혼의 보호신, 천신; 성인, 신, 예수 그리스도'를 의미하는 에벤키어 main, '천신'을 의미하는 네기달 고어와 나나이어의 maijn이 있다.[38]

에벤키어 main의 의미가 가장 풍부한 점에 근거할 때 마인은 에벤키족에게서 기원하여 다른 종족에게로 전파되었을 것이다. 에벤키어 마인은 에벤키족 사회의 역사적 변화 과정에 따른 마인의 의미 변화 과정

---

38 *ССТМЯ 1*, Ibid, p.521.

을 잘 보여주고 있다. 고대 수렵사회에서는 사냥의 성공을 의미하다가 신의 관념이 수용된 뒤에는 사냥의 성공을 보장해주는 보호신, 부계사회로 진입하고 신들 간에 위계질서가 생긴 이후에는 천신, 샤머니즘 수용 이후에는 샤먼의 보조령, 기독교 도입 이후에는 성인, 신, 예수 그리스도의 의미를 획득한 것으로 보인다. 그런데 에벤족의 마인에 대한 관념에서는 샤먼에 대한 부분이 두드러지므로 에벤족은 샤머니즘 수용 이후 본격적으로 마인의 관념을 수용했을 것이다.

샤머니즘 수용 이후 마인의 관념을 수용하면서 샤먼은 씨족원의 생/사, 행/불행을 주관하는 절대적 존재로 위치하게 되었고 이 과정에서 마인은 샤먼적 세계관의 근저가 되었으며 샤먼들은 적극적으로 마인의 관념을 발전시켰고 샤먼의 권위는 다른 영혼관에서 보다 한층 강화되었을 것이다.

다른 영혼과 달리 에벤족의 관념 속에서 마인에 대한 개념은 매우 불분명하다. 이로 인해 연구자들 사이에서 마인의 정체성 논쟁이 지속되고 있는데 시리나(А. А. Сирина)에 의하면 마인은 영혼이 아니라 독립적인 '신'의 개념에 가깝다.[39] 에벤족의 관념에서 마인은 인간에게 있는 것이 아니라 천신이 가지고 있기 때문에 영혼과는 다른 개념이지만 시리나의 주장과는 달리 신의 개념과도 달라서 초월적 힘의 개념에 가깝다.

---

39 Сирина, А. А., *Эвенки и эвены в современном мире: Самосознание, природопользование, миро воззрение*, Москва: Восточная лит., 2012, p.161.

(2) 운명의 영혼 마인의 메타포적 의미 확장

에벤족의 관념 속에서 운명의 영혼이 줄로 형상되면서 줄과 유사한 속성을 가진 머리카락이나 실은 운명의 영혼의 물질적 현현으로 간주된다. 운명의 영혼의 등가물인 줄은 그 속성 상 편평함은 행복과 해방을, 꼬임이나 매듭은 불행, 방해, 굴레, 속박을 상징한다. 이러한 관념은 '인간의 삶은 줄과 같다', '줄과 같은 인간의 인생은 끊어질 수도, 닳아 없어질 수도 있다'는 에벤족 금인을 통해서도 알 수 있다.[40]

운명의 영혼에 대한 관념은 에벤족 사이에 실, 머리카락에 대한 다양한 금기를 낳았다. 먼저 죽음의 공간에서 상복의 실과 머리카락에 대한 금기가 있는데 에벤족은 상복에 매듭을 짓지 않고 장례식 마지막 날 머리를 땋지 않는다.[41] 매듭은 방해, 속박, 굴레와 동일시되므로 상복에 매듭을 짓거나 머리를 땋는 행위는 망자의 저승길을 방해하는 행위, 망자의 영혼을 이승에 속박하는 행위로 간주되기 때문이다.

특히 머리카락에 관한 관념이 넓게 전파되어 있는데 에벤족 게악차발(Geakchaval) 신화에서 주인공은 적의 머리카락을 상하게 하여 전투에서 승리한다.[42] 또 에벤족은 전염병이 돌거나 중병에 걸리는 아주 위험한 상황에 놓이면 악령의 공격에서 영혼을 보호해달라고 머리카락을 다발로 잘라 샤먼에게 건넨다. 그러면 샤먼은 이를 영혼보관소의 역할을 하는 주머니 문카(munka)에 넣어 환자가 회복될 때까지 보관한다[43] 두통

---

40 Варавина, Ibid, p.79.

41 Линденау, Я. И., *Описание народов Сибири (1 пол. XVIII в.): Историко-этнографические материалы о народах Сибири и Северо-Востока*, Магадан: Магаданское кн. изд-во, 1983, p.68.

42 Ткачик, Н. П., *Эпос охотских эвенов*, Якутск: Кн. изд-во, 1986, p.253.

처럼 가벼운 병일 경우 샤먼은 자신의 머리를 다발로 잘라 태운 뒤 환자
에게 냄새를 맡게 한다.[44] 이는 모두 머리카락에 영혼이 있고 영혼은
생명을 보호하는 신성한 힘을 가지고 있다는 믿음에 근거한다.

특히 여성의 머리카락과 관련된 금기사항이 많은데 과거 에벤족 기
혼녀는 머리를 가리고 다녔으며, 결혼을 한 뒤 머리를 자르는 행위는
죄악시 되었고, 남편의 친척 특히 시부와 시숙 앞에서 머리를 빗으면
안 되었다.[45] 임산부는 출산 전까지 머리를 잘라서는 안 되었고, 중년
이 되기 전까지 긴 머리였던 여성이 갑자기 머리를 짧게 자르면 남편이
죽는 등 불행한 일이 생길 수 있으며, 아내가 남편의 머리카락을 자르
면 남편의 생명이 단축되거나 가족의 삶이 순탄치 않을 것이라고 믿었
다.[46] 에벤족 사회는 유목과 순록사육이라는 생업의 특성 상 역할분담
이 중요하기 때문에 비교적 남녀가 평등한 사회였다. 따라서 여성에
대한 이러한 금기는 여성 차별에 의한 것이라기보다는 에벤족 사회에
서 여성이 차지하는 중요성을 말해준다.

해가 진 뒤에는 머리를 자르거나 빗거나 땋아서는 안 되는데 이는
머리카락을 잃어버리면 악령이 머리카락 영혼을 공격하여 병에 걸릴
수 있다는 믿음 때문이다.[47] 또 다른 이유는 사후 하계에 갔을 때 하계

43 Рычков, К. М., "Енисейские тунгусы", *Землеведение*, Кн. III-IV, Под ред. Д. Н.
Анучина, А. А. Крубера, М.-Петроград: Государственное изд-во, 1922, p.133.

44 Рычков, Ibid, p.133.

45 Попова, У. Г., *Эвены Магаданской области: Очерки истории, хозяйства и культуры
эвенов Охотского побережья 1917-1977 гг.*, М: Наука, 1981, p.158.

46 Варавина, Ibid, p.78.

47 Варламова, Г. И., *Мировоззрение эвенков: Отражение в фольклоре*, Новосибирск:
Наука, 2004, pp.66~67.

신이 머리카락, 손톱, 발톱 등의 개수를 세어보기 때문에 잃어버린 머리카락을 찾으러 중계에 와야 한다는 관념 때문이다. 같은 이유로 과거 베르호얀스크 에벤족은 장거리 유목을 극히 꺼려했는데 장거리 유목을 하다가 머리카락을 잃어버리면 사후 머리카락을 찾으러 다니느라 영혼이 지친다고 믿었기 때문이다.[48] 이상의 내용을 종합할 때 에벤족의 관념에서 머리카락은 영혼의 등가물이자 영혼보관소로 형상화되며 머리카락을 상하게 하는 깃은 생명의 박탈, 영혼의 파괴로 간주된다. 머리카락에 대한 이러한 관념이 생긴 원인은 불분명하지만 머리카락이 썩지 않기 때문에 불멸할 것이라는 믿음, 머리카락은 운명의 영혼의 물질적 현현이라는 믿음에서 기인하는 것으로 보인다.

4. 나오는 말

애니미즘은 에벤족 가장 초기 신앙의 하나로 에베족은 인간을 비롯한 동식물 등 우주의 모든 존재물은 영혼을 가지고 있으며 생사의 사이클을 윤회하면서 불멸의 삶을 산다고 믿는다. 에벤족 애니미즘은 모계씨족사회, 부계씨족사회, 샤머니즘의 수용, 러시아정교의 수용, 사회주의체제로의 편입 등 에벤족 사회의 역사적 발전에 맞추어 여러 단계에 걸쳐 변형되어 왔기 때문에 시기가 다른 여러 층위의 관념이 혼종, 융합되어 있는 복잡한 신앙체계이다.

에벤족은 씨족의 기원지를 우주강이나 우주목으로 형상화 시키는데

---

48 Варавина, Ibid, p.77.

이는 거주지역의 차이와 그로 인해 발생한 우주관 및 세계관의 차이에 의한 것이다. 우주강이나 우주목은 에벤족 공통의 것이 아니라 개별 씨족의 것인데 이는 에벤족 영혼관이 씨족단위로 형성·발전되어왔음을 말해준다. 기원지의 형상은 우주목과 우주강으로 변별적이지만 윤회의 출발이 되는 신화적 씨족마을을 가리키는 용어는 오미룩으로 동일하다.

에벤족에 의하면 인간의 영혼은 새 영혼 오미, 그림자영혼 히냔, 육신의 영혼 베옌 3개이며 일부 지역의 에벤족은 운명의 영혼도 인간의 주요 영혼에 포함시키지만 운명의 영혼은 그 속성 상 초월적 힘의 개념에 가깝다. 새 영혼 오미는 태아에서 1세까지의 영혼으로 1세 이후에는 그림자영혼 히냔으로 변신하며 히냔은 사후 오미로 변시한다. 육신의 영혼 베예은 자궁에 오미가 안착할 때 출현하며 사망할 때까지 생자와 함께 한다. 오미와 히냔은 시공간적 차이에 의한 동일 영혼의 분신이므로 에벤족의 관념에서 생자의 영혼은 그림자영혼 히냔과 육신의 영혼 베옌 2개이다.

에벤족의 관념에 의하면 인간의 영혼은 '상계 씨족마을 오미룩 – 오미는 중계 굴뚝, 화덕 통과 – 자궁에 안착 – 베옌 탄생 – 출생 – 1세 이후 오미 소멸, 히냔 탄생 – 죽음 – 히냔 소멸 – 화장 – 불/ 연기 – 오미 탄생 – 오미는 상계 씨족마을로, 베옌은 하계의 씨족마을로 이동 – 오미의 환생'의 구조 속에서 윤회하지만 이 사이클이 무한 반복되는 것은 아니고 대개 3회 정도 반복된 뒤 마무리 된다.

운명의 영혼 마인은 천신 헤브키가 가지고 있는 줄로 인간이나 동물의 머리에 연결되어 있으며 사람의 눈에는 보이지 않지만 행복, 성공 등 개인의 운명을 주관한다. 에벤어 main은 '샤먼의 보조령'을 의미하는 에벤 고어(古語) maijc에서 기원하므로 에벤족 사이에 운명의 영혼이 수용된 것은 샤머니즘 수용 이후이다. 에벤족의 관념에서 마인은 다른 영혼과 달리 인간에게 있는 것이 아니라 천신이 가지고 있기 때문에 영혼과는 다른 개념이고 신의 개념과도 다르며 초월적 힘의 개념에 가깝다. 본 논문에서 에벤족 애니미즘과 영혼관에 대한 깊이 있는 학술적 분석에는 이르지 못하였지만 에벤족에 대한 관심을 환기시키는 계기가 되기를 바란다.

인종적 조국과 초국적 관계 맺음

독립국가연합 출신 고려인 여성들의 사례

염 나탈리야 / 김선영 옮김

1. 들어가는 말

매년 수만 명의 개발도상국 여성들이 선진국 남성들과 결혼하기 위해 국경을 넘는다. 서유럽과 미국의 남성들은 러시아와 동유럽에서 결혼 상대자를 찾는 반면 아시아와 호주의 남성들은 동남아시아 국가에서 찾는다. 초국적 국제결혼은 여러 자원, 언어능력, 수용국의 사회적 지원과 법적 보호가 부족하기 때문에 국제결혼한 여성들은 취약한 상황에 놓이게 된다.

20년 이상 구(舊)소비에트연방국들과 사회·경제적, 과학, 교육·문화적 협력을 하면서, 한국은 모두가 인정할만한 매력적인 브랜드가 되었다. 그 결과 중 하나가 국제결혼의 증가인데, 이는 독립국가연합 소수민족 여성들의 경우 자주 발생한다. 그러한 국제결혼의 이면에는 결혼 상대자를 국외에서 찾으려는 한국인들의 치밀한 계획이 놓여있다. 이는 결혼 문제가 민족 범위 내에서 해결되지 않는다는 한국의 사회·인구학적 문제에서 기인한다.

필자는 본 연구를 위해 2000년부터 2017년까지 대한민국 통계청의 결혼과 이혼 기록을 분석하였다. 필자는 결혼의 역학, 젠더 구조 그리고 국제결혼 상대의 민족정체성을 소사하였다. 이에 더하여, 필자는 나이 차이와 도시와 농촌과 같은 거주 지역 같은 지표로 구분하여 분석하였다. 응답자 표본이 거주하는 지역은 서울시, 부산시, 안산시 그리고 서울 근교 작은 위성도시를 포괄하였다(Yem N., 2013b). 한국 남성들과 결혼한 구 소비에트연방 출신 여성들이 설문조사에 참여하였다. 민족정체성에 의해 독립국가연합 이전 시기 고려인을 분류하는 통계자료는 찾을 수 없기 때문에 표본의 범위를 보다 확장하였다. 이민국뿐 아니라 재외동포재단도 어느 나라에서 이민을 왔는지에 대한 정보를 제시하는 혼인 비자의 유형을 비롯한 고려인의 결혼 상황에 대한 정보를 보유하고 있었다. 필자는 2013년 2월과 8월 사이, 54명의 여성을 대상으로 설문조사를 실시하였다. 그들 중 독립국가연합 출신 고려인으로 한국인과 결혼한 여성은 30명이었고 그중 9명과 심층면접을 실시하였다. 여성들은 우즈베키스탄(16명), 카자흐스탄(8명), 키르기스스탄(3명), 러시아(2명), 타지키스탄(1명) 출신이었다.

사회적 연구의 모든 단계는 카자흐스탄공화국의 법률에 의거하여 수행했다. 또한 "양심 조항", "직업적 책임", "정보공개", "지적 재산권", "기록과 모니터링", "자료 보호와 비밀유지", "연구결과의 출판", "책임성" 조항 등 사회 조사 및 데이터 분석 규범에 관한 국제상공회의 소 지침(Code of ICC / ESOMAR)을 준수했다.

2. 독립국가연합 출신 고려인 여성들의 초국적 결혼의 현황과 문제점

행정안전부 자료에 따르면, 2016년 11월 기준 한국 국적을 취득한 결혼 이민자와 귀화자는 318,948명이었다.

〈표 1〉 연도별 결혼이민자 및 인지·귀화자 현황(외국인 주민 현황조사, 행정안전부)

(단위: 명)

연도	계			결혼이민자		
	계	남	여	계	남	여
2018	343,797	69,515	274,282	166,882	32,858	134,024
2017	330,188	65,507	264,681	160,653	30,745	129,908
2016	318,948	61,544	257,404	159,501	28,728	130,773
2015	294,663	56,652	238,011	144,912	25,263	119,649
2014	295,842	48,787	247,055	149,764	21,953	127,811
2013	281,295	45,348	235,947	147,591	20,887	126,704
2012	267,727	42,459	225,268	144,214	19,630	124,584
2011	252,764	39,825	212,939	141,654	18,561	123,093
2010	221,548	34,144	187,404	125,087	15,876	109,211
2009	199,398	30,988	168,410	125,673	15,190	110,483
2008	168,224	26,339	141,885	102,713	13,711	89,002
2007	142,015	21,905	120,110	87,964	12,497	75,467

연도	혼인귀화자			기타사유 국적취득자		
	계	남	여	계	남	여
2018	176,915	36,657	140,258	–	–	–
2017	169,535	34,762	134,773	–	–	–
2016	159,447	32,816	126,631	–	–	–
2015	93,249	10,308	82,941	56,502	21,081	35,421
2014	90,439	4,261	86,178	55,639	22,573	33,066
2013	83,929	4,264	79,665	49,775	20,197	29,578
2012	76,473	4,268	72,205	47,040	18,561	28,479
2011	69,804	4,317	65,487	41,306	16,947	24,359
2010	56,584	3,796	52,788	39,877	14,472	25,405
2009	41,417	2,047	39,370	32,308	13,751	18,557
2008	41,672	2,991	38,681	23,839	9,637	14,202
2007	38,991	2,624	36,367	15,060	6,784	8,276

한국은 국제결혼을 원하는 사람들에게 굉장히 매력적인 시장이다. 한국인, 중국 한족, 베트남인, 필리핀인, 그리고 포스트 소비에트의 고려인들은 최근 결혼 시장에서 가장 인기 있는 사람들이 되었다. 동시에, 독립국가연합 출신 사람들을 포함하여, 이주노동의 흐름이 남한으로 쇄도하면서 한국 내 외국인의 수가 증가하였다. 법무부 (2016년 통계연감의 외국인 인구)에 따르면 2016년 한국에 거주하는 외국인의 총 수는 전체 인구 5,169만 명 중 204만 9천 명이다. 이것은 10년 전에 등록된 91만 명의 두 배이다. 2015년 한국에 체류하는 외국인 수는 190만명이었다. 오늘날 한국은 꾸준히 계속해서 단일민족국가에서 다문화공동체로의 전환을 장려하고 있는데 이는 한국을 권리와 자유의 측면에서 국제적 기준에 부합하는 사회로 만들어 줄 것이다.

외국 학술 문헌에 의하면, 2000년 중반 이후, 초국적 국제결혼의 성장
추세는 더 뚜렷하게 나타났다. 동시에 한국인의 다문화 결혼에 대한
통계에 카자흐스탄인, 키르기스스탄인, 그리고 타지키스탄인들을 포함
하여 러시아와 중앙아시아 국가들에 대한 기록이 포함되어 있다. 2011
년 대한민국 여성가족부의 자료에 따르면, 이주 결혼을 한 우즈베키스
탄 출신 여성은 1,788명, 카르기스스탄 455명, 카자흐스탄 213명이었다
(Yem N., 2013a). 카자흐스탄의 결혼이주자 통계에 의하면 2009년 총
147명(남성 5명, 여성 142명), 2010년 총 195명(남성 8명, 여성 187명), 2011
년 총 213명(남성 8명, 여성 205명)이 한국인과 결혼하여 카자흐스탄인들
도 한국인과 국제결혼을 하고 있음을 알 수 있었다.

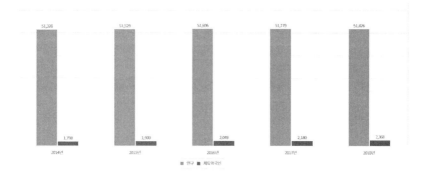

(단위: 명)

구분	2015	2016	2017	2018	2019
전체 인구	51,529,338	51,696,216	51,778,544	51,826,059	51,849,861
체류외국인	1,899,519	2,049,441	2,180,498	2,367,607	2,524,656

〈그림 1〉

〈표 2〉 국적별 결혼이민자 및 인지·귀화자 현황(외국인주민현황조사, 행정안전부)

(단위: 명)

국적	2007	2008	2009	2010	2011	2012
합계	142,015	168,224	199,398	221,548	252,764	267,727
중국 (한국계)	59,902	70,901	77,853	87,565	88,922	97,796
중국	33,577	39,434	53,864	60,183	69,671	65,832
베트남	16,305	21,306	31,080	34,913	42,159	47,754
필리핀	7,146	8,033	10,150	10,868	12,428	13,829
일본	6,742	6,653	5,742	5,594	11,070	11,705
캄보디아	-	-	-	3,354	4,422	5,316
몽골	1,605	2,121	2,591	2,665	2,959	3,068
태국	1,566	1,896	2,291	2,350	2,914	2,918
미국	1,436	1,750	1,911	1,890	2,598	2,747
러시아	997	1,854	1,162	1,279	1,827	1,943
대만	5,696	4,336	1,211	1,856	1,836	2,390
기타	7,043	9,940	11,543	9,031	11,958	12,429
국적	2013	2014	2015	2016	2017	2018
합계	281,295	295,842	294,663	159,501	330,188	343,797
중국 (한국계)	100,524	103,194	103,171	35,516	114,101	119,989
중국	67,944	71,661	59,813	31,537	67,257	68,304
베트남	52,323	56,332	62,072	40,240	69,774	72,137
필리핀	15,256	16,473	17,576	10,503	18,695	19,199
일본	12,338	12,875	11,391	10,459	12,117	12,302
캄보디아	5,684	6,184	6,902	4,340	7,621	7,958
몽골	3,186	3,257	3,308	2,114	3,523	3,663
태국	2,975	3,088	3,069	2,647	3,803	4,526
미국	3,081	3,350	5,368	6,256	7,711	8,402

러시아	2,025	1,976	1,937	958	2,253	1,892
대만	2,661	2,953	4,298	1,639	5,308	5,399
기타	13,298	14,499	15,758	13,292	18,025	20,026

'16년은 결혼이민자만 해당되며 귀화자 현황은 미포함. 캄보디아는 '09년 이전은 기타에 포함

학술 문헌과 언론도 한국에서 국제결혼이 증가 추세임을 말해주고 있다. 한국에는 결혼 상대자를 아시아의 다른 나라에서 찾아주는 결혼 중개업체들이 있다. 이는 외국인 배우자의 이주를 부추기는 국제결혼의 성장으로 이어졌다(Lee Yean-Ju 이연주, 2006).

결혼으로 한국에 이주한 외국인 여성들의 상황에 대한 체계적 조사를 통해 도시지역의 이혼한 독신남과 농촌 지역의 남성들이 외국인 배우자를 더 많이 찾는 경향이 있음을 알 수 있었다. 이주자가 이민 수용국의 사회에 적응하는 정도는 국적에 따라 상당히 차이가 났다(Lee Yean-Ju 이연주, 2006).

결혼 이주자들의 젠더 특성을 고찰했을 때 이민 사회에 적응하는 것이 어렵다는 것을 보여주었다. 학술 연구에서 연구자들은 이주 여성들이 겪는 사회보험 수혜의 제한, 의사소통의 어려움, 경제적 문제, 그리고 사회적 고립 등에 대해 지속적으로 언급해왔다. 연구자들은 국제결혼의 상업화, 가정 폭력, 한국사회의 인종적 편견과 문화적 분리의 문제를 강조했다(김현실, 2008).

한국사회에서 이주자의 통합을 지향하는 정부는 정치적 맥락에서 농촌의 독신 남성과 결혼한 이주 여성들의 사회적 고립이라는 문제를 상세하게 고찰하였다(김순양, 2007). 이주 여성과 그 가족 구성원의 사회 통합을 위해 정책적으로 국가적 차원에서 "대(大)프로젝트"를 계획

하였다. 전(全)국가적 차원의 조사 결과 그 프로젝트는 외국인의 동화에는 도움을 주지만 그들이 출신국의 문화적 독창성을 유지하면서 한국 사회에서 통합에는 도움이 되지 않았다(이혜경, 2008).

한국에서 다문화 정책의 실패는 정부와 지방 정부의 법적 조치가 "자기중심주의"에 맞춰져 있기 때문이다(양현아, 2011). 한국사회 이주자의 시민권은 〈다문화주의의 조건〉으로 간주된다. 한국 사회에 적응이 어려운 것은 가부장적 사회 제도와 이주자에 대한 민족주의적인 관계 때문이었다. 사회는 외국인 이주자 아내를 한국 시민의 미래 세대의 어머니로(안양희, 2012), 그리고 인구 재생산의 주체로 보았다(이현옥, 2012).

국제결혼에 대한 문제는 중국, 필리핀, 그리고 베트남 출신 여성 이주자들의 한국 사회 동화 문제와 사회 통합의 해결이라는 맥락에서 고찰되었지만 독립국가연합 출신 여성들의 동화와 통합 문제는 연구되지 않았다(Yem N., 2013b).

그러한 여성들은 사회 보장의 혜택을 받을 가능성이 거의 없다. 의사소통능력이 현저히 떨어지고 정보 접근의 어려움은 적응을 한층 힘들게 만드는데 남편과 시댁의 불신은 삶을 더 복잡하게 만든다. 게다가 여성 이주자들이 주로 "개발도상국" 출신이라는 것 때문에 인종적 편견을 겪는다. 가장 흔한 고정관념은 다음과 같은 말들을 통해서 알 수 있다. "그 여자는 자기 나라가 가난해서 돈 때문에 결혼했어", "그 여자는 고향 집에 돈 보내주는 것에 관심 있어", "그 여자는 언제라도 가정을 버리고 도망갈 수 있어"(김이선, 2006). 즉 결혼을 통해 이주한 여성을 결혼을 이주를 위한 목적으로 이용한 여성으로, 불법 인신매매와 가정 폭력의 잠재적 희생자로 부정적으로 인식한다. 또한 언론은 이주 여성과 결혼을 한 남성을 한국사회에서는 결혼을 못하는 낮은 사회적 지위를 대표하는 사람이라는 이미지를 덧씌우며, 제3세계 출신의 아내를 찾아다니는 의심스러운 단체에 대해 언급한다. 불평등한 관계, 경제적 권리의 불평등, 의사소통과 고용 지원의 어려움, 관계에 대한 한국사회의 고정관념, 가난한 나라 출신의 여성이라는 차별 등은 한국 남성과 결혼한 외국 여성들이 한국 사회에 적응할 때 겪는 보이지 않는 어려움을 만들어낸다(Yem N., 2013c).

다문화 가족이란 사회 경제적 지위가 낮은 집단을 지칭한다. 그러한 가정들 중 36.6%가 월 소득이 약 1백에서-2백만 원이고, 1백만 원 이하는 21.5%이다. 한국 가정의 월평균 소득은 약 3,432,021원(미화 약 3,000달러)이다. 그 나라의 다문화주의를 입증하는 것으로 정부가 저소득층의 다문화 가족의 필요를 충족시킬 수는 없다(이현옥, 2012).

주로 결혼한 가정에 고용된 상황이 되어 가사 노동을 하는 이주 결혼한 아내들의 노동에 관한 자료는 없다. 여성들의 다수는 일하고 싶어 하지만 한국 사회에 그들을 위한 일자리는 없다. 그들 중 일부는 무자격 노동력으로서 일한다. 여성 이주자들의 일은 그들의 교육수준과 모국에서의 경력과 연결되지 않는다. 한국 정부는 그러한 여성들이 한국 문화를 습득할 수 있도록 다양한 프로그램으로 제공하지만 전문적인 직업 교육을 받을 가능성은 아직 없으며 그와 같은 프로그램은 아직 개발되지 않았다(Yem N., 2013c). 한국 사회는 이주자 아내를 독립된 시민으로서가 아니라 한국 남자의 아내로, 며느리로, 한국 자녀의 어머니로 받아들인다. 한국 가족의 가부장적 이데올로기를 선언하고 그 사회는 그들의 동의 없이 한국 사회에 동화시킨다. 한국어와 전통을 학습하는 서비스를 제공하고, 한식 요리 코스를 개설하여 한국 사회에 있는 외국 여성들의 정체성을 말살시키고 있다. 여성 이주자들은 실제로 평등한 대접을 받지 못하며 한국 사회는 그들을 평등한 주체로서 대하는 것에 관심도 없고 그들 출신국의 문화를 이해할 필요성을 느끼지 못한다. 게다가 한국인들은 강한 민족주의적 감정과 문화적 동질성을 가지고 있어서 문화 다양성을 인정하지 않는다(Yem N.,2013c).

학술 연구에서는 다문화 가족에게 제공하는 의료체계와 사회서비스 공급을 현대화할 것을 제안하고 있다. 한국 사회는 남성들의 지속적인 공격과 학대를 받는 동안 여성들의 심리적 상태에 대해 염려하고 있다. 이 남성들은 외국인 아내의 주요 기능을 가족의 재생산 과정과 연로한 부모를 돌보는 것으로 정의한다(김정아, 2011).

외국인 어머니는 다문화 가족에서 언어 능력의 한계 때문에 자녀의 사회화를 위한 조건을 만들어 낼 수 없다고 여겨진다. 그런 태도가 다문화 가족의 자녀에게 전달된다. 이것은 "코지안"이라는 신조어를 통해 알 수 있다. 이는 이민족간 결혼으로 태어난 자녀를 가리키는 용어이다. 코지안은 1997년 한국에서, 이주 노동자들의 존재와 관련된 문제를 연구하는 시민단체에 의해 처음 사용되기 시작하였다. 이후 코지안은 2004년에 일부 언론 농촌 지역의 국제결혼에 관한 신문기사에 언급되면서 널리 전파되었다. 코지안이란 용어는 한국인과 다른 아시아인, 즉 대체로 한국 남성과 동남아시아 여성 사이에서 태어난 자녀를 가리키는 용어이다. 다문화 가족의 자녀한 대중 매체의 보도는 대개는 문제가 있기 때문에 사회적 도움이 필요하다는 식의 강한 인상을 준다.

이주자 아내가 한국에 대해 초보적이고 기본적인 지식을 습득할 수 있도록 5개월 동안의 수업이 진행되는데 이 시간은 자녀들과의 의사소통 문제를 해결하기에는 턱없이 부족한 시간이다. 언론에 의해서 만들어지는 다문화 가족의 자녀들에 대한 논의는 자녀들이 문제가 많고 사회적 도움이 필요하다는 인상을 준다. 수용국의 사회 보장에 관해 해당 부서의 대표는, 다문화 가족과 그 자녀들이 고통을 겪고 있는 이유 중 하나로 이주 여성의 자녀에 대해 정부 지원이 없다는 것을 강조한다. 게다가 한국에는 다문화가정 자녀 교육 문제의 해결책에 대한 사회적 지원이 없다. 안산시 부모들의 설문조사 자료에 따르면, 응답자의 80%가 다문화가족의 자녀를 지원해야 한다는 긍정적 의견을 가지고 있음에도, 10%만이 그러한 지원을 실현하기 위해 더 많은 세금을 낼 용의가 있다고 응답했다(Lee Mary, 2009). 처음부터 이 자녀들은 국가 간 상호교류와 상호 이해를 책임질 미래의 연결자, 연결 리더의 역할을 수행해야만 한다(Yem N., 2013c).

현대 한국 사회는 급속하게 발전하는 경제 상황 속에서 사회적, 인구학적, 경제적 문제들이 가파르게 증가하였고 이를 이주 여성을 유입하는 방법으로 해결하면서 상호 발전과 번영을 위해 서로 공존하는 문화들을 관용한다는 측면에서 다문화주의를 정당화하고 있다(Yem N., 2013c).

일반적으로 학술 문헌에서는 이민족 간 결혼에 관한 주제가 중국, 필리핀, 그리고 베트남 출신 이주 여성의 결혼을 중심으로 연구되었을 뿐 중앙아시아 국가 출신 여성들과의 결혼은 고찰되지 않았다. 우리의 견해로는 포스트 소비에트 공간의 중앙아시아 국가들은 분명하게 동양적 사고방식의 특성을 가지고 있다. 게다가 국제결혼의 통계는 중앙아시아에 있는 외국의 상황에 대해서는 별도로 추적하지 않았다(Yem N., 2013b).

중앙아시아인과 한국인의 결혼 사례에 대한 연구는 없었다. 현대 포스트 소비에트 사회의 멘탈리티의 특성이 세계공동체에 제시되어야 한다. 러시아어를 사용하는 독립국가연합 출신 여성들의 이주 결혼의 현실은 필리핀이나 베트남 여성들의 경우와도 상당히 다르기 때문이다. 러시아어를 사용하는 독립국가연합 출신의 여성들은 많은 매개변수에서 한국 국외자와의 결혼에 적합하지 않다. 더욱이 독립국가연합 정부와 사회가 러시아어를 사용하는 여성의 이주 결혼에서 사회적 문제가 커지고 있음을 직시해야 한다.

3. 독립국가연합 출신 이주 여성의 인구학적, 사회 문화적 특성과 결혼 만족도의 관계

본 논문에서는 한국인과 결혼한 포스트 소비에트 출신 고려인들의 사회적, 정신적 특성을 조사한 뒤 독립국가연합 출신 이주 여성의 인구학적, 사회 문화적 특성과 이주 여성의 결혼 만족도와 관계를 규명하였다.

설문조사와 인터뷰를 분석한 결과, 한국에 이주 결혼한 독립국가연합 출신의 여성들은 한국 남성과의 결혼에 있어서 자신만의 고유한 특성이 있음이 밝혀졌다. 이런 특성은 포스트 소비에트 사회 공간에서 형성된 사고방식, 현실 인식, 기대의 차이에 의한 것이다.

유럽 중심 관점으로 독립국가연합의 젊은 여성이 결혼 상대로서 한국인을 선택한 사실을 고찰하면, 한국 정부와 민간단체가 러시아어를 구사하는 고려인이 한국에 적응하여 통합할 수 있는 정책 실행에 큰 도움이 될 것이다. 그뿐만 아니라 이주 여성들을 유인할 수 있는 정책 입안에도 큰 도움이 될 것이다.

구 소비에트연방공화국 출신 이주자들의 국제결혼의 위험을 예방하

기 위해 독립국가연합 출신 이주 여성을 대상으로 인구학적, 사회문화
적인 특징과 이주 여성의 결혼 만족도와의 관련성을 분석하여 다음과
같은 결과를 얻었다. 이주 결혼한 여성은 가정생활에 대한 만족도가
낮은데 부부의 나이 차이가 큰 경우 결혼 만족도가 현저히 더 낮아졌다.

러시아어를 구사하는 결혼 이주자들은 독립국가연합의 도시지역 출
신들인데 이는 한국에 대한 적응도와 결혼의 만족도에 영향을 미친다.
이주 결혼한 여성들 중 극소수만 서울에 거주하고 대다수는 중·소도
시에 거주하는데 이주 결혼한 여성들이 대도시에 거주할 경우 가정생
활의 만족도가 더 높아질 것이다. 처음 몇 년간은 결혼에 대해 호의적
인 인상을 받지만 결혼 지속기간이 길어질수록 가정생활에 대한 만족
도는 감소한다.

또한 부부가 모두 결혼중개 업체를 통해 만난 경우 이혼율이 더 높다
는 사실을 알 수 있었다. 결혼중개 업체의 기초 자료가 아주 포괄적인
것은 아니지만, 이에 근거하여 결혼의 성공이나 실패의 상황을 관찰할
수 있었다.

독립국가연합 여성들 중 교육 수준이 높은 여성들은 주로 한국인과
결혼한다. 대개 그들은 지적인 가정 출신이고, 도시에서 성장했다. 경
제 위기 시대에 그 여성들은 고통스런 상황에 부닥쳤지만 상황을 바꾸
기 위해 부단히 많은 노력을 투여했다. 인텔리 여성 중 많은 이들은
한국인과의 결혼 생활을 이상화하지 않기 때문에 맹목적인 코리안 드
림을 꿈꾸지는 않는다. 그들은 자신들이 결혼하는 국가의 문화에 대해
보다 뚜렷하고 투명한 이미지를 가지고 있다. 종종 그들은 한국어를
전문적으로 배우거나 한국 파트너와 일을 하는 경우도 있는데 이 파트
너들은 한국의 대기업에 다니거나 개인 사업가들로 한국의 화장품이

나 다른 상품을 유통하는 일을 하기도 한다. 즉 교육수준이 높을수록 한국 남성과의 결혼에 대한 만족도가 높았다.

한국어 능력·숙달 수준은 한국에 거주한 기간뿐만 아니라, 여성들의 출신 민족에 따라 다른데 한국어 구사 능력과 결혼 만족도는 뚜렷한 관련은 없었다. 포스트 소비에트 공간의 후속 세대들은 여전히 소비에트 문화의 자취를 느낀다. 대부분의 여성들은 자신을 "현대 포스트 소비에트 문화의 대표자"라고 생각하며 모국의 생활 방식에 대해 독립적인 태도를 보인다. 이런 점에서 필자는 한국인과 결혼한 독립국가연합의 여성은 적극적인 지위를 차지하고, 문제를 독립적으로 해결할 수 있으며, 스스로 자신에 대한 책임을 지고, 남성에게 항상 의존하는 것이 아니라고 주장한다. 이는 모국에서 가정생활과 가족관계를 이미 경험했기 때문이다.

대부분의 여성들은 독립국가연합 출신 사람들은 주도적이고 독립적이며 한국에 이주한 목표를 이루기 위해 모든 노력을 경주하기 때문에 한국의 노동시장에서 경쟁력이 있다고 확신한다. 단지 부분적으로 러시아어를 사용하는 결혼 이주자들이 부분적으로 한국사회에 대해 편견을 가지고 가족과 사회에 대한 오해를 하기도 한다. 하지만 한국으로 이주 결혼한 독립국가연합 출신의 여성들은 한국의 무한한 성장가능성을 보았기 때문에 한국에서 영구히 거주하려고 한다.

편의적인 방편으로 택한 결혼은 안정성이 적고 결혼 생활에 대한 만족도가 낮다. 사랑이 매개가 된 결혼은 한국 배우자와의 결혼에 대해 높은 만족도를 가질 가능성이 높다. 게다가 결혼만족도는 결혼 이전과는 다른 물질적 상황의 변화에 직접적인 영향을 받는다. 이혼율은 결혼만족도와 직접적인 상관관계에 있다. 한국 남성과 결혼한 독립국가연합 출신 여성들은 이혼한 이후에도 한국에 체류하려고 한다. 한국에 체류할 경우 개인적 성공을 성취할 가능성도 있고 앞으로의 삶이 경제적으로 더 부유할 것이라고 생각하기 때문이다.

종교를 가진 여성들은 가정생활에 대한 만족도가 높다. 독립국가연합 이주 여성들의 삶에서 종교적 삶의 경험은 향후 또 다른 연구 주제이다.

4. 나가는 말

한국인과의 결혼을 통해 한국으로 이주한 독립국가연합의 고려인 여성들은 포스트 소비에트 사회 공간에서 형성된 사고방식, 가치관, 기대 차이로 인하여 한국 남성과의 결혼에서 독특한 특성을 보여준다. 고려인의 한국으로의 유입과 배출은 포스트-소비에트 공간의 역사적 격랑 속에서 즉, 경제적 대격변과 정치적 불안정으로 사회의 불안정이 지속되던 상황에서 일정정도 합당한 역할을 해왔다.

독립국가연합 국가들의 입장에서, 주로 인텔리 여성들이 결혼을 위해 한국으로 떠나기 때문에 결혼으로 인한 이주는 사회적 자본의 손실이다. 그중 높은 비율이 대학원 교육을 받은 여성들이었다.

결혼을 통해 한국으로 이주한 여성들은 초기에는 이혼의 위험이 크다. 여성의 경우 결혼의 동기는 흔히 삶의 질을 향상시키고 물질적 행복을 증진시키는 것이다. 그래서 한국에 체류하려는 욕망은 '생존형'으로 이혼한 경우에도 계속 이어지면서 경제적으로 풍요로운 한국의 좁은 공간 안에 독립국 연합(CIS)의 이주자 집단(코호트)을 형성한다.

제1부   인문실크로드와 문명적 비전

【실크로드의 동단, 한반도】

1. 기초 자료

《삼국사기》
《삼국유사》
中國二十四通史舊唐書十八卷, 中華書局.

2. 논문 및 단행본

나가사와 가즈도시, 이재성 옮김, 『실크로드의 역사와 문화』, 민족사, 2005.
신형식 외, 『신라인의 실크로드』, 백산자료원, 2002.
양승윤·최영수·이희수 외, 『바다의 실크로드』, 청아출판사, 2003.
長澤和俊, 『동서문화의 교류』, 민병동 역, 민족출판사. 1993.
정수일, 『고대문명교류사』, 사계절출판사, 2001.
＿＿＿, 『씰크로드학』(초판3쇄), 창작과비평사, 2002.
＿＿＿, 『이슬람문명』, 창작과비평사, 2004.

| 제2부 | 남방 해상실크로드: 라틴계 성서문명의 동진과 유교오리엔트 |

【바티칸 도서관 소장의 명청시기 '서학 한문문헌(西學漢籍)'의 문화적 의의】

1. 기본 자료

卜弥格着 爱德华·卡丹斯基 张振辉 张西平翻译, 『卜弥格文集: 中西文化交流与中医系传』, 华东师大出版社, 2013.

牟复礼·崔瑞德编, 『剑桥中国明代史』, 中国社会科学出版社, 1992.

陈智超编, 『陈垣来往书信集』, 上海古籍出版社, 1993.

黄兴涛·王国策, 『明清之际西学文本: 50重要文献汇编』, 中华书局, 2013.

梁启超, 『中国近三百年学术史』, 东方出版社, 2004.

李东华, 『方豪年谱』, 台湾国史馆, 2001.

利玛窦, 『利玛窦全集』 第4册, 台湾光启出版社, 1986.

利玛窦·金尼阁著, 何高济外译, 『利玛窦中国札记』, 北京: 中华书局, 1983.

林乐昌编校, 『王徵全集』, 三秦出版社, 2011.

田大卫, 『民国总书目: 宗教』, 书目文献出版社, 1994.

汤开建, 『明清天主教史论稿初编: 从澳门出发』, 澳门大学出版社, 2012.

王重民 『冷庐文薮』, 上海古籍出版社.

徐宗泽, 『明清间耶稣会士译著提要』, 上海世纪出版集团, 2010.

姚小平, 『罗马杜书记』, 外研社, 2009.

张伯伟编, 『域外汉籍研究集刊』 第1-4辑, 中华书局, 2005~2008.

钟鸣旦·杜鼎克·蒙曦 编, 『法国国家图书馆藏明清天主教文献』 第6卷, 台北 利氏学社, 2009.

朱维铮, 『马相伯集』, 复旦大学出版社, 1996.

2. 저서 및 단행본

陈卫平, 『明清之际的中西文化比较』, 上海人民出版社, 1992.

陈寅恪, 『金明馆丛稿一编』, 上海: 上海古籍出版社, 1980.

董海樱, 『16-19世纪初西人汉语研究』, 商务印书馆, 2011.

樊树志, 『晚明史』(1573-1644), 复旦大学出版社, 2003.

冯天瑜, 『封建考论』, 武汉大学出版社, 2007.

顾诚, 『南明史』, 中国青年出版社, 1997.

何俊, 『西学与晚明思潮的裂变』, 上海人名出版社, 1998.

黄一农, 『两头蛇』, 上海古籍出版社, 2006.

黄兴涛, 『'她'字的文化史: 女性新带刺的发明与认同研究』, 福建教育出版社, 2009.

江晓原·钮卫星, 『欧洲天文学东渐发微』, 上海书店, 2009.

计文德, 『从四库全书探究明清间输入之西学』, 台湾济美图书有限公司, 1991.

稽文甫, 『晚明思想史论』, 东方出版社, 1996.

黎难秋, 『中国科技翻译史』, 中国科技大学出版社, 2006.

黎子鹏编注, 『晚清基督教叙事文学选粹』, 台湾橄榄出版有限公司, 2012.

刘小枫, 『汉语神学与历史哲学』, 香港: 汉语基督教文化研究所, 2000.

陆坚·工勇编, 『中国典籍在口本的流传与影响』, 杭州: 杭州大学出版社, 1990.

李天钢, 『跨文化的诠释: 经学与神学的相遇』, 新星出版社, 2007.

马祖毅, 『中国翻译史』, 湖北教育出版社, 1999.

马祖毅, 『中国翻译通史』, 湖北教育出版社, 2006.

南炳文·汤纲, 『明史』(上下), 上海人民出版社, 2003.

钱海岳, 『南明史』, 中华书局, 2006.

索绪尔, 『普通语言学教程』, 商务印书馆, 2001.

宋莉华, 『传教士汉文小说研究』, 上海古籍出版社, 2010.

万明, 『中葡早期关系史』, 中国科学文献出版社, 2011.

万明主编, 『晚明社会变迁问题与研究』, 商务印书馆, 2005.

王宏志主编, 『翻译史研究』2011, 2012, 2013卷.

魏思齐编, 『'华裔学志'中译论文精选: 文化交流和中国基督宗教史研究』, 台湾辅仁大学出版社, 2009.

魏思齐编, 『西方早期(1552-1814间)汉语学习和研究』, 台湾辅仁大学出版社, 2011.

徐海松, 『清初士人与西学』, 东方出版社, 2001.

杨剑龙, 『旷野的呼声: 中国作家与基督教』, 上海教育出版社, 1998.

杨念群· 黄兴涛·毛丹, 『新史学』(上), 中国人民大学出版社, 2003.

杨慧玲, 『19世纪汉英词典传统: 从马礼逊、卫三畏、翟理斯汉英辞典的谱系研究』, 商务印书馆, 2012.

姚小平, 『西方语言学史』, 外研社, 2011.

姚小平主编, 『海外汉语探索四百年管窥』, 外研社, 2008.

伊安·汉普歇尔着, 周保巍 译, 『比较视野中概念史』, 华东师大出版社, 2010.

张西平, 『欧洲早期汉学史: 中西文化交流与欧洲汉学的兴起』, 中华书局, 2010.

张西平等主编, 『西方人早期汉语学习史调查』, 中国大百科出版社, 2003.

张天泽, 『中葡早期通商史』, 香港中华书局, 1988.

朱维铮, 『走出中世纪』(增订版), 复旦大学出版社, 2007.

邹振环, 『晚明汉文西学经典: 编译、诠释、流传与影响』, 复旦大学出版社, 2013.

邹振环, 『晚明汉文西学经典: 编译、全是、流传与影响』, 复旦大学出版社, 2011.

3. 연구 논문

陈镭, 「文学革命时期的汉译圣经接受: 以胡适、陈独秀为中心」, 『广州社会主义学院学报』 2010年 02期.

方豪, 「李之藻辑刻天学初函考」, 『天学初函』重印本, 台湾学生书局, 1965.

方豪, 「明末清初旅华西人与士大夫之晋接」, 『东方杂志』 29(5), 1943.

冯天喻, 「明清之际西学与中国学术近代转型」, 『江汉论坛』 2003年 第3期.

胡适, 「佛教的翻译文学」, 罗新章·陈应年 编, 『翻译论集』, 商务印书馆, 2009.

黄一农, 「明清天主教传华史研究回顾与展望」, 任继愈 主编, 『国际汉学』第四期, 1999.

李天钢, 「明清时期汉语神学: 神学论题引介」, 『基督教文化评论』第27期, 香港道风书社, 2007.

李天刚, 「中文文献与中国基督宗教史研究」, 张先清 编, 『史料与视界: 中文文献与中国基督宗教史研究』, 上海人民出版社, 2007.

李天纲, 「信仰与传统: 马相伯的宗教生活」, 朱维铮 主编, 『马相伯传』, 复旦大学出版社, 1996.

李秋零, 「汉语神学'的历史反思」, 李秋零·杨熙南 编, 『现代性、传统变迁与汉语神学(下)』, 华东师大出版社, 2010.

牟润孙, 「敬悼先师陈援庵先生」, 李东华, 『方豪年谱』, 台湾国史馆, 2001.

钱存训, 「近世译书对中国现代化的影响」, 『文献』 1986年 第2期.

宋巧燕, 「明清之际耶稣会士译着文献的刊刻与流传」, 『世界宗教研究』 2011 年 第6期.

王晓朝, 「关于基督教与中国文化融合的若干问题」, 李秋零·杨熙南 编, 『现 代性、传统变迁与汉语神学(中)』, 华东师大出版社, 2010.

肖清和, 「清初儒家基督徒刘凝生平事迹与人际网络考」, 『中国典籍与文化』 2012年 第4期.

许理和, 「十七~十八世纪耶稣会研究」, 任继愈 主编, 『国际汉学』 第四期, 大 象出版社, 1999.

许苏民, 「晚明西学东渐与顾炎武政治哲学之突破」, 『科学战线』 2013年 第6期.

许苏民, 「王夫之与儒耶哲学对话」, 『武汉大学学报(人文社科版)』 2012年 1月.

许苏民, 「中国近代思想史研究亟待实现三大突破」 第6期, 『天津社会科学』, 2004.

许苏民, 「黄宗羲与儒耶哲学对话」, 『北京行政学院学报』 2013年 第4期.

张西平, 「明末清初天主教入华史中文文献研究的回顾与展望」, 『传教士汉学 研究』, 型出版社, 2005.

张西平, 「国外对明末清初天主教中文文献的收集和整理」, 『陈垣先生的史学 研究与教育事业』, 北京师范大学出版社, 2010.

张淑琼, 「明末清初天主教在粤刻印书籍述略」, 『图书馆论坛』 2013年 第3期.

郑海娟, 「贺清泰 研究」, 北京大学博士论文, 2012.

钟鸣旦, 「基督教在华传播史研究的新趋势」, 任继愈 主编, 『国际汉学』 第四 期, 1999.

【초기근대 서양선교사 동아시아학과 역사지형】

1. 기초 자료

『康熙與羅馬使節關係文書』(影印本), 故宮博物院, 1932.

『論語』, 『孟子』.

2. 논문 및 단행본

고성빈, 「한국과 중국의 '동아시아담론': 상호연관성과 쟁점의 비교 및 평가」, 『국제지역연구』 16(3), 서울대학교 국제학연구소, 2007.

김기봉, 『역사를 통한 동아시아 공동체 만들기』, 푸른역사, 2007.

김남시, 「사물문자로서의 중국문자: 아타나시우스 키르허의 중국문자 이해」, 『중국어문학지』 33, 중국어문학회, 2010.

김병태, 「명말청초 '전례논쟁'의 선교사적 이해」, 『한국기독교와 역사』 28, 한국기독교역사연구소, 2008.

김상근, 『동서문화의 교류와 예수회 선교역사』, 한들출판사, 2006.

김혜경, 『예수회의 적응주의 선교』, 서강대학교 출판부, 2012.

데이비드 문젤로, 『동양과 서양의 위대한 만남 1500~1800』, 김성규 옮김, 휴머니스트, 2009.

_____, 『진기한 나라, 중국: 예수회 적응주의와 중국학의 기원』, 이향만 외 옮김, 나남, 2009.

라이프니츠, 『라이프니츠가 만난 중국』, 이동희 편역, 이학사, 2003.

문석윤, 「'유교적 기독교'는 가능한가」, 『헤겔연구』 8, 한국헤겔학회, 1998.

마테오 리치, 『마테오 리치 중국 선교사 I~II』, 신진호·전미경 옮김, 지식을만드는지식, 2013.

박사명, 「동아시아공동체의 의의와 과제」, 『동아시아공동체와 한국의 미래: 동북아를 넘어 동아시아로』(동아시아공동체연구회), 이매진, 2008.

박승우, 「동아시아 담론의 현황과 문제」, 『동아시아공동체와 한국의 미래: 동북아를 넘어 동아시아로』(동아시아공동체연구회), 이매진, 2008.

빈센트 크로닌, 『서방에서 온 현자』, 이기반 옮김, 분도출판사, 1994.

송영배, 『동서 철학의 교섭과 동서양 사유 방식의 차이』, 논형, 2005.

신종훈, 「유럽정체성과 동아시아공동체 담론: 동아시아공동체의 정체성에 대한 비판적 질문」, 『역사학보』 221, 역사학회, 2014.

에드워드 사이드, 『오리엔탈리즘』, 박홍규 옮김, 교보문고, 2015.

윌로우뱅크 신학 협의회, 『복음과 문화: 복음과 문화에 관한 윌로우뱅크 신학 협의회 보고서』, 조종남 편저, 한국기독학생회출판부, 2000.

전홍석, 『문명 담론을 말하다』, 푸른역사, 2013.

_____, 『독일 계몽주의의 유학적 기초: 볼프의 중국 형상과 오리엔탈리즘의

재구성』, 살림, 2014.

_____, 「동아시아 모델의 전환: 중세화론과 진경문화」, 『조선시대 공공성 담론의 동학』(황태연 외), 한국학중앙연구원 출판부, 2016.

_____, 「16~18세기 유럽선교사 동아시아학의 형성: 유교경전에 대한 적응주의의 문화 양분적 해석」, 『동서철학연구』 79, 한국동서철학회, 2016.

조동일, 『동아시아문명론』, 지식산업사, 2010.

주겸지, 『중국이 만든 유럽의 근대: 근대 유럽의 중국문화 열풍』, 전홍석 옮김, 청계, 2010.

J. J. 클라크, 『동양은 어떻게 서양을 계몽했는가』, 장세룡 옮김, 우물이 있는 집, 2004.

하영선, 「동아시아공동체: 신화와 현실」, 『East Asia Brief』 2, 2007.

황종열, 「마테오 리치의 적응주의 선교의 신학적 의의와 한계」, 『교회사연구』 20, 한국교회사연구소, 2003.

Geoffrey F. Hudson, *Europe and China: A Survey of their Relations from the Earliest Times to 1800*, London: E. Arnold, 1931; Paperback Republishing – Boston: Beacon Press, 1961.

G. Shurhammer·I. Wicki, *Epistolae S. Francisci Xaverii*, 2, Rome, 1996.

(德) 魏特(Alfons vate), 『湯若望傳』 第一册, 楊丙辰 譯, 商務印書館, 1949.

羅光, 『敎廷與中國使節史』, 臺灣光啓社, 1967.

李天綱, 『中國禮儀之爭』, 上海古籍出版社, 1998.

方豪, 『中國天主敎史人物傳』, 宗敎文化出版社, 2011.

(法) 樊國樑(Pierre Marie Alphonse Favier), 『燕京開敎略』中篇, 北平遣使會印書館, 1905.

(法) 謝和耐(Jacques Gernet), 『中國和基督敎』, 耿昇 譯, 上海古籍出版社, 1991.

吳伯婭, 『康雍乾三帝與西學東漸』, 宗敎文化出版社, 2002.

張西平, 『中國與歐洲早期宗敎和哲學交流史』, 東方出版社, 2001.

張西平, 「序二: 回到思想史」, 『詮釋的圓環: 明末淸初傳敎士對儒家經典的解釋及其本土回應』(劉耘華), 北京大學出版社, 2006.

Pietro Tchao, 「中國禮儀之爭的歷史文化淵源(*Ragioni Storico-Culturali della Controversia dei Riti Cinesi)*」, 『宗敎與文化論叢』(陳村富 主編), 東方出版社, 1994.

【명말 가톨릭 신앙인들의 문화 태도에 관한 한 성찰】

루지에리, 『天主實錄』, 明淸天主敎文獻 1, Nicolas Standaert, Adrian Dudink 편, 台北利氏學社, 2002.

利瑪竇全集 3-利瑪竇書信集 上, 羅漁譯, 輔仁光啟聯合出版, 1986.

마테오 리치, 『천주실의』, 송영배 외 역, 서울대학교출판부, 1999.

_____, 『교우론 스물다섯 마디 잠언 기인십편』, 송영배 역주, 서울대학교출판부, 2000.

_____, 『마테오 리치 중국 선교사 Ⅰ~Ⅱ』, 신진호·전미경 옮김, 지식을만드는지식, 2013.

_____, *China in the Sixteenth Century: The Journals of Matthew Ricci: 1583-1610*, tr. Louis J. Gallagher(New York: Random House), 1953.

_____, *Matteo Ricci: Letters from China*, The Beijing Center Press, 2019.

서창치·우가이 테츠죠우 편, 『파사집』, 안경덕·이주해 역, 일조각, 2018.

알폰소 바뇨니, 敎要解略, 明淸天主敎文獻 1, Nicolas Standaert, Adrian Dudink 편, 台北利氏學社, 2002.

Nicolas Standaert, Adrian Dudink 편, 『聖經約錄』, 明淸天主敎文獻 1, 台北利氏學社, 2002.

_____, 『天主約經』, 明淸天主敎文獻 1, 台北利氏學社, 2002.

김선희, 『마테오 리치와 주희, 그리고 정약용』, 심산, 2012.

김종건, 「예수회의 동방 선교와 적응주의 선교전략의 성립-프란시스코 사비에르를 중심으로」, 『대구사학』 103, 대구사학회, 2011.

김혜경, 「16-17세기 동아시아 예수회의 선교 정책: 적응주의의 배경을 중심으로」, 『신학과 철학』 17, 서강대학교신학연구소, 2010.

_____, 「마테오 리치의 적응주의 선교와 서학서 중심의 문서선교의 상관성에 관한 고찰」, 『선교신학』 27, 한국선교신학회, 2011.

_____, 『예수회의 적응주의 선교: 역사와 의미』, 서강대학교출판부, 2012.

_____, 「왜란 시기 예수회 선교사들의 일본과 조선 인식: 순찰사 알렉산드로 발리냐노의 일본방문을 중심으로」, 『교회사연구』 49, 한국교회사연구소, 2016.

데이비드 E. 먼젤로 지음, 『진기한 나라, 중국: 예수회 적응주의와 중국학의 기원』, 이향만·장동진·정인재 옮김, 나남, 2009(원전: David E. Mungello, *Curious Land: Jesuit Accommodation and the Origin of Sinology*, University of Hawaii Press, 1985).

서강대학교신학대학원, 「국제학술심포지엄: 동서양 문명의 만남, 도전과 기회 －예수회 선교사 마테오 리치 서거 400주년을 기념하여」, 서강대학교 신학대학원, 2010.

송천성, 『아시아 이야기 신학』, 이덕주 역, 분도출판사, 1988.

심상태, 『익명의 그리스도인-칼 라너 학설의 비판적 연구』, 성바오로출판사, 1985.

沈定平, 『明淸之際中西文化交流史－明代: 調適與會通』, 北京: 商務印 書館, 2001.

아우구스트 프란츤, 『개정증보판 세계 교회사』, 최석우 역, 분도출판사, 초판: 1982, 개정증보판: 2001.

안대옥, 「마테오 리치(利瑪竇)와 補儒論」, 『東洋史學硏究』 106, 동양사학회, 2009.

알로이스 피어리스, 『아시아의 해방신학』, 성염 역, 분도출판사, 1988.

이경규, 「발리냐노와 예수회의 적응주의 선교정책」, 『중국사연구』 86, 중국사학회, 2013.

이규성, 「마테오 리치(Matteo Ricci)의 적응주의 도입과 그 발전 과정에 대한 신학적 고찰」, 『가톨릭신학』 21, 한국가톨릭신학학회, 2012.

이규성, 「알레싼드로 발리냐노(Alessandro Valignano)의 『그리스도교 신앙 교리서』(Catechismus Christianae Fidei)에서 나타나는 적응주의적 입장」, 『가톨릭신학』 19, 한국가톨릭신학학회, 2011.

최영균, 「알렉산드로 발리냐노의 일본선교와 동아시아 적응주의」, 『교회와 역사』53, 한국교회사연구소, 2018.

최영균, 「일본 교리서와 천주 하느님」, 『사목정보』109, 미래사목연구소, 2019,
1~2쪽.

황예렘, 「일본 초기 개신교의 신 용어 '神(かみ)' 번역사에 대한 고찰」, 『성경원
문연구』36, 성경원문연구소, 2015.

황종열, 「마테오 리치의 적응주의 선교에 관하여-조상 제사를 중심으로」, 『신
앙과 삶』7, 부산가톨릭대학교, 2003.

_____, 「마테오 리치의 적응주의 선교의 신학적 의의와 한계」, 『교회사연구』
20, 한국교회사연구소, 2003.

_____, 「한국 교회의 전통 종교 이해와 제2차 바티칸 공의회」, 『교회사연구』
25, 한국교회사연구소, 2005.

_____, 「심상태 몬시뇰의 신학적 전환」, 『빛은 동방에서-심상태 몬시뇰 팔순
기념 논총』, 곽진상 · 한민택 편, 수원가톨릭대학교출판부, 2019.

_____, 『한국가톨릭교회의 하느님의 집안살이』, 대구가톨릭대학교출판부, 2015.

히라카와 스케히로, 『마테오 리치, 동서문명교류의 인문학 서사시』, 노영희 역,
동아시아, 2002.

Betrray, Johannes, *Die Akommodationsmethode des Pater Matteo
Ricci in China*, Rom 1955.

Di Pellegrino, Giuseppe, Luciano Fadiga, Leonardo Fogassi, Vittorio
Gallese, Giacomo Rizzolatti, "Understanding motor events: A
neurophysiological study", in *Experimental Brain Research* 91, 1992.

Gernet, Jacques, *China and the Christian Impact: A Conflict of
Cultures*, tr. Janet Lloyd, Cambridge University Press, 1987.

Mungello, David E., *Curious Land: Jesuit Accommodation and the
Origins of Sinology*, University of Hawaii Press, 1989.

Mungello, David E., *The Great Encounter of China and the West,
1500-1800*, Rowman & Littlefield, 2005.

Mungello, David E., *The Catholic Invasion of China: Remaking Chinese
Christianity*, Rowman & Littlefield Publishers, 2015.

Redemptoris Missio (구세주의 사명, 1990년. 우리말 역본: 『교회의 선교

사명』, 천주교중앙협의회, 1991).

Rizzolatti, Giacomo, Laila Craighero, "The Mirror-Neuron System", *Annual Reviews of Neuroscience* 27, 2004. (http://psych.colorado.edu/~kimlab/Rizzolatti.annurev.neuro.2004.pdf)

Ross, Andrew, *A Vision Betrayed: The Jesuits in Japan and China 1542-1742*. (New York, Maryknoll, 1994)

Rowbotham, Arnold, *Missionary and Mandarin: The Jesuits at the Court of China*, New York: Russell & Russell, 1966.

Sacco, Leonardo, "Mateteo Ricci and the Metaphor of the Bridge between Civilizations. Some Critical Remarks", *Storia, Antropologia e Scienze del Linguaggio* / XXXIV-1, 2019.

Song, Choan Seng, *Tell Us Our Names-Story Theology from an Asian Perspective*, Orbis Books, Maryknoll, New York, 1984(우리말 역본: 이덕주 역, 『아시아 이야기 신학』, 분도출판사, 1988).

Wei, Ling-chia, Sophie 박사 논문, "Trans-textual Dialogue in the Jesuit Missionary Intra-lingual Translation of the Yijing"(PhD diss., University of Pennsylvania, 2015).

天主聖敎實錄: https://archives.catholic.org.hk/Rare%20Books/CTJ1/pages/Ctj1-005.htm

靈言蠡勺: https://archives.catholic.org.hk/Rare%20Books/BLI/index.htm

【한국천주교회의 성경 수용 연구】

(약어: A-MEP (Archives - Missions étrangères de Paris) 파리외방전교회 고문서 자료)

1. 1차 사료

『A-MEP Vol. 577, Corée 1797-1860, 필사문서 판독자료집』, 한국 천주교

주교회의 문화위원회.

『성경직히광익』필사본(韓國敎會史硏究資料 第12輯), 『성경직히』I-IV, 태영
사, 1984.

『天主實義』, 『七克』.

모방 신부가 바씨(Vassy)의 본당신부에게 보낸 편지: Copie d'une lettre du
Ven. P. Maubant(디디에 신부 판독자료,「Monsieur Maubant, Lettres
de 1832 à 1839」).

바티칸 포교박람회 出品文書, 「드브레드 주교문서」, 『뮈텔문서』, 1925.

2. 2차 사료

• 외국어

Albert Chan, S.J., Chinese Books and Documents in the Jesuit
Arichives in Rome-Japonica-Sinica I-IV, 2001; *Catalogue de la
Bibliotheque de la ville de Roanne*(No.180), I. 70 聖經直解.

François Bontinck, *La lutte autour de la liturgie chinoise aux XVIIe
et XVIIe siècles*, Louvain: Nauwelaerts, 1962.

Louis Pfister, S.J., *NOTICES BIOGRAPHIQUES ET BIBLIOGRAPHIQUES
SUR LES JESUITES DE L'ANCIENNE MISSION DE CHINE 1552-
1773*, CHANG-HAI: IMPRIMERIE DE LA MISSION CATHOLIQUE,
1932.

康志杰, 「一部由欧州传教士編纂的索引」-评阳玛诺的〈圣经直解杂事之目录〉,
湖北大学政治行政学院 武汉 430062).

方豪, 『中國天主敎史人物傳』第一冊, 香港公敎眞理學會出版社, 1970.

徐宗澤 編著, 「明淸間耶穌會士譯著提要」, 『中國學術叢書』第一編 11 哲學·
宗敎類, 上海書店(1949년 영인본).

• 한국어
〈연구논문 및 자료집〉

김윤성, 「초기 한국 가톨릭의 성인 전기-서지 및 구조적 특성을 중심으로」,
『교회사 연구』15, 한국교회사연구소, 2000.

김진소 편저, 『이순이 루갈다 남매 옥중편지』, 양희찬·변주승 옮김, 천주교 호남

교회사연구소, 2002.

김진소, 「초대교회 신앙공동체의 '하느님 말씀'살이: 성경직해광익을 중심으로」, 『이성과 신앙』, 수원가톨릭 대학교출판부, 2005.

김충효, 「'셩경직히광익'과 '독립신문'의 국어학적 비교고찰」, 『한국학논총』 14, 한양대학교 한국학연구소, 1988.

마이야 지음, 『성경광익』, 유은희 수녀 옮김, 순교의 맥, 2017.

마테오 리치, 『마테오 리치 중국 선교사 Ⅱ』, 신진호·전미경 옮김, 지식을 만드는 지식, 2013.

배현숙, 「조선에 전래된 천주교 서적」, 『한국교회사논문집』 1, 1984.

빤또하 저, 『七克』, 박유리 역, 일조각, 1998.

수원교회사연구소 역주, 편찬, 『샤스탕 신부 서한』, 수원교회사연구소, 2019.

수원교회사연구소, 『기해·병오 순교자 시복재판록』 2, 하상출판사, 2012.

_____, 『앵베르 주교 서한』, 하상출판사, 2011.

심우일, 「『셩경직히』에 나타난 토씨 연구」, 상명여자대학교 대학원 국어국문학과 석사학위논문, 1994.

윤민구 역주, 『윤유일 바오로와 동료 순교자들의 시복 자료집』 4, 천주교 수원교구 시복시성추진위원회, 1996.

_____, 『윤유일 바오로와 동료 순교자들의 시복 자료집』 5, 천주교 수원교구 시복시성추진위원회, 2000.

이만채 작, 『벽위편』, 김시준 역, 명문당, 1987.

이성우, 「한국 천주교회의 우리말 성서번역사와 우리말 성서번역의 의미」, 『한국 근·현대 100년 속의 가톨릭교회(상)』, 가톨릭출판사, 2003.

이용결, 「한국 천주교회의 성서운동」, 『한국 천주교회사의 성찰: 최석우 신부 수품 50주년 기념 논총 제2집』, 한국교회사연구소, 2000.

이원순, 『조선서학사연구』, 일지사, 1986

정 민, 『파란』 1권, 천년의 상상, 2019.

조 광, 『조선 후기사회와 천주교』, 경인문화사, 2010.

_____, 『조선후기 천주교사 연구』, 고려대학교 민족문화연구소, 1988.

조한건, 「주교요지와 한역서학서와의 관계」, 『교회사연구』 26, 한국교회사연구소, 2006.

_____, 「필사본 '성경직해광익'의 편찬배경과 형성」, 『한국천주교회의 역사와

문화』(김성태 신부 고희기념논총), 한국교회사연구소, 2011.

_____, 「성경직해광익 연구」, 서강대학교 박사학위논문, 2012.

조화선, 「『성경직히』의 연구」, 『한국교회사논총: 최석우 신부 화갑 기념』, 한국교회사연구소, 1982.

최석우, 「聖經한글번역에 있어서 韓國天主敎會의 先驅的 役割」, 『한국교회사의 탐구』, 한국교회사연구소, 1982.

최석우, 「李承薰관계 書翰 자료」, 『敎會史 硏究』 8, 한국교회사연구소, 1992.

_____, 『조선에서의 첫 대목구 설정과 가톨릭교의 기원 1592-1837』, 조현범·서정화 옮김, 한국교회사연구소, 2012.

최태영, 「초기번역성경의 대두법 표기」, 『숭실어문』 7, 숭실어문학회, 1991.

하성래, 「한국천주교회의 한글번역활동」, 『한국천주교회사의 성찰』, 2000.

한국 천주교 주교회의 시복 시성 주교 특별위원회, 『하느님의 종 윤지충 바오로와 동료 123위』(시복자료집 제4집), 2007.

한국교회사연구소 역, 『베르뇌 주교 서한집』 상권, 가톨릭출판사, 2018.

3. 기타

『교회와 역사』 53호(1980), 『한국교회사연구입문』(37)

권구식, 「교회사 원전 읽기, 성경직해광익」, 『교회와 역사』, 2003.3~2004.9.

달레의 『한국천주교회사』 상, 중, 하(한국교회사연구소, 1979~80)

『성경』(2005).

조한건, 「『성경직히광익』의 서지적 연구」, 『교회와 역사』 2008.3~4월호.

_____, 『교회와 역사』 2004.10~2005.12; 2006.8~2007.2월호.

『한국가톨릭 대사전』 전 1-12권 중 7권 등.

【도(道), 학(學), 예(藝), 술(術)】

1. 원전류

『論語』, 『湛軒書』, 『遯窩西學辨』, 『徐光啓集』, 『星湖僿說』, 『星湖全集』, 『星湖僿說類選』, 『順菴先生文集』, 『荀子』, 『與猶堂全書』, 『熱河日記』, 『禮記』, 『五洲衍文長箋散稿』, 『頤齋亂藁』, 『朝鮮王朝實錄』, 『朱子語類』, 『職方外紀』,

『天主實義』, 『天學初函』, 『靑城雜記』, 『縹礱乙懺』, 『楓石鼓篋集』, 『韓非子』.

2. 논문 및 단행본

가와하라 히데키, 『조선수학사』, 예문서원, 2017.

강재언, 『서양과 조선』, 학고재, 1998.

구만옥, 『조선후기 과학사상사 연구』, 혜안, 2004.

_____, 「마테오 리치 이후 서양 수학에 대한 조선 지식인의 반응」, 『한국실학
연구』 20, 한국실학학회, 2010.

김문용, 「홍대용의 실학사상에 관한 연구」 고려대학교 대학원 박사학위논문,
1995.

_____, 『조선 후기 자연학의 동향』, 고려대학교 민족문화연구원, 2014.

김선희, 『마테오 리치와 주희 그리고 정약용』, 심산, 2012.

민영규, 「17세기 조선학인의 지동설-김석문의 역학이십사도해」, 『동방학지』
16, 연세대학교 국학연구원, 1975.

박권수, 「서명응의 역학적 천문관」, 『한국과학사학회지』 20, 한국과학사학회,
1998.

박성래, 「홍대용의 과학 사상」, 『한국학보』 23, 중화민국한국연구학회, 1981.

박성순, 『조선유학과 서양과학의 만남』, 고즈윈, 2005.

송영배, 「마테오 리치가 소개한 서양학문관의 의미」 『한국실학연구』 17, 한국실
학학회, 2009.

_____, 「마테오 리치의 『곤여만국전도』와 중국인들의 반응」, 『문화역사지리』
24(2), 한국문화역사지리학회, 2012.

안대옥, 「마테오 리치와 보편주의」, 『명청사연구』 34, 명청사학회, 2010.

안상현, 『기하원본(幾何原本)』의 조선전래와 그 영향: 천문학자 김영(金泳)의
사례」, 『문헌과 해석』 60, 문헌과해석사, 2012.

이봉호, 『정조의 스승, 서명응의 철학』, 동과서, 2013.

이원순, 『조선서학서연구』, 일지사, 1986.

이용범, 「김석문의 지전설과 그 사상적 배경」, 『진단학보』 41, 진단학회, 1976.

_____, 『중세서양 과학의 조선 전래』, 동국대 출판부, 1988.

_____, 「이조실학계의 서양과학 수용과 그 한계-김석문과 이익의 경우」, 『동
방학지』 58, 연세대학교 국학연구원, 1988.

조창록, 「조선 실학에 끼친 徐光啓의 영향」, 『사림』 41, 수선사학회, 2012.

히라카와 스케히로, 『마테오 리치』, 노영희 역, 동아시아, 2012.

Carsun Chang, *The Development of Neo-Confucian Thought II*, Bookman
　　Associates, 1962.

Jacques Gernet, *China and the Christian Impact*, Cambridge University
　　Press, 1985.

제3부　북방 초원실크로드: 비잔틴계 성서문명의 동진과 초국가적 과제

【'의식 식민화': 러시아 제국 극동지역 토착민족에 대한 정교회의 선교에 대하여】

Comaroff J., Comaroff J. *Ethnography and the Historical Imagination*,
　　Boulder: WestviewPress, 1992.

Попов-Какоулин Н. Инородцы на о-ве Сахалин// Камчатские епархиальные
　　ведомости. 1896. No.5.

Это постановление печаталось на первой странице каждого номера «Православного
　　благовестника», См. за 1909, 1910 гг. и т.д.

Вениамин, архиепископ. Жизненные вопросы православной миссии в Сибири
　　// Православный благовестник. 1909. No.18.

Ипатьева А. А. Миссионерская деятельность Русской православной церкви на
　　юге дальнего Востока во второй половине XIX-начале XX века.: Дисс. ···
　　к. и. н. Красноярск, 1999.

Никольский А. Православное миссионерское общество. Историческая записка
　　о деятельности общества за истекшее 25-летие. М., 1895.

Православное миссионерское общество. Доклад Совета Православного
　　миссионерского общества общему собранию членов сего общества 12 мая
　　1874г. поделуоза трудненниях, встреченных присоблюдении высочайше
　　утверждённых Правило порядке совершения над инородцами-нехристианами
　　таинства Св. Крещения. М.: Синод.Тип., 1874.

Всеподданнейший отчёт обер-прокурора Святейшего Синода по ведомству православного исповедания за 1894 и 1895 гг. СПб. : Синод. типография, 1898.

Солярский В. В. Современное правовое и культурное положение инородцев Приамурского края. Хабаровск, 1916.

Ипатьева А. А. Миссионерская деятельность Русской православной церкви на юге дальнего Востока во второй половине XIX-начале XX вв. : Дисс. ···к. и. н. Красноярск, 1999.

Цыпин В. А. История Русской Православной Церкви. Синодальный и новейший периоды(1700-2005). М. : Сретенский монастырь, 2007. Ипатьева А. А. Миссионерская деятельность Русской православной церкви на юге Дальнего Востока России во второй половине XIX как опыт межцивилизационных контактов // Роль православия в возрождении духовного самосознания населения дальневосточного региона. Сборник итоговых материалов научно-практической конференции 23 апреля 2004г. Южно-Сахалинск, 2004.

Государственный исторический архив Сахалинской области (ГИАСО). Ф. 1038. Оп.1. Д.107. Л.86.

ГИАСО. Ф.1038. Оп.1. Д.107. Л.86.

Костанов А. Освоение Сахалина русскими людьми. Южно-Сахалинск, 1991.

ГИАСО. Ф.1038. Оп.1. Д.107. Л.86.

ГИАСО. Ф.1038. Оп.1. Д.107. Л.45.

Пилсудский Б.О. Аборигены Сахалина. Южно-Сахалинск, 1991.

Отчёт о деятельности Камчатской духовной миссии за 1894г. // Камчатские епархиальные ведомости. 1895, No.14.

Всеподданнейший отчёт обер-прокурора Святейшего Синода по ведомству православного исповедания за 1899г. СПб. : Синод. типография, 1902.

Например: Отчёт о деятельности Владивостокского епархиального комитета Православного Миссионерского общества за 1903г. (5-ый год существования) // Владивостокские епархиальные ведомости. 1904, No.9; No.10; No.11. и др.

Разумовский А. Владивостокская епархия за первые пять лет её существования

(1899-1903 гг.)// Владивостокские епархиальные ведомости. 1905, No.4-5.

Городнов А. Миссионерское дело на Северном Сахалине// Владивостокские епархиальные ведомости. 1908. No.20.

Российский государственный исторический архив Дальнего Востока (РГИА ДВ). Ф.702. Оп.1. Д.260. Л.1-18об.

Городнов А. Миссионерское дело на Северном Сахалине// Владивостокские епархиальные ведомости. 1908, No.20.

Шастин А. Описание поездки к инородцам Восточного побережья русского Сахалина// Владивостокские епархиальные ведомости. 1916, No.21. Отчет «К пребыванию Высокопреосвященнейшего Архиепископа Евсевия на Иркутском миссионерском съезде 24 июля -5 августа»// Владивостокские епархиальные ведомости. 1910, No.20-21.

Всеподданнейший отчёт обер-прокурора Святейшего Синода по ведомству православного исповедания за 1894 и 1895 гг. СПб.: Синод. типография, 1898. С.263; Всеподданнейший отчёт обер-прокурора Святейшего Синода по ведомству православного исповедания за 1896-1897 гг. СПб.: Синод. типография, 1899.

Всеподданнейший отчёт обер-прокурора Святейшего Синода по ведомству православного исповедания за 1902г. СПб.: Синод.типография, 1905.

Городнов А. Миссионерское дело на Северном Сахалине// Владивостокские епархиальные ведомости. 1908, No.20.

Шастин А. Описание поездки к инородцам Восточного побережья русского Сахалина// Владивостокские епархиальные ведомости. 1916. No.21. РГИА ДВ. Ф.702. Оп.3. Д.108. Л.14; Шастин А. Описание поездки к инородцам восточного побережья Русского Сахалина// Владивостокские епархиальные ведомости. 1916, No.17, No.20, No.21.

Троицкий А. Из дневника Сахалинского священника// Владивостокские епархиальные ведомости. 1904, No.6, No.7.

Городнов А. Поездка к крещённым инородцам Сев. части острова Сахалин феврале месяце 1908г.// Владивостокские епархиальные ведомости. 1908, No.12-13, No.15.

Попов-Какоулин Н. Инородцы на о-ве Сахалин// Камчатские епархиальные ведомости. 1896, No.5.

Корсунская Н. Д. Метрические книги православных церквей острова Сахалина как источник информации о влиянии российской колонизации на коренное население Сахалина// Славяне на Дальнем Востоке: проблемы истории и культуры. Южно-Сахалинск, 1994.

ГИАСО.Ф.23-и. Оп.1.Д.3. Л.251-280.

ГИАСО.Ф.23-и. Оп.1.Д.3. Л.301-306.

ГИАСО. Ф.23-и. Оп.1. Д.4. Л.4-12.

ГИАСО. Ф.23-и. Оп.1. Д.9. Л.40-49.

ГИАСО. Ф.23-и. Оп.1. Д.6. Л.118-129.

ГИАСО. Ф.23-и. Оп.1. Д.12. Л.124-128.

ГИАСО. Ф.23-и. Оп.1. Д.12. Л.157-164.

ГИАСО. Ф.23-и. Оп.1. Д.13. Л.150-156.

ГИАСО. Ф.23-и. Оп.1. Д.13. Л.170-184.

Чехов А.П. Остров Сахалин. (Из путевых записок). Южно-Сахалинск, 1995.

ГИАСО. Ф.23-и. Оп.1. Д.3. Л.222-223.

ГИАСО. Ф.23-и. Оп.1. Д.54. Л.9.

Попов-Какоулин Н. Инородцы на о-ве Сахалин// Камчатские епархиальные ведомости.1896. No.5. С.105-106; Городнов А. Поездка к крещёным инородцам северной части острова Сахалина в феврале месяце 1908г.// Владивостокские епархиальные ведомости. 1908, No.12-13.

Доклад о действиях экспедиции начальника её, врача, коллежского советника Штейгмана, командированного военным губернатором острова летом 1908г. // Исторические чтения. Труды Государственного архива Сахалинской области. 1995, No.1.

Попов-Какоулин Н. Инородцы на о-ве Сахалин// Камчатские епархиальные ведомости. 1896, No.5. П.В. Командировка на Сахалин в 1905г. // Сборник краеведческих статей. No.1.

Преображенский Н.А. Проклятая быль (Сахалин в очерках бывшего мирового судьи). СПб., 1909.; Сахалин. Сборник краеведческих статей о прошлом и настоящем/ Под общ. ред. губернатора Д. Григорьева. О. Сахалин: тип ография при канцелярии сахалинского губернатора, 1913.

Пилсудский Б. О. Рассказ обрусевшего крещенного айна Ивана Григорьевича из с. Галкино-Врасское (Сиянцы) на о. Сахалине о том, как его вылечили от любви// Краеведческий бюллетень. Южно-Сахалинск, 1994, No.1.

Юркевич Т.С. Современная Япония. Владивосток, 1925.

Васильев В. Краткий отчёт о поездке к айнам островов Иезо и Сахалина. СПб., 1914. С.22; 30 лет Карафуто. Тоёхара. 1936.

Поездка на Сахалин в 1885-1886 гг. Г.-Ш. Полковника Гарнака// Сборник краеведческих статей. No.2. С.132; Маевич А.Ф. Ороки в прошлом и настоящем // Краеведческий бюллетень. 1994, No.2.

ГИАСО. Ф.1038. Оп.1. Д.106. Л.11-12.

Попов-Какоулин Н. Инородцы на о-ве Сахалин// Камчатские епархиальные ведомости. 1896. No.5. С.105-106; Пилсудский Б. О. Из поездки к орокам о. Сахалина в 1904г. Южно-Сахалинск, 1989.

Городнов А. Поезд как крещёными нородцам северной части острова Сахалина в феврале месяце 1908г.// Владивостокские епархиальные ведомости. 1908, No.17.

Шастин А. Описание поездкики нородцам Восточного побережья русского Сахалина// Владивостокские епархиальные ведомости. 1916. No.20.

Поездка на Сахалин в 1885-1886 гг. Г.-Ш. Полковника Гарнака// Сборник краеведческих статей. No.1.

Попов-Какоулин Н. Инородцы на о-ве Сахалин// Камчатские епархиальные ведомости. 1896, No.5.

Сахалин. Сборник краеведческих статей о прошлом и настоящем/ Под общ. ред. губернатора Д. Григорьева. О. Сахалин, типография при канцелярии сахалинского губернатора, 1913.

Доклад о действиях экспедиции начальника её, врача, колежского советника Штейгмана⋯ С.66, 76. Об этом же: Краснов А.И. По островам далёкого Востока. Путевые очерки. СПб., 1895.

Городнов А. Миссионерское дело на Северном Сахалине// Владивостокские епархиальные ведомости. 1908. No.12-13; No.20.

Городнов А. Поездка к крещёным инородцам северной части острова Сахалина в феврале месяце 1908г.// Владивостокские епархиальные ведомости. Владивосток, 1908. No.12-13.

Российский государственный исторический архив (РГИА). Ф.796. Оп.440. Д.202. Л.2-7; Разумовский А. Владивостокская епархия за первые пять лет её существования (1899-1903 гг.)// Владивостокские епархиальные ведомости. 1905. No.4-5.

Солярский В.В. Современное правовое и культурное положение инородцев Приамурского края. Хабаровск, 1916.

Василенко Л.И. Краткий религиозно-философский словарь. М., 2000.

【러시아극동지역에서 한인들을 대상으로 한 러시아정교회 선교 연구】

1. 러시아어 자료

Аносов, С. Д. *Корейцы в Уссунийском крае(우수르시크 지역 한인들)*, Хабаровск: Книжное дело, 1928.

Архив внешней политики Российской империи(러시아제국 해외정치 관련 고문서 자료), фонд Японский стол, Оп.493, д.38, л.38. (1910년 10월 8일, 서울, No.60).

Белов М.В. "Просветительская деятельность русской православной церкви среди корейских иммигрантов в дореволюционной России(러시아 극동지역 한인들을 위한 러시아정교회의 교육활동)" *Актуальные проблемы российского вотоковедения.*(М., 1994).

Василий Пьянков, "К известию о корейском миссионере Пьянкове(한인을 위한 선교사 비안코프에 관하여)", *Миссионер(선교)*, no.18(1874).

Величко, В. Л. "Инородцы(이민족들)", *Полное собрание публицистических сочинений*, 2 том. СПб, г. 1904-1905. vol.13, no.9825.

Вениамин, Епископ Камчатский. "Отчёт о состоянии и деятельности миссии Камчатской епархии за 1872 год(1872년 캄차트카 주교구의 선교

상황 보고서).ʺ

Вениамин, Епископ Камчатский. "Труды православных миссий Восточной Сибири-И ркутск(1873년 이르쿠츠크, 동부 시베리아 선교사역들에 관한 보고서)", 1873, т.1.

История Российской Духовной Миссии в Корее(한국에서 러시아정교회 선교 역사)(Сборник статей), (Москва: Издательство Свято-владимирского Братства, 1997 г).

Клятвенное Обещение на Поддансво бывший Корейский поданный, обещаюсь и всемогущему Богу и Я великому Государю.....(러시아국적 취득시 서약문) РГИАДВ. Ф. 1. Оп. 2. Д. 1184. Л. 23-24.

Миссианерская Деятельность между Корейцами, перелившимися на Амуре(아무르주로 이주해온 한인들 사이에서 이루어진 선교사역), Миссионер(선교), 1874, No.26.

Недачин С.В. "К вопросу о принятии корейцев в христианство и в русское подданство(한인들의 러시아국적 취득문제에 관하여)" (Доклад общему собранию Общества русских ориенталистов 17 января 1912 года) // Миссионерское Обозрение. 1912, No.11. Ноябрь.

Николин, Священник Алексей. Церковь и Государство: История правовых отношений(교회와 국가: 그 관계의 역사), Издание Сретенского монастыря, 1997.

Поздняев, Священник Д. История Российской Духовной Миссий в Корее(한국에서 러시아정교회 선교역사), Москва: Издательство Свято-Владимирског о Братства, 1999.

СМОЛИЧ, И. К. ИСТОРИЯ РУССКОЙ ЦЕРКВИ: 1700~1917(러시아교회사: 1700-1917), ЧАСТЬ ВТОРАЯ, МОСКВА: ИЗДАТЕЛЬСТВО СПАСО-ПРЕОБРАЖЕНСКОГО ВАЛААМСКОГО МОНАСТЫРЯ, 1997.

Федров, В. А. Русская Православная Церковь и Государство(러시아정교회와 국가), Москва: Русская Панорама, Хрисанф, От Сеула до Владивостока(서울에서 블라디보스톡까지)(Москва, 1905).

2. 영문 자료(번역서 포함)

Bolshakoff, Serge, *The Foreign Missions of the Russian Orthodox Church*, London: Society for Promoting Christian Knowledge, 1943.

Bulgakov, Sergius, *The Orthodox Church*, New York: St. Vladimir's Seminary Press, 1988.

Byrnes, Robert F, *Pobedonostsev: His Life and Thought*, Bloomington: Indiana, 1968.

Calian, Carnegie Samuel, *Icon and Pulpit: The Protestant—Orthodox Encounter*, Phil.: The Westerminster Press, 1968.

Dvornik, Francis, *Early Chrinian and Byzilnline Polilical Philosophy: Origins and Background 2*, Washington, D.C., 1966.

_____, *Byzantine Missions among the Slaves*, New Brunswick: Rutgers Uni. Press, 1970.

Fairbairn, Donald, *Eastern orthodoxy through Western Eyes*, Westerminster John Knox Press, 2002.

Forsyth, James *A History of the Peoples of Siberia: Russia's North Asian Colony 1581–1990*, Cambridge Uni. Press, 1992.

Geraci, Robert P. and Michael Khodarkovsky (ed.), *Of Religion and Empire: Missions, Conversion, and Tolerance in Tsarist Russia*, New York: Cornell University Press, 2001.

Glube, George W, *The Complete Book of Orthodoxy*, Salisbury: Regina Orthodox Press, 2001.

Gvosdev, Nikolas K, *An Examination of Church—state Relations in the Byzantine and Russian Empires with an Emphasis on Ideology and Models of Interaction(Studies in Religion and Society)*, Edwin Mellen Press, 2001.

Hosking, Geoffrey, *Russia: People and Empire*, Cambridge, Mass.: Harvard University Press, 1997.

Meyendorff, John *The Byzantine Legacy in the Orthodox Church*, New York: St. Vladimir's Seminary Press, 2001.

Neil, Stephen, *A History of Christian Missions*, 홍치모·오만규 역, 『기

독교선교사』, 서울: 성광문화사, 1979.

_____, *History of Colonialism and Christian Missions*, London: Lutterworth, 1966.

Nichols, Robert L. and Theofans George Stravrou. (ed.), *Russian Orthodox under the Old Regime*, Minneapolis: Uni. of Minnesota Press, 1978.

Preobrazhensky Alexander (ed.), *The Russian Orthodox Church*, Moscow: Progress Pub. 1988.

_____, *The Russian Orthodox Church: 10th to 20th Centuries*, Moscow: Progress Pub., 1988.

Ramet, Pedro (ed.), *Eastern Christianity and Politics in the twentieth century*, Duke University Press, 1988.

_____, *Religion and Nationalism in Soviet and East European Politics*, Durham and London: Duke University, 1989.

Schmemann, Alexander (trans. by Lydia W. Kesich) *The Historical Road of Eastern Orthodoxy*, New York: Holt, Rinehart and Winston, 1963.

Slezkine, Y, *Artlc Mirrors: Russia and the Small Peoples of the North*. Ithaca: Cornell Uni. Press. 1994.

Smirnoff, Eugene, *A Short Account of the Historical Development and Present Position of Russian Orthodox Missions*. London: Rivingtons, 1903.

Veronis, Luke Alexander, *Missionaries, monks and martyrs: making disciples of all nations*, Minneapolis: Light and Life Publishing, 1994.

Weeks, Theodore R, *Nations and State in the late Imperial Russia: Nationalism and Russification on the Western Frontier, 1863-1914*. DeKalb, Ⅲ.: Northern Illinois University Press, 1996.

3. 한국어 자료

고송무, 『쏘련의 한인들. 고려사람』 이론과 실천, 1989.

권희영, 『세계의 한민족: 독립국가연합』, 통일원, 1996.

남정우, 『동방정교회 이야기』, 쿰란출판사, 2003.

박종효, 『러시아 국립문서보관소 소장 한국관계문서 요약집』, 한국국제교류재
단, 2002.

서대숙 엮음, 『소비에트 한인 백년사』, 이서구 옮김, 도서출판 태암, 1989.

신연자, 『소비에트 한인백년사』, 도서출판 태암, 1989.

이광규, 『러시아 연해주의 한인사회』, 집문당, 1998.

李尙根, 『韓人露領移住史硏究』, 探求堂, 1996.

李仁浩, 『러시아지성사 연구』, 知識産業社, 1980.

임영상, 황영삼 공편. 『소련과 동유럽의 종교와 민족주의』, 한국외국어대학교
출판부, 1996.

최문형, 『한로관계 100년사』, 한국사연구협회, 1984.

_____, 『한국을 둘러싼 제국주의 열강의 각축』, 지식산업사, 2002.

허승철·이항재·이득재, 『러시아 문화의 이해』, (주)대한교과서, 1999.

현규환, 『한국 유이민사』 上, 어문각, 1967.

4. 논문(논문집, 잡지에 실린)

Becker, Ceymour. "Contributions to a Nationalist Ideology: Histories
of Russia in the first half of the Nineteenth Century," *Russian
History/Histoire Russe, 13(4),* 1986.

Ioann, "Ecclesiological and Canonical Foundations of Orthodox mission"
International Review of Mission, 90, Issue358 (Geneva; Jul. 2001).

KARMIRIS, IOANNES N. "NATIONALISM IN THE ORTHODOX CHURCH",
The Greek Theological Review 26(3), 1981.

Khodarkovsky Michael, "Of Christianity, enlightenment, and colonialism:
Russia in the North Caucasus, 1550-1800," *The Journal of Modern
History,* 71, Issue 2 Chicago; June 1999.

_____, "Not by word alone: Missionary policies and
religious conversion in early modern Russia,"*Comparative Studies
in Society and History* (Cambridge: April 1996), 38, Issue 2.

King, Ross "Blagoslovennoe: Korean Village on the Amur, 1871-

1937", *The Review of Korean Studies* 4(2), 2001.

Kobtzeff, Oleg. "Ruling Siberia: the imperial power, the Orthodox Church and the native people", *St Vladimir's Theological Quarterly 30 3*, 1986.

Spiller, Vsevolod. "Missionary Aims and the Russian Orthodox Church", *International Review of Missions*, 206, 1963 April.

Struve, N. "Orthodox Missions past and present", *St Vladimir's Seminary Quarterly*, New York, 1963, 1.

Toumanoff, Cyril. "Caesaropapism in Byzantine and Russia", *Theological Studies*, Theological Faculties of the Society of Jesus in the United States, vol. ⅶ, 2, 1946.

Vyacheslav, Maiyer, "Russian Orthodox Missions to the East", Fagan, Geraldine (Translator) in *Religion, State & Society* 25(4), 1997.

김승환, 「극동에서의 러시아와 열강: 1855~1918」, 『슬라브 연구』 18(1), 한국외국어대학교 외국학종합연구센터 러시아연구소, 2002, 221~249쪽.

남정우, 「동방정교회 선교 역사의 특징과 교훈」, 『제6차 세계선교연구회 정기학술 세미나 자료집』, 1999.3.29.

_____, 「선교역사의 관점에서: 하나님 나라에 초점을 맞춘 교회적 선교 신학을 모색하며」, 『선교와 신학』 7, 장로회신학대학교출판부, 2001, 53~82쪽.

메옌도르프, 쟝, 「정교회의 교회론」 이수영 역, 『교회와 신학』 19, 장로회신학대학 출판부, 1987, 515~531쪽.

임희모, 「동방정교회의 선교역사」, 한국선교신학회 엮음, 『선교학개론』, 대한기독교서회, 2001. 89~100쪽.

_____, 「동방정교회의 에큐메니컬 선교신학」, 『선교와 신학』 4, 장로회신학대학교 세계선교연구원, 1999, 173~201쪽.

최덕성, 「콘스탄틴 황제와 제국교회」, 『신앙세계』, 1992.4.

황영삼, 「러시아정교회의 위상과 사회적 역할」, 『中蘇硏究』 통권 84, 1999/2000.

5. 학술 논문(박사)

Ван Ил Квон, "К. П. Победоносцев и распространение церковно-приходских школ в 1884-1904 гг", 미간행 박사학위논문, СПб, 2000.

Нам Сук Джу, "История Евангелического Движения в России, 1861-1905", 미간행 박사학위논문, МГУ имени М. В. Лом., 1998.

Armstrong, P. Christopher Bruce, "Foreigners, furs and faith: Muscovy's expansion into western Siberia, 1581-1649", Ph.D. diss., University of Dalhousie(CANADA), 1997.

Duke, S. Taylor, "Educating non-Russians in late Imperial Russia: An historical study of educational development in a multiethnic setting, 1885-1914", Ph.D. diss., University of Indiana, 1998.

Geraci, Robert, "Window on the East: Ethnography, Orthodoxy, and Russian Nationality in KAZAN 1870-1914", Ph.D. diss., University of Berkeley in California, 1995.

Michaelson, A. Neil. ""The Russian Orthodox Missionary Society, 1870-1917: A study of religious and educational enterprise, 1879-1917", Ph.D. diss., University of Minnesota, 1999.

Michail Belov, *The Experience of The Russian Orthodox Church among Koreans 1865-1914*, 연세대학교대학원 국제문제연구소, 1991.

Pisiotis, A. Klearchos, "Orthodoxy versus autocracy: The Orthodox Church and clerical political dissent in late imperial Russia, 1905-1914", Ph.D. diss., University of Geogetown, 2000.

Strickland, J. Douglas, "Orthodox patriotism and the Church in Russia, 1888-1914", Ph.D. diss., University of California, 2001.

Vinkovetsky, Ilya, "Native Americans and the Russian empire, 1804-1867 (Alaska)", Ph.D. diss., University of California, Berkerly, 2002.

Weinerman, Eli, "Russification in imperial Russia: The search for homogeneity in the multinational state", Ph.D. diss., University of Indiana, 1996.

Werth, P. William, "Orthodox mission and imperial governance in the Volga-Kama region, 1825-1881", Ph.D. diss., University of Michigan, 1996.

Znamenski, A. A., "Strategies of survival: Native encounters with Russian missionaries in Alaska and Siberia, 1820s-1917", Ph.D. diss., University of Toledo, 1997.

奇連洙, 「러시아專制政治의 起源」, 미간행 박사학위논문, 韓國外國語大學校 大學院 國際關係研究學科, 1983.

황성우, 「러시아의 기독교 수용과 성격: '이중 신앙'에 관한 비판적 고찰」, 미간행 박사학위논문, 한국외국어대학교 대학원 국제연구학과, 2000.

6. 신문

『大東共報』(제2권 33호, 41호), 大韓隆熙 4年 6월 20일, 7월 31일(俄曆 1910年 6월 20일, 7월 18일).

한림대학교 아시아문화연구소, 『권업신문 대한인 정교보 청구신문 한인신문』 (복사 자료 영인본) 제1권, 2권, 1995.

【비잔틴정교문화와 동방기층문화의 융합】

1. 기본자료

Болдырев, Б. В., Эвенко-русский словарь 2, М.: Филиал СО РАН ГЕО, 2000.

_____, История и культура эвенов: Историко-этнографические очерки, Отв. ред. В.А. Тураев, СПб.: Наука, 1997.

Роббек, В. А., & Роббек, М. Е., Эвенско-русский словарь, Новосибирск: Наука, 2004.

Цинциус, В. И. & Ришес, Л. Д., Эвенско-русский словарь, Л.: Учпедгиз, 1957.

2. 논문

Алексеева, С. А., "Космологические представления эвенов", Илин No.3,

2002.

Василевич, Г. М., "Древние охотничьи и оленеводческие обряды эвенков", *Сборник Музея Антропологии и Этнографии* No.17, 1957.

Деревянко, Е. И., "Племена Приамурья I тысяч. нашей эры", *Очерки этнической истории и культуры*, Новосибирск: Наука, 1981.

Рябцева, В. В., "Представление о душе как опыт самопознания (на примере культуры обских угров)", *Вестник Челябинского государственного университета* No.16(197), 2010.

Рычков, К. М., "Енисейские тунгусы", *Землеведение*, Кн. III–IV, Под ред. Д. Н. Анучина, А. А. Крубера, М.–Петроград: Государственное изд-во, 1922.

Филиппова, В. В., "Локальные группы эвенов якутии: этнолингвистическое картографирование расселения, Язык коренных народов как фактор устойчивого развития артики", *Сборник материалов международной научно-практической конференции*, 2019.

엄순천, 「에벤키족 애니미즘 분석: 인간의 영혼관을 중심으로」, 『인문논총』, 53, 경남대학교 인문과학연구소, 2020.

3. 단행본

에드워드 버넷 타일러, 『원시문화 2』, 유기쁨 옮김, 아카넷, 2018.

Анисимов, А. Ф., *Религия эвенков в историко-генетическом изучении и проблемы происхождения первобытных верований*, М.; Л.: Изд-во АН СССР, 1958.

_____, *Космологические представления народов Севера*, М.; Л.: Изд-во АН СССР, 1959.

Варавина, Г. Н., *Концепт души в традиционном мировоззрении тунгусоязычных народов Якутии: традиции и современность*, Диссерт. на соискание... кандид, Институт гуманитарных исследований и проблем малочисленных народов Севера Сиб. отд. РАН, 2014.

Варламова, Г. М., *Мировоззрение эвенков: Отражение в фольклоре*, Новосибирск: Наука, 2004.

_____, *Эвенки: Историко-этнографические очерки XVIII~ начала XX в.*, Л.: Наука. 1969.

Голубкова, О. В., *Душа и природа: Этнокультурные традиции славян и финно- угров*, Новосибирск: Изд-во Института археологии и этнографии СО РАН, 2009.

Лебедева, Ж. К., *Арханческий эпос эвенов*, Новосибирск: Наука, 1981.

Линденау, Я. И., *Описание народов Сибири (1 пол. XVIII в.): Историко- этнографические материалы о народах Сибири и Северо-Востока*, Магадан: Магаданское кн. изд-во, 1983.

Миллер, Г. Ф., *История Сибири*, No.3, М.: Вост. лит. 2005.

Попова, У. Г., *Эвены Магаданской области: Очерки истории, хозяйства и культуры эвенов Охотского побережья 1917-1977 гг.*, М: Наука, 1981.

Сирина, А. А., *Эвенки и эвены в современном мире: Самосознание, природопользование, миро воззрение*, Москва: Восточная лит., 2012.

Смоляк, А. В., *Шаман: личность, функции, мировоззрение: (Народы Нижнего Амура)*, М.: Наука, 1991.

Ткачик, Н. П., *Эпос охотских эвенов*, Якутск: Кн. изд-во, 1986.

Хабаровский краевой музей им. Н. И. Гродекова, *Оленне люди, каталог эвенской коллекции*, Хабаровск: Хабаровский краевой музей им. Н. И. Гродекова, 2013.

【인종적 조국과 초국적 관계 맺음】

Statistics to Marriage Immigrants, http://www.index.go.kr/egams/stts/jsp/potal/stts/PO_STTS_IdxMain.jsp?idx_cd=2430

Lee, Yean-Ju. Increasing International Marriages in Korea: A Sociological Analysis.2006, http://congress.aks.ac.kr/korean/files/2_1358407085.pdf. Датаобращения (검색일: 2012.01.05.)

Lee, Yean-Ju, Increasing International Marriages in Korea: A Sociological Analysis. 2006, http://congress.aks.ac.kr/korean/files/2_

1358407085.pdf. (검색일: 2012.01.05.)

Kim, Hyun-Sil, International Marriage Migrant Women in Korea// Korean Journal of Women Health Nursing, - 2008, No.14(4).

Kim, S., Shin Y, Multicultural Families in Korean Rural Farming Communities: Social Exclusion and Policy Response, 2007, www. welfareasia.org/4thconference.communities.pdf.

Lee, Hye-Kyung, International Marriage and the State in South Korea: Focusing on Governmental Policy, *Citizenship Studies* No.12(1), 2008.

Yang, Hyunah, "Multicultural Families" in South Korea: A Socio-Legal Approach 2011, http://www.law.unc.edudocumentsjournalsarticles 1004.pdf. (검색일: 2011.11.25.)

Ahn, Yang-Heui, "Immigrated, Interculturally-Married Women in South Korea", *World Cultural Psychiatry Research Review* No.7(1), 2012.

Kim, Yi Seon, The Reality of Female International Marriage Migration and Challenges for the Government of the Republic of Korea 2006, www.unescap.org/esid/.../KimYiSeon.pdf

Lee, Hyunok, Political Economy of Cross-Border Marriage: Economic Development and Social Reproduction in Korea, *Feminist Economics*, 2012, No.18(2).

Kim Hyun-Sil, Social Integration and Heath Policy Issues for International Marriage Migrant Women in South Korea, *Public Health Nursing* 27(6), 2010.

Kim, Jung A·Yang, Sook Ja·Kwon, Kyoung Ja·Kim, JeeHee, Predictive Factors of Depression among Asian Female Marriage Immigrants in Korea, *Nursing & Health Sciences* 13(3), 2011.

Yem N., Lee Mary, Mixed Race Peoples in the Korean National Imaginary and Family, *Korean Studies* 32(6), 2009.

Aygumova Z. I., Aigunov VR. *The motivation for choosing a spouse*, M.: Prometheus MPGU, 2010.

Yem N. Zhenshchiny Central'noj Azii v brake migracii YUzhnoj Korei (polovye disproporcii kak faktor brachnogo rynka mezhetnicheskogo braka)// Vestnik KazNU. *Seriya mezhdunarodnye otnosheniya i mezhdunarodnoe pravo* No.1(61), 2013.

Yem N. Osnovnye tendencii transgranichnogo braka v YUzhnoj Koree v 2000-e gody: faktory sprosa i predlozheniya dlyazhenshchin Central'noj Azii (na osnove statisticheskih dannyh)// Vestnik Karagandinskogo universiteta, Seriya Istoriya. *Filosofiya* No.2(70), 2013.

Ycm N. Mul'tikul'turalizm v YUzhnoj Koree: novyj mif i real'nost' sluchaj brachnyh migrantov, Vestnik KazNU im.al'-Farabi. *Seriya vostokovedeniya* No.2(63), 2013.

Yem N. B. Women of Central Asia in marriage of South Korean migration (gender imbalances as a factor in the marriage market of interethnic marriage), Bulletin of KazNU, *Series of International Relations and International Law* No.1(61), 2013.

Yem N. Main trends of cross-border marriage in South Korea in the 2000s: supply and demand factors for women in Central Asia (based on statistical data), Bulletin of the Karaganda University. *Series History, Philosophy* No.2(70), 2013.

Yem N. Multiculturalism in South Korea: a new myth and reality (the case of marriage migrants, Bulletin of KazNU named after al-Farabi, *Series of Oriental Studies* No.2(63), 2013.

■ 집필진

크리스토프 슈뵈벨(영국 성 앤드류대)

김시내(중국사회과학원)

장시핑(중국 베이징외국어대)

전홍석(순천향대)

황종열(광주가톨릭대)

조한건(한국교회사연구소)

김선희(이화여대)

포타포바 나탈리야 블라디미로브나(러시아 사할린국립대)

남정우(영남신학대)

엄순천(성공회대)

염 나탈리야(카자흐스탄 카자흐스탄국립대)

■ 옮긴이

오흥명(경희대)

천춘화(원광대)

김연수(한국외대)

김선영(유원대)

순천향인문진흥총서 7

동아시아와 인문실크로드

2021년 2월 16일 초판 1쇄 펴냄

엮은이 순천향대학교 인문학진흥원
발행인 김흥국
발행처 보고사

책임편집 이순민
표지디자인 손정자

등록 1990년 12월 13일 제6-0429호
주소 경기도 파주시 회동길 337-15 보고사
전화 031-955-9797(대표), 02-922-5120~1(편집), 02-922-2246(영업)
팩스 02-922-6990
메일 kanapub3@naver.com / bogosabooks@naver.com
http://www.bogosabooks.co.kr

ISBN 979-11-6587-147-5   94150
       979-11-5516-755-7   94080 (세트)
ⓒ순천향대학교 인문학진흥원, 2021

정가 26,000원